Johann Georg Heinrich Feder

Untersuchungen über den menschlichen Willen dessen Naturtriebe, Veränderlichkeit, Verhältnis zur Tugend und Glückseligkeit und die Grundregeln, die menschlichen Gemüther zu erkennen und zu regieren

Johann Georg Heinrich Feder

Untersuchungen über den menschlichen Willen dessen Naturtriebe, Veränderlichkeit, Verhältnis zur Tugend und Glückseligkeit und die Grundregeln, die menschlichen Gemüther zu erkennen und zu regieren

ISBN/EAN: 9783743310797

Hergestellt in Europa, USA, Kanada, Australien, Japan

Cover: Foto ©ninafisch / pixelio.de

Manufactured and distributed by brebook publishing software (www.brebook.com)

Johann Georg Heinrich Feder

Untersuchungen über den menschlichen Willen dessen

Naturtriebe, Veränderlichkeit, Verhältnis zur Tugend und

Glückseligkeit und die Grundregeln, die menschlichen Gemüther

zu erkennen und zu regieren

Vorrede.

Dieser zweyte Theil meiner Untersuchungen, über den menschlichen Willen erscheint in einer Unvollkommenheit, deren ich mir selbst sehr gut bewußt bin; die allerdings durch meinen eigenen Fleiß noch hätte vermindert werden können, wenn ich ihn länger hätte bey mir behalten wollen; die mir aber auch nicht von der Art und Größe zu seyn schien, daß ich nicht eine freundliche Aufnahme desselben hoffen dürfte. So würde

a 3

ich

ich nicht geurtheilet, nicht so früh ihn haben ans
Licht kommen lassen, wenn es auch nur ein einziges Handbuch über diesen Theil der Philosophie
gäbe. Dieß giebt es aber, nach meinem besten
Wissen, nicht. Bisher hat man kaum den Gedanken einer ausführlichen Bearbeitung der Spe-
cial = Psychologie gehabt; kaum Entwürfe dazu gemacht. Kein Wunder; da es noch nicht lange
ist, daß man die Psychologie überhaupt für einen
besondern Haupttheil der Philosophie ansieht, nicht
mehr für ein Vierthel eines nicht sehr hochgeach-
teten Theiles der Philosophie, der Metaphysik.
Unter dieser Voraussetzung glaubte ich schon itzt
sehr vielen ihr Nachdenken über einige der wichtigsten Gegenstände der Philosophie durch Mittheilung meiner Untersuchungen erleichtern; von andern aber, die eine solche Hülfe von mir nicht nöthig haben, dennoch keine Vorwürfe wegen zu früher Ausgabe derselben, erwarten zu können.

Aber damit niemand diese Aeußerung für
eitle Ruhmräthigkeit halten, oder überhaupt miß-
deuten möge; will ich hier selbst von allen mir
bekannten Entwürfen und Ausführungen dieses
Theils der Psychologie eine vorläufige Anzeige geben. Dadurch mache ich zugleich mit dem allgemeinern Theile der Hülfsmittel bekannt, deren
man sich bedienen kann, wenn man meine Arbeit
durch Vergleichungen und anderweitige Untersuchungen prüfen und gründlich beurtheilen; oder,
wel-

welches noch wichtiger ist, wenn jemand in der
Folge diese ganze Wissenschaft oder Haupttheile
derselben aufs neue bearbeiten, und was ich unvollständig gelassen, oder unrecht gemacht, vollen-
den und verbessern will.

Ich fange mit den Neuern an, weil ich von
den Alten wenig zu sagen weiß. Was ich weiß,
soll hernach angezeigt werden.

Die Idee einer **Specialpsychologie**, der
Wissenschaft von den Verschiedenheiten der Menschen in Ansehung der Gemüthseigenschaften, und
der Nothwendigkeit derselben zur gründlichen Ausführung der praktischen Philosophie, ist dem Verulam bey seinem so viel umfassenden Blick auf
das philosophische Gebiet und die unvollständige
Anbauung desselben nicht entgangen. Nachdrücklich und scharfsinnig erklärt er sich darüber. Hier
sind seine eigenen Worte aus dem dritten Kapitel
des VII Buches *de augmentis scientiarum.* Pri-
mus igitur articulus doctrinae de cultura animi
versabitur circa diversos characteres ingeniorum
f. dispositionum. Neque tamen loquimur de
vulgatis illis propensionibus in virtutes & vitia;
aut etiam in perturbationes & affectus; *sed de
magis intrinsecis & radicalibus.* Sane subit ani-
mum etiam in hac parte nonnunquam admiratio,
quod a scriptoribus tam ethicis quam politicis ut
plurimum neglecta aut praetermissa sit; cum
utrique scientiae clarissimum luminis jubar af-

fun-

fundere poffit. — Hoc ipfum argumentum, de
diverfis characteribus ingeniorum, eft ex iis rebus, in quibus fermones hominum communes
(quod valde raro, interdum tamen, contingit) li-
bris ipfis funt prudentiores. At longe optima hu-
jus tractatus fuppellex & filva peti debet ab hifto-
ricis prudentioribus; neque tamen ab elogiis tantum, quae fub obitum alicujus perfonae illuftris
fubnectere folent, fed multo magis ex corpore
integro hiftoriae, quoties hujusmodi perfona
veluti fcenam contingat. — Fiat igitur ex ea,
quam dicimus, materia (quae certe ferrilis &
copiofa) tractatus diligens & plenus. Neque
vero volumus, ut characteres illi in ethicis (ut
fit apud hiftoricos & poëtas) excipiantur tanquam imagines civiles integrae; *fed potius, ut*
imaginum ipfarum lineae & ductus magis fimpli-
ces; quae inter fe compofitae & commixtae quas-
cunque effigies conftituunt. Quot & quales eae
fint, & quomodo inter fe connexae & fubordi-
natae; ut fiat tanquam artificiofa & accurata ingeniorum & animorum diffectio, atque ut
difpofitionum in hominibus individuis, fecreta
prodantur, atque ex eorum notitia curationum
animi praecepta rectius inftituantur.

Neque vero characteres ingeniorum ea natura impreffi recipi tantum in hunc tractatum
debent; fed & illi, qui alias animo imponuntur,
ex fexu, aetate, patria, valetudine, forma & fi-
mi-

milibus: atque infuper illi, qui ex fortuna, veluti principum, nobilium, ignobilium, divi-
tum, pauperum &c. —

De fimilibus quibusdam obfervationibus ab
Ariftotele in rhetoricis mentionem obiter fa-
ctam, non inficior, nec non in aliorum fcriptis
nonnullis fparfim: verum nunquam adhuc in-
corporatae fuerunt in philofophiam moralem;
ad quam principaliter pertinent. Non minus
certe quam ad agriculturam tractatus de diverfi-
tate foli & glebae; aut ad medicinam tractatus
de complexionibus aut habitibus corporum diverfis. Id autem nunc tandem fieri oportet;
nifi forte imitari velimus temeritatem empiri-
corum, qui iisdem utuntur medicamentis ad
aegrotos omnes, cujuscunque fint conftitu-
tionis.

Was nun die weitern Bemühungen nachfol-
gender Philofophen anbelangt, wodurch diefen
Wünfchen und Aufforderungen des Verulams
wirklich nachgegangen ward: fo will ich fie in Claffen theilen.

I. Einige haben Entwürfe gemacht und einigermaßen ausgeführt, die den größten Theil des
Ganzen umfaffen. Deren find nicht viele. Ich
rechne dahin

1) den

1) den Engländer **Johann Barclay** wegen
seines *Icon Animorum* *). Ein liebes noch immer lesenswürdiges Büchlein. Dieß, hoffe ich,
sollen diejenigen, die es noch nicht kannten,
aus den Stellen abmerken, die ich daraus angeführt habe, und sich dadurch reizen lassen, es
ganz zu lesen. Es enthält eine Menge treffender
Bemerkungen in einer netten Schreibart. Es
werden nicht nur die meisten der allgemeinen
Gründe der Gemüthsverschiedenheiten darinne
berührt; sondern auch die sittlichen Verschiedenheiten der Europäischen Völker zergliedert.
Aber doch ist es bey weitem noch keine vollständige, noch weniger systematische Ausführung
dieses Theiles der Philosophie. Ueberhaupt
geht Barclay nicht sowohl auf die Erklärung
der Gemüthsverschiedenheiten aus ihren einfach-
sten Gründen, als auf deren Schilderung und
zugleich auf die Anweisung der Regeln des
Rechtverhaltens in Ansehung derselben.

2) Nouvelle theorie de l'homme, spectacle
des esprits, des caracteres & des vertus. à
Avignon 1753. 3 tomes 8. Wie der ungenann-
te

---

*) Es ist eigentlich der vierte Theil seines *Satyricon* Amstel.
1664. 12; aber auch besonders mehrere male gedruckt
und übersetzt. S. *Biblioth. philosoph. Struvio-Kählia-
na* II. p. 91.

te Verfaſſer im erſten dieſer drey kleinen Bänd-
chen ſich bemüht, die Begriffe von den Verſchiedenheiten der Menſchen in Anſehung der
Verſtandeskräfte von Grunde aus, und in einer
gewiſſen Ordnung, zu erklären; ſo beſchäftiget
er ſich auf eine ähnliche Weiſe in dem zweyten
mit den verſchiedenen Gemüthsarten. Er fängt
damit an, daß er die Verſchiedenheiten der Gemüther auf vier Hauptgattungen und Quellen
zurückführet. Es beſtimmet nemlich den Gemüthscharakter entweder der Trieb der Empfindung, oder es bilden ihn hauptſächlich Begriffe
und Grundſätze; oder beyde zugleich in einer
gewiſſen Uebereinſtimmung; oder es iſt gar kein
beſtimmtes herrſchendes Princip der Neigungen
und Handlungen in einem Menſchen dauerhaft
vorhanden; wenn nemlich Grundſätze und Gefühle gegen einander, oder die einen und die andern in ſich ſelbſt, uneinig ſind. — Hiemit hört
aber auch Ordnung und Aufklärung der Begriffe, nach dem Zuſammenhange der Urſachen
und Wirkungen, mit einem male faſt ganz auf.
Der entfernten, äußerlichen Urſachen der Gemüthsverſchiedenheiten wird kaum im Vorbey-
gehn mit einem Worte gedacht. Dennoch ſcheint
der Verfaſſer, der ſich bewuſt iſt, in einem
neuen unbearbeiteten Gebiete ſich zu finden *),

mit

*) Un morceau de morale tout neuf, ſagt er in der Vor-
rede.

mit seiner Arbeit nicht wenig zufrieden zu seyn. Und in der Entwicklung der vielerley Gemüths-beschaffenheiten, bis zu ihren nächsten Ursachen und Wirkungen, hat er wirklich viele Menschen-kenntniß und Scharfsinn gezeigt; obgleich auch manche halb wahre übertriebene Behauptungen mit unterlaufen *).

Um diese erste Classe nicht so leer zu lassen; will ich darunter noch ein Paar Arbeiten anfüh-ren, die sich wohl auch zu einer andern Abthei-lung hätten ziehen lassen; nemlich

3) *Esprit des Nations.* à la Haye 1752. 2 to-mes 8. Dieß Buch enthält viele Belesenheit, und manche gründliche Urtheile über die Ver-schiedenheiten der Völker in Kenntnissen, Sit-ten und der Religion. Aber ohne alle Ord-nung; und ohne die erforderlichen Zeugnisse für die historischen Sätze. Und dieser letzte Man-gel schrenkt den Nutzen des Buches um so mehr
ein,

---

*) 3. E. On n'est *jamais* hypocondre, que par trop de bien être & de commodités. Le paysan n'est jamais hypocondre. Le temperament commence la maladie, & la sotte manie d'être plaint & mitonné l'acheve. L'hypocondre se rend malade par une violente crain-te de cesser de l'être. Il n'en est aucun, qui n'ait l'esprit *souverainement* faux, & qui ne soit *infiniment* sensible à *la plus grossiere* adulation. II. p. 88.

ein, da dem Verfasser, vielleicht nur aus Eilfertigkeit und Unvorsichtigkeit, grobe Irrthümer
entwischt sind *). Dennoch hat dieses Buch ein
anderer Gelehrter für wichtig genug gehalten,
um es durch einen neuen Abdruck, ohne erhebliche Zusätze und Veränderungen, bekannter zu
machen **).

4) Saggi per servire alla storia dell' uomo,
del Signor *Paolo Zambaldi.* Venezia 1767. tom.
I. 228. II. 150. S. 8. Sind Aufsätze, meist
über die allgemeine praktische Philosophie, die,
nach des Verfassers eigenem Urtheile, weder ein
vollständiges System zusammen ausmachen,
noch viel Neues, sondern vielmehr nur das Beste
aus vielen Schriften gesammlet und einigermaßen

---

*) Z. E. daß in Grönland Bäume von außerordentlicher
Größe wachsen, tom. I. p. 10. Unter der Liste der
nördlichen Völker, die die südlichen bezwungen, stehen
die Schotten als Ueberwinder der Engelländer. Mehrere Urtheile, wie dieses: Les Allemans, les Danois
ne font ni peintres ni poëtes.

**) Unter dem Titel: Considerations sur les causes physi-
ques & morales de la diversité du genie, des moeurs
& du gouvernement des nations, tirées en partie d'un
Ouvrage anonyme. Par Mr. *Castilbon.* 1769. S. eine Anzeige davon in den G. A. 1770. St. 134. Beyde Originale sind auch teutsch übersetzt. S. Hißmanns
Anleitung zur Philosoph. Litteratur S. 109 f.

ßen geordnet enthalten sollen *). Ohngeachtet
dieser anständigen Würdigung seiner eigenen Arbeit, gebühret dem Verfasser das Lob, daß er
zur nähern Verbindung und vollständigern Bestimmung der Theile dieser Wissenschaft so viel
beygetragen hat, als nicht leicht von einem andern Buche wird gerühmet werden können.
Das unmittelbar hieher gehörige macht den
Innhalt des zweyten und dritten Buchs des ersten Theils, von S. 127 bis fast zu Ende aus,
und enthält besondere Abschnitte vom Einflusse
des Temperaments, Klima, Alters, der Erziehung, Religion, Gesetzgebung und Staatsverfassung, der Fruchtbarkeit des Bodens, und
der verschiedenen Nahrungsarten, der Einsichten und der Achtung für dieselben, und endlich
der Glücksfälle **).

II.

---

*) Mi sono determinato di raccögliere uña parte de' ma-
teriali più necessarii, la calce, i matoni, le tavole;
lasciando à un genio più felice la gloria d' innalzare
il grand' Edifizio, di stabilirlo, di ornarlo, di im-
mobigliarlo. — No presumo di dire cosa alcuna di
nuovo, ma ho cercato più tosto di far uso delle al-
trui riflessioni, ed ho del piacere nel riconoscere
l' obligo, di cui loro sono tenuto.

**) Beschreibers selbst ist Zambaldi in der Lehre von den Tem-
peramenten. Und nicht leicht wird ein Begrif verwor-
rener und verfehlter seyn, als derjenige, den er vom cholerischen T. giebt. La debolezza di spirito, una falsa
de-

II. Unter denen, die einzelne Hauptstücke der allge=
meinen praktischen Philosophie bearbeiteten, fin=
den sich mehrere, die **Beyträge** zu unserer
Wissenschaft geliefert haben. Doch schrenken sie
sich fast alle auf die Lehre von den **Tempera=
menten** ein. Und darüber habe ich in der Ein=
leitung zu meinen eigenen Untersuchungen über
diesen Grund der Gemüthsverschiedenheiten das
mehrere schon gesagt *). Es ließe sich aber
hauptsächlich von zweyerley Gattungen der
Schriftsteller aus dieser Classe erwarten, daß
sie in die Untersuchungen dieser Wissenschaft
weiter eingehen würden.

1) Von denen, die von den Affecten und
Leidenschaften, und, wie einige ausdrücklich zu
er=

---

delicatezza, l'amor proprio, l'amore delle picciole
cose, una vana curiosità, la leggierezza di credere;
il dispiacere à essere disprezzato o ingiuriato produ=
cono la collera.

*) Hier will ich nur noch eine Stelle hersetzen, aus einem
Buche, das ich erst vor kurzem gelesen habe; weil sie
den Ausspruch eines Arztes über die bisherige Bearbei=
tung dieser Lehre enthält, der mit meinem Urtheile so
sehr übereinstimmt. Tot scripta de temperamentis
caligininem, ambiguitatem non penitus sustulere.
Notae eorum ex non visis plerumque desumtae. Aut toti
rejicienda, aut de novo *Botanicorum more*, ex chara=
cteribus e corpore desumtis concinnanda foret do=
ctrina: tum demum unisona definitio eorum omni=
bus. *S. Risleri Morbona.* Notimb. 1773. 4.

erkennen geben, nicht bloß moralisch, sondern auch phyſiſch, handeln wollten. Aber ich kenne unter allen, vom **Carteſius** bis auf G. Fr. **Meier**, keinen, der ſich nur auf die erſten Gründe dieſer Unterſuchungen eingelaſſen hätte. Eiⁿ ner iſt doch darunter, der **Verulams** Vorſchläge gekannt und beherzigt hatte. Dieß iſt ein Philoſoph des vorigen Jahrhunderts auf der Univerſität zu Frankfurt an der Oder, Arnold Weſenfeld *).

a) Von

---

*) Er gab a0. 1695 eine *Introduct. ad Georgicam animi & vitae,* ſ. *pathologiam practicam,* und im folgenden Jahre das Werk ſelbſt heraus. Daß jene Aeußerungen des Verulams ihm dabey vor Augen geweſen, zeigt er in der Vorrede an. Dieſe ſeine *Georgica animi* rühmt er auf dem Titel noch weiter in nachfolgenden Ausdrücken: In qua illud allaboratum fuit, praeter multa nova & hactenus non obſervata, ut origines, diſtinctio, cognationes & miſturae paſſionum penitius excuterentur, *generaliaque a ſpecialibus ſegregarentur.* Es iſt am Ende weiter nichts als eine theoretiſche und praktiſche Abhandlung über die Gemüthszuſtände und Leidenſchaften, die nicht aufs tiefſte eingeht, aber doch mehr Beobachtungsphiloſophie, anwendbare Philoſophie, unter weniger Wortkrämerey enthält, als manche nachmals berühmt gewordene Schriften. Aber das wichtigere, jenen Verulamſchen Aufgaben entſprechende Werk, hatte er erſt noch die Abſicht zu ſchreiben. Es ſollte den Titel führen: Theatrum univerſale motuum vitae civilis & militaris; und ſollte vim ac impreſſiones, quas res ac relationes univerſae, tum in ſingulos homines, tum in plures in unam ſocietatem collectos faciunt, vor Augen ſtellen. Und zwar nicht bloß

2) Von denjenigen, die von der Erforschung der Gemüther handeln. Das Buch des J. B. von Rohr wird für das brauchbarste über diesen Gegenstand gehalten. Und es handelt auch davon im dritten Kapitel von S. 73=124. Es werden daselbst, außer den allgemeinsten, auch von mir untersuchten Ursachen der Gemüthsveränderungen, auch noch einige besondere erörtert; als der Ehestand, widrige Erfolge, die gewisse Neigungen gehabt haben, zufällige Erzählungen u. s. w. Wie tief aber dieser Schriftsteller in die Untersuchungen eingegangen seyn könne; läßt sich schon aus dem Raume, den sie einnehmen, vermuthen *).

III.

---

bloß spekulativ; sondern zugleich auch durch Beyspiele aus der Geschichte. So sollte also insbesondere via ac efficacia consuetudinis, exercitationis, conversationis, educationis, disciplinae (mittelst welcher Begriffe unterschied der Mann wohl diese fünf Artikel?) temperamenti, imitationis, praemiorum, poenarum &c. religionis, libertatis, superstitionis, temporis & loci &c. vorstellig gemacht werden. Aber das Werk ist nicht zum Vorschein gekommen; wenigstens habe ich nirgends einen Beweis seiner Existenz gefunden.

*) Hier ist auch eine Probe. „Wir sehen, daß die Natiomes, so solche grobe Speisen (hartes, geräuchertes, eingesalzenes Fleisch, Würste, Schinken, Erbsen, Linsen ꝛc.) essen, als die nordischen Völker, und in Teutschland die Pomerinken, Westphäler, wie auch fast durchgehends die Britten, im Kriege und zur Arbeit dauer-

b	haf-

III. Unter denjenigen, die über die ganze prak‐
tische Philosophie, oder über die allgemei‐
ne.praktische Philosophie, nach dem ganzen
Umfang, den sie ihr gaben, Handbücher gelie‐
fert, haben einige der berühmtesten und ausführ‐
lichsten dieses ganzen Theiles derselben kaum mit
einem Worte gedacht. So Wolf; der in den
zween Bänden seiner allgemeinen praktischen Phi‐
losophie wohl ein langes Kapitel de conjectan‐
dis hominum moribus hat, aber nicht über
die nächsten Gründe der Neigungen in dem Er‐
kenntnißvermögen hinausgeht.

Die Thomasische Schule, welcher über‐
haupt das Lob nicht versagt werden kann, daß
sie die Philosophie auf die Angelegenheiten des
Lebens zu richten, und den Weg der Beobach‐
tung einzuschlagen gesucht habe, stellte ausführ‐
lichere Untersuchungen über die Gemüthsverschie‐
denheiten, deren Gründe und Kennzeichen an.
Thomasius selbst beschäftiget sich in den mehre‐
sten Hauptstücken seiner Ausübung der Sit‐
tenlehre lediglich damit. Und ein unparthey‐
ischer Leser wird gewiß viele feine Beobachtun‐
gen und. scharfsinnige Entwicklungen, darinn
fin‐

---

hafter sind, hingegen auch stupider; andere aber im
Oberteutschland, wie auch die Franzosen, Italiener
und die vornehmen Leute, so weiche und zartere Speisen
genießen, scharfsinniger, aber auch schwächer sind.
Doch hat diese Regel ihre Ausnahmen S. 110.

finden. Aber einige Hauptfehler, die er dabey
begeht, fallen auch bald in die Augen. Einmal
nimmt er zu wenig Gründe der Neigungen und
Gemüthsarten an ; sucht sie bloß aus dem an-
gebohrnen körperlichen und geistischen Temperamente eines jeden Menschen zu erklären. Unter
dem geistischen Temperamente versteht er die herrschende Neigung, welche entweder in dem Ehrgeiz, oder Geldgeiz, oder der Wollust, oder einer Mischung aus mehrern dieser drey Grund-
neigungen, bey einem jeden Menschen bestehen
soll. Daß er nicht bis zu den entfernten, äußerlichen, physischen und moralischen Ursachen fort-
gieng; kam daher, daß er der Meynung war,
die ursprüngliche Gemüthsart eines Menschen
könne durch nichts, weder Glück noch Unglück,
Diät und andere Einflüsse verändert werden.
Diesen Satz hielt er für eine Hauptwahrheit,
und wichtige Entdeckung, die er in der Moral-
philosophie gemacht habe *).

So sehr sich aber dieser Lehrer in Ansehung
der Gründe der Neigungen zurück hielt; so kühn
schritt er fort in der Anzeige ihrer Folgen. **).

b 2 Bey

---

*) S. Hauptst. XII. §. 58 ff.
**) Da ich bey den allerwenigsten meiner Leser darauf rechnen
kann, daß sie die Sittenlehre des Thomasius nachzu-
schlagen Lust und Gelegenheit haben: so will ich zur
Erläuterung des Obigen ein Paar Absätze aus dem VII
Hauptst. auszeichnen. „Die Menschen werden ihren
Stän-

Bey diesem Verhalten desselben wird es nicht nur begreiflich, warum er, mit allem Eifer, den er für ihn zeigte, die Aufnahme dieses Theiles der Philosophie nicht sehr befördert hat; sondern auch wahrscheinlich, daß er zur Verachtung und Vernachläßigung desselben vielen einen neuen Grund gegeben hat, durch die auffallenden Irrthümer, die manchen Paradoxa und kühnen Uebertreibungen, die er hineinbrachte.

Gundling, ob er gleich in den Hauptgrundsätzen mit dem Thomasius übereinstimmt, geht doch schon um etwas weiter in der Verfolgung der Gründe der Gemüthsarten; und gesteht insbesondere dem Klima seinen Einfluß dabey zu*).

Un-

Ständen nach eingetheilt in den Lehrstand, Wehrstand, Nehrstand. Der Nehrstand leidet das Meiste von der Wollust; der Wehrstand von dem Ehrgeize, und der Lehrstand von dem Geldgeiz. In dem Lehrstand haben sich Studenten sehr für der Wollust in Acht zu nehmen. Die Professores aber der disciplinarum theoreticarum, als Physicae, Matheseos u. s. w. für Geldgeiz, und derer Practicarum für Ehrgeiz zu hüten. In den höhern Facultäten stellet die Wollust denen Medicis, der Ehrgeiz denen JCtis, und der Geldgeiz denen Theologis sonderlich nach.

*) De climate qui dubitat: nae is omni experientia, tum propria, tum aliena videtur esse destitutus. Daß die Gemüthsart sich nicht verändern lasse; sucht er dabey doch noch zu behaupten. Eben deswegen hält er nicht viel von der Bemühung, die besondern Gemüthsarten der Stände, Alter und Geschlechter anzugeben. S. *Ethica* cap. XV. XXIX. XXX. XCII. XCIV.

Unter ben Moraliſten ber bamaligen Zeit hat ſich auch noch, ſowohl burch die Weitläuftig. keit ſeines Plans, als die Sonderbarkeit ſeiner Sprache ausgezeichnet, ber als Litterator ſonſt bekannte *Vincent. Placcius.* In ſeinem Typus. medicinae moralis b. i. Entwurf einer vollſtän. bigen Sittenlehre, nach Art der leiblichen Arz. neykunſt, Hamb. 1685. hat berſelbe im vierten Theil, welcher die **Sittenprüfung** (ſemiotica moralis) enthält, Kap. 1. doch die Grundbe. griffe von ben Urſachen der verſchiedenen Ge. müthsarten, ben phyſiſchen und moraliſchen, mittelbaren und unmittelbaren ordentlich beyge. bracht *).

Bey den ausländiſchen Verfaſſern moraliſcher Lehrbücher habe ich dieſe Unterſuchungen eben ſo ſehr vernachläſſiget gefunden. Hobbes hat etwas davon, aber wenig ; weniger als man von ſeiner ſonſt bewieſenen Aufmerkſamkeit auf die mechaniſchen Urſachen, und überhaupt auf ben Zuſammenhang der Dinge und Verände. rungen in der Natur hätte erwarten können **).

b 3

Und

---

*) Bey der Unterabtheilung kömmt manches mit vor, was wenigſtens ſonderbar ausgedruckt iſt ; wie ſo freylich gar vieles in dieſem Buche, z. E. unter ben äußerlichen Sittenurſachen der Himmel oder die Geſtirne, und inſonderheit der Sonnen Anſtrahlung §. XL. S. 182.

**) *De Homine* cap. XIII. Der Grundſatz, ben er ba aus. führt, iſt bieſer: Ingenia, i. e. hominum ad certas res

res

Und dieß ist es, was ich von den Beyträgen
der neuern Philosophen zur Hervorbringung dieses vom Verulam gewünschten Theiles der
Moral anzuzeigen im Stande bin. Es wird mir
lieb seyn, wenn mehr dahin gehöriges mir durch
andere bekannt gemacht wird. Nur, versteht
sich, müssen es Schriften seyn, die wenigstens
so erheblich sind, als der bessere Theil der von
mir genannten. Der nichts bedeutenden wüßte
ich selbst noch viele.

Was die Moralisten des Alterthums
anbelangt: so brauche ich wohl nicht umständlich anzuzeigen, daß sich bey denselben über die
Gründe der Neigungen, besonders über Diät,
Erziehung, Temperament und Klima
manche gründliche Bemerkungen zerstreut finden. Aber mir ist keiner bekannt, der uns über
diesen Theil der Naturlehre ausführliche und
zusammenhängende Untersuchungen hinterlassen
hätte. Aristoteles, der, bis zum Aergerniß
der

---

res propensiones a sextuplici fere fonte oriuntur;
nimirum a temperie, ab experientia, a consuetudine,
a bonis fortunae, ab opinione, quam quisque habet
de se ipso, ab authoribus. Quibus mutatis mutan-
tur etiam ingenia. Etliche sich auszeichnente besondere Behauptungen sind: Quod vulgo dicitur, senes
ingenio esse ad divitias nimis attento, verum non
est. — Puerorum ingenia ad omnia formantur,
quae volunt parentes & magistri, virgis. Eine Meynung, die sich zu des Mannes politisch despotischen
Grundsätzen gut paßt.

der Moralisten vom gemeinen Schlage, die Lehre von den Sitten physisch, d. h. in Absicht
auf ihre Ursachen und Wirkungen bearbeitete*),
geht doch dabey nicht weiter, als daß er den
Zusammenhang der Neigungen unter einander
auffucht; bis zu den entfernten äußerlichen Ursachen derselben geht er in der Sittenlehre nicht.
In andern Schriften desselben, in der Rhetorik
und in den Aufgaben **), finden sich einige
Bemerkungen darüber; aber nichts zusammenhängendes und vollständiges.

Im Mittelalter sind die Astrologischen
Träume vom Einfluß der Gestirne auf die Gemüther, desgleichen die Vorurtheile und unge-
läuterten Begriffe von den Eingebungen des
Teufels, der Erbsünde und den Gnadenwirkun-
gen Hindernisse gründlicher Untersuchungen über
diesen Theil der Moral gewesen.

Aber die wichtigste Classe der Schriftsteller,
die sich um denselben verdient gemacht haben, ist
nun noch anzuzeigen übrig. Dieß sind zwar
nicht Philosophen in der eingeschrenktesten Bedeutung des Wortes; aber mehr als dieß; es
sind

IV. Die Philosophischen Geschichtschreiber
und Geschichtsforscher. Ohne deren Hülfe
wür-

---

*) S. *Brucker* Hist. crit. philos. tom. I. p. 835.
*) Sect. XIV. XXX.

würde ich vielleicht nie im Stande gewesen seyn, wenigstens so bald es nicht haben wagen können, meine Arbeit zu unternehmen. Wie viel ich den **Hume's**, **Robertsons** und **Schmidts** zu verdanken habe; davon legen meine Ausarbeitungen selbst das sicherste Zeugniß ab. Aber meine vorhergehende Erklärung bezieht sich doch noch mehr auf diejenigen Schriftsteller, die nicht die Geschichte einzelner Völker und Personen, sondern vielmehr aus der Vergleichung vieler solcher Particulargeschichten, und mit Hülfe der psychologischen Grundlehren, die **Geschichte der Menschheit**, die natürliche Geschichte der Sitten, ans Licht zu bringen sich Mühe gegeben haben; die **Iselins**, **Fergusons**, **Krafts**, **Millars**, **Homes**, und andere in der neuern Litteratur genugsam bekannte Männer. Unter diesen hat der erste nicht nur nach einem vollständigeren, ordentlicheren und zusammenhängenderen Plane, als die andern seine Geschichte der Menschheit ausgearbeitet; sondern er hat auch in dem ersten Buche eine bloß speculative Einleitung in dieselbe vorausgeschickt, und darinn, nebst andern psychologischen Grundlehren, auch die von den Ursachen der Gemüthsverschiedenheiten für die Kürze, die er dabey beobachten wollte, sehr lehrreich abgehandelt.

Und hier darf denn auch das unsterbliche Werk des großen **Montesquieu** nicht ungenannt bleiben; welches nicht nur an sich selbst für

für unsere Wissenschaft unzählige nützliche Bemerkungen enthält, sondern auch sicher eine der wirksamsten Erweckungen zur Philosophie der Geschichte überhaupt, und zur gründlichern Untersuchung der Einflüsse des Klima und anderer physischer und moralischer Ursachen der Sitten geworden ist. Ein solches, wenn auch nicht eben so großes, doch ähnliches Verdienst der Erweckung anderer hat auch Rousseau; nicht nur in Absicht auf seinen Aemil, sondern auch wegen seiner paradoxen Abhandlungen vom Einflusse der Wissenschaften und vom Ursprung der Ungleichheit unter den Menschen. Es läßt sich dieß in den vortreflichen Werken der vorzüglichsten von den vorher genannten Bearbeitern der Geschichte der Menschheit ohne Mühe wahrnehmen.

Auch die **Geschichte des menschlichen Verstandes** vom Herrn Flögel darf ich hier nicht ungenannt lassen. Nicht nur weil ihr Plan und Inhalt mit meiner Arbeit sehr viele Aehnlichkeit und Verwandtschaft hat; sondern hauptsächlich deswegen, weil ich sie zuerst zu einer Zeit las *), wo mein eigener Vorrath von Geschichtskenntnissen viel zu geringe war, als daß sie nicht mir sehr lehrreich hätte seyn müssen.

Die übrigen Hülfsmittel, die ich bey den besondern Hauptstücken meiner Untersuchungen gebraucht

ß 5

---

*) Sie kam zuerst 1765, und zum dritten mals 1776 heraus.

braucht habe, finden sich überall getreulich angezeigt. Ich habe bey dieser, wie bey meinen andern philosophischen Arbeiten, die Regel beobachtet, immer erst meine eigene Meditation zu
Ende zu bringen, ehe ich nachsuchte, was etwa
darüber von andern geschriebenes vorhanden seyn
möchte, oder das mir schon bekannte und ehedem
gelesene wieder nachlas. So bin ich manchmal
auf Stellen gestoßen, wo eben dasselbe, was ich
schon gedacht und geschrieben hatte, aber um
etwas vollständiger, oder bestimmter, oder schö-
ner, gesagt war. In diesem Fall habe ich bisweilen die Worte eines andern, als solche, in
meinen Text eingeschaltet, oder darunter als eine Anmerkung gesetzt; anstatt meinen Text da-
nach auszubessern. Besonders habe ich es mit
Barclay und **Ferguson** so gemacht.

Ich glaube nicht, daß der Leser, wenn es nicht
zu oft geschieht, bey diesem Verfahren verliert; es
bringt einige Abwechselung in die Art des Vor-
trags, und kann zu Vergleichungen Anlaß geben. Und wenn auch diese Abwechselungen in
andern Fällen zu oft, für diese Absicht, vorkommen sollten: so war es unvermeidlich in einem Buche, welches auf das Verdienst, ein
Product des Genies zu seyn, nicht Anspruch
machen sollte.

Endlich muß ich mich auch noch über die Entwicklungen oder Schilderungen der moralischen
Charaktere, die in diesem Buche vorkommen, erklären.

ren. Es giebt zweyerley Arten solcher Schilderungen. Die eine besteht aus allgemeinen Zügen,
nur so weit bestimmt, als die allgemeinen Gründe
dazu erweislich machen. Die andern aus individuellen Zügen, nach Bildern aus einzelnen Erfahrungen, oder der Verwebung einzelner Erfahrungen in der Imagination. Die erstere Methode be-
folgt Aristoteles bey seinen Entwicklungen moralischer Grundbegriffe; die andere sein Schüler
Theophrast. Die letztere ist freylich angenehmer,
sie wirkt schneller auf die Imagination und sinnliche Erinnerung. Aber die erste ist den Absichten
wissenschaftlicher Untersuchungen, wo es auf allgemeine Wahrheiten ankömmt, angemessener. Wo
es nur darum zu thun ist, allgemeine, schon genug
bewiesene Grundsätze zu erläutern; da kann
auch wohl der wissenschaftliche Schriftsteller solche
Schilderungen nach individuellen, vielleicht nur aus
der Imagination gegriffenen Zügen sich erlauben;
und dann habe auch ich sie bisweilen gebraucht.
Aber nicht, wo allgemeine Sätze gegründet werden
sollen.

Vielleicht vermissen einige in diesem Theile eine weitere Ausführung der Einflüsse der Religion.
Aber was hier und in dem ersten Theile nicht schon
enthalten ist, wird im dritten Theil, bey der Untersuchung der Gründe und Hindernisse der Tugend
und Glückseligkeit an seinem rechten Orte stehen.

Meine Schreibart für unverbesserlich zu halten, bin ich zwar noch immer weit entfernt. Noch
bitte ich, daß man nicht nach dem Wohlgefallen
oder

oder Mißfallen an derselben fein Urtheil über den
Werth der Sachen sich bestimmen lasse. Doch soll
dieß nicht dahin gedeutet werden, als ob ich nicht
Mühe und oft wiederholten Fleiß auf die Verbeſ
ſerung des Ausdrucks verwendet hätte. Ich erkenne, was der Schriftsteller in jedwedem Fache,
der Nutzen stiften will, seinen Leſern auch hierinn
schuldig ist. Aber ich weiß auch, daß dieſe Forderung gegen einen Schriftsteller, der allein oder
hauptsächlich nur für die Einbildungskraft und die
Empfindung arbeitet, weiter gehen darf, als in
Ansehung desjenigen, der sich mit allgemeinen
Wahrheiten beschäftiget. Denn da ist es doch gewiß ungleich schwerer, verständlich und angenehm zu schreiben, als wo man Bilder anreihet
und ausmahlet. Und leicht kann es dem Leser begegnen, daß er Schwierigkeiten, die in den Sachen
liegen, mit Schwierigkeiten, die von der Schreibart herkommen, verwechselt. Außerdem daß es
auch hier Eigenheiten des Geschmacks giebt, die
andern zum Gesetze zu machen die Menschen sich
nicht so sehr hüten, als es der Billigkeit nach seyn
sollte. Göttingen im Märj 1782.

Inhalt

Inhalt

der Unterſuchungen über die Verſchiedenheiten der menſchlichen Gemüther.

Abſchn. I. Kap. I. Anzeige der allgemeinſten Hauptverſchiedenheiten der Gemüther, und Schwierigkeiten
bey der Erforſchung derſelben. §. 122‒124.
S. 479.

Kap. II. Allgemeine Ueberſicht der Urſachen dieſer Verſchiedenheiten. §. 125‒128. S. 490.

Abſchn. II. Kap. I. Von den Gründen zu Verſchiedenheiten der Gemüther, die in den Verſchiedenheiten
der Erkenntnißkräfte und Einſichten ihren Grund
haben. §. 129‒136. S. 495.

Kap. II. Vom Einfluß des Körpers auf den Gemüthscharakter. §. 137‒148. S. 527.

Kap. III. Von den Einflüſſen der Lebensart. §. 149‒
154. S. 586.

Kap. IV. Vom Einfluſſe des Klima und der übrigen
Beſchaffenheiten des Wohnlandes. §. 154‒161.
S. 620.

Kap.

Kap. V. Vom Einflusse der gesellschaftlichen Verbindungen, Gesetze und Staatsverfassungen. §. 162-168. S. 680.

Kap. VI. Vom Einflusse der Glücksumstände auf die Gemüther. §. 169-175. S. 721.

Kap. VII. Von den Gemüthsbeschaffenheiten der verschiedenen Alter und Geschlechter. §. 176-194. S. 760.

Kap. VIII. Vom Beytrag der Erziehung zur Bestimmung des Gemüthscharakters. §. 195-199. S. 846.

Kap. IX. Schlußfolgen. §. 200-202. S. 880.

Verbes-

Verbefferungen.

S. 481. l. 3. Claffe l. Claffen.
— 495. 3. 1. nächften l. mächtigften.
— 497. Not. britte Zeile von unten, leßtere l. leßterer.
— 503. 3. 8. l. jenen auf einem — beruhenden.
— 504. 3. 2. wurden l. werden.
— 505. Not. l. Gentoo laws und fpecified.
— 507. 3. 10. alle l. viele.
— 510. Not. l. zufammenpreffenden.
— 511. 3. 5. l. urfprünglicher.
— 519. 3. 19. l. Neuen; u. 3. 25. angemerkt.
— 520. Not. l. Monthly Review.
— 522. 3. 7. l. Urfachen.
— 523. 3. 2. l. fonnte.
— 535. 3. 5. l. erften.
— 537. 3. 4 von unten, l. Elemente.
— 545. 3. 4 von unten, l. Schmerzgefühlen.
— 572. 3. 6 von unten, l. keinem ft. kleinem.
— 588. 3. 3. l. Kräuterkenners.
— 597. 3. 5 und 4 von unten haben die Striche hier gar
       keine Bedeutung, und find nur aus Mißverftänd-
       niß da.
— 602. Not. ** l. ankomme ft. anfäme.
— 607. 3. 14. l. Erfindungen.
— 655. 3. 4 von unten, hat oft genug — geftrebt.
— 665. 3. 10. l. remove.
— 669. 3. 5 von unten, follten um der Deutlichkeit willen
       die Worte fo folgen: Nicht nur fie felbft erken-
       nen fich ic.

                                        S. 683.

Verbesserungen.

S. 683. Z. 13. l. ungebundenstem.
— 684. Z. 4. l. gleichgültiger; und Z. 5. einsiedlerisch.
— 726. Z. 6 von unten, l. öftesten.
— 735. Sollte mit dem Wort Reichthümer in der dritten Zeile ein frischer Absatz anfangen. In Aufhebung der Absätze ist in beyden Theilen oft gefehlt worden.
— 742. Z. 4. l. jung.
— 743. l. Z. l. können.
— 754. Z. 6 von unten, l. Herrschsucht.
— 786. Z. 8. l. Standfestigkeit.
— 796. Z. 2. l. festere.

Drittes Buch.

Von den Verschiedenheiten der menschlichen Gemüther.

Abschnitt I.

Allgemeine Uebersicht dieser Verschiedenheiten und ihrer Ursachen.

Kapitel I.

Vorläufige Betrachtungen über die Verschiedenheiten der menschlichen Gemüther und deren genauere Kenntniß.

§. 122.

Grundbegriffe zu den Eintheilungen der menschlichen Gemüther.

Zur Kenntniß der moralischen Natur des Menschen, und deren Verhältniß zur Tugend, Glückseligkeit und allen gesellschaftlichen Absichten, ist es lange noch nicht genug, die allgemeinen Triebe und Gesetze des Willens zu kennen. Man muß mit den vielen und

großen Unterschieden, die sich dabey finden, und den
Ursachen und Wirkungen derselben gleichfalls bekannt seyn.
Denn gerade darauf kömmt es am meisten an, wenn
man die Gemüther erforschen, bilden und regieren will.
Die Untersuchungen des ersten Theils enthalten schon
manche darauf abzielende Bemerkung. Nunmehr soll
eine vollständige und ordentliche Ausführung dieses wichtigen Theils der Psychologie versucht werden.

Da das Wesen des menschlichen Gemüths oder
Willens, wie wir das Wort in diesen Untersuchungen
verstehen, in Empfindungen der Lust oder Unlust und den
davon abhängigen Begierden, Trieben und Entschließungen besteht: so sieht man leicht ein, daß die Verschiedenheiten der Gemüther, nach ihren allgemeinen Verhältnissen betrachtet, entweder auf die Art der Empfindungen
und Triebe, oder auf die Stärke derselben, oder ihre
Anzahl sich beziehen müssen.

Und darnach lassen sich auch die gewöhnlichen Haupt-
eintheilungen derselben ordnen. Nemlich

1) Einige Gemüther werden ganz oder vorzüglich
von sinnlichen Vorstellungen beherrscht, ihre Begierden und
Entschließungen richten sich nach der, den Sinnen oder der
Einbildungskraft vorgestellten nahen Lust oder Unlust. In
andern herrschen Absichten auf die entfernten Folgen und
mittelbaren Beziehungen der Dinge. Sie heißen daher,
nach dem verschiedenen Werth ihrer Absichten, weise,
klug oder listig.

2) Einige Menschen werden mehr durch den Reiz
des Angenehmen, die Lust zum Guten, getrieben, andre durch die Vorstellung des Unangenehmen, die Furcht
vor dem Bösen. Jene sind daher, vermöge der in
ihnen

ihnen herrſchenden Vorſtellungen, die meiſte Zeit, wenn
nicht frölich durch den Genuß, ſo doch heiter und gutes
Muthes in der Hoffnung. Dieſe hingegen finſter und
mürriſch, oder niedergeſchlagen und traurig.

3) Die Empfindungen und Begierden der einen
ſind lebhaft, heftig; ihre Antriebe ſtark, ſie ſind thätig. Andere dagegen empfinden und begehren ſchwach;
ihre Neigungen ſind gemäßigter, ihre Thätigkeit iſt geringer.

4) Die Empfindungen, Neigungen und Entſchließungen ſind bey einigen Menſchen, auch der Dauer nach,
ungleich ſtärker, als bey andern. Sie ſind ſtandhaft,
feſt in ihrem Charakter und gleichmüthig: andre ſind
dagegen veränderlich.

5) Es giebt Menſchen, in welchen eine Leidenſchaft augenſcheinlich über alle andre herrſchet; da in
andern mehrere Neigungen eine gleiche Gewalt auszuüben
ſcheinen. Jene haben einen einfachern, dieſe einen ver-
wickeltern Charakter.

6) Und in Rückſicht auf die herrſchende Neigung
iſt es endlich auch, daß man Hauptunterſchiede bey den
Gemüthern erkennt; wohin vornämlich die Namen der
Edlen, der Eigennützigen, der Geizigen, Wollü-
ſtigen, Ueppigen, Eiteln, Ehr- und Herrſchſüchti-
gen, der Patrioten und Menſchenfreunde gehören.
Es iſt keine Neigung ſo ſonderbar, daß ſie nicht bey einem Menſchen, wenigſtens auf eine Zeitlang, zur herrſchenden Leidenſchaft werden könnte. Dies beweiſen nicht
nur die Beyſpiele der Verrückten und Schwärmer; ſondern auch vieler andern Menſchen, die nicht eigentlich in
dieſe Claſſe geſetzt werden dürfen. Wie mannichfaltig und

wie

wie groß kann nicht allein schon, die Herrschaft der
Liebe zu einzelnen Künsten und Wissenschaften, oder auch
Producten und Gegenständen derselben werden?

§. 123.

Einfluß der herrschenden Neigung auf den ganzen Charakter.

Daß es Folgen für den ganzen Gemüthszustand
haben müsse, was auch für Ursachen ihn bestimmen,
wenn irgend eine Neigung mit überwiegender Gewalt im
Gemüthe herrschet; läßt sich nicht bezweifeln. Es können aber diese Folgen auf manchfaltige Art entstehen.
Denn auf eine gedoppelte Weise hängen die Neigungen
mit einander zusammen, und haben Einfluß auf einander; einmal vermöge des Verhältnisses, in welchem ihre
Bestrebungen und die Gegenstände, auf die sie sich beziehen, mit einander stehen; sodann vermöge ihrer Gründe
in dem Empfindungs- und Erkenntnißsystem. Nach dem
ersten Zusammenhange entstehen aus den herrschenden
Neigungen diejenigen andern, oder wachsen durch sie,
deren Absichten mit den Absichten der erstern übereinstimmen, sie befördern; und die widerstrebenden werden
erstickt oder geschwächt. Vermöge des andern Zusammenhangs entspringen aus einer Neigung diejenigen andern,
zu welchen sich Grund in der Empfindungs- und Vorstel-
lungsart findet, die jene erste voraussetzt, und vermöge
des gegenseitigen Einflusses der Neigungen auf die Vor-
stellungs- und Empfindungsart, unterhält und verstärkt.
Das Verlangen nach Ruhm im Kriege erzeugt aus der
ersten Ursache Neigung sich abzuhärten, Abscheu vor
Weichlichkeit; vermöge der andern gesellen sich ihr leicht

Herrsch-

Herrschsucht und Kühnheit zu, auch in andern Verhältnissen, bey Streitigkeiten über Meinungen, Bewerbun-
gen und Gunstbezeugungen. Die Wirkungen dieses zwey-
fachen Grundes stimmen nicht immer mit einander überein; die einen werden bisweilen durch die andern gemä-
ßiget und eingeschränkt. Der Herrschsüchtige ist, vermöge
der Gründe seiner Hauptneigung, zum Stolz und zur
Grausamkeit geneigt; vermöge ihrer Absichten kann er
zur Nachgiebigkeit und Gelindigkeit gestimmt werden; die übrigen Gründe seines Charakters, und die äußerlichen Umstände müssen entscheiden, ob er das eine
oder das andere öfter seyn werde *). Schon ein starker

$\mathfrak{H}\mathfrak{h}$ 3   Beweis

---

*) Solche entgegengesetzte, und doch auf eine begreifliche
Weise vereinigte Züge zeigen sich in der Schilderung des
berühmten Mentzikow. Gracieux & poli envers les
etrangers, l'ontend envers ceux, qui ne pretendoient
pas avoir plus d'esprit que lui, il ne faisoit pas non
plus de mal aux Russes, qui savoient se plier à son
humeur. Il traitoit avec douceur tous ceux, qui
etoient moins, que lui; n'oubliant jamais un ser-
vice rendu; brave de sa personne jusqu'à la teme-
rité, & ami zelé de tous ceux qui etoient devoués
à ses interets. De l'autre coté il etoit d'une ambi-
tion demesurée, ne pouvant souffrir de superieur
ni d'egal, & surtout ne pardonnant jamais à ceux,
qu'il soupçonnoit de vouloir le surpasser. Dominé
par une avarice sordide, il etoit d'ailleurs ennemi
implacable — Il ne manquoit pas d'esprit; mais
n'ayant eu aucune education, ses manieres etoient
brusques & grossieres. *Memoires sur la Russie par le
General de Manstein* p. 15. Nicht viel anders sieht
das Gemälde des Grafen Münnich von eben diesem
Verfasser aus. Er ist, oder war vielmehr nach demselben un vrai contraste de bonnes et de mauvaises qualités

Beweis, wie leicht es ist, bey der Erforschung der Gemüther sich zu irren; wenn man nach einzelnen Aeuße-
run.

liäs. Poli, grossier, humain, emporté tout à tour;
rien ne lui est plus facile que de gagner les cœurs de
ceux, qui ont à faire à lui; mais souvent un instant
après, il les traite d'une maniere si dure, qu'ils
sont forcés, pour ainsi dire, de le haïr. Dans de certaines occasions on l'a vû d'une generosité extrême,
dans d'autres d'une avarice sordide. C'est l' homme
du monde, qui a l'ame la plus haute; & cependant
on lui a vû faire de bassesses. L'orgueil est son vice
dominant. — D'une stature haute et imposante, et
d'un temperament robuste et vigoureux, il semble
être né General; jamais aucune fatigue n'a pu le re-
buter. — Pour tirer de lui les choses les plus secre-
tes, il suffit de le contrarier et de le facher.
Pag. 439.

Graf Ostermann, nicht weniger ehrgeizig als die
beiden vorhergehenden, war durch seine frühere Bestimmung, ohne Zweifel auch durch sein Temperament, zur
Furchtsamkeit und Behutsamkeit viel mehr, als zur Kühnheit bestimmt.   Daher il etoit incorruptible; il n'a
jamais reçu le moindre présent des cours étrangeres,
sans que celle, qu'il servoit, ne l'eût ordonne! Il
etoit extremement defiant, poussant le soupçon souvent
trop loin. Dans la place qu'il occupoit, il ne pouvoit
souffrir ni de supérieur ni d'egal; à moins que leurs
lumieres ne les rendissent infiniment inferieurs à lui.
Il vouloit être le maitre de toutes les affaires; les
autres ne devoient qu'approuver et signer.   Dans les
affaires epineuses, où, en vertû de sa charge, il fal-
loit qu'il donnât son opinion, il affectoit d'être malade, de peur de se compromettre; et c'est par cette
politique qu'il s'est soutenû pendant six regnes ——
Tout ce qu'il disoit, et tout ce qu'il ecrivoit, pouvoit s' entendre de deux façons. Fin & dissimulé il
savoit commander à ses passions et s'attendrir
dans

rungen und Merkmalen urtheilet. Je heftiger die herrſchende Leidenſchaft ſich hervorthut, deſto größer ſind auch
die Veränderungen, die in dem übrigen ganzen Syſtem
der einem Menſchen zukommenden Vorſtellungen und Neigungen entſtehen. Erſtickung der natürlichſten Gefühle,
Verluſt der Vernunft, des Menſchenverſtandes, ſind ja
oft genug die Folgen davon geweſen. Ohne Zerrüttung
der übrigen kann keine Neigung zu einer ausſchweifenden
Stärke gelangen. Darum iſt nur eine Tugend; und ſie
allein iſt ſich immer gleich, und mit ſich ſelbſt überein-
ſtimmend; da ſie mit dem Syſtem der Natur überein-
ſtimmt.

§. 124.

**Schwierigkeiten der weitern Entwickelung, Beſtimmung und
Ordnung dieſer Begriffe. Art der folgenden Unterſuchungen.**

Wenn man den bisherigen Bemerkungen weiter
nachdenkt, und ſie auf alle beſondere Neigungen anzuwenden ſucht, von denen ſich die Menſchen beherrſchen laſſen; und auf dieſe Weiſe eine vollſtändige und ausführliche Beſchreibung und Eintheilung der Gemüther nach
Claſſen, Gattungen, Arten und Unterarten zu entwerfen
übernimmt, ſo wie die Erſcheinungen in der Körperwelt
eingetheilt zu werden pflegen: ſo wird man bald große
Schwierigkeiten gewahr; größere, als diejenigen ſind, die

Hh 4

ſchon

---

dans le beſoin jusqu'aux larmes. Il ne regardoit
jamais perſonne en face; et de peur que ſes yeux ne
le trahiſſent, il ſavoit les rendre immobiles ib.
p. 434.

schon bey den Versuchen, das System der Natur in den Verschiedenheiten der Körperwelt vorstellig zu machen, sich hervorthun.

Die erste Schwierigkeit besteht darinn, daß man bey den Gemüthseigenschaften eine Menge wichtiger Verschiedenheiten gewahr wird, für die es keine Namen giebt. Eine und dieselbe Gattung von Neigungen läßt nach der Verschiedenheit des Grundes, aus dem sie entspringt, oder des Grades, bis zu welchem sie angewachsen ist, oft die größten Verschiedenheiten zu, die verschiedensten Folgen für den ganzen Gemüthscharakter. Aber aller dieser Verschiedenheiten ungeachtet, wird ihr immer ein und derselbe Namen gegeben; es heißt immer Stolz, Muth, Zorn, Furchtsamkeit u. s. w.; oder die Unterscheidungsnamen, die sich etwa noch dabey finden, reichen doch lange noch nicht aus, alle jene Verschiedenheiten damit auszuzeichnen. Bey der Beschreibung sichtbarer Dinge ist es leicht, dem Mangel der Sprache abzuhelfen; man zeichnet die Sache selbst, und macht dadurch den Namen sofert verständlich, den man ihr geben will, oder auch entbehrlich. Dies ist nicht so bey der Seelengeschichte. Unterdessen nehmen unsre Sprachen an psychologischen Redensarten täglich zu; welches beweiset, daß dieser Theil der Nachforschung zunimmt, und zu weiterm Wachsthum Hoffnung giebt. Denn Sprache und Erkenntniß befördern einander wechselseitig.

Aber auch die Beobachtung an sich schon ist hier sehr schwer; schwerer nicht nur, als bey den sichtbaren Dingen, sondern auch schwerer, als diejenige, die sich nur auf die gemeinen Gesetze des Willens bezieht. Eben deswegen, weil es gemeine Erscheinungen sind, kann man

man sie beobachten, beynahe so oft, wann und wo man will; man braucht nur auf sich selbst acht zu geben, und sein Herz zu fragen; und eine Erfahrung klärt da leicht und geschwind die andre auf. Die Eigenheiten der einzelnen Gemüthsarten aber müssen schon mühsamer aufgesucht werden; und die Schlüsse von sich auf andre sind dabey am mißlichsten. Und wenn kein Mensch ein Geheimniß daraus macht, dasjenige an sich zu haben, und dem unterworfen zu seyn, was zur menschlichen Natur gehört: so weiß man hingegen, wie weit die Bemühung und Geschicklichkeit der Menschen geht, ihren ganzen eigenthümlichen Charakter zu verbergen.

Irgend eine Eigenschaft einmal an einem Menschen bemerken, ihn in einem Gemüthszustande sehen, kann noch sehr unzureichend seyn, nicht nur seine ganze Gemüthsart, sondern auch nur diese einzige Eigenschaft, völlig wie sie in ihm ist, richtig zu beurtheilen. Ist es gewöhnliche Eigenschaft oder vorübergehender Zustand? Wie entstand er in ihm? was waren die nächsten Ursachen davon? wie ist er durch entfernte Ursachen dazu vorbereitet gewesen? Den wie vielsten Theil seines gewöhnlichen Gemüthszustandes, des ganzen Systems seiner Neigungen, nach ihrer Zahl und Stärke betrachtet, macht dies Bemerkte aus? Wie fest oder wie veränderlich ist überhaupt die Gemüthsbeschaffenheit dieses Menschen? Lauter Untersuchungen, die zur Vollständigkeit und Bestimmtheit einzelner Beobachtungen über die Gemüther nothwendig gehören.

Und wenn es schon so viele Mühe fordert, nur einzelne Beobachtungen zuverlässig und genau anzustellen: wie viel muß nicht dazu gehören, allgemein richtige Begriffe

griffe

griffe von den Gemüthseigenschaften und ihren mancherley Verschiedenheiten, und nicht nur von einfachen Neigungen, sondern von dem Naturell ganzer Gemüthsarten aus der Erfahrung sich einzusammlen?

Wenn man mit diesen Schwierigkeiten bekannt ist,
so muß man ja wohl erstaunen, wenn man sieht, mit
welcher Fertigkeit und Zuversichtlichkeit manche Menschen,
zufolge ihrer Erfahrungen, wie sie sagen, oder auch nur
ihres Gefühls, über Eigenschaften und Arten der Gemüther, Ursachen, Wirkungen und Kennzeichen derselben,
urtheilen, und andre belehren zu können vermeinen. Du-
tzende von Sätzen sprechen sie in einer Viertelstunde aus,
oder drängen sie auf ein Blatt zusammen, wovon einer
vielleicht ihr halbes Leben und ein ganzes Buch erforderte,
wenn er gehörig bewiesen werden sollte.

Je größer die Schwierigkeiten sind, die der Erforschung der Gemüthsarten mittelst der bloßen Beobachtung im Wege stehen; je unsicherer es ist, aus einzelnen
Wirkungen und Aeußerungen derselben auf ihre ganze
Beschaffenheit zu schließen: desto nützlicher und nöthiger
muß es seyn, hiebey auch den andern Weg zu betreten
und zu bahnen, der zur Erkenntniß der Wahrheit führt;
den Weg der Schlüsse aus den Ursachen, durch welche etwas
entstanden und bestimmt worden ist. Wenn uns die
Menschen bey den Beobachtungen, die wir über sie anstellen, auf alle mögliche Weise zu täuschen suchen, wenn
sie durch Worte und Handlungen, die ihnen nicht natürlich, sondern nur zum Schein eingerichtet sind, ihre
Neigungen zu verbergen, und zu verstellen wissen; so geben uns oft die Dinge, unter deren Einfluß sie stehen,
oder gewesen sind, und die sie uns nicht verbergen können,
oder

aber auch nicht wollen, deren Wirkungen aber, aus allgemeinen Erfahrungen und Grundgeſetzen der Natur bekannt ſind, vieles Licht, wenigſtens Vermuthungen, wodurch die Beobachtung geleitet und berichtiget werden kann.

Es iſt alſo von großem Nutzen, alles, was Urſache einer erheblichen Verſchiedenheit menſchlicher Gemüther werden kann, genau zu kennen, und die Verhältniſſe mehrerer ſolcher Urſachen gegen einander, ſo viel ſich thun läßt, richtig beurtheilen zu können. Und dies iſt der Zweck der nachfolgenden Unterſuchungen.

Kapitel II.

Kapitel II.

Allgemeine Uebersicht der mancherley Ursachen der Verschiedenheiten in den menschlichen Gemüthern.

§. 125.
Eintheilung derselben in physische und moralische, unmittelbare und mittelbare.

Gleichwie der menschliche Wille theils durch Empfindungen, theils durch Vorstellungen regiert wird: also müssen auch die Ursachen der Verschiedenheiten desselben theils solche Dinge seyn, die die Empfindungen, theils solche, die die Vorstellungen eines Menschen bestimmen. Beide gehören entweder zu den mechanisch, nothwendig wirkenden physischen Kräften, oder zu den von Willkühr und Freyheit abhängigen moralischen Ursachen und deren Wirkungen. Beide sind entweder ursprünglich in dem Menschen selbst, und wirken unmittelbar auf den Willen; oder sie sind außer ihm, und haben Einfluß auf seine Neigungen, durch die Veränderungen, die sie in dem Körper oder in der Denkart hervorbringen.

§. 126.
Uebersicht der moralischen Ursachen und der allgemeinen Gründe ihrer Realität.

Der Wille hängt von den Vorstellungen ab. Folglich muß es Unterschiede in den Willensneigungen nach

sich

ſich ziehen, ob Menſchen ſchon gewiſſe Vorſtellungen
überall haben, oder nicht haben. Was ſie nicht wiſſen,
das können ſie weder begehren noch fürchten; das kann
ihren übrigen Trieben überall keinen Einhalt thun. Ferner muß es darauf ankommen, welche Vorſtellungen die
lebhafteſten, die herrſchenden ſind, ob die von himmli-
ſchen Dingen, oder die von irdiſchen; ob die von Ehre
und Freyheit, oder die von Geldgewinn und ſinnlicher
luſt. Und weiter, wie dieſe Vorſtellungen unter einander zuſammenhängen, vermöge der Gleichzeitigkeit ihres
Urſprungs, oder der Meinung von den Dingen; was für
Dinge als Mittel zum Vergnügen, zur Ehre, zum Reich-
werden, zur Seligkeit, oder als Hinderniſſe dagegen angeſehen werden.

Da es aber ſowohl bey dem Urſprung, als der
Wiedererweckung und Verbindung der Vorſtellungen auch
auf die Kräfte und Fähigkeiten zur Erkenntniß ankömmt,
wie ſolche bey einem Menſchen entweder von Natur beſchaffen, oder durch den Gebrauch geworden ſind: ſo
müſſen auch in den dabey ſich findenden Verſchiedenheiten
Urſachen der Gemüthsverſchiedenheiten enthalten ſeyn.

In beyderley Rückſicht läßt ſich alſo nicht zweifeln,
daß nicht die Schickſale und Erfahrungen, die ein Menſch
gehabt hat, ſeine Verbindungen mit der Welt nach Ort,
Zeitalter und Stand, die Staatsverfaſſung, in der er
lebt, die Religion, zu der er ſich bekennt, und beſonders
der Unterricht, und die ganze Erziehung in der Jugend
zu den wichtigſten Urſachen bey der Gründung und Ausbildung ſeines Charakters gerechnet werden müſſen.

§. 127.

§. 127.

Einfluß der körperlichen Dinge überhaupt betrachtet.

Vom Körper und dessen verschiedener Beschaffenheit hängen nicht nur die Grundvorstellungen, die Empfindungen von den Dingen ab; sondern derselbe hat auch auf alle Theile des Erkenntnißvermögens, auf Gedächtniß und Einbildungskraft, Aufmerksamkeit und Beurtheilungskraft, gewaltigen Einfluß. Von ihm rührt ferner großentheils das Selbstgefühl her, nach welchem nicht nur unmittelbar das Wohl- oder Uebelbefinden, Zufriedenheit oder Unzufriedenheit sich richten; sondern durch welches auch die Vorstellungen und Urtheile von andern Dingen so sehr geändert werden. Denn ganz anders kommen sehr viel Dinge einem Menschen vor, wenn er sich gesund und kraftvoll fühlet; und anders wenn er krank und schwach ist. Durch den Körper endlich entsteht ein großer Theil der Bedürfnisse des Menschen; und diese Bedürfnisse sind leichter oder schwerer zu befriedigen oder zu überwinden, je nachdem der Körper geartet und beschaffen ist.

Also müssen Gründe der verschiedenen Gemüthsarten in der ursprünglichen Disposition des Körpers, aber auch in denjenigen Dingen liegen, die den Zustand des Körpers in der Folge bestimmen. Nahrung, Beschäftigung, in so fern dadurch der Körper abgehärtet und gesund erhalten, oder verzärtelt und geschwächt wird; Klima in Absicht auf Wärme und Kälte, Nässe und Trockenheit; Fruchtbarkeit und Unfruchtbarkeit des Erdbodens, sind also nicht weniger für Ursachen der Unterschiede in den Neigungen der Menschen zu halten.

§. 128.

§. 128.

Nöthige Erinnerungen zu den folgenden genauern Untersuchungen.

Wo mehrere und einander entgegengesetzte Ursachen
wirken; da kann die Wirkung der einen oft durch die
andre verhindert werden. Um deswillen darf aber der
Einfluß jener überhaupt nicht geleugnet werden. Denn
sonst könnte man alle Ursachen in der Welt nach einander
wegleugnen; indem schwerlich irgend eine so stark ist,
daß ihre Wirkung auch bey noch so widrigem Einfluß
andrer Dinge, doch zu Stande kommen könnte. Die
Einflüsse des Klima können durch die Gesetzgebung, oder
auch durch die Nahrungsart vielleicht bis zum Unmerkli-
chen gehoben werden; darum darf jenes doch von den
Ursachen der Gemüthsverschiedenheiten nicht ausgeschlossen werden, wenn nur seine Wirkungen sich in andern
Fällen hinlänglich offenbaren. Eben so können durch die
Religion oder durch das Klima die Wirkungen der Regierungsform, es können auch diese letztern durch andere
Umstände der Staatsverfassung, durch Reichthum oder
Armuth der Nation, so verändert werden, daß sie kaum
mehr zu bemerken sind. Wer die Natur der Regierungsform darum für gar nichts achten wollte; würde
sich einer großen Uebereilung bey diesen Untersuchungen
schuldig machen.

Bisweilen kann es auch hier zweifelhaft werden,
welche von den mehrern Erscheinungen für die eigentliche
Grundursache zu halten sey. Der Charakter eines Volkes
ließe sich vielleicht aus der Staatsverfassung so gut, als
aus dem Klima erklären. Aber nun frägt sich's, ob

nicht

nicht die Ursache einer solchen Staatsverfassung in dem
Klima, und dem daher entspringenden Charakter der Men,
schen gesucht werden müsse? *).

---

*). So auch bey einzelnen Menschen. Wie viel von des Kai,
sers *Marc. Aurel.* Gleichmüthigkeit und Nachsicht gegen
die Fehler der Menschen kam von der stoischen Philoso.
phie; wie vieles von seinem ruhigen Naturell her?
A prima infantia gravis fuit. *Jul. Capitol.* Erat tantae
tranquillitatis, ut vultum nunquam mutaverit, moe-
rore vel gaudio, philosophiae deditus Stoicae. *Idem.*
Seine Güte scheint bisweilen Schwachheit zu seyn. Aber
auch Grundsätze können zu weit führen.

Abschnitt

Abschnitt II.

Untersuchungen über den Einfluß der nächsten Ursachen der verschiedenen Gemüthsarten

Kapitel I.

Von den Verschiedenheiten der Gemüther, die in den Verschiedenheiten in den Erkenntnißkräften ihren Grund haben.

§. 129.

Von den Verschiedenheiten in den äußern Sinnen.

Wenn ein Mensch einen Sinn nicht hat, oder nur ganz schwach hat: so kann ihm weder Vergnügen noch Mißvergnügen durch diesen Weg, so wie andern Menschen; es können ihm keine Begierden dadurch entstehen. Der Blinde oder völlig Kurzsichtige kann sich nicht an weiten Aussichten in die offne Natur ergötzen, nicht Lust zu Reisen in dieser Absicht haben, nicht mit dadurch gegründeten Erinnerungen, für sich, oder bey Erzählungen andrer, sich belustigen. Wer kein musikalisches Gehör hat, für den kann nicht die Tonkunst Zeitvertreib, Aufmunterung und Mäßigung der Leidenschaften bewirken.

Zweyter Theil.　　Ji　　　Weil

Weil denn aber doch der Mensch Zeitvertreib und Ergößungen haben muß: so sucht er sie auf andern Wegen, weil er sie auf diesen nicht finden kann. Etwas muß der Mensch haben, womit er seine Neigungen beschäftiget. Der unmäßige Geiz der Verschnittenen an den orientalischen Höfen, wird nicht ohne Grund für eine Folge des Verlustes anderer Freuden schon von alten Schriftstellern angesehen *). Eben so die Herrschsucht dieser und andrer durch moralische Nothwendigkeit zu ähnlichen Entbehrungen gezwungener Personen.

Gröbere sinnliche Vergnügungen werden manchen Menschen Bedürfniß, weil sie, aus Mangel des dazu erforderlichen Sinnes, die feinern nicht genießen können. Auch der Denker lebt nicht vom Denken allein, er will bisweilen sinnliche Zerstreuungen und Aufmunterungen haben, und kann also auch in jenem Falle sich finden.

Aber auch Neigungen zu feinern Vergnügungen können dadurch entstehen, daß der Mangel eines Sinnes eine desto mehrere Vervollkommnung anderer Sinne veranlaßt.

Die Musik schien den Alten außerdem, daß sie Gesetze und Sittenlehren dem Gedächtniß einprägen hilft, auch um ihrer unmittelbaren und eigenen Wirkungen willen bey der Sittenbildung sehr wichtig zu seyn **). Und noch immer giebt es Leute, bey denen es ein übles Vorurtheil

---

*) — — Pelus in aurum
aestuat, hoc uno fruitur succisa libido.

**) Ihre vortheilhaften Wirkungen bey Nervenkrankheiten haben auch neuere Aerzte beobachtet. *Tißot Tr. des Nerfs* tom. II, part. II, §. 149.

theil gegen den Gemüthscharakter eines Menschen erwecket, wenn er kein Gefühl für die Annehmlichkeiten derselben hat. Was von der leichtern Entstehung der Neigungen zu den gröbern sinnlichen Vergnügungen bey dem Mangel der feinern vorher bemerkt worden ist, könnte einen Grund zur Rechtfertigung dieser Denkarten abgeben. Einen andern könnte man daher ableiten, daß das Gefühl für Regelmäßigkeit und Uebereinstimmung auch durch die Uebung, die die Tonkunst ihm gewährt, gestärkt werden könne; welches, wo alles übrige gleich wäre, doch nicht ganz ohne Nutzen seyn müßte. Aber beide Gründe entscheiden an sich noch viel zu wenig, um nicht auf die Erfahrung vielmehr in jedwedem Falle die Entscheidung ankommen zu lassen. Und gleichwie diese leider es nicht an Beyspielen großer Tonkünstler von schlechter Gemüthsart hat fehlen lassen: also zweifle ich auch nicht, daß sich nicht sehr gute Menschen finden sollten, die wenig Geschmack an Musik besitzen *).

Da es den Menschen so gewöhnlich ist, dasjenige gering zu schätzen, was sie nicht kennen, und durch Empfindung kennen zu lernen, nicht einmal Hoffnung haben,

---

*) Man hat Beyspiele von Menschen, auf deren Körper alle Musik so übel wirkte, daß die einen Erbrechen, andre sonst unangenehme Zufälle dabey bekamen. Tissot Tr. des nerfs p. 11. p. 55. s. Vom Linnäus schreibt sein Lobredner, daß er kein für die Musik gebauetes Ohr gehabt habe G. A. 1779 S. 344. Mangel an guten Sitten und an Gefühl für die Musik können beysammen seyn, ohne daß letztere den Grund des ersten in sich enthalte. Beide können vielmehr Wirkungen des Hangs zu gröbern sinnlichen Vergnügungen seyn.

haben, und dann auch weiter die andern Dinge, die nur
durch jenes wichtig werden; da einige sogar auch andern
dasjenige Vergnügen nicht gerne genießen lassen, deren
sie selbst nicht theilhaftig sind: so läßt sich nie sehen, wie
viel und entfernte Wirkungen es bisweilen haben kann,
wenn einem Menschen ein Sinn fehlt.

§. 130.

Von den Verschiedenheiten der Einbildungskraft und des innern Sinnes.

In den wenigsten Fällen wirken die Dinge auf den
Willen vermöge des bloßen sinnlichen Eindruckes, sondern fast immer einiger maßen, und oft hauptsächlich,
nach der Beschaffenheit der Vorstellungen, die dabey erweckt und zugesellt werden. Durch diese wird die Aufmerksamkeit auf die eine oder die andre Seite des Gegenstandes gerichtet; durch diese wird die Vergleichung,
wird das Urtheil bestimmt. Auch beschäftigen sich die
Menschen im Leben überhaupt vielleicht mehr mit dem
Zukünftigen oder Vergangenen, als mit dem Gegenwärtigen.

Hieraus läßt sich nun leicht schließen, wie sehr es
bey den Neigungen und Gemüthszuständen auf die Beschaffenheit der Imagination und des innern Sinns ankommen müsse. Und zwar kömmt

1) viel darauf an, ob überhaupt ein Mensch eine
lebhafte Einbildungskraft hat, oder nicht. Eine lebhafte Einbildungskraft ist eine reiche Quelle von Vergnügungen und Zeitvertreiben; sie macht, daß ein
Mensch nicht leicht lange Weile hat, wenn er für sich
allein ist, daß er sein Vergnügen in sich finden kann,

und

und unabhängig erhält von dem, was äusserlich ihn umgiebt. Ein Mann von lebhafter Einbildungskraft kann
sich von mühsamen Beschäftigungen erhohlen und zer-
streuen, indem er ruhig auf seinem Stuhle, oder in seiner Stube auf- und abspazierend, die Schönheiten gese-
hener Gegenden, oder nur selten kleinen Garten mit allen
den Vergnügungen des Frühlings, Sommers und Herb-
stes, die er darinne oft genossen, im Geiste sich lebhaft
erneuert. Aber wie sehr auch die lebhafte Einbildungskraft den Mangel äußerlicher Gegenstände und Empfindungen ersetzen, und gegen manche derselben gleichgültig machen kann: so geschieht es doch nicht leicht, daß
ein Mensch diese darüber völlig vergißt, und völlig gleichgültig dagegen wird. Vielmehr ist die Lebhaftigkeit der
Einbildungskraft mehrentheils auch Ursache stärkerer Begierden und Verabscheuungen, Ursache des Affekts und
der Thätigkeit. Und wie sehr sie durch ruhigen Genuß
ergötzen, oder durch Begierden beunruhigen werde; hängt
von anderweitigen Gründen ab. Weiter aber

2) Kömmt es darauf an, wovon diese Lebhaftigkeit
der Einbildungskraft am meisten abhängt? wie leicht und
wodurch ihre Vorstellungen hauptsächlich erwecket und aus-
gebildet werden? Ob durch unwillkührliche Reize,
durch mechanische Antriebe des Körpers, durch Eindrücke
der äußern Sinne; oder durch das selbstthätige will-
kührliche Bestreben der Seele, nach Maaßgabe ihrer
eigenthümlichen Begierden und Zwecke? Das Daseyn
dieses Unterschiedes macht die Erfahrung gewiß. Es
giebt Leute von sehr lebhafter Einbildungskraft, Virtuo-
sen in jedweder Gattung der Dichtkunst, die bis zu den
wärmsten Gefühlen, bis zur Schwärmerey ihren Vor-

Ji 3

stellun-

ſtellungen ſich überlaſſen können.   Aber es müſſen ihre
Vorſtellungen im genaueſten Verſtande ſeyn; es muß ihr
freyer Entſchluß ſeyn, was ſie darinn verſetzt.   Allen
fremden Antrieben ſcheint ſich etwas in ihnen zu widerſetzen.
Andere ſind gegen jedweden Reiz empfindlich, jeder
Funke zündet bey ihnen, jeder Windſtoß vermag das
Feuer ihrer Imagination anzufachen.

Man begreift bald, wie dieſer Unterſchied der erſtern durch Uebung entſtanden ſeyn, und von der überwiegenden Gewalt der alles beherrſchenden Vernunftbegriffe
und Grundſätze herkommen kann.   Aber er findet ſich
auch ſchon in den Grundanlagen der Menſchen.   Es
giebt Kinder, die ſehr oft, zumal außer den Lernſtunden,
ſchläfriger und unluſtiger zu ſeyn ſcheinen, als andre; und
dennoch, wie die längere und genauere Beobachtung derſelben endlich beweiſet, eben ſo lebhafter, ja noch lebhafterer
Vorſtellungen und Gemüthsbewegungen fähig ſind, brün-
ſtiger lieben, und herzlicher haſſen, als jene.   Nur nicht ſo
leicht, nicht ſo auf den Wink und Willen anderer fängt
ihre Imagination an in Bewegung und Feuer zu gerathen.

Die nächſte und gewiſſeſte Folge, die davon abhängig iſt, läßt ſich leicht einſehen.

Je mehr der Wille eines Menſchen durch äußerliche Urſachen ſich beſtimmen läßt; deſto mehr iſt er der
Veränderlichkeit ausgeſetzt.   Menſchen alſo, deren Imagination nicht ſo leicht durch äußerliche Anreizungen belebt wird, müſſen ſich ſelbſt mehr ähnlich bleiben, als andre.

3) Eben dieſer Unterſchied der Gemüther kann aber
auch von einer andern Art der Verſchiedenheit in der Einbildungskraft herkommen, von der mehrern und mindern
Dauer

Dauer der Eindrücke. Vielleicht wird man gemeiniglich dieſe Dauer der Eindrücke im umgekehrten Verhältniſſe mit jener paſſiven Lebhaftigkeit der Imagination, der Erwecklichkeit durch äußerliche Reize, bey der Beobachtung gewahr werden. Unterdeſſen zeigen ſich bisweilen auch ſolche Menſchen dauerhafter Eindrücke fähig, die ſie durch andre erhalten. Und diejenigen, die durch ihre eigne Geiſteskraft die Gegenſtände ihrer Neigungen ſich erſchaffen, Phantaſienſchlöſſer ſich aufbauen, können auch wohl ſelbſt wieder die Zerſtörer derſelben werden, durch ihre gar zu große und unruhige Geſchäftigkeit *).

4) Durch Imagination und Gedächtniß werden nicht nur Vorſtellungen aufbewahret und wieder erwecket; ſondern auch manchfaltig mit einander verbunden und zuſammengeſetzt. Das Aehnliche mehrerer Vorſtellungen vereinigt ſich; aber eben dadurch verdunkelt ſich leicht das Eigene und Unterſcheidende derſelben. Es entſteht eine klärere, aber unvollſtändigere Idee; vielleicht geht ſie vollends in den allgemeinen Begriff über, wenn dieſer

Ji 4   bereits

---

*) Bey dieſen darf man ſich gar nicht darüber wundern, wenn ſie erſt eine Zeitlang die bürgerliche Freyheit mit der größten Wärme vertheidigen, bald darauf Hofleute werden, und dann eben ſo ſehr wider die Freyheit declamiren, als ſie ſie vorher erhoben haben. Männer von einer ſolchen Phantaſie, die, gleich Schauſpielern, Empfindungen von einigen Augenblicken in ſich ſelbſt aufwecken, und ſie andern mitzutheilen wiſſen, dieſe Männer würden ſich ſelbſt ſehr unrichtig beurtheilen, wenn ſie ihren jedesmaligen Enthuſiasmus für beſtändig und anhaltend halten wollten.
Gedanken über die Natur des Vergnügens.
Aus dem Italiäniſchen 1777. S. 93. f.

bereits im Gedächtniß vorhanden und geläufig ist. Diese
Erhöhung, oder wenn man lieber will, Schwächung der
sinnlichen Vorstellungen, kurz diese Verwandlung derselben in allgemeine Begriffe scheint von einer gewissen Reizbarkeit und Schwäche der Einbildungskraft herzurühren.
Von Reizbarkeit, in soferne sie zur Wiedererweckung vorher erhaltener ähnlicher Vorstellungen leicht gebracht wird.
Von Schwäche aber; indem sie vollausgebildete Eindrücke,
die nicht nur das Allgemeine, sondern auch das Eigene
der einzelnen Gegenstände enthalten, nicht tief genug faf-
sen, oder lange genug aufbewahren kann. Folgen aber
von dieser allzuleichten Abspringung der Imagination vom
Einzelnen aufs Allgemeine müssen seyn, daß einer kalt
und gleichgültig bey manchen Dingen bleibt, indem ihm
nur ihr Aehnliches mit andern bekannten Dingen, nur
das Gewöhnliche derselben auffält; nicht ihr Eigenes,
was ihnen just das Interesse bey andern giebt, Eindruck
auf ihn macht; daß einer leichter als andre über Anläffe
starker Gemüthsbewegungen räsonnirt, moralisirt, em-
pfindelt; indem andere den ganzen bestimmten Eindruck
fühlen und handeln.

5) Die Vorstellungen erwecken einander in der Einbildungskraft, und gesellen sich zusammen, nicht bloß
nach dem Zug des Aehnlichen, das sie mit einander gemein
haben; sondern auch nach dem Zusammenhange und der
Ordnung, in welcher sie zuerst in der Seele entstanden,
oder bey vorhergehenden Anlässen erwecket worden sind.
Dieser letztere Grund richtet sich nach der eigenen Geschichte
eines jedweden Menschen, und den besondern Zufällen,
die die Ordnung seiner Ideen bestimmt haben. Wenn
sich also die Imagination eines Menschen in ter Ver-

knüpfung und Stellung ihrer Ideen, in den Uebergän-
gen von einem aufs andre durch diesen Grund bestimmen
läßt: so entstehen Vorstellungen und ihnen gemäße
Gemüthsbewegungen, Begierden und Verabscheuungen,
die etwas Eigenes an sich haben, die andere befremden,
mit denen sie nicht sympathisiren können. Auch kann die
Verbindung der Dinge und Begebenheiten in der Welt
jener auf einen so besondern Grund beruhender Ideenver-
knüpfungen nicht oft entsprechen. Die Vernunft treibt
uns daher an, unsre Ideen nach dem innern Zusammenhange ihrer Aehnlichkeit und Abhängigkeit, vermöge der
allgemeinsten Gesetze von Ursachen und Wirkungen, mehr
als sie es vermöge ihres Ursprunges sind, in Ordnung
zu bringen. Aber die Erfahrung lehrt, daß sich eben
hierinn die Menschen häufig von einander unterscheiden;
daß die Ideen der einen laufen und unter einander sich
verbinden, nach dem Grunde ihres vormaligen zufälligen
Zusammenhangs, weit mehr als anderer ihre. Unbegreifliche Einfälle, Entschließungen, die ohne allen
Grund zu seyn scheinen, wenigstens wider das natürliche
Interesse sind, unerwartete Launen und plötzliche Abän-
derungen derselben, Eigensinn im Begehren und Verabscheuen, sind begreifliche Folgen einer solchen Phantasie,
von welcher dergleichen Leute auch bisweilen Phantasten
genennet werden. Außer der Schwäche der Vernunft,
oder der verabsäumten Anwendung derselben zur Ordnung
der Ideen, und außer der vorsetzlichen Bemühung sonderbar zu seyn, kann auch in der Beschaffenheit der Ideen
selbst der Grund solcher sonderbaren Wendungen der Imagination sich finden. Denn je nachdem dieses oder jenes
Stück einer Idee klärer, lebhafter vorgestellt ist; je nach-

Ji 5

dem

dem werden durch sie die einen oder die andern Ideen erweckt; auch wenn diejenigen erweckt wurden, die mit den
jetzt vorgestellten und bemerkten einige Aehnlichkeit haben.
Von einer Seite können auch die verschiedensten Ideen
Aehnlichkeit haben.

Es kömmt aber auch auf die Beschaffenheit derjenigen Ideen an, die durch andere erweckt und ihnen zuge-
sellet werden sollen. Denn je leichter dieselben zu erwecken sind; desto leichter können sie auch in Verbindung
mit andern gebracht werden. Wenn also Zufälle gewisse
Ideen eine besondere Lebhaftigkeit und Erwecklichkeit bey einem Menschen gegeben haben; oder wenn die unwillkühr-
lichen organischen Ursachen der Imagination gewisse Ideen
jetzt eben oder gewöhnlich vor andern rege erhalten: so ist
auch dieses ein Grund zu sonderbaren Folgen und Verbindungen der Vorstellungen, und zu sonderbaren Willensäußerungen.

6) Es ist aus dem bisher bemerkten schon abzusehen, aber auch durch eigene Erfahrungen gewiß, daß
eine lebhafte Imagination bisweilen mit guter Gesundheit, Kraft des ganzen Körpers, und Munterkeit
der äußern Sinne verknüpft seyn kann; bisweilen aber
mit Entkräftung, unnatürlichen Dispositionen des Körpers, und Schwächung der äußern Sinne. Wenn im
ersten Fall vernünftige, oder doch gemeine Neigungen
durch die Lebhaftigkeit der Imagination eine mehrere Gewalt erhalten: so wird hingegen im andern Falle eine unnatürliche Gleichgültigkeit gegen viele Dinge, und eine
Heftigkeit der Begierden und Entschließungen in andern
Fällen, die mehr oder weniger an den eigentlichen Wahnsinn grenzet, aus der andern Art von lebhafter Phantasie
ent-

entſtehen. Bey den berüchtigten Gelüſtungen der Schwangern, und bey manchen Arten von Schwärmereyen, ſonderlich den orientaliſchen, ſcheint eine ſolche Urſache zum
Grunde zu liegen. Die orientaliſchen Völker ſcheinen
auch ohne den Gebrauch des Opiums, wahrſcheinlich
durch das Klima, plötzlichen Anfällen von einer ſolchen
unnatürlichen, mit Schwächung der äußern Sinne verknüpften Einbildungskraft ausgeſetzt zu ſeyn; daß die
Beſinnung und allſeitige Ueberlegung ſie ganz verläßt,
und ſie mehr in einem lebhaften Traume, gleich den
Schlafwandlern, als im Zuſtande des völligen Wachens
zu ſeyn ſcheinen. Es wird dieſes Zuſtandes in ihren Geſetzen mehrmalen gedacht unter einem eigenen Namen,
den der engliſche Ueberſetzer nicht recht auszudrücken wußte,
nur unvollſtändig, wie er ſelbſt erinnert, mit dem Namen Folly bezeichnet, und weiter ſo beſchreibt, daß er
aus den vorhergehenden Anmerkungen ſich erklären läßt*).
Er erläutert den Begriff durch folgendes Beyſpiel.

Ein gar nicht einfältiger Mann wurde vor das oberſte
Gericht zu Calcutta in einer Sache gefordert, und ſchwor
da, daß er kein Verwandter ſey von ſeinem leiblichen
Bruder, der gleichfalls vor dem Gerichte ſtand, und der
ihn von Kindheit an erhalten hat, und daß er ſein eigenes Haus bewohne, wovon das Gegentheil gleichfalls klar
vor Augen lag. Ohne eine ſolche träumeriſche lebhafte
Phan-

---

*) S. *A. Code of Gentoolaws* London 1777. Preface pag.
48 ſeq. The folly there ſpecifid is not to be under-
ſtood in the uſual ſenſe of the word in an Europe Idiom —— but as a Kind of obſtinately ſtupid
lethargy, of perverſe abſence of mind, in wich the
will is not altogether paſſive. It ſeems to be a weak-
neſſ peculiar to Aſia.

Phantasie lassen sich auch kaum die Lügenhaftigkeit und
Eitelkeit, oder ein auf Einbildungen sich gründender Stolz
erklären, die den orientalischen Völkern vor andern eigen
seyn sollen *). Wie sie von Jahrtausenden in der Geschichte sprechen, wo andere Menschen nur Jahrhunderte
gewahr werden, oder nicht so lange Zeitläufe; so verwan-
deln sich auch bey ihren geographischen Beschreibungen
die Hunderte der Einwohner einer Stadt in Tausende,
und die Ruthen ihres Umfanges in Meilen. Als der
französische Abgesandte de la Loubere angebliche Ge-
sandte aus der Nachbarschaft von Siam erzählen hörte,
daß ihre ehemalige Hauptstadt so groß gewesen sey, daß
man in weniger nicht als 3 Monaten sie umgehen konnte,
sagte ihm zur Erläuterung dieses Vorgebens der Ingenieur
de la Mare, der schon länger in Siam sich aufgehalten hatte, daß, als er einmal auf Befehl des Königs den
Plan der Stadt Ligor aufnehmen wollte, der Gouverneur derselben durchaus verlangte, daß er zwey Tage brauchen sollte, ehe er um sie herum käme, ob er gleich in
weniger als einer Stunde dies verrichten konnte.

Endlich ist auch wohl der orientalische Geschmack in
den bildenden Künsten, ihr Wohlgefallen an Fratzenge-
sichtern und unnatürlichen Gestalten eine Frucht dieser
zügellosen Imagination.

§. 131.

---

*) La vanité et le mensonge, caractères essentiels aux
orientaux. *Descript. du Royaume de Siam* p. Mr. de la
Loubere I. 30. Vergl. 206 ff.

§. 131.

Weitere Entwickelung einiger Verſchiedenheiten der Gemüthsarten, die in den bemerkten Unterſchieden der Imagination
ihren Grund haben.

Dieſe einzelnen Verſchiedenheiten im Gedächtniß
und der Einbildungskraft ſind keinesweges einander alle
ſo entgegengeſetzt, daß nicht mehrere derſelben ſich beyſammen finden könnten. Und einige der merkwürdigſten
Anlagen zu Eigenheiten des Gemüthscharakters ſind in
derjenigen Art von Imagination enthalten, die die beiden
gewiſſermaßen aus einander begreiflichen Eigenſchaften
hat; daß ſie nicht leicht durch äußerliche Urſachen zu reizen iſt, aber die erhaltenen Eindrücke nicht leicht wieder
verliert; die in ſich alle Kraft hat, und eben deswegen
äußerlichen Urſachen nicht ſo leicht nachgiebt. Bey einer
ſolchen Einbildungskraft alſo

1) koſtet es mehr Mühe, Begierden, Entſchließungen, Vorſätze zu erwecken. Aber wenn ſie gefaßt ſind,
ſo bleibt es auch nicht beym bloßen Gedanken; ſondern es
kömmt zum Werke; und Einreden anderer, oder kleine
Schwierigkeiten bringen nicht davon ab. Leute von der
Art laſſen andere bisweilen voraus; aber holen ſie mit
der Zeit ein, und laſſen ſie bald hinter ſich zurück. Sie
ſind nöthig zu Unternehmungen, die unverrückten Gang
zum vorgeſteckten Ziel, ohne Abweichen zur Rechten und
zur Linken, erfordern. Andere kann man gebrauchen,
wo es darauf ankömmt, geſchwind Scene zu machen,
Aufſehen, Auflauf zu erregen.

2) Sie ſchenken ihre Liebe und ihr Zutrauen nicht
ſo geſchwind; aber wer ſie einmal hat, dem hangen ſie auch
getreu und ſtandhaft an. Sie liebkoſen weniger; aber

ſie

fie lieben ununterbrochener. Eben so sind sie auch durch
kleine Beleidigungen nicht so geschwind aufgebracht;
aber sie tragen es länger nach. Die von der andern Art
sind weit gefährlicher in der ersten Hitze. Aber desto
weniger sind sie zu fürchten, wenn man erst Zeit gewonnen
hat. *).

3) Sie können sich nicht so leicht in die Sitten und
Charaktere anderer umschaffen, nicht mit jedem vorübergehenden Gefühl sympathisiren. Sie können sich daher
auch nicht so geschwind gefällig machen. Sie sind geschickter Achtung sich zu erwerben, als Liebe.

4) Aus allem erhellet, daß sie ihre Gewohnheiten
nicht leicht ändern werden. Denn ihre Beweggründe sind dauerhafte Vorstellungen, und sie werden
nicht von jedweder Anregung erschüttert. Doch hängt es
von anderweitigen Gründen ab, ob ihre Beharrlichkeit
blinder Steiffsinn, oder zweckmäßige Anhänglichkeit
seyn werde.

5) Wenn sie auch durch neue Reize gerührt werden, so
lassen sie sich doch nicht so geschwind von einem Extrem zum
andern hinreißen. Die alten Eindrücke sind nicht sogleich
vertilgt; sie geben noch erst zu allseitigen Vergleichungen
des Einen und des Andern Anlaß.

6) Durch einen Sturm vieler hinter einander an-
bringenden Gründe läßt sich ein solcher Charakter nicht
leicht bezwingen. Jede Idee will ihre Zeit haben, um
zu fassen. Und an vollständige Ideen gewöhnt, läßt
er

---

*) So schildert Hume den Charakter Heinrich des III.
Hist. of Engl. II. 12 s. 26. s.

er sich auf gar nichts ein, wenn man ihn übertäuben will.
Philipp II. in Spanien scheint diese Einbildungskraft
gehabt zu haben, in welcher die Vorstellungen langsam
sich ausbilden, aber starke und dauerhafte Eindrücke machen. Seine Leidenschaften und Anschläge beweisen die
Stärke seiner Ideen. Aber langsam kamen sie zur Reife
und völligen Bestimmtheit. Der große Gedanke, der
die unüberwindliche Flotte schuf, würde vielleicht nicht
fruchtlos gewesen seyn, wenn mehr Feuer der Einbildungskraft ihre Absegelung beschleunigt hätte. Wiederum
brachten widrige Erfolge ihn nicht leicht von seinen gefaß-
ten Entschließungen ab.

§. 132.
Einige allgemeine Betrachtungen über die Gewalt der Vernunft in der Bestimmung des Gemüthscharakters.

Nach den Vorstellungen einiger Beobachter des
menschlichen Herzens scheinen Empfindung und Einbildungskraft die einzige, oder doch bey weiten die vornehmste
Quelle der Neigungen und Leidenschaften, und aller Verschiedenheiten der Gemüther zu seyn.

Die Vernunft und alle die ihr eigenen Vorstellungsarten des speculativen Verstandes sollen keinen, oder nur
geringen Einfluß darauf haben.

Man kann zur Vertheidigung dieser Meinung freylich sich auf nicht wenige Beyspiele solcher Menschen berufen, deren Leben ihren Lehren, den ernstlichen Behauptungen und gründlichen Einsichten ihrer Vernunft offenbar widerspricht; sowohl solcher, die ungleich richtiger
gehandelt als gedacht haben; als solcher, deren Begriffe
und Grundsätze sich mit dem, was gut und edel ist, be-

schäf-

schäftigten, indem ihr Leben von verderblichen und schänd-
lichen Leidenschaften regiert wurde. Man kann sich auf
so manche vergeblich geprebigte, einleuchtende, einge-
standene, und doch fast allgemein in der Anwendung vernachläſſigte Wahrheiten, von der Schädlichkeit gewiſſer
herrschenden Gebräuche, Nahrungs- oder Kleidungsar-
ten *), berufen. Weiter läßt sich sagen, daß die Bemerkung der Verhältniſſe der Dinge, und die Anwendung
und Vereinigung mehrerer ähnlicher Bemerkungen zu allgemeinen Begriffen und Grundsätzen, worinnen eben das
Wesen und Geschäfte der Vernunft besteht, nach der Aufmerksamkeit, folglich nach dem Eindruck, den die Dinge
auf die Seele machen, und dem Intereſſe, so diese dabey hat, sich richte und abmeſſe; und folglich in dem
Grade und in Ansehung der Dinge da sey, in welchem
und in Ansehung derer die Seele durch Empfindung und
Leidenschaft erweckt worden ist.

Aber was das letztere anbetrifft; so kann daraus,
daß zur Bildung der Vernunfterkenntniſſe Aufmerksamkeit nöthig ist, und diese allerdings auch von der Stärke
des sinnlichen Eindruckes und dem Intereſſe der Leidenschaften abhängt, noch nicht gefolgert werden, daß Empfindung und Einbildungskraft die einzigen innern Gründe
der Neigungen und Handlungen seyn. Denn damit ist
noch nicht einmal entschieden, ob nicht, vermöge ursprüng-
licher Eigenschaften und Anlagen, bey gleich starkem
Eindrucke und gleicher Aufmerksamkeit, die Wahrneh-
mung

---

*) Z. B. der den Leib unnatürlich zusammenpreſſende
Schnürbrüste.

mung der Verhältniſſe in dem einen Menſchen geſchwin-
der, feiner, richtiger, und die Kraft zur Beobachtung
und zum Nachdenken reger und dauerhafter ſeyn könne,
als in dem andern? Und die Erfahrung macht die
Wirklichkeit ſolcher urſprünglichen vom Grade der Empfindlichkeit und der Leidenſchaften unabhängiger Anlagen
zu verſchiedenen Graden der Beurtheilungskraft und Vernunft wenigſtens wahrſcheinlicher als das Gegentheil.

Auch jener erſte Grund beweiſet nicht, daß es vergeblich oder nicht ſehr der Mühe werth ſey, den Gründen der verſchiedenen Gemüthsarten in den Verſchiedenheiten der höhern Erkenntnißfähigkeiten nachzuſpühren.
Denn daraus, daß die herrſchenden Neigungen und Handlungen der Menſchen ſich nicht immer nach den Einſichten und Urtheilen ihrer Vernunft richten, kann doch nicht
geſchloſſen werden, daß dieſes nie geſchieht. Und wenn
bey jenen Menſchen einige von den Vorſtellungen und
Ausſprüchen ihrer Vernunft keinen oder keinen anhaltenden und überwiegenden Einfluß auf ihren Charakter und
ihr Verhalten hatten: ſo muß nicht gleich angenommen
werden, daß die Vernunft überall nichts oder wenig zur
Beſtimmung derſelben beygetragen habe. Frühere Irrthümer und Fehlſchlüſſe können Triebfedern erzeugen, denen die ſpätere richtige Einſicht nicht allezeit ganz wieder
abhelfen kann. Die Vernunft kann, wenn ſie zur Reife
kömmt, den durch Gewohnheiten geänderten Mechanis-
mus des Körpers und die verlornen Kräfte nicht wieder-
herſtellen, wenn ſie gleich an dieſem Verluſte und jener
Zerrüttung Schuld war. Oder nur bey einem gewiſſen
Grade der Vernunft, des Nachdenkens und der Einſicht
können die Reize der Sinnlichkeit überwunden werden;

Kk

und

und Mangel am Verſtande iſt alſo in ſolchem Falle doch die wahre Urſache, daß die herrſchenden Neigungen ſo und nicht anders ſind.

Uebrigens wird gern eingeſtanden, daß die Unterſchiede, die ſchon bey der ſinnlichen Erkenntniß ſich äußern, und ſonderlich diejenigen, die auf die Einbildungskraft allernächſt ſich beziehen, auch Gründe enthalten zu Verſchiedenheiten in dem Vermögen, durch Beurtheilung und Schlüſſe, Begriffe und Grundſätze ſich zu bilden und ſie anzuwenden.

Wenn aus allzuträger und matter Einbildungskraft die Vorſtellungen nur ſchwach, dunkel und unvollſtändig erweckt werden, und allzu langſam auf einander folgen: ſo wird es oft gar nicht zur Vergleichung und Beurtheilung derſelben kommen können. Und wenn ſie allzulebhaft ſind und flüchtig vorbeyeilen: ſo wird nach einſeitiger Beobachtung das Urtheil ausfallen, wofern ſie nicht gar aller Beurtheilung entwiſchen, und Triebfedern erwecken, bey denen man ohne alle Ueberlegung handelt.

Das ganze Vermögen der Vernunft, alle Kräfte zum Nachdenken und Beurtheilen, ſind unwirkſame Fähigkeiten, wenn es an Vorſtellungen von den Gegenſtänden fehlt. Und dieſe Vorſtellungen werden uns nicht angeboren, ſondern müſſen durch Erfahrungen gegründet, und allmählig zur Vollſtändigkeit gebracht werden. Alle Vernunftkraft kann den Mangel der Erfahrung und des Unterrichts in vielen Fällen nicht erſetzen. Der beſte Kopf, dem es daran fehlet, handelt daher oft wie ein Blödſinniger; einfältiger als ein Menſch von mittelmäßigem Verſtande mit mehrerer anpaſſender Erfahrung.

§. 133.

§. 133.

Leichtſinnige und bedachtſame, ſinnliche und empfindſame
Gemüther.

Wenn ein Menſch nach dem erſten lebhaften Eindruck der Dinge, und den daraus entſtehenden einſeitigen
Vorſtellungen, begehrt und handelt; wenn weder ſein
tieferes Gefühl nur erſt halb aufgeſchloſſene Wahrheit
ahndet, noch auch Warnung der aus Erfahrung entſtandenen Klugheit von der Uebereilung ihn zurückhält: ſo
handelt er leichtſinnig; und wenn er es oft thut: ſo iſt
Leichtſinn ſein Charakter. Ein ſolcher opfert dem Vergnügen die Ehre, und dem nahen kleinern Vortheil den
entferntern größern auf; er faßt im gegenwärtigen Augenblick einen Vorſatz, und vergißt ihn im folgenden *).
Jetzt ſeyd ihr ihm die ganze Welt; und bald darauf handelt er, als ob ihr nicht in der Welt wäret. In der
Frölichkeit denkt er nicht daran, daß es Leiden giebt: oder
jedes Mittel ſcheint ihm hinlänglich ſich dagegen zu ſchützen.
Aber wenn Schmerz oder Traurigkeit, ihn einmal ergriffen
haben: ſo ſieht er auch keine Errettung mehr vor ſich,

oder

---

*) Den höchſten Grad von Sinnlichkeit und Leichtſinn ſchil-
dert Hume im Charakter des Herzogs von Buck ~ ham,
des Günſtlings Carls I mit folgenden Ausdrücken:
„Beym geringſten anſcheinenden Vortheil vergaß er,
was er ſeiner Ehre ſchuldig war, dem kleinſten Vergnügen opferte er ſein Intereſſe auf Der unwichtigſte
Einfall konnte machen, daß er das Vergnügen fahren
ließ — Er hatte alle Vortheile des Glücks, der körperlichen Schönheit und des Witzes. Sein Leichtſinn
machte ihn zuletzt ſo unfähig zu ſchaden, als er ihn vorher ungeneigt gemacht hatte zu nutzen. Hiſt. VI.
201.

oder er ergreift die äußersten Mittel der Verzweiflung,
weil er nur die geschwindeste Befreyung von seinen Leiden
in ihnen gewahr wird, und das weitere ihn nicht rührt.
Daß er euch verspricht, werdet ihr leicht in allen Angelegenheiten von ihm erhalten; aber ihr müßt zusehen, daß
die Erfüllung seines Versprechens keinen Aufschub nöthig
hat, wenn er es nicht wiederum aus der Acht lassen oder
anders Sinnes werden soll. Weil nur dasjenige auf ihn
Eindruck macht, was in die Sinne fällt, dasjenige,
was durch anhaltende Aufmerksamkeit und mehrere Vergleichungen erkannt wird, sich ihm nicht offenbaret: so
hat er wenig Empfindung von den höhern Schönheiten
der Kunst und der sittlichen Güte. Eiteler Tand und
Prunk, das Schimmernde, wenn gleich Kraft- und Zwecklose, gefällt ihm mehr, als das wahrhaftig Große und
Erhabene. Eine Handlung, die nur durch die kleinen
Nebenumstände bedeutend wird, und die ganze Größe
oder Güte der Seele des Handelnden verräth, hat für
ihn keine Bedeutung. Er ist sinnlich, nicht empfind-
sam. Weil man andere nach sich beurtheilet, und der
sinnliche seichte Kopf am meisten dazu aufgelegt ist: so
glaubt er andern zu gefallen, und sie sich zu verbinden,
wenn er ihren Sinnen oder ihrer Einbildungskraft schim-
merndes Vergnügen vormacht, sie überschüttet mit ver-
standlosen, das feinere Gefühl beleidigenden Schmeicheleyen; und wird vollends ekelhaft, da er sonst nur gleichgültig oder verächtlich seyn würde. Er rechnet aber auf
diese Dinge so viel, daß er die größten Blößen dadurch zu
decken, und wahre Beleidigungen damit gut machen zu
können, nicht selten sich einbildet.

Es

Es wird nicht ſchwer ſeyn, nach dieſen Zügen den entgegengeſetzten Charakter des Nachdenkenden, Bedachtſamen zu entwerfen. — Auch dieſer fällt bisweilen ins Extrem; in den Fehler einer allzugroßen Verachtung des Kleinen und Schimmernden; wird finſter, ungefällig, bitter, ſteif, rauh — durch allzugroße ausſchweifende Aufmerkſamkeit auf ſeine Hauptzwecke. Oder indem er der Empfindung und dem Scheine allzuwenig traut, den Schlüſſen vom Möglichen, was dahinter verborgen ſeyn, oder daraus erfolgen könnte, allzuſehr ſich überläßt, wird er dadurch oft allzu mißtrauiſch, ängſtlich und unentſchloſſen *).

§. 134.

Folgen von der Uebermacht des Witzes, der Unterſcheidungskraft und des Tiefſinns.

Nach den verſchiedenen Arten der Verhältniſſe, die ſich bey der Zuſammenhaltung der Ideen zu erkennen geben, pflegt man auch verſchiedene Stücke oder Arten von Vollkommenheit bey der Beurtheilungskraft zu unterſcheiden. Die vorzügliche Fertigkeit, Aehnlichkeiten und Uebereinſtimmung der Dinge zu entdecken, wird in der Sprache einiger Schulen Witz **) genannt; und das

Kk 3   Ver-

---

*) Mehrere Verſchiedenheiten der Charaktere, die ſich auf den verſchiedenen Gebrauch der Vernunft und des Nachdenkens und deren Verhältniß zur Stärke der Empfindung gründen, werden bey den Unterſuchungen des dritten Theils über Tugend und Laſter bemerklich werden.

**) Dieſer Begriff iſt freylich nicht allen Anwendungen des Wortes völlig gemäß; indem es vielmehr entweder ein

Ver-

Vermögen, Verschiedenheiten, Abweichungen zu bemer=
ten, von einigen Scharfsinn, von andern Unterschei=
dungskraft. Gewiß ist es, daß nicht alle Menschen in
beyden Anwendungen der Beurtheilungskraft eine gleiche
Fertigkeit besitzen; mag solches nun von ursprünglichen
Dispositionen, oder bloß von der Uebung und den herr=
schenden Ideen herrühren *).

Bey denen nun, in deren Imagination und Ver=
stande Aehnlichkeit der Ideen hauptsächlich hervorsticht,
die überall Uebereinstimmung und Einartigkeit bemerken,
und bey dieser Bemerkung leicht stehen bleiben, ist in so
ferne Grund vorhanden,

1) leichter befriediget zu werden; indem die
Dinge nur von der Seite ihrer Aehnlichkeit mit den Idea=
len, nach denen ihr Werth beurtheilet wird, angesehen
werden. Nicht just auf beständig; denn die Bemerkung
des entgegengesetzten Verhältnisses, der Unähnlichkeit,
kann doch auch entstehen. Und wenn dies geschieht, und
die

Vermögen, ergötzende Vorstellungen und Verbindun=
gen derselben hervorzubringen; oder auch Geschicklichkeit,
scheinbar zu machen, was im Grunde falsch ist, bedeu=
tet. Doch kann, da es an einem andern Worte für den
ersten Begriff fehlet, jene Anwendung um so mehr ge=
duldet werden, da bey den beyden andern selbige doch
in den meisten Fällen allein oder größtentheils zu
Grunde liegt.

*) Es können auch umgekehrt die Gemüthsneigungen, die
hier als Folgen der angezeigten Verstandesbeschaffenhei=
ten angemerkt werden, wenn sie aus andern Gründen
vorhanden sind, Ursachen seyn, daß mehr der Witz oder
mehr die Unterscheidungskraft geübt wird. Der Ein=
fluß zwischen Verstand und Willen bleibt immer wech=
selseitig.

die Vergleichung da wieder einseitig vor sich geht: so kann das, was vorher Himmel schien, leicht Hölle werden.

2) Aus eben dem Grunde entstehn leichter Hoffnungen und Erwartungen. Und leichter nehmen also auch Beyfall und Liebe überhand. Je lebhafter dabey die Einbildungskraft ist, und die Eindrücke vergrößert und verschönert; desto mehr können kleine Vollkommenheiten zum unmäßigen Wohlgefallen reizen, und die Unvollkommenheiten des Gegenstandes werden bey diesem lebhaften Scheine des Guten desto leichter übersehen.

Regenten von diesem Charakter sind insgemein das Spiel ihrer Günstlinge und ihrer Feinde; zumal wenn sie keinen besonders starken Trieb zur Selbstthätigkeit in sich fühlen. Die Englische Geschichte stellt unter andern in Jacob I und Carl I Beyspiele hievon auf *).

Wo hingegen die Unterscheidungskraft die Oberhand hat; da haben Unzufriedenheit, Vorsicht und Bedacht-

Kk 4

---

*) Vom ersten urtheilt *Robertson*: *James* was naturally of so soft and ductile a temper. that those, who were near his person, commonly made a deep impression on his heart; which was formed to be under the sway of favorites. — *James* possessed talents of that Kind, which make a better figure in conversation than in action. Er konnte so leicht eingenommen werden, daß er auch den Douglas zu seinem Vertrauten und Gesandten am englischen Hofe machte, der im großen Verdacht stand, an der Ermordung seines Vaters mit schuldig zu seyn, und dem er vorher kaum den Schutz gönnete, den ihm die Königinn Elisabeth als einem Vertriebenen wiederfahren ließ. S. *Hist. of Scottland* II. 60. 84. 88. 168 seq.

dachtsamkeit, Tadelsucht und Hang zum Argwohn Grund
für sich. Je mehr Unterscheidungskraft und anhaltendes,
tiefeindringendes Nachdenken die Seele anwendet; desto
mehr wird ein Mensch aufs Reelle gehn, nicht dem
Scheine nachlaufen; nicht die Dinge für die Zeichen
derselben hingeben, den Zweck für die Mittel. Er wird
oft kalt und ungerührt bleiben, wo andre von Bewunderung, Verlangen oder Entsetzen belebt sind; und ein
anders mal in lebhaftes Gefühl gerathen, wo andre unbe-
wegt bleiben.

§. 135.

Vom Gemüthscharakter der sogenannten Genies.

Es ist gewöhnlich geworden, denjenigen Menschen,
welche durch ihre Erkenntnißkräfte unter der Menge sich
auszeichnen und Bewunderung erregen, den Namen der
Genies beyzulegen. Wie die Menschen überhaupt in
den Gegenständen ihrer Hochachtung und Bewunderung
nicht völlig übereintreffen: so zeigen sich daher freylich
auch Abweichungen bey der genauern Bestimmung des
Begriffs vom Genie. Unterdessen ist man darinn einig,
daß lebhafte Einbildungskraft und eine gute Beurtheilungskraft wesentliche Bestandtheile des Genies seyn.
Jene, um Ideen in gnugsamer Menge und Klarheit
hervorzubringen. Diese, um sie nach ihren Verhältnissen zum wahren Schönen, Schicklichen und Nützlichen zu würdigen und anzuwenden. Mehr von jener giebt
kühne und glänzende Genies; mehr von dieser bringt
tiefsinnige Köpfe, gründliche Denker hervor. Es ist
ofort begreiflich, daß diese beyderley Arten des Genies
auch

auch in den Anlagen des Gemüthscharakters sich nicht völlig ähnlich seyn können. Und nachfolgende Bemerkungen werden auch zum Theil mehr oder weniger wahr befunden werden; je nachdem man sie auf die eine oder die andere Art guter Köpfe anwendet.

1) Das Gefühl vorzüglicher Geisteskraft erzeugt natürlicher Weise Zutrauen zu sich selbst, Muth und Stolz. Man setzt sich leichter über das Urtheil anderer hinweg; verzeiht sich ein mehrers, sicher, noch immer Hochachtung genug für sich zu haben, oder sich verschaffen zu können; vielleicht auch, daß man andre gar nicht für fähig hält, Fehler, wenn man sie vor ihnen verbergen will, zu entdecken. Vorschriften im Denken, und in allen den Dingen, die es seiner Aufmerksamkeit würdig hält, sind dem Genie ein beschwerlicher Zwang; es giebt lieber Gesetze, als es sie annimmt.

2) Das Vorurtheil des Alterthums und der Menge ist einer Sache eher nachtheilig, als vortheilhaft bey ihm. Nur beym Neuern oder beym Unterscheidenden kann selbstthätige Denkkraft sich auslassen.

3) Die lebhafte Einbildungskraft, bey welcher die Beurtheilung so leicht einseitig bleibt, ist die Ursache der oftmaligen Heftigkeit im Begehren und Verabscheuen, und des Enthusiasmus in den Entschließungen, die man bey den größten Künstlern und Gelehrten angemerkt hat *).

Kk 5

4)

---

*) Daß auch hier die Regeln ihre Ausnahmen selben; beweiset unter andern das Beyspiel des großen Newton. Die Geschichte mit dem Hund, der Ursache war, daß
ihm

4) Sie können auf einmal in große Ausschweifungen gerathen. Aber sie verweilen um so weniger dabey; jemehr sie von richtiger Beurtheilungskraft besitzen.

5) In ihren Unternehmungen werden sie sich öfter beharrlich, als veränderlich zeigen; weil Schwierigkeiten den erfindrischen Geist so geschwinde nicht abschrecken; und ihrem Stolze es hart ankömmt, zu gestehen, daß sie sich geirret haben.

6) Das Leichte und Kleinliche verachtet das Genie; und das Große und Schwere erhält oft selbst vor dem Nützlichen den Vorzug.

7) Das große Zutrauen zu sich selbst und seinem eigenen Urtheile, und die Achtung für sich selbst, scheinen die Genies weniger zur warmen Freundschaft, als zur lebhaften Empfindung der Beleidigungen geschickt zu machen. Aber wie sehr kann sich nicht dies alles durch den Grad und die Art der erworbenen Einsichten ändern!

§. 136.

Umfang der Einsichten. Charakter eines durch Talente und. Uebung großen Geistes.

Durch Unterricht, Erfahrung und Nachdenken erworbene Einsichten, in die Natur und Verhältnisse der
Dinge

---

ihm Papiere, die meist zu Ende gebrachte Arbeiten vieler Jahre enthielten, verbrannten, und nur mit den sanftesten Worten bestraft wurde, ereignete sich freylich erst im hohen Alter des Denkers. Er soll aber jederzeit von gelassener Gemüthsart gewesen seyn, auch nie die Gesetze der Keuschheit übertreten haben. S. *Montly Rewiew.* 1772 Octob.

Dinge tragen wenigstens eben so viel zur Bestimmung des Gemüthscharakters bey, als die Unterschiede in den ursprünglichen Erkenntnißkräften. Auf jene muß also auch hier gleich im Allgemeinen Rücksicht genommen, und erwogen werden, was aus großen Abständen in dem Umfange und der Vollständigkeit der Einsichten für Unterschiede in den Gemüthsarten entstehen können.

1) Bey der rohesten Unwissenheit, wo wenige Begriffe deutlich und geläufig sind, können nur wenig Beweggründe, nur wenige Neigungen im Gemüthe etwas ausrichten. Aber diese wenigen werden auch das, was sie mit ihrer eigenthümlichen Kraft, oder mittelst einer eingeschränkten Ideenabsociation bewirken können, desto ungehinderter und völliger ausrichten. Auf körperliche Bedürfnisse gründen sich die ursprünglichen für sich lebhaften Empfindungen und Triebe des Menschen. Diesen sinnlichen, thierischen Trieben wird also derselbe um so viel mehr sich überlassen, je eingeschränkter seine Erkenntniß ist. Gewohnheiten und angenommene Vorurtheile sind das non plus ultra der Unwissenheit; über diese erhebt sie sich nicht leicht in ihrem Nachdenken. Sie macht, daß der Mensch im Elende ausdauert; weil er es weniger fühlt, da er es mit dem Bessern nicht vergleichen kann; oder weil er keine Möglichkeit ahndet, daß das Bessere auch ihm werden könne. Wie er das, was er haben könnte, oft nicht begehrt, weil er den Werth oder die Möglichkeit desselben nicht einsieht: so kann es ihm einfallen, nach dem zu begehren, was bey mittelmäßiger Erkenntniß keinen Wunsch erregt, weil seine Unmöglichkeit oder Schädlichkeit einleuchtet. Größe, Kunst und Schönheit, die nur bey seiner Unterscheidung

dung und der Vereinigung mancherlei Gewahrnehmungen bemerklich werden, machen keinen Eindruck auf ihn. Das Ungeheure kann er mit einigem Vergnügen anstaunen; es füllt ihn mit Empfindung, und Mißverhältnisse nimmt er nicht gewahr.

2) Mittelmäßiger Verstand und halbe Einsichten sind die Ursache der Streitsucht und Rechthaberey; der Neigung, alles Unbegreifliche zu verwerfen, und der leichten Ueberredung, alles erklären und begreifen zu können; der Neigung zum leichtsinnigen Spotte, und zur übereilten Rechtfertigung oder Verurtheilung. Mittelst der Fähigkeit, durch einseitige Ueberlegung sich zu bestimmen, und durch Scheingründe sich verführen zu lassen, entspringen daher Leichtgläubigkeit, Voreiligkeit und Verwegenheit; die, wenn sie einen glücklichen Erfolg haben, von der kurzsichtigen Menge Entschlossenheit und Heldenmuth genannt werden. Je weniger der halber leuchtete Mensch das Verhältniß seiner Kraft zu dem, was außer ihm wirkt, gehörig schätzet, oder die Güte seiner Absichten und Begierden zu bezweifeln geneigt ist; desto schwerer fällt es ihm auch, dem Schicksal nachzugeben. Eigensinnig beharret er bey seinen Vorsätzen, oder flucht dem Schicksal, wenn er nachgeben muß; oder ist eitel genug, sich anzustellen, als wollte er nicht mehr, was er nicht konnte. Wenn ein Mensch Scharfsinn besitzt, aber nur bey einem kleinen Umfang von Begriffen; wenn er genau zu überlegen gewohnt ist, aber nur wenig auf einmal zu befassen, nicht auf viel und weit aus einander liegende Gegenstände zugleich oder schnell nach einander seine Aufmerksamkeit zu richten im Stande ist: so wird er oft gewahr werden, was andre übersehen;

aber

aber nicht gewahr werden, daß es ohne Nachtheil übersehen werden könnte. Er wird Mittel für seine und auch
für andrer Absichten entdecken, denen nichts fehlt, als daß
sie nicht anwendbar, oder nicht herbey zu schaffen sind,
und unüberwindliche Schwierigkeiten entgegen zu stellen
glauben, die es auch seyn würden, wenn sie eben so wenig vorbey gegangen, als überstiegen werden könnten.
Man begreift leicht, wie zuversichtlich ein solcher Mensch
sich gebärden, wie stolz er über andre hinwegsehen werde;
so lange ihn die Erfahrung noch nicht klug gemacht hat.
Zu wünschen ist, daß er es nicht auf Kosten eines Landes
werde.

3) Allseitiger, tiefeinbringender, von Natur starker,
durch Uebung geschärfter Blick, ausgebreitete und durch
die Erfahrung aufgeklärte und geläuterte Kenntnisse, besonders von den Menschen, geben dem Geiste Festigkeit,
Gleichmüthigkeit ohne Gleichgültigkeit, gesetzten, geraden Gang. Ein solcher Geist kennt die verschiedenen
Seiten und den Wechsel der Dinge. Seine meisten Begierden und Verabscheuungen sind daher sehr gemäßigt.
Nur wenige Güter von gewissem und dauerhaftem Werthe
liebt er mit Leidenschaft; und auch diese ist nach Absichten
und Grundsätzen geordnet. Nie versäumt er das Große
über dem Kleinen. Und doch beachtet er auch das Kleine.
Nicht nur weil er Fähigkeit genug hat, auch dieses zu be-
achten, ohne jenes zu versäumen, sondern auch, weil er
weiß, wie wichtig oft das Kleine im Zusammenhange seyn kann. Er liebt die Menschen, ohne zu seinem Glücke ihrer sehr zu bedürfen, oder in seiner Zufriedenheit von ihnen sehr abzuhängen. Er betrachtet sie hauptsächlich als Gegenstände seiner großen wohlthätigen Wirksam.

samkeit, und thut weit mehr für sie, als er sich von ihnen thun lässet. Er widersetzet sich ihnen, wenn es seyn muß, ohne sie zu hassen; und beherrscht sie weit mehr, als sie es selbst gewahr werden. Er ist groß genug, um auch das Große an andern, auch an seinen Gegnern, gern zu bemerken und aufrichtig zu loben. Aber nie dünkt er sich zu groß, um Rath und Belehrung auch von dem Geringsten anzunehmen, der eigene Kenntnisse und Erfahrungen besitzt. Er hütet sich und warnt vor Gefahren, so lange sie vermieden werden können; und fürchtet sie am wenigsten, wenn sie da sind. Er verrichtet die größten Dinge dadurch, daß er die Gründe legt, aus denen sie kommen müssen; und kann daher am wenigsten zu thun scheinen, wenn er am meisten thut. Er macht nie große Anstalten für kleine Zwecke: aber er nutzet kleine Umstände für große Absichten. Er kann veränderlich scheinen, weil er nur immer seinen Hauptabsichten nachgeht, und in der Wahl der Mittel sich ändert, wie die Umstände oder seine Einsichten sich ändern. Wie er nichts halb thut: so weiß er auch, wenn es nöthig ist, bis zur Undurchdringlichkeit, bis zur Vermeidung alles Anscheins von Verstellung, seine Absichten zu verbergen. Aber weit entfernt, an der Kunst zu täuschen ein unmittelbares Wohlgefallen zu haben; ist er vielmehr, seiner natürlichen Neigung nach, gerade und offen, bis zur Unbegreiflichkeit für kleine Geister. Er kann Schwachheiten an sich haben. Aber dann kennt sie niemand besser, als er selbst sie kennt. Und er ist sich ihrer bewußt, ohne darüber bestürzt zu seyn; weil er sich eben so sehr der anhaltenden Aufmerksamkeit, sie zu bewachen, und im Zaume zu halten, bewußt ist; weil er nie mehr zu seyn begehrt,

als

als er seyn kann; vielleicht auch, weil er es für gefährlich hält, dem gemeinen Menschen sich so ganz unähnlich
zu machen. Der Pöbel verachtet ihn, wenn das Schicksal, welches alle menschliche Weisheit vereiteln kann,
über ihn siegt. Wenige nur können ihn völlig begreifen,
und ihm Gerechtigkeit wiederfahren lassen. Mittelmäßige
Köpfe halten ihn höchstens just zu der Laufbahn geschickt,
in der sie ihn wirklich sehen. So sehr ist er immer das,
was er seyn soll! Diese Züge sind nicht bloß aus Grundsätzen gefolgert, sondern auch aus Beyspielen großer
Männer abgenommen. Der ältere Cato *), Cäsar,
Agricola, Carl der gr. **), Sully, Colbert,
Necker,

---

*) S. von diesem großen Manne das Urtheil des Livius
XXXIX. 40. In hoc viro tanta vis animi ingeniique
fuit, ut quocunque loco natus esset, fortunam sibi
ipsi facturus fuisse videretur. Nulla ars neque pri-
vatae neque publicae rei gerendae ei defuit. Urba-
nas rusticasque res pariter callebat — Versatile ingenium sic ei pariter ad omnia fuit, ut natum ad id
unum diceres, quodcunque ageret. — Asperi pro-
cul dubio animi, sed invicti a cupiditatibus. In parsi-
monia, in patientia laboris periculique, ferrei prope
corporis animique, quem ne senectus quidem quae
solvit omnia fregerit.

**) Carl der Gr. dachte in der Mitte von Sachsen an Ita-
lien und Spanien, und zu Rom sorgte er für Sachsen,
Bayern und Bononien. Bey allen seinen Kriegen
in seinen eigenen Ländern, war er dennoch nicht nur
Verbesserer der Religion und Erziehung, Stifter und
Mitglied einer gelehrten Gesellschaft: sondern er un-
tersuchte auch mit der genauesten Sorgfalt die Wirth-
schaft seiner Meierhöfe: durchsah selbst die Rechnungen,
wo alles bis auf die Anzahl der Eier eingetragen seyn
mußte. Er wollte alles selbst einsehn, und selbst thun.
Sein großer Geist war auch im Stande, alles zu umfas-
sen.

Necker, Türenne *), Baron Görz **), Friedrich
und Joſeph waren mir allernächſt dabey im Geiſte
gegenwärtig.

ſen. Er hatte der Erziehung wenig, ſondern alles ſeinen Anlagen und den Erfahrungen eines langen Lebens
zu verdanken. S. Schmidts Geſchichte der Deutſchen I. 430. 432. 516.

*) Der Card. von Retz, deſſen Schilderungen, wenn die
Leidenſchaft nicht dazwiſchen kom, aus Mangel des
Scharfſinns die Wahrheit nicht leicht verfehlen; und
denen noch am meiſten zu trauen iſt, wenn er lobt, ent-
wirft deſſen Charakter folgendermaßen. *M. de Turenne*
a eu dès ſa jeûneſſe toutes les bonnes qualités, et il a
acquis les grandes d'aſſés bonne heure. Il ne lui en
a manqué aucune, que celles, dont il ne s'eſt point
aviſé. Il avoit preſque toutes les vertus comme na-
turelles; il n' a jamais eu le brillant d'aucune. On
l'a cru plus capable d être à la tête d'une armée, que
d'un parti, et je le crois auſſi, parce qu'il n'etoit pas
naturellement entreprenant; mais toutefois qui le
ſait? Il a toujours eu en tout, comme en ſon par-
ler, de certaines obſcurités, qui ne ſe ſont developpées, que dans les occaſions, mais qui ne ſe ſont
jamais developpées qu'à ſa gloire.

**) S. deſſen gerettete Unſchuld und Ehre, welche vor
einigen Jahren erſchienen iſt.

Kapitel II.

Kapitel II.

Vom Einfluß des Körpers auf den Gemüths-charakter.

§. 137.

Allgemeine Bemerkungen. Schwierigkeiten, die sich bey der genauern Bestimmung desselben vorfinden.

Der Körper hat, wie schon oben (§. 127.) angemerkt worden ist, auf eine doppelte Weise Einfluß auf das Gemüth; unmittelbar, vermöge der Gefühle, die von ihm herkommen, und mittelbar, vermöge des Einflusses, den er auf die Vorstellungskräfte der Sinne, der Einbildungskraft und des Gedächtnisses, und auf das ganze Erkenntnißvermögen der Seele hat.

Nach der verschiedenen Beschaffenheit, Gesundheit oder Kränklichkeit des Körpers entstehn einem Menschen, wenigstens aus diesem Grunde, mehr angenehme oder unangenehme Empfindungen; und es wird die eine oder die andere Art von Vorstellungen die herrschende in der Einbildungskraft. Nach der Beschaffenheit des Körpers hat auch der Mensch ein in vieler Rücksicht wichtiges, stärkeres oder schwächeres Gefühl von Kraft. Der Körper endlich bestimmt die Stärke oder Schwäche der

thie-

thierischen Bedürfnisse des Schlafes, der Nahrung,
des Geschlechtstriebes u. s. w.

Diese Art der Einflüsse des Körpers aufs Gemüth
ist nicht nur überhaupt außer Zweifel; sondern es lassen
sich auch die besondern Folgen, die aus den mancherley
dahin gehörigen Verschiedenheiten entstehen, ziemlich
genau und zuverlässig angeben *); weil Gefühle, welches

---

*) Die Krankengeschichten können nicht nur unzählige Be-
stätigungen dieses Hauptsatzes vom Einfluß des Körpers auf den Willen; sondern auch bey einer vollständigen und genauen Beobachtung Stoff zu einer sehr
lehrreichen Ausführung desselben hergeben. Zu einer
solchen vollständigen Ausführung reichet aber weder
meine Belesenheit zu, noch würde sie dem Verhältnisse
der übrigen Untersuchungen dieses Werkes unter einander angemessen seyn. Unterdessen können einige besondere, hieher gehörige Bemerkungen theils die Ueberzeugung von der Wichtigkeit und Wahrheit des Hauptsatzes allgemeiner machen; theils den Fleiß anderer zur
weitern Bearbeitung dieses Stückes der Anthropologie,
der psychologischen Pathologik, erwecken.
    So ist also, unter andern, durch Erfahrungen ge-
wiß, und auch begreiflich, daß Verstopfungen in den
Eingeweiden große Reize zur Unkeuschheit veranlassen
können. Der Verlust vieles Blutes, indem er allernächst
Erschlaffung der Fiebern nach sich zieht, verursacht oft
äußerste Muthlosigkeit und Schreckhaftigkeit. Homines antea audaces et intrepidi sponte prolabuntur in
fletus fere pueriles sagt *Boerhave*; de morbis nervorum p. 139. Und *Tissot*: On a remarqué, il y a long
tems, qu'après des blessures, qui leur ont fait per-
dre beaucoup de sang, les soldats les plus intrepi-
des perdent tout leur courage, jusqu' à ce que la
force des fibres retablie, la densité du sang revenue,
en un mot, l'etat de laxité et d' humidité dissipé,
ils redeviennent ce que qu'ils etoient avant la blessure.
                                                    Traité

ches hier die Wirkungen des Körpers sind, doch mehrentheils den Gemüthszustand stärker afficiren, als bloße

Ll 2

Vor-

Traité des Nerfs tom. I. part. II p. 280. Nach den
Versicherungen eben dieses Arztes, in verschiedenen
Stellen des angeführten Werkes, können Würmer
eben so sonderbare Wirkungen auf das Erkenntniß-
und Begehrungsvermögen hervorbringen, als viele und
sonderbare Zufälle in dem Körper von ihnen entstehen.
Verdrüßlichkeit und Neigung zum Zorn ist häufig die
Folge von Verstopfung und Unreinigkeiten in den ersten

Wegen, verdickter Galle, gichtischer Materie, ehe sie
sich gesetzt hat. Eine übel gewartete Ruhr oder andere
hitzige Krankheit kann die beschwerlichste Hypochondrie
nach sich ziehen. Beständige Unruhe und Verdrüglich-
keit, bisweilen Melancholie und Wahnsinn entstehn oft
aus einer unordentlichen Absonderung bey dem andern
Geschlechte. Die physisch-moralischen Folgen der unordentlichen Reizungen und ausschweifenden Befriedigung des Geschlechtstriebes hat dieser verdienstvolle
Schriftsteller in einem eigenen bekannten Buche aus-
führlich geschildert. Von den Folgen der sich allzusehr anhäufenden natürlichen Reize desselben, versichert
er, daß sie in tiefe Schwermuth, ausschweifende
Schaamhaftigkeit, so lange die Vernunft sich behauptet,
und in die zügelloseste Unverschämtheit, wenn diese sich
endlich verliert, ausschlagen können. *Traité des Nerfs*
tom. II. p. I. p. 85. Alle Kräfte des Verstandes leiden bey einem verdorbenen Magen; und die Gemüthseigenschaften oft nicht weniger. La gayeté, l'affabi-
lité, la bonté, l'equité même peuvent être detruites
par des alimens difficiles à digerer, par trop d'alimens, par des alimens acres. ib. part. II p. 77.
Ueberhaupt bestimmt Tissot die physischen Ursachen der
Leidenschaften noch auf nachfolgende Weise: „Alles,
was die Beweglichkeit der Nerven befördert,
Schärfe in die Säfte bringt, erhitzt, vollblü-
tig macht, oder das Geblüt stark gegen den Kopf treibt;
alles, was fortwährende Reize in irgend einem Haupttheil des Körpers, als in der Lunge oder im Magen

er-

Vorſtellungen; und weil dieſe Wirkungen des Körpers unmittelbar von ihm herkommen, und alſo gewiſſer
und gleichförmiger ſich erwarten laſſen, als diejenigen
Wirkungen, die durch Mittelurſachen ſich fortpflanzen,
durch deren Beſchaffenheit ſie alſo leicht verändert werden
können.

So iſt es in Anſehung derjenigen Wirkungen des
Körpers auf den Gemüthszuſtand, die mittelſt des Einfluſſes, den derſelbe auf die Verſtandeskräfte hat, entſtehen. Ueberhaupt kann dieſer mittelbare Einfluß des
Körpers auf die Gemüthsbeſchaffenheiten zwar auch nicht
geleugnet werden; die Erfahrung hat ihn zu oft ſchon
außer allen Zweifel geſetzt; und die Natur der Sache
macht ihn begreiflich. Was die Aufmerkſamkeit ſtärken
oder ſchwächen, was die Einbildungskraft manchfaltig
verändern, was die Vernunft zerſtören ·und er-
hö-

---

erzeugt; alles dieſes befördert die Empfindlichkeit gegen die Eindrücke, und alſo auch die Leidenſchaften.
tom. II. part. II. p. 276 ſ. Er führt auch ein Beyſpiel an von einem nach einer Krankheit entſtandenen,
dem vorhergehenden ganz entgegengeſetzten Charakter.
J'ai vu, ſchreibt er, il y a dix huit ans un etranger
agé alors de 19 ans, qui avoit du genie, des con-
noiſſances, de l'honnetete, mais froid, timide, taciturne, hypocondre, parlant peu, ne contant rien,
ne riant jamais, qui dans la convaleſcence d'une
fievre maligne très longue, acquit une vivacité, une
gayeté, une volubilité ſingulieres; il parloit beaucoup, avec feu, avec aſſurance, avec la plus grande
juſteſſe et la plus grande gayeté; je n'ai jamais ouï
conter plus plaiſamment, plus rapidement et plus
agreablement. ib. pag. 321.

höhen *) kann; das muß ja wol auch Aenderungen am Willen
nach sich ziehen. Aber wenn es darauf ankömmt, zu
bestimmen, was diese und jene Beschaffenheit in den
uns bekannten Theilen des Körpers für Einflüsse allernächst auf das Erkenntnißvermögen und die Ideen, und
mittelst dieser auf das Gemüth haben müsse: so wird
man, wenn man die Sache nur ein wenig aufmerksam
untersucht, gar bald viele und große Schwierigkeiten gewahr. Denn von der Natur und den mancherley Eigenschaften der innern Organisation, aus denen die
Seele allernächst die Vorstellungen erhält, und auf denen
wahrscheinlich Einbildungskraft und Gedächtniß beruhn,
weiß die Physiologie beynahe gar nichts gewisses zu sagen.
Und was giebt uns die Versicherung, daß diese innere
Organisation, von deren eigenthümlichen Natur und
Beschaffenheiten wir so wenig wissen, sich bey einem jeden Menschen nach den Beschaffenheiten der äußern Organisation richte? Daß eine verhältnißmäßige Stärke
oder Schwäche, Reizbarkeit oder Reizlosigkeit in beyden
immer Statt finde? Sind ja doch die verschiedenen
Theile der äußern Organisation, die mehrern Sinne,
die Sprachwerkzeuge, die Verdauungswerkzeuge, nicht
immer im gleichen Verhältnisse. Warum könnten also
auch nicht die Muskelnfibern und Nerven äußerlich, und
die materiellen Vorstellungskräfte im Gehirn, der un-
sichtbare Nervensaft und das Geblüt mit seinen in die
Sinne fallenden Bestandtheilen bey mehrern Menschen
in verschiedenen Verhältnissen vorhanden seyn? Nicht

Ll 3   zu

---

*) Homo parvi ingenii, dum sanus fuerat, ingeniosus ex
    ictu in cranio accepto, sanatus ad priorem simpli-
    citatem rediit. *Haller* Elem. phys. tom. IV. p. 294

zu gebenken, daß vielleicht die ursprüngliche eigenthümliche Kraft der Seele bey verschiedenen Menschen ungleich seyn kann *).

Es

*) Tissot, der die Schwierigkeit auch bemerkt, aus der ver-
schiedenen Beschaffenheit der flüssigen und soliden Theile
der Nerven die darauf sich beziehenden Phaenomene
zu erklären; da jene Theile der Nerven und ihre verschiedene Beschaffenheiten nicht in die Sinne fallen,
fährt darauf so fort: *Pour s'aider dans cette recherche,
on peut etablir*, que *quoique souvent* il y ait des parties, dont la force ou la foiblesse sont tres-dispro-
portionées à la force ou à la foiblesse des autres
parties, *cependant*, en general il y a un rapport entre
la force de toutes les fibres, et l'etat de tous les
fluides du corps animal. *Ainsi par tout* où nous
trouverons tous les symptomes d'une fibre trop molle,
trop lache, de trop d'aquosité par tout, de liqueurs
trop peu stimulantes; nous pouvons présumer, que
l'action de tous les vaisseaux etant trop foible, le sang
etant trop aqueux, *le cerveau et les nerfs seront aussi
trop foibles, le fluide nerveux trop aqueux. (traité des
nerfs* vol. II p. 271 f.) Dieß scheint nun freylich
mehr ein Räsonnement fürs System, als nach der Natur zu seyn. Doch dieser scharfsinnige Beobachter unterstützt seine Hypothese auch mit vielen einstimmigen
Erfahrungen. Nach denselben sind die Nervenkrankheiten überall am häufigsten, wo entweder die natürliche Constitution des Alters oder Geschlechts, oder die
Nahrung oder die Witterung weichere, schlaffere Fibern oder allzu wässerigtes Blut mit sich bringt.
Er macht sich selbst p. 300 einen Einwurf, wie
ich ihn gemacht habe, und beantwortet ihn. Ne trou-
vera-t-on point, que je me livre beaucoup aux
conjectures, et que ce chapitre est trop systematique!
Je ne serai point surpris, si quelqu'un fait cette remarque. Cependant j'espere que les lecteurs en état
de suivre le fil de ces discussions, jugeront que de
toutes ces conjectures il n'y en a aucune, qui ne
soit

Es ist hier nicht die Rede davon, was etwa in
einzelnen oder auch in den mehresten Fällen die bloße

Ll 4   Erfah-

---

soit deduite de faits, dont la verité n'est pas conte-
stée; et par tout j'ai cherché à ne pas m'ecarter des
loix les plus severes de l'analogie. Diese Anmerkung
schien nur auch hier nicht überflüssig zu seyn, da ich
auf die Grundsätze dieses großen Arztes so oft mich
beziehe.

Unterdessen sind mir meine obige Zweifel dadurch
noch nicht völlig gehoben. Einmal ist doch gewiß, und
von den größten Aerzten eingestanden, daß so wol Empfindlichkeit als Reizbarkeit Phaenomene sind, davon
physische Gründe sich nicht angeben lassen; von denen
also auch nicht bekannt ist, wie weit sie abhängig von
einander, oder durch eine gemeinschaftliche Grundursache verknüpft, und also überall in gleichem Verhältnisse bey einander seyn müssen oder nicht? Empfindlichkeit ist dazu ein Phänomen, das man an einem andern nicht unmittelbar gewahrnimmt, und nach Schlüssen, die dabey gemacht werden, oft falsch schätzt.
Wenn man also nicht, vermöge der Gründe, aus denen beyde entstehen, von Reizbarkeit auf Empfindlichkeit zu schließen im Stande ist; und selbst, wenn man
beyde zugleich beobachtet, nicht so sicher die eine schätzen
kann, als die andere: wie groß kann denn die Sicherheit seyn, wenn man bloß von der Reizbarkeit der äußern Körpertheile, auf die Stärke der Empfindung
schließt?

Wenn nun aber auch die Empfindlichkeit der äußern
Werkzeuge nach physischen Gründen, oder nach Beobachtungen sich hätte bestimmen lassen: womit beweist
man, daß die Empfindlichkeit und Vorstellungskraft im
Innern, in der Einbildungskraft im gleichen Verhältnisse seyn müsse? Die Vorstellungen der Einbildungskraft stammen freylich von äußern Eindrücken ursprünglich ab; und müssen sich also nach deren Beschaffenheit,
Vollständigkeit, Klarheit und Deutlichkeit richten.

Aber

Erfahrung uns lehren, kann; vom Beyſammenſeyn ſolcher im Körper ſichtbarer und ſolcher Gemüthseigenſchaften; ohne daß man den Zuſammenhang zu erklären im
Stande iſt. Dieſe Erkenntniß aus bloßer Erfahrung
hat auch ihre große Schwierigkeit. Eigenſchaften können
ſich beyſammen finden, ohne in einander gegründet zu
ſeyn. Aber hier ſoll nur erwogen werden, was, ohne
beſondere Erfahrungen davon zu Hülfe zu nehmen,

ver-

Aber ſie beruhen doch allernächſt auf eigenen Kräften.
Und können nicht unzählige, bekannte oder unbekannte
Urſachen ein ungleiches Verhältniß zwiſchen dieſen in-
nerſten Weſen zeugen, Bewegungs- und Vorſtellungs-
kräften, und den äußern hervorbringen? Es fällt
nicht ſchwer, allerley ſolche Urſachen, zufolge ſonſt
angenommener Hypotheſen, ſich zu denken.

Und wenn man nur ſelbſt die Erfahrung hiebey
zu Rathe zieht: giebt es nicht viele Menſchen, die
gegen verſchiedene Gattungen von Eindrücken eine ſehr
verſchiedene Empfindlichkeit beweiſen; einige, die äußerſt
empfindlich gegen unangenehme Eindrücke ſind, ohne
gegen angenehme Reize eben ſo empfindlich zu ſeyn;
einige, die bey ſchwachen äußern Sinnen eine höchſt
lebhafte Einbildungskraft haben; andere umgekehrt?
Und iſt nicht ein ſolches Mißverhältniß der äußern und
innern Empfindlichkeit auf eine gewiſſe Weiſe nothwendig, wenigſtens überhaupt wohl begreiflich, aus dem
bekannten Grunde, daß durch eine ſehr lebhafte Empfindung die Empfindlichkeit gegen andere gleichzeitige
Eindrücke geſchwächt wird? So iſt während des Schlafes und bey manchen Krankheiten die Imagination nicht
nur lebhaft, obgleich die Empfindlichkeit und Reizbarkeit der äußern Werkzeuge um vieles geſchwächt iſt:
ſondern ſie iſt eben deswegen lebhafter. Und eine einzige übermäßig lebhafte Idee im Innern kann Urſache
einer faſt gänzlichen Unempfindlichkeit im Aeußern
ſeyn.

vermöge allgemeinerer physiologischer und psychologischer Lehrsätze, vom Einflusse der mancherley Beschaffenheiten des Körpers auf die Neigungen, mittelst des Einflusses auf die Vorstellungen, sich behaupten lasse.

Selbst bey jenem erstern offenbarern Einfluß ist noch eine Erinnerung nöthig, um sich nicht mit seinen Schlußfolgen zu übereilen. Es können nemlich alle aus dem Körper entspringende Gefühle auf eine zwiefache und ganz entgegengesetzte Art im Gemüthe wirken. Einmal, und wahrscheinlich bey den meisten Menschen, so, daß sie Neigungen nach sich ziehen, die mit den Bedürfnissen des Körpers und den Launen, die er erzeugt, übereinstimmen. Bey denen hingegen, bey welchen Streben nach höhern Vollkommenheiten mächtiger wirkt, können Entschließungen entstehn, die der Natur des Körpers entgegen sind; weil man sich von der Nothwendigkeit überzeugt hat, derselben sich zu widersetzen. So kann ein Mensch, den sein Körper zur Schwermüthigkeit geneigt macht, aus überlegtem Vorsatz Zerstreuungen und Lustbarkeiten suchen. Und zur einsiedlerischen, eingezogenen Lebensart sind vielleicht eben so viele durch das allzustarke Gefühl auf Welt und Gesellschaft sich beziehender und vom Körper abhängiger Bedürfnisse bewogen worden, als durch den Mangel solcher Gefühle. Einige, die bemerkt haben, daß sie allzu leicht zu rühren, oder allzu offenherzig von Natur sind, verpanzerten sich durch Grundsätze, und wurden hart, zurückhaltend mehr als andere, die natürliche Anlage dazu hatten. Denn es ist bekannt, dum vitant vitia, in contraria currunt. Doch beweiset sich hiebey auch oft das naturam furca expellas, tamen usque recurret. Endlich ist auch

Ll 5

noch)

noch zu merken, daß die Wirkungen der Seele und des Körpers dergestalten wechselseitig sind, da ßauch hier in dem einen Falle Wirkung seyn kann, was in dem andern Ursache war; und umgekehrt. Eine gewisse Beschaffenheit des Körpers kann zur Trägheit geneigt machen; und eben diese Trägheit und Müssiggang kann jene Beschaffenheit des Körpers erzeugen oder unterhalten. So ist es auch in Ansehung der Traurigkeit, Furcht und anderer Leidenschaften *). Ohnmacht kann Stillstehn der Gedanken bewirken **); aber eine im Innern tyrannisirende, dem Aufkommen aller andern sich widersetzende Idee auch die Ursache der Starrsucht im Körper seyn ***).

§. 138.

Nähere Vorbereitung zur Lehre von den Temperamenten. Fehler, vor denen man sich dabey in Acht zu nehmen hat.

Aus den bisherigen Bemerkungen muß klar seyn, daß die Lehre von den Temperamenten oder den hauptsächlichsten Verschiedenheiten der körperlichen Constitution und deren Einflüssen auf die Neigungen und den Gemüths-

---

*) S. Jückert von den Leidenschaften. Zw. Aufl.

**) S. Sulzers vermischte Schrift. S. 205. Tiedemanns Untersuchungen über den Menschen. Th. I. S. 52.

***) Catalepsis videtur exemplum esse tyrannicae ideae, quae sola dominetur; omnemque alium sensum impediat — ut aeger in statuam quasi transformetur. — Origo fere est in amore, etiam in alio studio et in devotione. *Haller*, Elem. Phys. lib. XVII. Sect. I. §. XI.

müthscharakter überhaupt nicht ungegründet sey; zugleich aber auch) erhellen, daß bey der Ausführung derselben viele Behutsamkeit nöthig ist, um nicht von den festen Gründen ab in das Gebiete der unsichern Vermuthungen oder übereilten Schlüsse zu gerathen.

Die Regeln, die dabey beobachtet werden müssen, sind demnach:

1) daß man nicht nach zu wenigen Rücksichten, nur nach einem Theil der Gründe, alle wichtige Temperamentsverschiedenheiten zu bestimmen unternehme; oder wohl gar Grundunterschiede dichte, die gar nicht bewiesen werden können. In diesen Fehler verfielen die ältern Physiologen, indem sie bey der Eintheilung der Temperamente nur allein auf das verschiedene Verhältniß der Bestandtheile des Geblüts sahen. Auch nahmen sie bey der Anzeige dieser Bestandtheile manche mehr nach Maaßgabe ihrer vorgefaßten Meynungen, als sicherer Beobachtungen, an. Wenigstens behaupten dieß die neuern in Ansehung der angeblichen schwarzen Galle, wovon man dem melancholischen Temperamente den Namen gegeben hat. Verschiedene andere Aufzählungen der Bestandtheile des Geblüts machen sich durch ihre Abweichungen unter einander selbst verdächtig. Die einen unterscheiden darinnen nach der Analogie der vier gemeinen Elementen, das Feurige, Luftige, Irdische und Wässerigte. Andere reden von Salz, Oel, Erde und Wasser; oder von Schwefel und Merkur; oder wol gar vom Sonnenartigen, Mondartigen, Marsartigen u. s. w.*).

Nach

_____

*) S. Differtat. inaug. de Temperamentis auct. I. a. Lupi. Goetting 1781. §. III. feqq. Hollmann Ethices prim. lin. §. 66.

Nach Hallern sind die ausgemachtesten Bestandtheile des Gebluts ein rothes irdisches, den Eisenelemen-
ten ähnliches Wesen, wovon die mehrere specifike Schwere
des Gebluts abhängt; ferner ein laugenartiges, scharfes
Salz, und endlich ein mit leimigten und öhligten Theilen
vermischtes Wasser *). Aber dieser große Physiolog bestimmt die Hauptverschiedenheiten der körperlichen Constitution vielmehr in Rücksicht auf die festen, als auf die
flüssigen Theile; nemlich nach den verschiedenen Graden
der Stärke und Reizbarkeit der Muskelnfibern und der
Empfindlichkeit der Nerven. Doch bestimmt er die Begriffe in verschiedenen Stellen seiner Schriften nicht völlig
auf dieselbe Weise **). In seinem größern Werke über
die Physiologie nennt er cholerisches Temperament,
wo viele Stärke, Reizbarkeit und Empfindlichkeit beysammen sind; wenn Stärke bey mittelmäßiger Reizbarkeit

---

*) S. Elementa physsiologiae lib. V. Sect. IV. Prim. lin.
cap V.

**) S. Elementa physiol. Sect. IV. §. VII. Robur partium
solidarum et coniuncta natura irritabilis temperamentum cholericum facit: robur absque irritabili in-
dole temperamentum bototicum, quadratum, rusti-
cum — Indoles solidarum partium adprime irritabilis, cum debilitate, melancholicum, byftericum et
bypochondriacum temperamentum constituit, debili-
tas denique non irritabilis id quod phlegmaticum
vocamus. Und lib. XI. Sect II §. 13. Aptitudo ad
recipiendas vehementes sensuum impressiones cum
robore musculoso coniuncta videtur cholericum temperamentum efficere; aptitudo eadem sed cum
fibra debili temp. bypoch. facit. Minor ad commo-
tiones facilitas cum robore sanguin. temp. cum fibra
debili, phlegmat. videtur constituere. —

keit und Empfindlichkeit sich findet, nennt er dieß das fan=
guinische, oder, wenn Reizbarkeit und Empfindlichkeit noch
geringer sind, das böotische, bäurische, Tempera=
ment. Schwäche bey vieler Empfindlichkeit und Reiz=
barkeit macht, nach ihm, das hypochondrische, hyste=
rische oder melancholische Temperament; und ohne
Empfindlichkeit und Reizbarkeit das Phlegmatische.
In den *primis lineis physiolog.* *) unterscheidet er das
sanguinische und böotische Temperament dadurch, daß er
ersterem weniger Stärke und Reizbarkeit als dem choleri=
schen, mehr aber von beyden als dem phlegmatischen
zueignet.

Nichts ist gewisser, als daß so wol auf die festen,
als auf die flüssigen Theile Rücksicht genommen werden
müsse bey der Aufsuchung der körperlichen Gründe der
Neigungen. Denn nicht nur bestimmen beyde unmittel=
bar die aus dem Körper entstehende Gefühle; sondern
beyde haben ja auch wechselseitig Einfluß auf einander.
Von den Säften des Körpers werden die festen Theile
desselben genährt, gereizt, ausgedehnt und zu=
sammengezogen; und muß also so wol von der Menge
als der Beschaffenheit der erstern die Natur und der jedes=
malige Zustand der letztern sehr abhängig seyn. Hinge=
gen muß sich auch die Zubereitung, Absonderung, Ver=
theilung und manchfaltige Bewegung der flüssigen Theile
nach der Beschaffenheit der festen Theile richten. Daher
bey einerley Nahrung so wol Menschen als auch Thiere
und

---

*) S. §. CLI.

und Pflanzen ſo ſehr von einander verſchieden ſeyn
können *).

Aber ſollten nun wohl auch alle dieſe in den vorhergehenden Bemerkungen enthaltene Eigenſchaften der
flüſſigen und der feſten Theile des Körpers zuſammen-
genommen hinreichend ſeyn,   alle merkwürdige Einflüſſe deſſelben auf die Seele, ihre Fähigkeiten und ihre
Neigungen zu beſtimmen? Daß man bey den flüſſigen Theilen ſich aufs Blut einſchränket, könnte vielleicht
noch am eheſten gerechtfertiget werden; da nicht nur unter
allen ſichtbaren Säften daſſelbe den allgemeinſten Einfluß
auf den ganzen Körper hat; ſondern auch von den Beſchaffenheiten deſſelben auf die Beſchaffenheit der übrigen daraus entſtehenden unſichtbaren flüſſigen Theile ſich
wahrſcheinlich ſchließen läſſet **).

Aber ſollte es genug ſeyn, nur überhaupt auf den
Grad der Stärke und Beweglichkeit der feſten Theile
Acht zu haben?   Sollte nicht die beſondere Beſchaffenheit einzelner Haupttheile, des Kopfes, des Herzens,
des Magens, der Eingeweide ſehr wichtige Folgen, wie
in Abſicht auf die Geſundheit, ſo auch in Abſicht auf
die Kräfte und Neigungen der Seele nach ſich ziehen?
Es fehlet nicht an Erfahrungen, die dieſe Vermuthung
grün-

---

*) S. *Haller* Elem. phyſ. lib. V. Sect. IV. §. V. *Boer-*
bave Praclect. in propr inſtit §. L.

**) Doch iſt bleß lange noch nicht außer allem Zweifel; wie
auch ſchon im vorhergehenden bemerkt worden iſt.   Der
Herr Prof. Wrißberg ſetzt unter den nächſten Urſachen
der Temperamente auch die Quantität des elektriſchen
Weſens an, welches alle Menſchen, aber nicht alle im
gleichen Grade, einathmen, in einer Note zu Hallers
prim. lin. phyſiol. edit. nov. §. CLI.

gründen können. Alberne Leute sollen gewöhnlich eine
unnatürliche Form des Kopfes haben *). Nach andern
Beobachtungen sollen die Verstandesfähigkeiten mit der
specifiken Schwere des Gehirns in gleichem Verhältnisse
stehen **). Furchtsame, phlegmatische und melancholische Leute sollen ein verhältnißmäßig kleineres Herz haben ***). Es ist bekannt, daß die Nerven nicht bey einem Menschen genau so wie beym andern sich im Körper
verbreiten, mit einander verbinden und wieder theilen.
Da von dieser Verbindung der Nerven unter einander
und mit den übrigen festen Theilen, die zum Theil so
sonderbaren physiologischen Sympathien abhängen: sollten nicht eben daher auch psychologischwichtige Eigenheiten entstehen? Die Geschwindigkeit, mit welcher das
Herz sich öfnet und zusammenzieht, das Geblüt also
umläuft, hängt zum Theil vom Zustande des Gehirns
ab; und sie selbst hat auf Körper und Seele die unleug-
barsten Einflüsse †).

Wollte jemand sagen, daß diese und andere dergleichen Verschiedenheiten der Körper nicht in die Tem-

pera-

---

*) Fatuorum capita semper male formata esse, oblonga,
   vel angulosa, vel aliter a naturali forma aliena, et
   ego vidi et *Willisius*, schreibt *Boerhave*, Praelect. in
   propr. Instit. §. 797. *Kämpf* Abh. von den Temperamenten S. 5.

**) *Wrisberg* in not. ad *Halleri* prim. lin. §. DLXIII.

***) S. *Le Sueur* Diss. inaug. de Temperamentis. Groen.
    1768. p. 18. Von den Hypochondristen, die er von
    den Melancholischen unterscheidet, merkt der Herr Prof.
    Wrißberg l. c. an, daß sie gemeiniglich eine verdor-
    bene Leber haben.

†) *Haller* prim. lin. §. C. *Mackenzie* Histoire de la santé
   p. 318.

peramentslehre gehörten, da sie vielmehr pathologische, als natürliche Constitutionen seyn: so würde diese Einwendung zu weit um sich greifen, um hier völlig genugthuend zu seyn. Denn man könnte sagen, und die Aerzte sagen es ausdrücklich, daß nur ein Temperament das vollkommen natürliche, der Gesundheit gemäße, sey. Die Namen des Hypochondrischen und Melancholischen zeigen einem jeden, der sie versteht, Ungesundheit an.

2) Aber die Gründlichkeit der medicinisch-psychologischen Lehre von den Temperamenten beruht nicht nur darauf, daß nicht zu wenige und keine erdichtete Principien derselben angenommen werden: sondern daß man auch bey der Untersuchung der daraus entstehenden Folgen vorsichtig genug zu Werke gehe; daß man keine andere Einflüsse des Temperaments auf die Seele behaupte, als die man entweder mittelst allgemeinerer ausgemachter Naturgesetze begreiflich machen, oder mit hinlänglich vielen, genau aufgenommenen, zuverläßigen Erfahrungen beweisen kann. Auf das erstere hat man um so mehr Ursache zu dringen; weil es nicht nur dem Wesen einer wissenschaftlichen Erkenntniß angemessen ist, Beobachtungen so viel möglich mit den ausgemachten Naturgesetzen in Uebereinstimmung zu bringen: sondern weil es gar leicht ist, wenn man sich bloß allein auf die Beobachtung verläßt, auf mehr als eine Weise sich zu irren. So und so oft hat man bey einem solchen Temperamente solche Neigungen gefunden: also, schließt man, ist es wahrscheinlich oder gewiß, daß jenes diese hervorbringe. Nichts weiter davon zu gedenken, daß aus andern Ursachen auch mehrere male bey Menschen von einem gewissen Temperamente gewisse Neigungen

sich

sich finden können, ohne in diesem ihren Grund zu haben.
Wie leicht irrt man sich nicht bey der Bestimmung der
Neigungen eines Menschen; wenn man etwa bloß nach
einigen vorübergehenden Beobachtungen sie beurtheilet?
Also mit Recht verlangt man begreifliche Ableitung einer
Eigenschaft aus der andern, nach ausgemachten Grund-
sätzen, bey einem gründlichen Unterrichte von den Tem-
peramenten; und läßt sich nicht so leicht durch angebliche
Erfahrungen befriedigen.

Aber auch bey der Zusammenstimmung mancher
Erfahrungen und ausgemachten Grundsätze hat man noch
Ursache, sehr behutsam zu seyn bey der Anzeige der Folgen, sonderlich der moralischen, die aus jedwedem Temperamente entspringen sollen. Nicht nur darum, weil
die Einflüsse des Temperaments durch die übrigen Ursachen, nach denen die Neigungen sich richten, überwogen
werden könnten. Sondern schon deswegen, weil es noch
so unvollständig ausgemacht ist, wie weit den in die
Sinne fallenden, und in den gewöhnlichen Begriffen von
den Temperamenten enthaltenen, körperlichen Beschaffenheiten, alle für die Seele wichtigen Eigenheiten der Organisation, auch in den innersten unsichtbaren Theilen
entsprechen müssen. Daher es eben so unsicher seyn würde,
in einzelnen Fällen den Schlüssen aus allgemeinen Grundsätzen allein zu trauen, und nicht die Beobachtung dabey
zu Rathe zu ziehen; als es gefährlich ist, auf wenige
Erfahrungen allgemeine Urtheile zu gründen, wenn die
sonst ausgemachten Naturgesetze nicht dieselbe Folge
geben.

Wenn man dieß alles beherziget hat: so wird es
freylich anstößig, wenn manche berühmte Schriftsteller

in

in dieser Materie mit der größten Eilfertigkeit eine Menge einem jeden Temperamente zukommender Eigenschaften,
herzählen, oder Folgen auf Folgen häufen; bloß aufs Ansehn ihrer Beobachtungen, oder etlicher weniger durch viele
andere manchfaltig einschrenkbarer Grundsätze.

3) Manche machen sich die Sache noch leichter,
und werden noch ungründlicher dadurch, daß sie gleich
mit sehr zusammengesetzten, willkührlich zusammengesetzten Begriffen, Nominalerklärungen, anfangen; aus denen sich nun freylich viele Eigenschaften herleiten lassen.
Nur weiß man im vorkommenden Falle nicht, wo man
mit der Untersuchung und dem Beweise anfangen soll.
Statt mit einfachen ausgemachten physischen Grundbeschaffenheiten anzufangen; fängt man wohl gleich die Eintheilung der Temperamente damit an, daß man das eine
das frölige, das andere das nachdenkende u. s. w.
nennt; Unterschiede, die doch offenbar auf mehrern und
verwickelten Gründen beruhen.

Da diese Regeln der Vorsicht und Gründlichkeit in
der Lehre von den Temperamenten, so wol Aerzte als
Philosophen, oft gar sehr vernachläßigten: so läßt es
sich wohl begreifen, wie bey gründlicher denkenden Männern die ganze Lehre dadurch verdächtig und verhaßt werden konnte.*); die doch zu viel für sich hat, um ganz auf-
gegeben zu werden.

Auch ist es bey so manchen schwankenden und willkührlich angenommenen Gründen der Unterscheidung und
Bestimmung der Temperamente nicht zu verwundern,
wenn

*) *Hollmann* Prim. lin. Eth. §. 64. 67. sqq.

wenn die Meynungen von den vortheilhaften oder
nachtheiligen Folgen eines jedweden Temperaments für
das Erkenntnißvermögen und für die Neigungen oft so
sehr von einander abweichen; so daß fast keines ist, welches nicht irgend einer für das vortheilhafteste, manchmal
vielleicht nicht ohne Einfluß der Eigenliebe, erklärt
hätte *).

§. 139.

**Bestimmte Begriffe von den Hauptverschiedenheiten des Tem-
peramentes.**

So wenig, zufolge der bisherigen Bemerkungen,
es sich erwarten läßt, daß alle wegen ihrer Folgen für
die Seele merkwürdige Verschiedenheiten des Körpers in
eine kleine Anzahl von Begriffen aufgefasset, oder überhaupt vollständig aufgezählet werden können: so ist doch
auch gewiß, daß einige allgemeiner vorkommende Verschiedenheiten der körperlichen Constitution vorzüglich Aufmerksamkeit verdienen. Diejenigen nemlich, die auf
merklich von einander abstehenden Graden der Stärke oder
Schwäche, desgleichen der Reizbarkeit und Empfindlichkeit, und endlich auf besondern und nähern Dispositionen
zu Krankheiten und Schreckgefühlen beruhen. In Rücksicht auf diese dreyerley Gründe und deren Abhängigkeit von
der Beschaffenheit so wol der festen als der flüssigen Theile
scheinen, nach deutlichen Merkmalen, und dem mehresten

Sprach-

---

*) **Christ. Thomasius** hat, aus Scherz oder Ernst, das
sonst so allgemein verachtete phlegmatische Temperament in Schutz genommen. S. Kämpf §. 70. Für das
Temperament des Genies haben einige das cholerische,
andere das melancholische erklärt.

Sprachgebrauche gemäß, sechs Hauptverschiedenheiten
der körperlichen Constitution, oder, wenn man diesen
Ausdruck lieber hat, sechs Haupttemperamente angenommen werden zu können.

1) Dasjenige, welches mit vieler Stärke viele, äußerst viele Empfindlichkeit und Reizbarkeit vereiniget.
Seine Bestandtheile also große Nerven, starke und ge-
spannte Muskelfasern, ein schweres, scharfes und warmes Blut. Das cholerische Temperament.

2) Dasjenige, welches bey gleicher Stärke eine gemäßigtere Reizbarkeit und Empfindlichkeit enthält; vermöge starker, aber weniger gespannter Fasern, und eines
nach dem gleichmäßigsten Verhältnisse gemischten gefunden, reichlich vorhandenen, und ebenmäßig durch den
ganzen Körper sich verbreitenden Geblütes. Das sanguinische Temperament.

3) Ein drittes, bey welchem gleichfalls Stärke sich
findet, und eine gemäßigte, dabey aber ungleich vertheilte,
durch ungesunde Dispositionen hier erhöhte, dort ge-
schwächte Empfindlichkeit und Reizbarkeit. Die Ursachen dieser ungleich vertheilten Empfindlichkeit können in
den Gefäßen oder auch in den Säften liegen; besonders
in einem zu dicken, und daher bey seinen Ausströmungen
nicht überall eindringenden, bey seinem Rücklaufe oft auf-
gehaltenen, überhaupt langsamer sich bewegenden und
kältern Blute. Der Name des melancholischen Temperamentes wird vermuthlich den meisten der anpassendste
scheinen.

4) Endlich können auch Stärke und äußerst wenige
Empfindlichkeit beysammen seyn; und dieß ist das von
Hallern so genannte böotische, bäurische, plumpe,

vier-

vierschrötige Temperament. Ein verhältnißmäßig
zu schweres, mit zu wenig Reizen versehenes, daher durch
zu wenige Reaction der festen Theile zu wenig in Bewegung
gesetztes, bey seiner trägen Bewegung zu wenig sich ver-
feinerndes, zu wenige Lebensgeister bereitendes Geblüt ist
vielleicht die Ursache dieser Unempfindlichkeit; wenn sie
nicht schon in der ursprünglichen Beschaffenheit der festen
Theile liegt.

5) Schwäche kann bey vieler Reizbarkeit und Empfindlichkeit Statt finden; zufolge allzuzarter, und für
ihre Feinheit leicht überspannter, aber darauf desto mehr
erschlaffender Fasern, zufolge eines verhältnißmäßig zu
scharfen und leichten Geblütes. Dieß sind bekannte Eigenschaften hypochondrischer und hysterischer Personen;
und das Temperament dieser Art wird daher das hypochondrische oder hysterische heißen können.

6) Schwäche und Reizlosigkeit beysammen, bey
einem wässerigen, langsam, aber ungehindert in den
weichen, schwammigten Gefäßen fließenden Blute, bilden den Phlegmatiker. „Bey allzu schlaffen Fibern
schlägt das Herz langsam, die Zusammenziehungen der
Pulsadern sind schwach, das Geblüt wird zu wenig in
Bewegung gesetzt, zu wenig verarbeitet, und auch nur
langsam dem Gehirn zugeführt. Die Elemente des
Nervensaftes sind auf diese Weise schlecht vorbereitet; es
kann sich nicht viel davon im Gehirn absondern. Die
Nervenröhren, schlecht angefüllt, erschlaffen, und sind ungeschickt, dessen Bewegungen zu befördern. Da es also
an dem Mittel fehlt, wodurch Seele und Leib mit einander in Verbindung stehen: so sind die Empfindungen
schwach, unvollständig, unordentlich; die Vorstellungen

ent-

entstehen langsam, dunkel und verworren; Gedankenlo-
sigkeit und Blödsinn halten die Kräfte der Seele ge-
fesselt" *).

§. 140.
Folgen aus den einfachern Bestimmungen der Temperaments-
verschiedenheiten.

Nicht nur weil es der strengern wissenschaftlichen
Ordnung gemäß ist, von dem einfachen zu dem zusammengesetzten fortzugehen; sondern auch darum, weil
mehrere Temperamente in einigen Bestimmungen mit
einander übereinkommen, wird es gut seyn, die Untersuchung der Wirkungen des Temperamentes auf den Charakter mit diesen anzufangen. Was also

1) die Folgen anbelangt, die aus körperlicher
Stärke oder Schwäche für den Gemüthszustand und
die Neigungen am wahrscheinlichsten sich erwarten lassen:
so ist unleugbar, daß das Gefühl dieser Schwäche vielmehr zur Furchtsamkeit, als zum Muthe geneigt machen
müsse. Selbst in denjenigen Fällen kann es geschehen,
in welchen es am wenigsten auf körperliche Kraft ankömmt.
Denn außerdem, daß das Körpergefühl sich gar zu leicht
in alle Arten von Empfindungen und Vorstellungen ein-
mischet, und die Menschen bey ihren Gefühlen und Gemüthsbewegungen nicht immer so richtig unterscheiden, als
sich,

---

*) *Tissot* Traité des nerfs tom. II. p. 285. In Absicht auf
die übrigen hier angenommenen physiologischen Gründe
vergleiche man des Herrn Prof. Weißbergs Note zu
Hallers prim. lin. § CLI. und Zückert von den Leidenschaften Zw. Aufl. §. 43 ff.

sich, der Sache nach, wohl unterscheiden ließe: so weiß man, wie sehr es bey allen Entschließungen darauf ankömmt, welche Neigungen und Vorstellungen überhaupt die herrschenden sind. Freylich kömmt es aber auch in Ansehung der Furcht darauf an, ob einer die Gefahr kennt, oder ob er sich nicht ein anderes Uebel größer oder lebhafter vorstellt. Daher kann der Schwache wohl manchmal furchtloser seyn, als man es erwartet. (Th. I. §. 31.)

Wie die Wirkungen, welche die Furcht im Gemüthe hervorbringt, überhaupt manchfaltig sind (l. c.), also können auch die Folgen, die aus der Schwächlichkeit des Körpers mittelst der Furchtsamkeit entspringen, von sehr verschiedener Art seyn. Wo der Schwache nicht glaubt durch Widerstand etwas auszurichten, hingegen durch gute Worte: da macht sie ihn nachgiebig und gefällig. Hingegen macht sie auch ungefällig, widerspänstig, eigensinnig; wenn einer es um so viel schwerer hält, verlohrne Vortheile wieder zu erlangen, je weniger er sich Kräfte dazu fühlt. Der Starke macht weniger Schwierigkeiten, indem ihm eher etwas entbehrlich, eine Kleinigkeit, die er nicht braucht, scheinen kann; oder er gewiß sich hält, wenn man zu weit gehen, von seiner Nachgiebigkeit einen übeln Gebrauch machen wollte, schon zur rechten Zeit Einhalt thun zu können.

Zu Beschäftigungen, die viele Kraft erfordern, kann der Schwache nicht aufgelegt seyn. Aber ein eigener Antrieb zu einer gewissen Geschäftigkeit kann doch selbst in der Schwäche liegen. Nemlich das um so viel größere Vergnügen, so jedwedes Gefühl seiner Kraft, und jedweder Beweis, den er andern davon geben kann, dem Schwachen gewähret; je weniger ein überwiegendes,

auf

auf immer beruhigendes Bewußtseyn derselben in ihm ist. Die Stärke dieses Antriebs zur Thätigkeit muß freylich wohl zugleich vom Grade der Empfindlichkeit abhängen.

Im Gegentheile haben also Menschen von vieler Körperkraft kein Wohlgefallen an Tändeleyen, wobey sie ihre Kräfte mehr zurückhalten müssen, als auslassen können; haben Muth zum Angriff und zu beschwerlichen Unternehmungen, wenn nicht aus eigenem Antrieb, so doch durch andere ermuntert und angeführt; sind geneigt sich zu widersetzen, wo zumal nur körperliche Gewalt zu befürchten ist; und sind, überhaupt genommen, eher zu Grobheiten und Beleidigungen, als zur Bescheidenheit, Schonung und Duldsamkeit aufgelegt. Auch aus dem Grunde können sie hart verfahren gegen andere; weil ihr Selbstgefühl sie verhindert, mit den Schwachen genugsam zu sympathisiren. Sie verzeihen aber auch kleine Beleidigungen, gegen die der Schwache schon empfindlich ist; weil sie weniger dabey leiden, und weniger dabey fürchten. Mit offenbarer Gewalt vielmehr, als hinterlistig sich an ihren Beleidigern zu rächen, muß ihnen natürlicher seyn, als den Schwachen; wenn übrigens alles gleich ist. Aber die Begriffe von Ehre allein schon können hier das Gegentheil verursachen. Zumal wenn die Liebe zum Leben in dem einen Falle mit ins Spiel kömmt. Wilde Völker und Leute von gemeiner Erziehung, die nicht durch Begriffe von Ehre abgehalten werden, ziehen gemeiniglich Hinterlist der offenbaren Gewalt im Angriffe wider ihre Feinde vor *).

Der

---

*) *Robertson* macht diese Bemerkung beym Franc. Pizarro, einem robusten und tapfern Manne, der
in

Der Schwache ist geneigter von seinen Leiden zu
sprechen, und zu klagen, als der Starke; theils weil
er um seiner Schwäche und Furcht willen sie stärker empfindet, oder größer sich vorstellt, oder auf eine andere
Weise sich zu helfen nicht im Stande ist; theils weil er
überhaupt weniger Bedenklichkeit dabey findet, durch
Mitleiden andere zu rühren, und für sich einzunehmen.
Der Starke will nicht gern schwach scheinen; er verbirgt daher seine Leiden; wo sie ihm nicht etwa so außerordentlich scheinen, daß sie zu tragen selbst Kraft beweiset.

2) Je mehr Empfindlichkeit, durch die Beschaffenheit der innern oder äußern Organisation, oder beyder
mit einander, einem Menschen eigen ist: desto mehr
Anlage hat er zu Affecten und Leidenschaften, zur
Thätigkeit und Betriebsamkeit; was auch die bestimmte Art jener, und die Gegenstände dieser, vermöge
der übrigen Ursachen, seyn mögen. Auch mehr Anlage
zur Veränderlichkeit, wenn alles übrige gleich ist; weil
doch auch neue Vorstellungen bey ihm leicht entstehen und
lebhaft werden können.

3) Ob der Körper eine vorzügliche Quelle angenehmer oder unangenehmer Empfindungen ist; hat gewiß eben so viel Einfluß auf das Gemüth, als das
Maaß seiner Kräfte und Empfindlichkeit an sich betrachtet. Aber es wird einen großen Unterschied dabey machen, ob das unangenehme Körpergefühl mehr das Ge-

Mm 5 fühl

---

in seiner Jugend! ein Schweinehirte war, und nicht
einmal lesen gelernt hatte. Hist. of Amerk.
II. 149.

fühl allgemeiner Schwäche und Ermattung; oder das
Gefühl gehinderter, aufgehaltener Kraft iſt. Denn im
letztern Fall wird das unangenehme Körpergefühl mehr
zum Zorn reizen, verdrüßlich, mürriſch machen; es
ſtreben ſtarke Kräfte vorwärts, die Seele wird leicht ver-
führt, die Urſache des Leidens außer ſich nicht nur, ſondern in ganz äußerlichen Dingen und Umſtänden zu ſuchen. Beym Bewußtſeyn innerer Schwäche, ermatte-
ter, erſtorbener Kräfte iſt mehr Grund zur Traurigkeit
und Aengſtlichkeit; der Menſch fürchtet ſich vor jedem
Anſtoß äußerer Kräfte, verſchließt ſich und zieht ſich in
ſich ſelbſt zurück.

§. 141.
**Vollſtändigere Erörterung der Temperamentsanlagen, unter
einer gewiſſen Vorausſetzung. Vom choleriſchen
Temperamente.**

Ohne ein gleichmäßiges Verhältniß der Stärke,
Reizbarkeit und Empfindlichkeit in den innern und äußern Theilen der Organiſation, in den Empfindungs-
und Vorſtellungs- wie in den Bewegungswerkzeugen vor-
auszuſetzen; würden die Gründe zur genauern Beſtimmung der Temperamentseinflüſſe in den Charakter allzu-
verwickelt und ſchwankend ſeyn. Auf die Kräfte und
Diſpoſitionen der Imagination kömmt es hier gar zu ſehr
an; ohne von dieſen einen beſtimmten Begriff voraus-
zuhaben, aus den Beſchaffenheiten der äußern Organiſation allein die Diſpoſitionen der Seele angeben wollen,
würde höchſt unſicher ſeyn.

Unter Vorausſetzung eines ſolchen gleichmäßigen
Verhältniſſes alſo, welches nicht ohne viele Wahrſchein-

lich-

lichkeit, obgleich auch nicht ohne einige gegründete Zweifel dagegen (§. 137.), insgemein angenommen wird, läßt
sich in dieser Lehre fortfahren.

Und läßt sich vom cholerischen Temperamente
behaupten:

1) daß es besondere Anlagen zum Stolze mit sich
führe; vermöge der vielen Kräfte und des lebhaften Gefühls derselben. Und wenn es erlaubt ist, diese Gemüthsart schon in Rücksicht auf ihre Ursache vernünftig
und edel zu nennen, kann man sagen, der vernünftigen und
edlern Art des Stolzes; in Vergleichung mit demjenigen
Stolze, der auf äußerliche Vorzüge, Geburt und Reichthum sich gründet. Auch läßt sich von jenem Stolze mehr
Gutes und Edles hoffen; mehr Großmuth und Uneigennützigkeit im Betragen gegen andere. Denn derjenige, der seine Größe in sich selbst fühlt, befürchtet
nicht so leicht, durch andere sie zu verlieren, sich etwas
zu vergeben, als diejenigen, die sie bloß außer sich haben.
Wer viele Kraft hat, dient auch andern eher, wenn er
gleich keinen Vortheil davon hat, weil es ihm leicht ist.
Auch wird der cholerische Stolz sich selbst mehr gleich
bleiben; da er auf einen gewissern und absolutern Werth
sich gründet; wenn der Stolz des Reichen oder Hoch-
betitelten vor dem noch Reichern oder Höherbetitelten sich
oft bis zur Niederträchtigkeit bücket.

2) Freymüthigkeit ist eine andere Folge dieses Temperaments. Der Cholerikus fühlt lebhaft, die Gedanken dringen stark an; und Furcht hält ihn weniger ab.
Schon durch diese Freymüthigkeit und die Lebhaftigkeit
seiner Aeußerungen beleidiget er den empfindlichen
Schwachen; auch wenn er es nicht will. Auch sichert

ihn

ihn ſein mit ſcharfen Theilen leicht zu ſehr ſich überladender Körper nicht vor böſen Launen. Sonſt können ihn die Begriffe von Ehre, die leicht bey ihm auffommen, da er einen ſo ſtarfen Anſpruch darauf in ſich fühlt, von vorſetzlichen Beleidigungen, offenbaren Unbilligfeiten abhalten. Aber grimmig iſt ſein Zorn, wenn Beleidigungen des mächtig ſich Dünfenden zugleich ſeiner Ehre Gefahr drohen

3) Außer ſich wirfen, iſt ihm vorzügliches Bedürfniß. Aber ſo viel möglich frey und unabhängig von andern, als Anführer, nicht als Nachfolger, ſtrebt er zu wirfen; obgleich Abſicht und Hofnung auf Herrſchaft ihn eine Zeitlang im Gehorſam erhalten können. Was er unternimmt, thut er nicht halb; denn er hat Kraft und lebhafte, dauerhafte Vorſtellungen *).

§. 142.
Sanguiniſches Temperament.
Da dieſes Temperament die geſundeſte förperliche Conſtitution, Kräfte ohne beſchwerlichen Drang, Empfind-

---

*) Dieſe Gemüthsart iſt gewöhnlich bey Reformatoren; und iſt nöthig bey ihrer Beſtimmung, wenn ſie es gewaltſam und öffentlich ſeyn wollen. Befannt iſt es von Luther; und auch den Schottiſchen Luther Knor ſchilbert Robertſon ſo. *Hiſt. of Scotl.* vol II. p. 35 Zeal, intrepidity, disintereſtedneſs were virtues, which he poſſeſſed in an eminent degree. His maxims were often too ſevere, and the impetuoſity of his temper exceſſive Regardleſs of the diſtinctions of rank and character, he uttered his admonitions with an acrimony and vehemence more apt to irritate, than to reclaim. Thoſe very qualities enabled him to face dangers and to ſurmount oppoſitions — He was of a conſtitution naturally ſtrong.

pfindlichkeit ohne Ueberspannung, ein bewegliches, nicht brausendes, gleichmäßig sich vertheilendes Geblüt zum Grunde hat: so muß es

1) der Seele gewöhnlich das behaglichste Körperge-fühl zuführen; oder wenigstens vor allem beschwerlichen Gefühl des Körpers am meisten sichern, und dadurch also mehr als ein anderes zur Heiterkeit und Freund-lichkeit aufgelegt machen.

2) Mehr als ein anderes läßt es auch zum Genuß sinnlicher Freuden ein. Die meisten Eindrücke müs-sen demselben angenehm seyn; bey starken, gefüllten, und doch nicht überspannten Werkzeugen, bey so frey sich bewegenden und nicht übermäßig reizenden Säften, kön-nen sie ihm nicht leicht zu stark oder zu schwach werden. Diesen Genuß und die Aussichten auf denselben stöhren dabey auch seltener die bey andern so häufig aus dem Körper entstehenden Anwandlungen von Angst, Gräm-lichkeit und Unzufriedenheit. Bey diesem leichten Ge-fühl seiner selbst, und diesen angenehmen Eindrücken des Gegenwärtigen, vergißt der Sanguinische der Zukunft nur allzu leicht, wird sorgenlos und leichtsinnig.

3) Den besten Gesellschafter giebt er ab; so hei-ter, offen, ohne Mißtrauen und ohne Arges in seinem Herzen; nicht zu träge, um etwas fürs gemeinschaftliche Vergnügen mit zu thun, nicht zu steif und widerspän-stig, um nach den Wünschen anderer sich zu bequemen; voll des Vergnügens, um auch über andere davon zu ver-breiten; und nicht zu unempfindlich oder zu verschlossen, um die Freuden anderer mit zu fühlen. Nicht so reizbar, um bey dem geringsten Anlasse aufgebracht und beleidigt zu werden; aber auch nicht zu schwach, um denjenigen

zu

zu widerstehn, die Freuden stöhren, oder Gebuld und Güte mißbrauchen.

4) Das Vergnügen hat zu viele Reize für ihn, als daß er sich nicht auch Mühe darum geben sollte, wenn diese erfordert wird. Aber er kann es auf zu manchfaltige Weise finden. Bey seinem behaglichen Körpergefühl läßt sich auch schon so angenehm vegetiren; daß er nicht ohne Gefahr ist, der Neigung zum Müssiggange und zur Trägheit sich zu überlassen; und wenn er dieß thut, aus Mangel der nöthigen Bewegung selbst sein Temperament ins Phlegmatische zu verstimmen. Aber die Lebhaftigkeit seiner Empfindungen, der gute Vorrath von Kräften, die er besitzt; und immer leicht wieder herstellt, nebst seiner Lenksamkeit und leichten Theilnehmung an dem Zustande und den Wünschen anderer, machen es auch nicht schwer, ihn aus der Unthätigkeit heraus zu reißen, und zur anhaltenden Arbeitsamkeit zu gewöhnen.

5) Ueberhaupt hat dieses Temperament nur eine gute Erziehung und richtige Grundsätze nöthig, um den vollkommensten Gemüthscharakter zu geben.

§. 143.
Vom melancholischen Temperamente.

Im melancholischen Temperamente liegt, nach dem oben angenommenen Begriffe, viele Kraft; und es fehlt dabey auch überhaupt nicht an Empfindlichkeit; nur können die Säfte nicht überall frey sich hinbewegen, und die Kräfte ebenmäßig vertheilen und unterhalten; die Bewegungen erfolgen langsamer, und es entstehen oft Gefühle aufgehaltener Kräfte. Daher

1)

1) Ein mehrentheils unbehagliches Selbstgefühl, öftere Anwandlungen von Verdrüßlichkeit und mürrischer übeln Laune. Dieses Selbstgefühl und diese Launen machen schon unfähig zum rechten Genuß angenehmer äußerlicher Eindrücke; wenn auch den Organen die Geschicklichkeit dazu nicht fehlte, wie doch vielleicht mehrentheils der Fall ist, und bey allzu irdischen dicken Säften seyn muß. Vielleicht verschließt sich diesen angenehmen Eindrücken der Melancholische auch schon, oder sucht die Gelegenheiten dazu nicht auf, aus Mißtrauen und Besorgniß vor allerhand Gefahren. Denn bey einem unbehaglichen Selbstgefühl gewinnen überall die Vorstellungen von Uebeln gar leicht die Oberhand.

2) Desto mehr Anlage zu genauen tiefen Nachforschungen bey diesen seltener eintretenden lebhaften äußern Empfindungen und Zerstreuungen, diesen langsamer entstehenden und mit einander sich verbindenden Bewegungen, diesen die Oberherrschaft behauptenden Vorstellungen von dem, wovor man sich in Acht zu nehmen, wogegen man sich zu bewahren hat. Tiefsinnig, nachdenkend seyn, mit einem finstern und halb geöffneten Blick vor sich sehen, ist daher ein am allgemeinsten anerkanntes Merkmal der Melancholie. Und hieraus erhellet, daß der Melancholische allerdings auch sehr starker Leidenschaften fähig seyn müsse, daß sie aber nicht so plötzlich in ihm entstehen, als bey Temperamenten von mehrerer Empfindlichkeit und Reizbarkeit, und daß sie mehrentheils von der unangenehmen Art seyn werden.

3) Besonders ist er zum Zorn und Haß sehr aufgelegt. Wer Kräfte in sich fühlt, daher Zutrauen in sich setzt, Achtung für sich hat, und doch nicht vergnügt

und

und zufrieden ſich findet, ſucht die Urſache ſeiner Unzufriedenheit am liebſten außer ſich, glaubt leicht, daß ihm Unrecht wiederfahren ſey. Der Melancholiſche giebt auch andern zu wenig Anlaß mit ihm zufrieden zu ſeyn, als daß er ihre Abneigung von ihm nicht oft bemerken ſollte. Aber eben dieß ſcheint ihm bey der guten Meynung, die er von ſich hat, Ungerechtigkeit oder Unverſtand zu beweiſen. Mit übeln Launen und Argwohn angefüllt, verkennt er nun leicht auch das Gute, was man ihm erweiſen will, oder wenigſtens die unſchuldige Abſicht, in der man etwas thut. Sein verſchloſſener, in ſich ſelbſt beſchäftigter Sinn läßt wenig Sympathien zu; dieſe können alſo auch die unbilligen Forderungen ſeiner Unzufriedenheit nicht mäßigen. Und ſo iſt es nicht leicht möglich, ſeinen Dank zu verdienen; leicht aber geſchieht es, daß man durch zuvorkommende Gefälligkeiten und redliche Bemühungen für ſein Beſtes, ſeinen Haß ſich zuzieht; weil er entweder, bey ſeinen Gefühlen, an reine, uneigennützige, bloß aus Sympathie entſtandene Gefälligkeit nicht glauben kann; oder ſich größere Erwartungen gemacht hatte, als man ihm erfüllte. Er iſt überhaupt ein ſtrenger Richter anderer, auch in dem, was ihn nicht betrift; weil er immer leichter Fehler als Vollkommenheiten ſieht; und wenig ſympathiſiret.

4) Langſamer müſſen die Entſchließungen des Melancholiſchen ſeyn; weil er ſich leicht etwas Schlimmes denkt, und langſamer auch die Ideen in ihm ſich mit einander verbinden und lebhaft werden. Aber er iſt nicht nur anhaltend und ausdaurend in ſeinen Unternehmungen, eben deswegen weil ſeine Kräfte nicht ſo leicht neuen Reizen weichen, und die langſamer abwechſelnden Vor-
ſtellun-

Vorstellungen beym genauen Nachdenken tiefer sich eindrücken; sondern er ist auch, wenn er einmal bis zur
Leidenschaft aufgebracht ist, der kühnsten, äußersten Entschließungen fähig; um so mehr, je mehr, bey seiner
Unzufriedenheit und Gleichgültigkeit gegen das, was anderer Glück ausmacht, er sich vorstellen kann, wenig
aufs Spiel zu setzen.

5) Insbesondere kann der Melancholische in der
Rachbegierde sehr weit gehn; ob er gleich gewöhnlich sich
damit nicht übereilt. Er kann seinen Zorn lange in sich
verschließen; aber schwerlich kann er Beleidigungen ganz
verzeihen, weil es ihm zu schwer wird, sie zu vergessen,
oder von angenehmen Vorstellungen sich einnehmen zu
lassen.

6) Es ist leicht zu begreifen, wie es so weit mit
diesem Temperamente kommen könne, daß Feindschaft
gegen das ganze menschliche Geschlecht, Haß gegen die
ganze Welt und die über sie waltende Vorsehung daher entstehen. Und wenn es beym Melancholischen so
weit kömmt, daß er die Ursachen seiner Unzufriedenheit
und der Hindernisse, die seinen Absichten widerstehen, in
den höhern Verhängnissen suchet; so ist er nicht so geneigt,
durch abergläubische Bemühungen die Gottheit zu versöh-
nen, als sie zu verleugnen oder zu verlästern. Denn er
ist mehr stolz als furchtsam.

§. 144.
Vom hypochondrischen Temperament.

Der Hypochondrist hat nicht immer ein unangenehmes Körpergefühl. Wenn sich die Kräfte bey ihm
gesammlet haben: so fühlt er sich leicht und wohl; ja er

ist,

ist, bey seiner großen Empfindlichkeit, mancher ange=
nehmen Eindrücke und Vergnügungen fähig, die un=
dern nicht zu Theil werden. Aber seine Kräfte können
leicht erschöpft, oder durch die übermäßige Reizbarkeit in
Unordnung gebracht werden. Sein körperliches Befin=
den ist sehr veränderlich. Und daher

1) ist es auch sein Gemüthszustand. Und er
leidet bey unangenehmen Eindrücken um so mehr, da
er nicht nur sehr empfindlich, sondern auch mit angeneh=
men Empfindungen sehr gut bekannt ist. Bey der Leb=
haftigkeit seiner Vorstellungen macht ihn das Gefühl sei=
ner Schwäche um so mehr traurig und niedergeschlagen,
je besser er einsieht, wie vieles er unterlassen, wie weit er
hinter andern zurückbleiben muß; um dieser Schwäche,
um dieser bloß körperlichen Schwäche willen. Auch
durch die schnelle Anhäufung der Vorstellungen von allen
möglichen, wenn auch noch so wenig wahrscheinlichen
Folgen, die aus einem Uebel, einer Unvollkommenheit,
deren er sich bewußt ist, entstehen können, oder die Ver=
muthung eines schlimmern Grundes und Ursprungs der=
selben, als sie wirklich hat, vergrößert ihm seine lebhafte
Imagination sein Leiden insgemein. Wenn seine Ein=
sichten ihn nicht vor abergläubischen Vorstellungen bewah=
ren; so können diese ihm besonders vielen Schaden ver=
ursachen.

2) Veränderlich ist sein Gemüthszustand, beson=
ders wegen des starken Einflusses äußerlicher, so wol
physischer als moralischer Ursachen. Jenen, der Wit=
terung hauptsächlich, und den Nahrungssäften, kann
sein schwacher und empfindlicher Körper nicht genugsam
widerstehn. Und bey seiner Schwäche kann er sich auch
nicht

nicht leicht für unabhängig und stark genug halten, um
den von moralischen Ursachen ihm zugefügten oder drohen-
den Uebeln auszuweichen oder Wioerstand zu thun.

3) Im Zustande unangenehmer Empfindungen ist er
überhaupt mehr zur Traurigkeit als zum Zorn gestimmt;
oder die Furcht hält diesem doch eher das Gleichgewicht,
als bey einem Melancholischen: Unterdessen ist seine
Empfindlichkeit so groß, daß Beleidigungen, besonders in den Stunden, wo das Gefühl der Schwäche ihn
nicht ganz niederdrückt, ihn sehr aufbringen, und zu den
äußersten Entschließungen reizen können. Doch bleibt
es insgemein beym Vorsatze; es entstehen leicht andere
Vorstellungen, die ihn davon abbringen. Gewöhnlich
läßt er daher seinen Zorn in harten Worten und Vor-
würfen aus; und wortreich übertreibt er das Unrecht,
das er erlitten zu haben glaubt: Worte sind die
natürlichsten Waffen des empfindlichen Schwachen:
Worte können freylich auch tödtlicher verwunden, als Gift
und Dolche, und können also auch die Waffen der heim-
tückischten Bosheit seyn: Doch sind sie nicht leicht die
Waffen des groß und frey sich fühlenden Starken, und
auch nicht die Waffen der bloßen körperlichen Stärke:
Wenn der Starke sich auch bisweilen zu hart ausdrückt;
so ist es doch nicht in der Absicht, damit zu schaden. Er
gebraucht entweder nur starke Ausdrücke, weil er stark
fühlt; oder er mäßigt sich im Ausdrucke nicht, weil bey
seiner Stärke ihm nicht begreiflich ist, wie bloße Worte,
Vorwürfe oder Drohungen so wehe thun könnten: Doch
läßt es der geteizte Schwache auch nicht immer bey Worten bewenden. Wenn er aber kräftigere Vorkehrungen
für nöthig hält; so wird er sich lieber der List, als der

Nn 2

öffent-

offenbaren Gewalt bedienen. Nicht leicht wird er seiner
Ueberlegenheit sich bedienen, und in der Rache bis zur
zwecklosen Grausamkeit ausschweifen. Sympathie und
Furchtsamkeit halten ihn zu leicht davon ab *).

4) Denn zur starken und allgemeinen **Sympathie**
enthält dieß Temperament besonders viele Anlagen. Der
Hypochondrist ist durch seine eigene abwechselnde Dispositionen und Empfindungen mit den verschiedensten Gemüthsbewegungen bekannt; und kann sich also auch vorstellen, was in andern vorgeht. Seine Reizbarkeit macht,
daß diese, bey den Aeußerungen ihrer Gemüthsbewegungen,
leicht auf ihn Eindruck machen, und ähnliche Empfindungen in ihm erwecken. Dazu kömmt noch, daß er
auch, vermöge seiner Furchtsamkeit, gewohnt ist, aufmerksam auf andere zu seyn. Alles Hauptgründe der
Sympathie. (§. 18. 19.) Unterdessen finden sich beym
Hypochondristen auch Eigenschaften, die in manchen
Fällen derselben sich widersetzen. Im Gefühl seiner
Schwäche glaubt er mit sich selbst genug zu thun zu haben, fürchtet sich vor Anlässen, die in neue Schmerzen, oder
Geschäfte und Sorgen ihn verwickeln könnten, flieht also
vor den Gegenständen, die sein Mitleiden reizen, gewissermaßen aus allzugroßer Empfindlichkeit. Oder er
ist

---

*) Unterdessen mag *Barclay's* Bemerkung auch in manchen
Fällen ihre Bestätigung finden. Cum autem impune
licet, effusi in crudelitatem; sive, quo audaciam
simulent, sive foeda et angusta natura in vindictam
imminente, denique futurum timorem occupantes,
subrutis, quos metuere inposterum possunt. Beni-
gni tamen; vultus sunt, et ab innata ferocia dissi-
dentis.

ist in einem solchen Fall auch wohl geneigt, sich gegen diese
Reize zu verhärten, und seine Gleichgültigkeit und Un-
dienstfertigkeit zu rechtfertigen durch die Vorstellungen,
daß andere selbst an ihren Leiden schuldig seyn; oder daß
sie noch lange nicht so groß seyn, als die Beschwerlichkeiten, die er aussteht. So sind ihm auch die Freuden
anderer, wenn er in seiner trübsinnigen Laune ist, leicht
anstößig, allzu lebhaft und ausgelassen. Es ist ihm
alsdenn nichts so ganz recht; die Fliege an der Wand
irrt ihn, wie das Sprüchwort sagt, und er mag am
liebsten allein seyn.

5) Wenn der Hypochondrist nicht scharfsichtig genug
ist, um die Ursache seiner Unbehaglichkeit und Unzufriedenheit in seiner Schwächlichkeit zu suchen; wenn er
durchaus Freuden genießen will, wie er sie aus seinen
guten Stunden kennt: so kann er auf gewaltsame, für
seinen Zustand, seine Körper- und Gemüthsbeschaffenheiten gar nicht passende, sie nur verschlimmernde Mittel
verfallen, um diese angenehmen Empfindungen, nach
denen er schmachtet, sich zu verschaffen. Er ist unmäßig im Essen, was er gerade am wenigsten seyn sollte; ißt
zu viel, weil ihm nichts schmeckt, in der Hoffnung, das
rechte noch zu finden, was ihm anständig seyn müsse.
Oder als Gelehrter läßt er von anstrengenden Beschäftigungen, die ihn schon zu sehr erschöpft haben, und deswegen eben nicht von Statten gehn, nicht ab; in der
Meynung, es noch erzwingen, und endlich mit seiner
Arbeit zufrieden werden zu können. Man begreift auch,
wie seine lebhafte Imagination und die große Reizbarkeit
seines Körpers beysammen in Ansehung sinnlicher Vergnügungen, unter solchen Umständen ihm höchst gefähr-

lich

lich werden können. Ausſchweifend kann in der Freude
der Hypochondriſt auch darum wohl vor andern werden;
weil die Erweckungen zur Freude ihm ſeltener entſtehn,
er alſo nicht ſo daran gewöhnt, oder auch recht ſie zu be-
nußen um ſo begieriger iſt. (§. 37.)

6) Die Stunden der Aengſtlichkeit und des Nachdenkens kommen zu oft bey ihm, als daß er nicht Grundſäße ſich zu machen, Vortheile abzuwägen und auf künftige Erfolge vorauszuſehen, ſich frühe anſchicken ſollte.
Aber er iſt ſchwach und reizbar. So leicht es iſt, durch
nachdrückliche Vorſtellungen ihn zu rühren, und gute
Vorſäße zu erzeugen: ſo ſchwer hält es, tiefe, dauerhafte Eindrücke dadurch hervorzubringen, die ſeinen lebhaften Aufwallungen der Luſt oder Unluſt Einhalt thun,
und vor Uebereilungen ihn bewahren.

7) Wie demnach Grundſäße endlich eine gewiſſe
Feſtigkeit in ſeinen Charakter bringen können; alſo kann
er ſtandhaft und ausdauernd bey ſeinen Unternehmungen auch dadurch werden, daß er eine Arbeit, die ihm
ſchwerer als andern wird, nicht vergeblich, und alſo
nicht zur Hälfte gethan haben mag, wo ſie zu nichts hilft.

8) Ueberhaupt iſt dem empfindlichen Schwachen
nicht leicht etwas eine Kleinigkeit; oder auch Kleinigkeiten ſind ihm ſchon etwas werth. Auf kleine Hinderniſſe, kleine Hülfen, kleine Gefälligkeiten iſt er ſchon aufmerkſam. Hierinn, wie auch in der Sympathie und
Furchtſamkeit, ſind ſtarke Antriebe enthalten, zur Höflichkeit und Feinheit der Sitten. Wenn auch Verſtellung nicht ſchon einigermaßen hiezu gehörte: ſo würde
ſie doch zu den Eigenſchaften gehören, die jene Grund-
beſchaffenheiten leicht hervorbringen. Daß er ſie zu
böſen

bösen Absichten gebrauchen sollte, zum Angriffe, nicht nur zur Vertheidigung, ist nicht leicht zu vermuthen, da Sympathie und Furchtsamkeit ihn so sehr zur Fried-fertigkeit und Sanftmuth stimmen müssen *).

§. 145.
Vom böotischen Temperamente.

Je geringer die Empfindlichkeit, desto einfacher ist der Charakter. Die Eigenschaften des plumpen, vier-schrötigen, böotischen Temperamentes, welches bey sehr weniger Empfindlichkeit sehr viele Stärke hat, lassen sich also leicht ausfinden.

1) Nicht leicht gerathen Menschen dieser Art in Af-fecten; aber ungestüm wirkt ihr Affect um sich, wenn er ausbricht. Thierische Bedürfnisse, oder körperliche Beleidigungen sind fast allein nur im Stande, ihn zu reizen. Feinere Reize können die schwere Masse nicht in Bewegung setzen.

2) Und dann wollen sie alles mit Gewalt ausrichten, auch wo durch Gewaltthätigkeiten gar nicht, oder nur unvollkommen, der Zweck sich erreichen läßt. Dumdreist und hartnäckig gehn sie gerade darauf los, und weichen nicht aus, wenn es auch nur um einen Schritt wäre. Durch andere in Bewegung gesetzt, gehn sie leicht zu weit; schla-

Nn 4   gen

---

*) Qui vero suum ingenium ad formidinem factum hac justa et salubri arte regere possunt; ii plerumque mitissima humanitate adornantur, blanda simplici-que pietate verecundi, neminem laedere gratuitis iniuriis sustinent; etiam in vilissimis hominibus, aut ultima egestate damnatis ipsam animorum et mor-talitatis communionem venerantur. *Barclay.*

gen zu Boden, wo ſie nur erſchüttern ſollten. Nie oder ſelten hält ſympathetiſche Schonung und Rückſicht auf andere
ſie zurück. Sie haben von Natur wenig Anlagen dazu;
und Furcht oder irgend ein feineres Intereſſe treibt ſie
nicht leicht an, durch Uebung ſolche zu erhöhen.

3) Ihr Kraftgefühl treibt ſie auch wohl zu vorſetzlichen, muthwilligen Beleidigungen an; da bey ihrer
eingeſchrenkten Empfindlichkeit es ihnen an ſchicklichern
Gegenſtänden und Gelegenheiten fehlet, ihre Kräfte aus-
zulaſſen und zu zeigen *).

§. 146.
Vom phlegmatiſchen Temperamente.

Wenige Kraft und wenige Empfindlichkeit beyſammen bildet die gleichgültigſte Art von Menſchen. Es
iſt ihnen alles gleich, was ihre Ruhe und den Genuß der
wenigen einförmigen Vergnügungen, die ſie kennen, nicht
unterbricht. Und es muß ihnen ſchon ſehr nahe kommen,
ehe es dieſes thut.

Das iſt nun aber auch die größte Ungerechtigkeit
nach ihren Begriffen, einen Menſchen nicht in Ruhe
laſſen. Und dieß iſt vielleicht auch der einzige Fall, wo
ſie für ſich ſelbſt aufgebracht werden, oder mit andern
ſympathiſiren.

Beym

---

*) Plutarch ſchildert dieſen Charakter in denjenigen Men-
ſchen, die Herkules und Theſeus bezwangen, oder
aus der Wildniß herausriſſen. „Schaamhaftigkeit,
glaubten ſie, Gerechtigkeit, Billigkeit, Menſchenliebe,
lobten nur diejenigen, die nicht Muth hätten, andere
anzugreifen, und vor Gewalt ſich fürchteten. Dem
Starken, der zwingen könne, ſey an allem dem nichts
gelegen.‟ Im Theſeus Kap. VI.

Beym äußersten Grade dieser Schwäche und Reizlosigkeit ist auch nicht einmal Empfindlichkeit genug vorhanden, um das Bedürfniß der langen Weile zu fühlen. Etwas lebhaftere Phlegmatiker aber lieben solche Zeitvertreibe, die die Sinne oder Einbildungskraft belustigen, ohne viel Nachdenken zu erfordern; Mordgeschichten und Possenspiele.

Aus Liebe zur Ruhe und Abscheu gegen das Nachdenken sind sie Feinde von allen Neuerungen, und oft bis zum Eigensinne unbeweglich bey dem, was sie einmal sich in den Kopf gesetzt haben.

Eine gute Meynung haben diese Leute allerdings von sich; denn sie bemerken nicht, was ihnen fehlet, und sie halten sich für rechtschaffen, weil sie niemanden etwas in den Weg legen, keine boshafte Anschläge wider andere hegen.

Wenn sie etwa durch unnatürliche Reize, hitzige Getränke oder andere solche Ursachen, lebhaft lustig werden; so gerathen sie leicht in possirliche Ausschweifungen, und werden auch wohl beleidigend, um herzhaft zu scheinen; weil sie nicht gelernt haben, auf eine vernünftige Weise ihre Kräfte anzuwenden.

§. 147.

Regeln der Vorsicht bey der Anwendung der bisherigen Bemerkungen. Weitere Entwickelung einiger derselben.

Es ist aus vorhergehenden Bemerkungen zur Genüge abzusehen, wie viel daran fehle, daß die bisherigen Erörterungen alle aus dem Körper entspringende Gemüthseigenschaften erklärten. Auch nicht einmal alle auf die angenommenen Begriffe sich beziehende Temperaments-

ein-

einflüsse sind dadurch genau bezeichnet. Denn es ist dabey nur auf einander ganz entgegengesetzte, oder weit von
einander abstehende Temperamentsbeschaffenheiten gesehen
worden; und auf solche, bey welchen doch gar viele Grade
Statt finden. Und auf den Grad kömmt es hier sehr an.
So wie Lebhaftigkeit der Einbildungskraft bey einem angemessenen Grade Genie, beym Uebermaaße Narrheit
verursacht: so kann reges Kraftgefühl Munterkeit und
Freundlichkeit, oder Trotz und Wildheit, jedes in sehr
verschiedenen Graden, und auch in einer gewissen Mischung
unter einander verursachen.

Hieraus ergeben sich leicht die Begriffe von den
so genannten gemischten oder mittlern Temperamenten.
So kann z. B. das hypochondrische Temperament,
bey einiger mehrern Kraft, dem cholerischen, und wenn das
unangenehme Körpergefühl fortdauernd wird, dem melancholischen nahe kommen *). Eben so lassen sich zwischen dem sanguinischen und böotischen Temperamente
leicht mehrere mittlere, diese beyde mit einander verbin-
dende Temperamente gedenken.

Also darf man auch nicht alle hier aus den festge-
setzten Begriffen gefolgerte Eigenschaften in den einzelnen
Fällen immer beysammen erwarten. Denn außerdem,
daß durch andere Ursachen einige Temperamentseinflüsse
gehoben oder verhindert werden können; kommt es ja nur
auf einige Grade der Stärke oder Empfindlichkeit an,
um einen Theil der Temperamentseigenschaften abzuän-
dern. Nicht zu gedenken, daß sich mit dem Körper Ver-
änderun-

---

*) Oder ein hypochondrischer Mann kann, gegen eine hy-
sterische Frau gehalten, cholerisch scheinen.

änderungen in einigen Stücken, oft für. beständig, oft
auch nur auf kurze Zeit, ereignen können. So kann
der Sanguineus durch übermäßige Vollblütigkeit zur Melancholie gestimmt werden *).

Endlich aber muß man sich auch hiebey hüten, aus
einigen Eigenschaften sofort aufs ganze Temperament,
und den ganzen davon abhängigen Gemüthscharakter zu
schließen. Denn es haben nicht nur in ihren physischen
Grundbeschaffenheiten verschiedene Temperamente einiges
gemein; sondern sie können auch in den entfernten Folgen,
in den bey gewissen Verbindungen entstehenden Neigungen, einander noch mehr ähnlich werden; obgleich bey
der genauern Beleuchtung sie sich auch da verschieden zeigen. Dieß nun auch noch mehr ins Licht zu setzen; können sie mit einander verglichen werden:

1) In Absicht auf Freundschaft. Da läßt sich
annehmen, daß der Cholerische geneigt sey, seine Freundschaft als Herablassung und Wohlthat anzusehen, um
die man sich bewerben, und die man mit aller Vorsicht
behandeln müsse, nicht als ein wechselseitiges Bedürfniß,
und ein Verhältniß, das einen dem andern gleich macht;
es läßt sich vermuthen, daß seine Freundschaften nicht
bloß nach Sympathien, sondern oft nach Absichten sich
bestimmen; er strebt zu sehr nach Vorzug und Herrschaft,
um mit denen von völlig gleichem Temperamente gut fortzukommen. Der leichtmüthige Sanguineus giebt und,

ent

---

*) Von den Veränderungen, die mit den Stufen des Al-
ters in den Temperamenten sich ereignen, wird in dem
besondern Hauptstücke von den Einflüssen des Alters gehandelt werden.

empfängt diese Wohlthat ohne weitere Absicht, als die
des Genusses; verschwendet sie nicht selten, und findet
sich daher auch bisweilen in seiner Erwartung betrogen.
Der Hypochondrist verbittert sich den Genuß der Freundschaft, deren Hülfe er so sehr bedarf, durch die Vorstellung sie nicht zu verdienen, dem Freunde mehr Last als
Lust zu verursachen, auch durch vergrößernde Vorstellungen von den bemerkten Fehlern und Vergehungen des
andern, oder, melancholischer noch, durch Zweifel an der
Redlichkeit und Beständigkeit der Freunde, durch allgemeines Mißtrauen gegen die Menschen überhaupt. Der
Plumpe, Grobmüthige giebt sich wenig Mühe, einen Freund
zu finden; und kleine Unhöflichkeiten, auch wenn sie nicht
die kleinsten wären, muß sein Freund ihm nicht übel nehmen.
Er vertauscht aber auch seinen Freund nicht leicht. Und im
Nothfalle steht er ihm getreulich bey; zumal wenn es
nur aufs Zuschlagen oder Lasttragen ankömmt. Der
Trägmüthige schätzt einen guten Freund, wenn er mit
ihm vorlieb nimmt, sein vorräthiges Vergnügen oder
seine lange Weile ehrlich mit ihm theilt, und ihn nicht
mit hohen Empfindnissen zusetzt, die er nicht versteht oder
nicht erwiedern kann.

2) In Absicht auf Ehre möchte wohl der Cholerische
seinen Trieben am wenigsten enge Grenzen setzen,
nicht leicht gegen eine Art von Beyfall und Ehrenbezei-
gungen gleichgültig seyn, und die Achtung, die man
ihm beweiset, vielmehr als eine Schuldigkeit, als einen
Tribut, der seinen Vollkommenheiten und Verdiensten
gebührt, denn als eine freywillige Höflichkeit betrachten.
Die Stärke seiner Eigenliebe, oder des Gefühls von seinem Werth kann machen, daß er in die Ehrenbezeigun-
gen

gen anderer weniger Mißtrauen setzt, als er wohl thun
dürfte. Der Melancholische ist auch gegen Ehrenbezei-
gungen und Hochachtungsversicherungen mißtrauisch.
Ob er sich gleich derselben nicht unwürdig hält: so hält er
doch andere nicht leicht für gut oder verständig genug,
um ihm Gerechtigkeit wiederfahren zu lassen. Er ist daher geneigter, über verkannte Verdienste zu klagen, als
über anerkannte sich zu freuen; geneigter, andere um
ihrer Fehler willen zu verachten, als ihre Hochachtung zu
suchen. Der Sanguineus wirbt liebkosend oder doch mit
Gefälligkeit um anderer Achtung; und ist mit freund-
schaftlicher Achtung, oder fröliger, zwangloser Bewunderung und Ehrerbietigkeit zufrieden. Bey hypochondrischer, empfindlicher Schwäche findet sich überhaupt sehr
viel Grund zur Erweckung des Triebs nach Ehre; nach
der Verschiedenheit der dabey Statt findenden Fälle können aber dessen Richtungen und Aeußerungen erhebliche
Verschiedenheiten bekommen. Ueberhaupt muß das Gefühl der Schwäche, wenn es dabey sonst nicht an manchfaltiger Empfindlichkeit fehlet, den Trieb nach Achtung
und Beyfall befördern; indem die Vorstellung, sich selbst
genug zu seyn, dabey weniger Statt findet. Und wenn
der Schwache durch sein Unvermögen gehindert ist, diejenigen Vollkommenheiten und Verdienste sich zu erwerben, wozu Kräfte, die ihm fehlen, oder anhaltende Thätigkeit erfordert werden: so ist es natürlich, daß er nach
denjenigen desto eifriger strebt, die ihm erreichbar sind.
Dabey kann er denn nun leicht, vermöge des gemeinen
Einflusses der Eigenliebe, in Versuchung gerathen, eben
diese Vollkommenheiten, wenn es auch nur Geschicklichkeiten in Kleinigkeiten oder Nebendingen sind, für wichtiger

tiger zu halten, als sie sind. Oder aus Besorgniß, um
seiner Schwächen und Gebrechen willen für unvollkommner
noch, als er wirklich ist, gehalten zu werken, verfällt
er in den Fehler, seine Vollkommenheiten allzu sorgfältig
bemerklich zu machen, sie zu zeigen, wo auch nicht der
Ort dazu ist, gern von sich zu sprechen, und um Beyfall
zu buhlen. Der empfindliche Schwache ist zur Eitelkeit,
wie der Starke zum Stolze geneigt. Aengstliche Besorgniß für sein eigenes Ansehn und seinen Ruhm, macht
auch leicht eifersüchtig auf den Ruhm andrer; kann so
gar neidisch machen, geneigt, ihre Verdienste zu verklei-
nern, und ihren Ruhm zu untergraben. Menschen, die
immer gern allein glänzen und bewundert seyn mögen;
denen es so herzlich schwer wird, andern ausdrücklich oder
stillschweigend erhebliche Vorzüge einzugestehen, gehören
wohl nie weder zu den recht starken, noch zu den ganz
schwachen; von was für einer Art und in welchem Verhältnisse auch ihre Kraft und ihr Unvermögen gegen einander seyn mögen. Es versteht sich, daß es nur auf
einige richtige Begriffe ankömmt, um der Ehrbegierde
des empfindlichen Schwachen die angemessene Bescheidenheit zuzugesellen. Und natürlicher Weise muß es
ihr überhaupt mehr auf liebevolle, als auf ehrfurchtsvolle Achtung ankommen. (§. 57.)

Bey einem starken Gefühl von Kraft und kleinem
gleichmäßigen Grade seiner Gefühle und Einsichten,
beym böotischen oder halbböotischen Temperamente also,
entsteht am leichtesten die Begierde, durch abentheuerliche
Unternehmungen, monstreuse Kunstwerke, oder durch
abstechende Sitten und paradoxe Meynungen sich zu un-

ter-

terscheiden *). Denn es gehört Kraft dazu, um dergleichen zu wagen, aber auch Mangel an feinen Gefühlen, um ohne Vortheil für die letzten wesentlichen Zwecke,
andern zu mißfallen, oder sie zu beunruhigen, um lieber
auf Abwegen herumzutaumeln, als gerade Wege zu bahnen, oder auf den gebahnten andern ein vorleuchtendes
Beyspiel zu seyn.

3) Nach äußerlichen Gütern kann der empfindliche Starke streben, um auch von der Seite nicht geringer zu scheinen, als andere; oder um nicht von ihnen
ab-

*) Diese letzte Begierde, welche in unserm Zeitalter sich
so vielfältig offenbaret, verdient hier noch wohl eine
besondere Anmerkung. Sie wird im schriftstellerischen
Felde durch die Eitelkeit der Bücherrichter noch mehr
befördert. Diesen dünkt es so schön, sagen zu können:
„Neues haben wir in dem Buche nichts gefunden;" es
scheint ihnen so viel sicherer, als durch das gegenseitige
Urtheil sich in Gefahr zu setzen, einiger Unbelesenheit
überführt zu werden, daß sie sich oft kein Bedenken
darüber machen, jenes Urtheil auszusprechen, bey Werken, die gleich die größte Vermuthung für sich haben,
daß Neues darinnen seyn müsse; und die für den so
urtheilenden Richter oft sehr viel Neues enthalten.
Es ist freylich auch schwerer, erfordert mehr Gelehrsamkeit und Scharfsinn, die stätige Erweiterung, Ausbildung, und, vielleicht mit gutem Vorbedacht, fein gehaltene Reinigung vorräthiger Kenntnisse genau wahr-
zunehmen, und zu würdigen, als ein auffallendes Pa-
radoxon zu bemerken: Wer Wahrheit kennt und schätzt,
oder nur einiges feinere Gefühl für bleibende Ehre hat,
läßt sich durch diesen Leichtsinn eitler Kunstrichter von
seinem festen, geraden Gange nicht abbringen. Aber
eben so eitle, leichtsinnige, oder grobfühlende Schriftsteller werden dadurch bewogen, Realität dem Schimmer, Wahrheit kühnern Behauptungen aufzuopfern.

abhången zu důrfen. Aus Gefälligkeit für andere giebt
er ſie nicht leicht hin; weil er nicͨt leicht Urſache zu haben glaubt, gegen andere gefällig zu ſeyn. Aber ſeinen
eigenen Neigungen und Abſichten opfert er ſie auch bis
zur Verſchwendung auf; weil er ſich es zutraut, ſelbige
immer wieder erwerben zu können. Der Sanguiniſche
braucht ſie, wenn er ſie hat, und wünſcht ſie, wenn ſie
ihm fehlen; ohne mit vieler Mühe anhaltend darnach zu
ſtreben. Der Hypochondriſt iſt, wie ſeine Launen wech-
ſeln, bald verſchwenderiſch, bald ſparſam. Der Melancholiſche kann, bey vieler Stärke und vielen Hinderniſſen
ſeiner Kraft, bisweilen ſie verachten, wie alles in der Welt;
bisweilen ſie für Abſichten anhäufen, ohne daß ſeine Unzufriedenheit ihn je zum frohen Genuſſe derſelben kommen
läſſet. Wenn ſein verfinſterter Geiſt ihm nicht die ordentlichen Wege ſehen läſſet, durch Verdienſte ſolche zu
erwerben, oder dieſe bey ſeinen innern Gebrechen ihm
zu beſchwerlich ſind: ſo ſucht er ſie auch wohl auf den
unnatürlichen Wegen geheimer Künſte oder ſchwarzer
Verbrechen.

4) Hülfe bey andern zu ſuchen, Gefälligkeiten zu
erbitten, iſt der Choleriſche ungeneigt aus Stolz; er entbehrt lieber, als daß er bittet, und vielleicht wagt, eine
abſchlägliche Antwort zu erhalten. Der Melancholiſche
iſt es gleichfalls aus Mißtrauen gegen den guten Willen
anderer; der Plumpe aus Unempfindlichkeit und Unverſtand. Hingegen entſchließt ſich leicht dazu der Sanguiniſche, theils weil er gegen Reize empfindlich iſt, den
Ausſichten zum Vergnügen gern nachgeht; theils, weil er,
andere nach ſich beurtheilend, an ihrer Neigung, er ſich gefällig

fällig gegen ihn zu beweisen, nicht so leicht zweifelt.
Auch ist er insgemein glücklich, oder vielmehr, kraft seines
einnehmenden Wesens, geschickt genug, seinen Bitten
Eingang zu verschaffen. Der Hypochondrist muß sich
zwar auch oft dazu entschließen; und thut es insgemein auf
eine feinere, weniger offene Art, als der Sanguineus. Aber
er ist sehr aufmerksam auf die Weise, wie man seine
Bitte aufnimmt; und sehr empfindlich gegen eine weniger verbindliche Art ihm zu willfahren. Es ist ihm nicht
genug, daß man seine Wünsche erfüllt; sondern es
kömmt bey ihm sehr darauf an, wie man es thut.

5) Ordnung schätzt der Cholerische, ohne vor Unordnung sich zu fürchten; aus dieser Furcht hält der Hypochondrist mit ängstlicher Genauigkeit darauf; der Sanguinische vernachläßigt sie aus Gemächlichkeit und Leichtsinn, ohne sie zu verachten. Der Plumpe hat wenig
Gefühl dafür. Der Phlegmatische mag wohl leiden,
daß andere gute Ordnung um ihn herum veranstalten.
Der Melancholische stiftet Unordnung, um zu sehen, ob
es so nicht besser mit ihm wird; oder weil es ihm ver-
drießt, daß es andern in der Ordnung so wohl ist.

§. 148.
Einflüsse der Diät auf das Temperament und die Nei-
gungen.

Daß die Nahrungsart einen solchen Einfluß auf
die Kräfte und Bewegungen im Körper habe, vermöge
dessen sie auch erhebliche Veränderungen in dem Gemüthe
nach sich ziehen müsse; kann niemand bezweifeln, der
entweder von der Sache selbst deutliche Begriffe hat,
oder nur auf die Erfahrung ein wenig aufmerksam ist.

Do

Wie

Wie schnelle und gewaltige Veränderungen hitzige Getränke in den Gemüthern der mehresten Menschen hervorbringen; daß sie ruhige oder träge Gemüther ermuntern, und solche, die ohne diese schon lebhaft sind, entflammen, ist gemein bekannt. Noch stärker zeigen sich die mächtigen Einflüsse solcher körperlicher Dinge auf die Seele in den Wirkungen einiger Gifte. Davon sagen uns die Aerzte *), daß sie eine so ausschweifende Lebhaftigkeit der Einbildungskraft erregen können, daß die angenehmen und unangenehmen Leidenschaften unaufhörlich abwechseln, daß derselbe Mensch in einer Minute lacht und weint, beydes ohne einen äußerlichen reellen Grund. Sie können auch die Einbildungskraft und den Körper mit Reizen des Geschlechtstriebes bis zur zügellosesten Unverschämtheit, bis zur Wuth erfüllen.

Die Natur der Sache macht es aber auch bald begreiflich, daß nicht nur vorübergehende, sondern auch dauerhafte Einwirkungen aufs Gemüth von den Nahrungsmitteln herkommen müssen. Denn sie ersetzen die Kräfte des Körpers, reichlich oder mangelhaft. Sie bestimmen nicht nur die Flüssigkeit des Geblütes, sondern bringen auch mehr oder weniger Trieb und Reize der Bewegung in dasselbe, mittelst der Wärme und der salsigten Theile. Und obgleich gewiß ist, daß es bey der Absonderung und Zubereitung des Nahrungssaftes aus den Speisen auf die Kräfte und Bildung der Werkzeuge und die Beschaffenheit der sich beymischenden Säfte des Körpers, der die Nahrungsmittel zu sich nimmt, sehr an-

---

*) S. Zückert von den Leidenschaften §. 59. Gmelin, allg. Geschichte der Pflanzengifte S. 211. f. 226. ff. S. 469 f. u. a. O.

ankomme: so kann doch nicht bezweifelt werden, daß die Beschaffenheit des Körpers nach den Eigenschaften der Nahrungsmittel immer in vielen Stücken sich werde richten müssen. Wenn denn auch ferner im Gemüthe selbst die durch den Nahrungssaft im Körper erzeugten Kräfte und Reize nicht allemal gleiche Folgen nach sich ziehen: so findet sich doch überhaupt hier eine von den mehrern in manchen Fällen entscheidend wirkenden Ursachen der Neigungen.

Man kann dieß nicht nachdrücklicher ausführen, als es Tissot gethan hat. Und da sein Zeugniß auch hier von dem größten Ansehn und Gewichte seyn muß: so wird es nicht überflüssig seyn, dasselbe einzurücken. „Ein starker von Arbeiten und hitzigen Getränken ausgetrockneter Mann weiß nichts von Nervenkrankheiten; weder bey moralischen, noch bey physischen Reizen empfindet er etwas dergleichen. Aber derselbe Mann bekömmt ein Entzündungsfieber; man läßt ihm Blut ab, läßt ihn warme Bäder gebrauchen, nichts als Mandelmilch, Graupenabguß, Hünerbrühe und leichte Mehlspeisen genießen; dabey fleißig Klistiere, und andere innerlich und äußerlich erweichende Mittel. Und nach wenigen Wochen wird der Körper dieses Mannes weichlich und sein Blut wässerigt seyn; seine Nerven, vorher wie trocknes Parchement, itzt wie eingeweichtes. Und dieser kraftvolle, starke, feste Mann, den nichts rühren konnte, wird eine hysterische Frau. Starke Gerüche, unerwartete Ereignisse, unangenehme und angenehme Nachrichten, ein wenig zu scharfe Speisen oder kleine Ueberladungen verursachen ihm alle hysterische Zufälle, Zittern und Herzklopfen, Furcht, Aengstlich-

keit,

keit, Schreckhaftigkeit, Ohnmachten" *). Und an einem andern Orte **) ſchreibt er. „Ich habe viele Perſonen gekannt, welche eine kleine Ausſchweifung in hizi-
gen Getränken am folgenden Tage in einen Zuſtand von
Schwäche, Kleinmüthigkeit, Verzweifelung und Weinen, gleich einem hyſteriſchen Weibe verſezte. Ich
kenne einen Handwerksmann, der ſich alsdenn für einen
Mörder hält, den man verfolge, und ſich zu retten, aus
dem Fenſter entſpringen will."

Daß es, ausnahmsweiſe, Körper von ſo uner-
ſchütterlicher Conſtitution gebe, daß die größten Ausſchweifungen bey ihnen, wenigſtens in den erſten Jahren, keine merkliche Folgen haben, weder in der Geſundheit, noch in den Seelenkräften; bemerkt eben derſelbe mit mehrern andern Aerzten. Aber es ſind immer
nur Ausnahmen.

Selbſt durch die Unmäßigkeit der Mütter oder
der Ammen im Gebrauch hiziger Getränke entſtehen,
nach der Erfahrung dieſes großen Arztes, oft ſchwer wieder auszurottende Anlagen zu heftigen Leidenſchaften ***).

Auch

---

*) Traité des Nerfs tom. I. und tom. II. pr. part.
pag. 19.
**) tom. II pr. part. p. 50 f. vergl. p 233. 237.
***) On voit ſouvent des enfans d'une violence et d'un
emportement, qui etonne, et qui effraye dans un
age ſi peu avancé; et l'on a ſouvent trouvé, que les
meres ou les nourrices avoient fait un excès de vin,
auquel on devoit rapporter ce malheureux vice des
enfans. J'en ai vû un, qui à l'age de quatre ans etoit
furieux, au moins quatre ou cinq fois par jour et
toujours agité. L'uſage du petit lait, des fruits
fon-

Auch versichert dieser vortrefliche Mann, jemanden gekannt zu haben, der bis in sein 22stes Jahr dem
Zorn sehr ergeben gewesen war; durch eine Ausschwei-
sung desselben aber einmal sehr beschämt, den Entschluß
gefaßt hatte, seine Diät zu verändern, und nur von
Milch, Mehlspeisen, Früchten und Wasser sich zu näh-
ren; welches den gewünschten Erfolg auf das vollkom-
menste bewirkt habe. Tissot sah ihn in seinem hohen
Alter sehr munter, sanftmüthig und gesund *).

Aus dem Bemerkten ist klar, daß es auf Qualität
und Quantität der Nahrungsmittel ankomme; aber auf
letztere freylich allemal am meisten. Sehr verschieden,
wohlthätig und nachtheilig für den Seelenzustand sind die
Einflüsse hitziger Getränke, hauptsächlich im Verhältniß
zur Mäßigkeit oder Unmäßigkeit ihres Gebrauchs.

Und so muß denn zuförderst auch das Urtheil über
die sittlichen Folgen des Fleischessens von einer solchen
Nahrungsart verstanden werden, bey welcher die Speisen aus dem Thierreiche den beträchtlichsten Theil ausmachen.

Wenn man auch diejenigen Betrachtungen bey
Seite setzet, die von der das Gemüth allmälig verhär-
tenden Gewohnheit die Thiere zu tödten, um entbehrliche
Leckerbissen sich zu bereiten, die Gegner des Fleischessens

Do 3   her-

---

fondans — le changerent au point, non pas d'en
faire l'enfant le plus souple, mais de faire disparoî-
tre toutes ses violences — Independament du chan-
gement moral, il en arriva un physique très frappant: c'est que sa peau, toujours rude auparavant,
devint extremement souple, et est restée telle. tom. II.
part. II. p. 242 f.

*) Tom. II. part. II. p. 275.

herleiten: so findet sich noch immer Grund zur Behauptung, daß die Nahrungsart Folgen fürs Gemüth haben könne. Denn daß sie mehr Stärke, und in das Geblüt mehr Wärme und Reize bringe, also das cholerische Temperament befördere; ist durch die Natur der Sache, und durch die Beobachtung außer Zweifel gesetzt *).

Auch der Schlaf verdient unter denjenigen Stücken aus der Pflege des Körpers, die für die Seele wichtig werden können, eine besondere Anzeige. Uebermaaß im Schlaf schwächt das Gedächtniß, macht unempfindlich und träge, erzeugt das phlegmatische Temperament **). Allzu vieles Wachen erhitzt das beym Wachen schneller umlaufende Geblüt, schwächt die Nerven, verursacht Zittern und Schreckhaftigkeit. Und nach der Bemerkung eines sehr scharfsinnigen Geschichtsforschers geschieht es eben auch mittelst der Abkürzung des Schlafes guten Theils, daß das heiße Klima die Einbildungskraft erhitzt ***).

Wie es in jedem Stücke der Diät und bey jedweder Art der Nahrungsmittel hauptsächlich auf die Quantität, die man dabey beobachtet, ankömmt: also läßt sich von der Unmäßigkeit im Essen und Trinken überhaupt in mehrern Rücksichten bemerken, daß sie sehr nachtheilige Folgen für das Gemüth verursachen müsse. Denn

a)

---

*) S. *Haller* Elem. phys. lib. II. Sect. IV. §. III. lib. XIX, Sect. III. §. VII. XIII.

**) *Mackenzie* Histoire de la santé p. 345. *Tissot* Traité des nerfs tom. II. part. I. p. 63 f.

***) Recherches sur les Egyptiens I. 305. vergl. *Tissot* l. c.

a) Die Vergnügungen der gröbern Sinne halten mehrentheils die Empfindungen eines Menschen ganz bey ihm selbst auf. Es sind ihrer Natur nach weit mehr selbstsüchtige und ungesellige Empfindungen, als diejenigen, in welchen die Vergnügungen der Einbildungskraft, des Verstandes oder auch nur der feinern äußern Sinne, des Auges und Ohrs, bestehen. Sie erfordern eigenthümlichen, ausschließenden Besitz und aufzehrenden Gebrauch.

b) Selbst um der mehrern Stärke und Lebhaftigkeit willen, womit die angenehmen Empfindungen der gröbern Sinne auf Seele und Körper wirken, sind sie den feinern Gefühlen, der Heiterkeit und Freyheit des Geistes, nachtheilig; wenn auch die Unmäßigkeit dabey nicht bis zu dem Grade getrieben wird, bey welchem Betäubung, Beschwerung und Entkräftung der Seele und des Leibes, mit ihrem Gefolge der Verdrüßlichkeit, Schwermuth und andern Arten von Krankheiten unausbleibliche Wirkungen sind.

Unter den Völkern sind die Indianer ein merkwürdiges Beyspiel der Mäßigkeit und ihrer guten Folgen. Dieses Volk, wenigstens die Casten der Kaufleute und Gelehrten unter demselben, übertreffen alle andere Völker an Mäßigkeit und strenger Diät. Fleisch und alle hitzige Getränke sind ihnen ein Greuel. Dagegen sind sie auch nur selten Krankheiten unterworfen; sind allezeit heiter und munter zur Arbeit; und heftige Leidenschaften sind, wie Niebuhr sagt, unbekannt unter ihnen. Sie sind äußerst sanftmüthig, und unter allen Menschen in der Welt am wenigsten geneigt, ihren Nebenmenschen zu

Do 4   scha-

ſchaden, ſagt eben derſelbe *). Sie laſſen ſich lieber
beleidigen, als daß ſie einen andern beleidigen; und
hüten ſich ſorgfältig vor allen, die Ruhe der Geſellſchaft
ſtörenden Verbrechen. Zwanzig Jahre ſeyn vergangen,
ſagt D'Ovington, daß keiner zu Surate am Leben
geſtraft worden iſt. Die groben Worte und Behand-
lungen der Europäer ſind ihnen ſo unausſtehlich, daß,
wenn ſie dieſelben aufgebracht und erhitzt ſehen, ſie ſich
wegbegeben, bis ihr Zorn ſich gelegt hat. Wenn ſie
glauben, daß dieß geſchehen ſey: ſo nahen ſie ſich ihnen
wieder mit allen Zeichen der Ergebenheit. Ihr Abſcheu
vor Gewaltthätigkeiten hält ſie auch von allen Waffenübun-
gen ab *).

Nicht einmal über Meynungen verlangen ſie zu
herrſchen; ſie laſſen in ihrem Lande gegen ihre Religion
predigen, und machen für die ihrige nie Proſelyten.

Nicht ſelten vertrauen Indianern Europäer faſt
ihr ganzes Vermögen. Und jene geben dabey Proben
von Treue und Redlichkeit, die in Erſtaunen ſetzen ***).
Auch ſchon während ihrer Schwangerſchaft ſind die
Frauen der Banians, der Indiſchen Kaufleute, äußerſt befliſſen, eine ſolche Diät zu führen, und ſich überall ſo zu betragen, daß nicht durch Eindrücke im Mutterleibe ihre Kinder zur Schwermuth und Verdrüßlichkeit,
ſondern vielmehr zur Heiterkeit und Gelaſſenheit ge-
ſtimmt werden. Sie wählen ſich die geſundeſten Nah-
rungs-

---

*) Reiſebeſchreibung II. 16. 31.
**) *D'Ovington's* Voyage tom. I.
***) Niebuhr l. c. II. 69.

rungsmittel, und suchen sich immer munter und vergnügt zu erhalten *).

Daß an diesen Gemüthseigenschaften der Bra͢minen und Banianen die gute Diät wenigstens großen Antheil habe; beweisen die entgegengesetzten Sitten an͢derer Indianer, die eine entgegengesetzte Diät führen. Die von der Soldatencaste, die Rasbuten, essen Fleisch, nur nicht Rindfleisch. Sie bedienen sich auch des Opi͢ums, um ihren Muth zu beleben. Sie werden denn auch unter den ihrigen für sehr tapfer gehalten **). Auch die Fakirs oder Bettelmönche, die sich unter ihnen aufhalten, führen eine so strenge Diät nicht, erlauben sich wenigstens berauschende Getränke. Diese aber begehen nicht nur an sich selbst die unnatürlichsten Grausamkeiten, sondern sind auch wohl fähig, sie an andern zu begehen. Die verschiedenen Orden derselben verfolgen einander hef͢tig, und liefern oft blutige Schlachten ***).

Ueberhaupt sind die Wirkungen der berauschenden Getränke im Oriente gewiß so gefährlich, als irgendwo in der Welt. Sie machen diejenigen, die sie zu sich nehmen, oft so wüthend, daß sie alles, was ihnen vor͢kömmt, selbst ihre nächsten Anverwandten, ermorden, bis ihnen dieß Schicksal selbst wiederfährt †).

Von den Bejasi, einer Secte der Mahommeda͢ner, bemerkt gleichfalls Niebuhr, daß sie vor allen an͢dern ihm bekannten Mahommedanern der Mäßigkeit

Do 5   ergeben;

---

*) *D'Ovington* II. 42 seq.
**) Niebuhr II. 7. 8. *De la Loubere* Descript. du Royaume de Siam I. 296.
***) *D'Ovington* II. 76. Niebuhr II. 73.
†) *D'Ovington* I. 237. f.

ergeben; aber auch vor andern von heftigen Leidenschaften frey, höflich und buldsam seyn *).

Ein lehrreiches, einzelnes Beyspiel der strengen
Mäßigkeit und der vortheilhaften Wirkungen derselben
ist der berühmte Ludovico Cornaro, ein edler Vene-
tianer aus dem 16ten Jahrhundert; der ein Alter von 100
Jahren erreichte. Er war von Natur schwächlich, und
bis in sein 40stes Jahr fast immer kränklich. Alle
Künste der Aerzte waren bisher vergeblich angewandt
worden. Nun gaben sie ihm endlich zu erkennen, das
einzige Mittel, von dem er sich noch Hülfe versprechen
könne, sey eine äußerst genaue Beobachtung der Mäßigkeit im Essen und Trinken. Er entschloß sich mit Mühe
dazu; erfuhr aber bald die erwünschtesten Folgen davon
in Ansehung seiner Gesundheit und seiner Gemüthsruhe.
Zum Beweis des letztern, welches eigentlich nur hieher
gehört, führt er selbst folgendes an. Seine Familie
verlor ungerechter Weise einen wichtigen Proceß. Einer
seiner Brüder, und noch etliche andere Verwandte, die
in ihrer Lebensart weit von seiner Mäßigkeit entfernt waren, wurden durch diesen Verlust so gerührt, daß sie
krank wurden und starben. Er, der am meisten dabey
verlor, ertrug es ohne Nachtheil, und erlebte glücklichere
Zeiten. — In seinem 79sten Jahre ließ er sich durch anhaltendes Bitten seiner Verwandten bewegen, sein bisheri-
ges Maaß zu überschreiten. Der Erfolg war, daß
er nach wenigen Tagen, anstatt stärker und munterer zu
werden, entkräftet ward, verdrüßlich, und allen denen,
die mit ihm zu thun hatten, beschwerlich. Er kehrte zu

fei-

---

*) D'Ovington II. 83.

seiner vorigen Enthaltsamkeit zurück, und erndtete wieder die herrlichen Früchte davon ein. Ich will das übrige dieser reizenden Geschichte und diesen ganzen Abschnitt mit den eigenen Worten dieses musterhaften Mannes beschließen. „Itzt, in meinem 83sten Jahre, setze ich mich allein ohne Hülfe zu Pferd, und steige zu Fuß auf einen Berg. Erst kürzlich habe ich eine Komödie verfertiget, der, wenn ich es sagen darf, es nicht an unschuldigem Scherz und munterm Witze gebricht. Wenn ich vom Rathhause oder andern Angelegenheiten nach Hause komme: so finde ich 11 Enkel vor mir, deren Erziehung, Spiele, Gesänge und kleine Schäkereien mich ergötzen. Oft singe ich mit ihnen, und meine Stimme ist noch so stark und helle, als ꝛc. Mit einem Wort, ich fühle mich als den glücklichsten Menschen in der Welt. Statt ein mattes, hinwelkendes Leben fortzuschleppen, habe ich gesunde Sinne, bin vergnügt, und fühle keine Beschwerde *).

*) S. *Mackenzie* Hist. de la santé Chap. XIV.

Kapitel III.

Von dem Einflusse der Lebensart auf den Gemüthscharakter.

§. 149.

Allgemeine Beachtung desselben.

Die tägliche Beschäftigung und Lebensart eines Menschen muß auf dessen Neigungen und Sitten auf mannichfaltige Weise Einfluß haben. Mittelst der Ruhe oder Bewegung, die der Körper bey einer Lebensart zu wenig, bey der andern zu viel, bey einer dritten in dem rechten Maaße und Wechsel erhält, wird derselbe bald gestärkt und abgehärtet, bald entkräftet, träg und weichlich gemacht. Die Nahrung richtet sich gleichfalls nach Stand und Lebensart. Für die Erkenntniß entstehen daher Folgen; indem theils überhaupt die einen, vermöge ihres täglichen Berufs, mehr Zeit und Anlaß zur Entwickelung und Uebung der Verstandeskräfte haben, als die andern; theils die verschiedenen Lebensarten Grund in sich enthalten, diese oder jene Kenntnisse einzusammlen, mit diesen oder jenen Wahrheiten sich vielmehr zu beschäftigen, als mit andern. Endlich aber ändert sich oft unmittelbar das Interesse vieler Dinge nach der Verschiedenheit des Standes; und damit ändern sich auch die Nei-

Neigungen der Menschen. Wie verschieden würden
Staaten, ja die Welt selbst geschaffen werden; wenn sie
der Krieger, oder der Kaufmann, oder der Sachwalter,
oder der reiche Müssiggänger nach den verschiednen Absichten ihres Standes und ihrer Lebensart schaffen
dürften?

Daß die Einflüsse der Lebensart nicht die einzigen,
sondern nur eine der Ursachen des Charakters; und also
die Sätze, die nun bey den folgenden Untersuchungen vorge-
tragen werden sollen, keine absolute Wahrheiten, sondern hypothetisch seyn, abhängig von der Stärke der andern Ursachen; daß auch zur Lebensart die vorgegründeten ihr
angemessenen Neigungen in einigen Menschen Antrieb seyn
können, so wie diese entsprechenden Neigungen in andern
Folgen von der Lebensart sind; dieß alles mußte vielleicht
um einiger willen noch erinnert werden; für keinen aber
wird es noch weiter bewiesen werden müssen.

§. 150.

Natürliche Gemüthsart der Menschen, die von der Jagd und Fischerey sich nähren.

In der Geschichte der Menschen zeichnet sich unter
den Ursachen der Aufklärung des Verstandes und der
Bildung der Sitten kaum eine so sehr aus, als die Art,
wie dieselben ihre Nahrung, dieß allgemeinste und dringendste Bedürfniß, sich zu verschaffen suchen. Die Natur muß zuerst für sie sorgen. Von selbst wachsende
Wurzeln, Kräuter und Baumfrüchte, oder Thiere, die
weder sie zurückschrecken, noch vor ihnen fliehen, sind
ihre erste Nahrung. Die Entdeckungen und Reize, die
die ersten glücklichen Versuche nach sich ziehen, führen
allmä-

allmälig weiter; und die Kunst und Lebensart des durch viele eigene und fremde Erfahrungen gebildeten Fischers, Jägers und Kräuterkrämers können von den ersten Aeußerungen der animalischen Triebe und der Einfalt jener ersten Versuche schon sehr weit abstehn.

Unterdessen lässet sich alles dieß noch wohl unter einem Gesichtspunkte zusammenfassen; bey welchem die Unterschiede von andern Lebensarten der Menschen noch immer sehr groß, und die Folgen jener, überhaupt betrachtet, erheblich genug erscheinen.

Nemlich

1) Bey Menschen, die bloß von der Jagd oder Fischerey und den wildwachsenden Früchten, ohne Viehzucht, Ackerbau und Handlung leben, findet kein eigentlicher Reichthum Statt. In den Sprachen solcher wilden Völker finden sich daher gar keine Namen für reich und arm *). Und damit fallen alle die Bestrebungen, alle die Anstalten weg, die eine Folge sind von der Absicht, Reichthümer zu erwerben und zu sichern; alle die Gemüthsbewegungen des darauf sich beziehenden Neides, Stolzes, der Furcht, Schmeicheley, der mancherley Anschläge, das Eigenthum anderer durch List oder Gewalt an sich zu bringen. Unbekannt mit den Vorstellungen von Reichthümern und dem Werthe des Ueberflusses, sind die Wilden insgemein freygebig, und helfen einem jeden, der in der Noth ist, willig aus mit allem, wovon sie mehr haben, als er *).

2)

---

*) Robertson Hist. of Amer. I. 338.
**) Carver's Travels. p. 247.

2) Wo alle nichts oder gleich viel haben; wie viel geringer ist da nicht das Bedürfniß der Gesetze und der Obrigkeiten; wie viel mehr fehlt es da an Mitteln, sich die Macht zu erwerben, die das obrigkeitliche Ansehn unterstützt! Die Vorsteher und Anführer sind Rathgeber, die überreden, nicht Herren, welche befehlen. Da erhält sich also noch die Gleichheit, die, nach den Lehren des natürlichen Rechtes, ursprünglich unter allen Menschen seyn soll. Wohnungen, Nahrung, Kleidung, alles kündigt diese Gleichheit an. Zu einer solchen Gleichheit und Unabhängigkeit gewöhnt, können diese Menschen Gewalt und Unterwürfigkeit, denen sich immer einige Naturtriebe in allen Menschen widersetzen, um so viel weniger ertragen. Von den Wilden dieser Art in Amerika sind, da sie unter Spanische Bothmäßigkeit geriethen, viele vor Kummer gestorben, viele haben sich selbst umgebracht *).

Die alten Teutschen verabscheuten auch die Städte, weil sie ihnen zu viel Zwang und Einschränkungen mit sich zu führen, Gefängnisse zu seyn schienen **).

3) Persönliche Vorzüge können unterdessen bey dieser Lebensart doch Statt finden, und unter gewissen Umständen erhebliche Folgen nach sich ziehen. Der geschickteste Jäger wird bewundert und geachtet; wird Anführer auf der Jagd, vielleicht bald auch im Krieg, wird Haupt der Eroberer und Unterdrücker. Bey einigen

gen

---

*) *Robertson* Hist. of America I. 339.
**) Schmidts Geschichte der Teutschen Th. I. 33. Mösers Osnabrückische Geschichte 2te Aufl. Th. I. Erst. Abschn.

gen solchen Völkern darf kein Jüngling sich verheurathen,
bis er Proben seiner Geschicklichkeit in der Jagd abgelegt
hat.   Die Gefühle von Ehre, Achtung und Nacheife-
rung sind also durch diese Lebensart nicht ganz ausgeschlossen: ob sie gleich nur wenige Anreizungen, und einen
eingeschränkten Wirkungskreis finden *).

4) Schwach sind die Bande der Geselligkeit hiebey
geknüpft.   Nicht nur können die Bedürfnisse, die sie
kennen, einzelne, oder wenige beysammen, hinlänglich
sich verschaffen; sondern große Gesellschaften können bey
dieser Nahrungsart nicht bestehen.   Wie sie sich vergrößern, muß die Nahrung sich vermindern; weil mit der
Anzahl der Verzehrer nicht auch zugleich die Zahl her-
vorbringender Arbeiter sich vermehret.   Die Thiere
entfliehen um so mehr, je mehr ihnen nachgestellt wird;
oder werden ausgerottet.   Zwey bis dreyhundert Personen nehmen Striche Landes, so groß als manches Europäische Königreich, ein.   Sie gleichen hierinn den
fleischfressenden Thieren.   Alle Erweckungen und Ver-
feinerungen der Neigungen, die aus gemischtem Umgange
und den Collisionen in großen Gesellschaften entstehn,
fallen hier also auch mehrentheils weg.

5) Alles befördert da den Hang zur Wildheit,
Grausamkeit und kriegerischen Unternehmungen.
Die Gewohnheit, täglich dem Leben der Thiere nachzu-
stellen, und die Schmerzen ihres Todes zu sehn, kann

den

---

*) Wie der Aberglaube auch hier die natürlichen Ver-
hältnisse verändern könne; erörtert *Montesquieu* Esprit
des loix liv. XVIII. ch. XVIII.

den Gefühlen des Mitleidens nicht vortheilhaft seyn *). Die Aehnlichkeit der Jagd und des Krieges kann machen, daß wer Geschicklichkeit und Ruhm in jener sich erworben hat, auch in diesem sich hervorzuthun einen Trieb in sich fühlet. Abgehärtet zu den Beschwerlichkeiten des Kriegs ist der Jäger auch vor andern; und die animalische Nahrung giebt Stärke und Muth, wenn sie vorzüglich und nie mangelnde Nahrung ist **).

Wie mächtig diese Einflüsse auch auf vorhergesittete, wenigstens unter gesitteten Völkern erzogene Menschen wirken können; davon giebt die Geschichte der Bukaniers einen sehr merkwürdigen Beweis ***).

b) Wenn Tapferkeit und kriegerischer Geist hauptsächlich auf Abhärtung nur sich gründen, nicht durch Verstan-

---

*) In England darf kein Fleischer unter den Geschwornen sitzen bey Gerichten über Leben und Tod. *Locke* de l'Education pag. 272. Auch bey den Grönländern, einem gutmüthigen Volke, soll die Lebensart doch auf einige diese Wirkung haben. S. Crantz. I. 249.

**) Alles dieses ist so gemein bekannt, daß zum Beweise keine Zeugnisse nöthig sind. Doch wie dazwischen kommende andere Ursachen Veränderungen bewirken können, soll wenigstens mit einem Beyspiele erläutert werden. Von den Wilden in Louisiana überhaupt schreibt der *Chevalier Tonti* Voyages au Nord. tom. V. p 50. Etant nés dans les Bois, leur plus forte passion est pour la chasse et pour les armes. Aussi ont ils tous une fermeté naturelle, qui les anime sans cesse les uns contre les autres. Bald darauf aber p. 65 bemerkt er, daß die Illinois der Wollust eben so sehr, wie der Jagd ergeben, caressans, flatteurs, complaisans, rusés, effeminés sseyn.

***) Sie ist englisch und französisch heraus.

Verstandesaufklärungen geleitet und gemildert werden: so sind sie der Empfindlichkeit nicht nur unmittelbar nachtheilig, sondern sie werden es auch leicht noch mehr mittelst des Gedankens, daß Empfindlichkeit für den Tapfern sich nicht schicke, Schwäche verrathe. So thut der wilde Krieger auch wohl noch seiner Natur Gewalt an, und unterdrückt die stärksten Naturtriebe. Wenn er ermüdet und ausgehungert von einer weiten Jagd zurück kömmt, und bey einem Bekannten einkehrt, bey dem er versichert ist, gute Aufnahme und Bewirthung zu finden: nimmt er sich doch sorgfältig in Acht, sein Bedürfniß und Verlangen zu verrathen. Er setzt sich gelassen nieder, raucht seine Pfeife Taback, als ob ihm weiter nichts abgienge, ob er gleich Marterpein vom Hunger aussteht. Eben so kalt sieht er, nach einer langen Abwesenheit, seine Kinder und übrigen Verwandte ihm entgegen kommen; und läßt Stunden vergehn, ehe er ihnen etwas von den Begebenheiten seiner Reise sagt. Die Nachricht von tapfern Thaten seiner Kinder erwiedert er mit den wenigen Worten: Es ist gut: und die von ihrem Tode oder ihrer Gefangenschaft mit: Es hat nichts auf sich *). So verräth er auch nicht mit einem Worte, das Bekümmerniß oder Reue bewiese, seinen Verdruß, wenn er im Spiel unglücklich ist, und seine beste Habseligkeit verlohren hat. Eben daher kann es zum Theil wenigstens kommen, daß, wenn einer seinen Freund vor einer Gefahr zu warnen hat,

er

---

*) S. Carver's Travels trough the interior parts of North-America Lond. 1778 p. 238. Vergl. Th. I. dieser Untersuchungen §. 5.

er es im ruhigen Ton, und mit gemäßigten Ausdrücken thut *).

7) Aus der Achtung für Jagd und Krieg, als ehrenvollen Beschäftigungen, wegen der damit verknüpften Gefahren; und der Gewohnheit dieser durch Mannichfaltigkeit der Auftritte und Abwechslung der Gegenstände immer auch vergnügenderen Unternehmungen, entsteht Abneigung gegen die häußlichen, einförmigern und ruhigern Beschäftigungen; die daher dieser Wilde dem weiblichen Geschlechte oder Sklaven aufbürdet **), nicht bloß aus Trägheit oder Abscheu vor der Arbeit überhaupt. Dazu hat er zu viel Kraft. Freylich will er auch seine Ruhe haben. Und, statt zu arbeiten, lieber mit Essen, Trinken, Schlafen oder Spielen die Zeit hinzubringen; ist in der Natur des rohen ungebesserten Menschen; und daher allgemeine Sitte wilder Völker. Und eben diese Abneigung vor regelmäßiger anhaltender Arbeit ist wiederum auch Triebfeder zum Kriege, als einem Mittel, durch Beute sich zu bereichern.

8) Wo körperliche Stärke und Tapferkeit alles entscheiden, die Triebe überall noch an die simpelste Befriedigung gewöhnt sind, und besonders der Geschlechtstrieb weder durch eine schwelgerische Lebensart, noch durch eine ausschweifende Imagination gereizt wird; da kann die Achtung für das weibliche Geschlecht nicht groß seyn. Bey den wilden, noch im Jägerstande sich befindenden Völkern, ist die Ehegattin nicht viel besser geachtet, denn ein Sklav. Sie darf nicht mit dem Manne

Pp 2   essen,

---

*) Ebend. u. S. 244.
**) Schmidts Geschichte der Deutschen I. 25.

eſſen, nicht ohne ſeine Erlaubniß reden, oder wohl gar nicht anders, als kniend vor ihm erſcheinen *). Dieſe Geringſchätzung der Frau zieht auch Geringſchätzung der Mutter nach ſich. Man ſieht häufig einen Knaben ſeine Mutter ſchlagen, und vom Vater dabey geſchützt wer⸗ den **).

Doch giebt es Ausnahmen in der Geſchichte, die entweder auf ſeltene perſönliche Vorzüge, oder auf zufäl⸗ lige Wirkungen des Aberglaubens ſich gründen ***).

9) Ein Volk, das allein von der Fiſcherey ſich nährt, zumal wenn der Ueberfluß ihm dieſelbe leicht macht, fin⸗ det in dieſer Lebensart ungleich weniger Beſchäftigung für die Fähigkeiten des Verſtandes, als bey der Jagd ins⸗ gemein entſtehet. Jägervölker ſind daher an Einſichten, beſonders an Liſt und Verſtellungskunſt jenen, und was letztere betrift, bisweilen allen andern Arten von Men⸗ ſchen überlegen. Die Wilden in Amerika ſollen es durch lange, und freylich wohl von mehrern Urſachen beför⸗ derte Uebung bis zum Erſtaunen weit darinn gebracht haben. Wenn ſie die gefährlichſten Unternehmungen vor⸗ haben; ſo wiſſen ſie ſich ſo gut zu verſtellen, daß es ihnen niemand abmerket. Die Eingebohrnen in Peru hat⸗ ten 30 Jahre lang an ihrem Aufſtande wider die Spa⸗ nier gearbeitet; immer ſich unter einander berath⸗ ſchlaget und verbunden, und doch vor den Spaniern ihn

---

*) S. Millars Bemerkungen über den Unterſchied der Stände K. I. und dieſer Unterſuchungen erſten Theil. §. 74.

**) Forſters Voyag I. 510.

***) Millar l|c. S. 117 ff.

ihn zu verbergen gewußt *). Auch jene Verschwörung
der Teutschen, die dem Varus und seinen Legionen den
Untergang brachte, wurde mit einer Vorsicht und Verschwiegenheit veranstaltet und ausgeführt, die dem römischen General unbegreiflich schien.

Es läßt sich dieß nicht nur als eine Folge von der
gewöhnlichen Art, ihre Absichten bey der Jagd zu erreichen, sondern vielleicht auch davon herleiten, daß sie sich
mit sich selbst im Stillen mehr beschäftigen, als in gesellschaftlicher Vertraulichkeit mit andern.

Und je mehr sie sich geschickt wissen, durch List ihre
Absichten zu erreichen; desto weniger wird man bey ihnen
nach dem Ruhm streben, durch Tapferkeit und offenbare
Gewalt zu überwinden; wozu im Kriege gegen die
Thiere ohnedem keine ursprünglich natürliche Anreizung
ist. Und an sich selbst gehört der Trieb, sein Leben ohne
Noth in Gefahr zu setzen, wohl nicht zu den frühern Be-
strebungen der Ehrbegierde.

10) Ueberhaupt sind Menschen desto dummer, je
leichter ihnen ihre Nahrung wird, und je einförmiger
dem zufolge ihre Lebensart ist. Nichts geht über die
Dummheit der Menschen an den unbeschreiblich fischrei-
chen Flüssen und Meeren des südlichen Amerika. Zur
Trägheit gewöhnt, geben sie sich nicht einmal alle die Mühe,
Fische zu räuchern oder zu trocknen, um sie aufzubewahren,
auf die Zeit, wenn die Fischerey nicht ergiebig ist; sondern sie behelfen sich mit wilden Wurzeln, Beeren, Ei-
beren oder andern Insecten. Die Kamtschabalen,
die noch vor kurzem ein bloß von Fischen lebendes Volk

Pp 3 waren,

---

*) *Robertson* I. 408. f.

waren, zeigten ſich nicht viel klüger. Sehr weit ſtehen
hingegen davon ſchon die Sitten der Gronländer und
der Bewohner der Südſeeinſeln ab; welche zwar auch
hauptſächlich von der Fiſcherey leben, aber dabey entweder größere Schwierigkeiten zu überwinden, oder auch
ſchon einigen Anfang anderer Lebensarten gemacht
haben.

§. 151.

Von den Sitten und Gemüthseigenſchaften nomadiſcher Völker.

Wenn Menſchen nicht mehr von der Jagd der in
der Wildniß herumirrenden Thiere leben, wenn ſie ſchon
auf die Zahmmachung, Wartung und Vermehrung der
Thiere ihre vornehmſte Sorgfalt gerichtet ſeyn laſſen: ſo
entſtehn dadurch in ihren Begriffen und Neigungen große
Veränderungen. Denn

1) die mehrere Dauerhaftigkeit und der Anwachs
des Eigenthums erweckt Begriffe von Reichthum,
und von Macht und Anſehn mittelſt deſſelben. Es entſtehn Unterſchiede und Rangordnungen zwiſchen Herrn
und Dienern; die Ehrbegierde, der Erweiterungs-
trieb, die Thätigkeit bekommen mächtige Anreizungen.
Geſetze und Obrigkeiten werden nothwendiger *); der
Rachtrieb läßt ſich ſchon durch Geſchenke beſänftigen.

2) Die Kunſt zu gefallen bildet ſich, die Sitten
verfeinern ſich. Denn eines Theils kann der Aermere
nur

---

*) Die Kalmucken haben große Ehrerbietigkeit und Treue
gegen ihre Fürſten. Pallas von den Mongol. Völ-
kerſch. Th. I. 106. 185. Vergl. *Montesquieu* liv.
XVIII. etc. XIX.

nur dadurch ſuchen dem Reichen es zuvorzuthun, oder auch ſeine Gunſt zu erwerben. Sodann vervielfältigen und verfeinern ſich natürlicher Weiſe die Bemühungen um Vergnügen, wenn Ueberfluß am Nothwendigen vorhanden iſt. Beſonders aber trägt dazu: die bey der reichlichen Nahrung und den vielen müſſigen Stunden des Hirtenlebens ſo ſehr begünſtigte Liebe zu dem andern Geſchlechte ſehr vieles bey *).

Die Kalmucken haben, nach Pallas **), viele Achtung fürs andre Geſchlecht; die dieſem wiederfahrne Beleidigungen werden ſchärfer geahndet; auf die Fürbitte einer weiblichen Perſon mildern gemeiniglich die Fürſten die Strafe; ſie haben Stellen in ihren Hütten, auf welchen ſie, unverletzlich ſind. Sie haben zärtliche und feine Liebeslieder. Doch ſind ſie gegen Fremde nicht eiferſüchtig; rechnen es vielmehr zu den Pflichten der Gaſtfreundſchaft, ihre Frauen und Töchter ihnen zu überlaſſen. (S. §. 74.)

3) Unter dieſen Umſtänden ſcheinet auch die Religion am erſten natürlicher Weiſe entſtehen, oder wenn die Grundbegriffe dazu ſchon vorhanden ſind, tiefer Wurzeln zu ſchlagen und aufkeimen zu können. — — — — — — Es wird ſchwer halten, bey Jägervölkern den Begriff von einer Gottheit, einem Schöpfer und Oberherrn der Welt zu finden; ob ſie gleich unſichtbare geiſtiſche Weſen in der Luft, auf Bergen, in Flüſſen

Pp 4 und

---

*) S. *Millars* Obſervations on the diſtinct. of rank in Society p. 39 ſeq.
**) Nachrichten von den Mongoliſchen Völkerſchaften. Th. I. S. 107 ff. 153 ff.

und Seen sich zu denken sehr geneigt sind. Aber bey
Hirtenvölkern zeiget sich entweder eine auf diesen Begriff
gegründete Religion; oder es finden sich doch Gottheiten
von einem weit höhern Rang. Nicht nur solche, zu benen die Familie in allen ihren Angelegenheiten sich wendet; sondern auch Volksgötter, von deren Einflusse die
gemeinen Angelegenheiten, die glücklichen oder unglücklichen Erfolge eines Auszuges, einer Schlacht abhängen.

Die Begriffe des Hirten sind größer, seine Gefühle
erhabener, als die des Jägers; er hat mehr Zeit und
Gelegenheit zum Nachdenken. Sollte denn der beständ-
dige ruhige Anblick des gestirnten Himmels, und der
andern prächtigen Auftritte der Natur, deren Schau-
spiel vor den Augen des Hirten ist, sollte der nicht
endlich Einen auf die Bemerkung des Zusammenhangs,
der Gesetze und Ordnung im Ganzen, und so auf den
Gedanken eines Schöpfers und Herrn der Welt bringen?
Der alte Teutsche war doch schon so weit gekommen, daß
er einsah, die Gottheit lasse sich unter keinem Bilde denken, und nicht in Mauern einschließen. Aber wenn auch
nicht so die bloße Spekulation den Hirten zur Verehrung
erhabnerer Gottheiten antreibt: so müssen es sein Bedürfniß, sein Interesse thun. Er braucht mächtige Beschützer für das größere Interesse und die wichtigern Angelegenheiten, die er zu besorgen hat. Und da er, aus
der vorigen Periode, der Freyheit und Unabhängigkeit
noch zu gewohnt ist, um menschlicher Auctorität allein
nachzugeben: so muß die Religion thun, was die Gesetze
noch nicht thun können. Die höchste Obrigkeit ist zugleich
oberster Priester. Das Ansehn des letztern entscheidet,
wo die erste noch Widerspruch gefunden hätte. Er kann
                                                    unter

unter dem Vorwande eines Opfers, das die Gottheit
verlangt, Strafen ausüben, dergleichen der bloßen menſchlichen Gewalt und Oberherrſchaft noch nicht erlaubt ſind.
So die Druiden der alten Gallier und Teutſchen, die
zwar keine eigentliche Hirtenvölker waren, aber doch ohngefähr auf der Stufe der Cultur ſtanden, die bey Hirtenvölkern gewöhnlich iſt; ſo die Lamas der Mongoliſchen Völker; u. ſ. w.

Doch muß freylich die Religion ſich einigermaßen
wieder nach den auf die übrigen Umſtände gegründeten
Sitten richten; wenn ſie Beyfall finden ſoll. Darum
widerſetzten ſich auch die Sachſen, als ſie ſchon Aecker
und feſte Wohnplätze hatten, aber doch noch nicht gewohnt waren, einen Herrn und König über ſich zu dulden, der chriſtlichen Religion ſo hartnäckig; weil nach
derſelben ein geſalbter König das Recht über Leben
und Tod hatte, Gehorſam, Geduld und Zehnten
fordern konnte. Es kam ihnen unerträglich vor,
daß ein Mann einen Schimpf nicht ſelbſt rächen,
und ein Held nicht ſeinen beſondern Himmel haben
ſollte *). Sie mußten erſt durch die Macht der Waffen um ihre politiſche Verfaſſung gebracht werden, ehe
das Chriſtenthum ihnen anſtändig ward.

4) Vielerley Urſachen unterhalten noch bey dem Hir-
tenſtande, wenn derſelbe die einzige oder hauptſächlichſte
Nahrungsart eines Volkes ausmacht, Reſte der
Wildheit.

Aus dem Herumziehen und Bewerben um gute
Weiden und Quellen entſtehen häufig kriegeriſche Ueber-
fälle.

---

*) Möſers Oſnabr. Geſch. I. 196.

fälle. Der dadurch entſtandene kriegeriſche Muth, die
Erlangung einiger Vortheile, und die von der Nahrung
und dem Aufenthalte in freyer Luft herkommende Abhärtung erzeugen leicht Trieb zu Gewaltthätigkeiten und
Räubereyen; welche letztere auch, wegen der öftern Veränderung des Aufenthaltes in großen unbebauten Gegenden, ſicherer getrieben werden können.

Mit allen den bisherigen Bemerkungen ſtimmen
die mehreſten Nachrichten von ehemaligen und jetzigen
Hirtenvölkern ſo ſehr überein, als es die Mannichfaltigkeit der unter einander wirkenden Urſachen zuläßt. Denn
die Nachbarſchaft oder die größere Entfernung anderer
geſitteter Völker, die Religion, das Klima und die
übrige phyſiſche Beſchaffenheit des Landes, die völlige
oder unvollſtändige Entwöhnung vom Jäger- und Fiſcher-
leben und andere Urſachen müſſen nothwendig Verſchiedenheit in den Graden der Milde oder Wildheit der Sitten bewirken. Die Teutſchen trieben von den älteſten
Zeiten an die Viehzucht. Aber die Liebe zur Jagd blieb
doch dabey überwiegender Hang; und war es noch, da
ſie ſchon durch die chriſtliche Religion zu milbern Sitten
gebracht wurden. Noch damals mußte man, wenn i'm
auch alles andre von Rechtswegen genommen werden ſollte,
ſeinen Spieß und Stoßvogel dem Teutſchen laſſen; oder
er wagte Meineid und alles daran, um dieſe Lieblings-
güter zu retten *).

Die Kalmucken am Caſpiſchen Meere haben den
Einflüſſen der Brahminſchen Religion und Sittenlehre
vieles zu verdanken. Die Buratten hingegen, die noch
mit

---

*) Schmidts Geſchichte der Teutſchen 3. S. 1.

mit gesitteten Völkern in keiner Verbindung stehn, und in kalten, gebirgigten Wildnissen wohnen, sind die gröbsten, einfältigsten, übelartigsten und unflätigsten der Mongolischen Völker. Sie sind bey ihrer bloß oder doch größtentheils animalischen Nahrung dennoch nicht robust, und noch furchtsamer, als die Kalmucken, die auch mehr auf List, als auf Herzhaftigkeit bauen *).

Die Tungusen, die sich zwischen dem 50 und 65 Grad in Sibirien aufhalten, und nur erst unvollkommen zur Viehzucht angewöhnt sind, wissen noch nichts von Hütten oder andern steten Wohnungen, sondern liegen mit ihren Reunthieren, Hunden und Pferden unter freyem Himmel, und halten sich selten länger als eine oder etliche Nächte an einem Orte auf **).

So werden auch die nomadischen Tatarn, die auch die Jagd mehr, als den Hirtenstand lieben, als sehr wild beschrieben; auf nichts als Essen und Trinken bedacht, wie das Vieh, und auch, wie dieses, ihren Anführern blind und sklavisch folgsam; geneigt, am Blute ihrer Feinde sich zu ergötzen, und sie ohne Unterschied des Geschlechts und Alters niederzumachen, wo nicht vortheilhafte Verkaufung derselben zu Sklaven ihren Geiz noch mächtiger reizet ***).

.Hin-

---

*) Pallas Nachrichten. 171. S. 102. und Reisen durch verschiedene Provinzen des Russischen Reichs Th. I. S. 328 ff.

**) Schlözers Nord. Geschichte. S. 417.

***) S. Voyages au Nord III. p. 321 seq. IV. 106. Vergl. Home's Versuch über die Geschichte des Menschen. Th. I. S. 63. s. 69. s.

Hingegen sind die Beduinen oder nomadischen Araber, wie sehr sie auch der Räuberey ergeben sind, dennoch durch Klima, frühe erhaltene Cultur und Religion, ungleich menschlicher, und gegen diejenigen, die Freundschaft und Großmuth bey ihnen suchen, treu und edelmüthig *). Man hält dafür, daß wenn ein Schech der Beduinen ein Stück Brod mit einem Reisenden ißt, dieser gewiß versichert seyn kann, er werde ihn aufs möglichste schützen. Und wer sich einen Ghafir oder Beschützer unter einem Stamm gewählt hat, ist sicher, daß ihm kein Leid wiederfährt. Aber dabey sind sie sehr stolz auf ihre Unabhängigkeit und ihre Abstammung von freyen und berühmten Vorfahren. Sie lassen auch nicht leicht einen berühmten Mann, und eine berühmte Begebenheit unbesungen **). Sie sind alle gleichsam gebohrne Soldaten; und nie von Auswärtigen gänzlich bezwungen worden. Sie führen unter sich viele, aber wenig blutige Kriege. Denn die Vornehmen unter ihnen haben ein äußerst empfindliches Gefühl für Ehre: sie gehn einander aufs Leben, wenn einer dem andern sagt, dein Turban ist unrein, oder sitzt schief; ja nicht nur der Beleidiger, sondern auch seine Anverwandten kommen dadurch in Gefahr

ihres

---

*) Joes Reisen Th. II. S. 7 f. Niebuhrs Reisebeschreibung. Th. II. S. 223. Beschreibung von Arabien S. 48.

**) Niebuhr hatte Gelegenheit zu erfahren, daß man bey ihnen übel ankäme, wenn man sich auf einen Schutzbrief eines Türkischen Pascha, oder des Sultans selbst, stützen will. Hier in der Wüste, sagte ihm ein junger Schech — bin ich dein Sultan und Pascha. Reisebeschreib. II. 384.

ihres Lebens. Und die unter ihnen eingeführte Blut-
rache vervielfältigt die Fehden unablässig. Doch aber
vereinigen sie sich leicht wieder bey der Gefahr von einem
gemeinschaftlichen auswärtigen Feinde *).

Auch bey den verrufenen Hottentotten finden
sich noch viele, die vorhergehenden Schlüsse bestätigende
Züge. Zwar hält ihre aus der ursprünglichen Wildheit übrige und durch das Klima begünstigte Trägheit die Bemühungen um Reinlichkeit und um Ver-
schönerungen sehr auf. Doch aber sind sie nicht dumm
und ungeschickt: sie lassen sich gut zu allerhand häuslichen
Diensten gebrauchen; und lernen leicht fremde Sprachen.
Sie sind unter sich sehr gefällig und dienstfertig; theilen
sich unter einander von allem, was sie geschenkt bekommen, oder sonst besitzen, gerne mit. Sie begegnen ihren Weibern, in Vergleichung mit andern Wilden, mit
vieler Liebe und Achtung. Sie halten die Europäer für
unglücklich und furchtsam, weil sie das Land bauen und
sich in unbewegliche feste Häuser einschließen. Diejenigen Hottentottischen Völkerschaften, die am meisten Vieh
besitzen, weichen dem Kriege sorgfältig aus, weil sie viel
dabey zu verlieren haben; wehren sich aber tapfer, wenn
sie angegriffen werden. Andre hingegen, (die Sonquas)
die ein schlechtes, aus rauhen Klippen und felsigten Bergen bestehendes Land bewohnen, suchen durch den Krieg
sich zu helfen, nehmen auch bey andern Kriegsdienste;
oder gehen auf die Jagd wider die wilden Thiere. Ob
sie sich gleich nicht zur christlichen Religion bekehren lassen:
so scheinen sie doch einige ziemlich aufgeklärte Begriffe vom
höchsten Wesen zu haben. So sollen sie dem Probst
Zie-

*) Niebuhrs Beschreib. von Arabien S. 31, 379 f.

Ziegenbalg geantwortet haben auf die Frage: ob und wie sie Gott dienten? Gott hat weit beſſere Diener, als wir ſind; wir wiſſen von weiter nichts, als daß wir das Böſe meiden, und das Gute thun. Jedes Dorf hat nebſt einem Prieſter auch eine Obrigkeit; welche unter gemeinem Rathe und Beyſtand den Diebſtahl, Ehebruch und andre die Geſellſchaft ſtöhrende Verbrechen ſtrenge beſtraft, und über gute Zucht und Ordnung wachet. Daß alſo bey aller ihrer Unflätigkeit die Hottentotten im Ganzen doch ſchon weit geſitteter ſcheinen können, als ein bloß von der Jagd, vom Fiſchfang und von den wilden Erdfrüchten lebendes Volk *).

§. 152.
Folgen aus dem Landbau und der Handlung.

Wenn die Menſchen in der Erweiterung ihrer Einſichten und Bedürfniſſe dahin gekommen ſind, daß ſie das Land bauen, beſäen, bepflanzen und ſich dadurch ein unbewegliches Eigenthum gründen: ſo
1) entſtehen unter ihnen alle diejenigen Folgen, die mit der Einführung beträchtlicher Reichthümer verknüpft ſind, (§. praec.) um ſo viel mehr; je dauerhafter das Eigenthum liegender Güter, je mannichfaltiger der Nutze, je bequemer der Gebrauch iſt, der ſich davon machen läßt. Insbeſondere kann die Herrſchſucht tief einſchlagen und weit ſich verbreiten; da eines Theils beym Landeigenthume die Dienſte vieler Untergebenen ſo nützlich und nöthig werden, andern Theils dieſes ſo vorzügliche Eigenthum

---

*) Kolbe.

thun ein mächtiges Mittel wird, andere mit sich zu verbinden, und von sich abhängig zu erhalten.

2) Je weniger der Landeigenthümer das Seinige mit sich wegnehmen kann, oder anderswo es gleich gut wieder zu finden, aus Einsicht, oder wegen der Macht der Gewohnheit hoffet; desto mehr nimmt die Liebe zum Wohnlande zu, und der Trieb zum Auswandern ab, desto fester werden die Bande der Gesellschaft *). Auch dadurch werden sie es, daß diese Lebensart mehrere wechselseitige Dienste nach sich zieht. Dieß so wol, als der zunehmende Wunsch, sein Eigenthum, sein mehreres und wichtigers Eigenthum, sich zu versichern, vermehrt die Achtung und den Gehorsam gegen die Gesetze der gemeinen Sicherheit und Wohlfarth. Mit mehrern regelmäßigen, erlaubten, sichern Nahrungsarten bekannt, wird er nicht mehr so leicht von der Raubbegierde gereizt. Auch seine ausgebildetern Begriffe von Gerechtigkeit widersetzen sich ihr. Dem einmal zur Ruhe gewöhnten Landmanne sind stürmische Auftritte und Unternehmungen wenigstens kein Bedürfniß mehr, wie dem von Jugend auf zur Unruhe und Abwechslung gewöhnten Jäger und herumstreifenden Hirten; wenn er sie auch noch

---

*) Bey dieser und einigen nachfolgenden Behauptungen muß man nicht den leibeigenen Bauer, oder den Bettler, oder den von Lastern der Städte angesteckten Müßiggänger auf dem Lande, sondern den freyen Landeigenthümer und den nicht zu sehr gedruckten Mitgenossen desselben vor Augen haben; um die Erfahrung einstimmig zu finden. Daß aus andern Gründen die Liebe zum Vaterlande auch bey Wilden sehr groß seyn kann, ist im ersten Theile §. 84. angemerkt worden.

noch nicht scheuet, und aus Furcht davor sclavisch duldet. Einige der alten Teutschen sollen eben deswegen
den Ackerbau nachläßig getrieben, und den Einzelnen kein
Eigenthumsland eingeräumt haben, damit sie nicht die
Lust zum Krieg verlören *).

3) Bey der sichern Nahrung, die der Landbau gewährt, und dem bleibenden Aufenthalte, ist eine Familie
weniger beschwerlich, und wegen der Dienste, die auch
schwache Hände dabey leisten können, leicht nützlich.
Die Liebe zu den Kindern und die Sorge für sie vermehren sich also dabey natürlicher Weise (§. 80.) Eben
daher wird es auch möglich und wichtig, mehrere Ordnung und Sittlichkeit in der häuslichen Gesellschaft einzu-
führen. Völker in diesem Stande werden sich selten
oder nie gleichgültig, sondern strenge in Absicht auf die
eheliche Treue beweisen, wenn sie auch die Keuschheit
außer der Ehe noch geringe schätzen.

Bey den Otaheitern, die noch auf keiner hohen
Stufe dieses Standes stehen, und deren Nationalcharakter
Keuschheit sohst gar nicht ist, wiesen die Frauen die
Anwerber um ihre Gunstbezeigungen immer mit der
Antwort ab, daß sie schon verheurathet seyn; und glaub-
ten sich dadurch hinlänglich entschuldigt **).

4) Auch gegen seine Feinde, wenn sie in seine Gewalt kommen, wird der Mensch gelinder, und schont ihres Lebens, jemehr theils der manchfaltigere Genuß
den

---

*) *Caesar* de B. G. VI. 21.   Schmidts Geschichte der
Teutschen Th. I. S. 20 f. Vergl. Mösers Osna-
brück. Geschichte Th. I. Abschn. L. §. 6.
**) *Forster's* Observations.

den Werth deſſelben in ſeinem eigenen Gefühl erhöht hat; theils ihm die Mittel bekannt ſind, das Leben anderer ohne ſeinen Schaden zu erhalten, ja zu ſeinem Vortheil, indem er durch ihre Arbeit ſich und ihnen Unterhalt zu verſchaffen verſteht *).

5) Der Landbau erwecket zur Erfindung der Künſte und zu mancherley neuen Beſchäftigungen, beſonders aber zur Handlung. Die Früchte, die er hervorbringt, ſind Güter, die allen nützlich ſeyn können, und die ein jeder, der ſie nicht gleich nöthig hat, gern gegen andere von mehrerer Dauerhaftigkeit vertauſcht. Ohne Werkzeuge kann er auch in ſeiner einfachſten Geſtalt nicht getrieben werden; und jede Vervollkommnung derſelben belohnt er ſo ſehr, daß zu neuen Verſuchen und Erfindung die ſtärkſte Aufmunterung daher entſteht. Mit je mehrerem Fleiße, in einem je größern Umfange er getrieben wird; deſto mehr macht er denen, die ihm obliegen, die Dienſte anderer in Anſehung ihrer übrigen Bedürfniſſe nöthig; ſetzt ſie aber auch deſto mehr in den Stand, dieſe Dienſte zu belohnen. Alſo macht er die Menſchen immer abhängiger von einander, bringt ſie einander immer näher, und vervielfältigt mit den Einſichten zugleich die geſellſchaftlichen Empfindungen und Bedürfniſſe.

6) Die Handlung aber insbeſondre, mit welcher der Ackerbau in dem ſtärkſten wechſelſeitigen Einfluſſe ſteht, kann unter allen Lebensarten die wichtigſten Veränderungen

---

*) Auch der Wilde ſchenkt aus dieſem Grunde ſeinen Gefangenen bisweilen das Leben, und nimmt ſie an Kindes Statt an; doch thut er es ſelten.

gen in den Neigungen und Sitten nach sich ziehen; wenn
sie zumal sich nicht in die Grenzen des Landes einschränkt,
sondern sich über Völker, bis zur Weltumschiffung, aus-
breitet. Immer neue Begriffe, immer neue Begierden
und Bedürfnisse, immer neue Antriebe zur Thätigkeit;
für die alle Kräfte angespannt, alle Künste zu nutzen
und zu gefallen versucht und geübt werden. Des Genusses Umkreis unübersehlich; seine Moden fast so veränderlich und abwechselnd, wie die Träume der Einbildungskraft. Und nun für diese Menge der reizenden Güter,
der eingeführten Bedürfnisse, kein Reichthum mehr zu
groß, keine Arbeit mehr hinreichend. Mehr Genuß,
aber weniger Zufriedenheit. Mehrere Gegenstände, aber
weniger Kraft der Empfindung, der Neigung, der Tugend. Die Vorurtheile für Heimath, Gewohnheit und
Alterthum, und die von ihnen abhängigen Neigungen
geschwächt, vielleicht bis zur Gleichgültigkeit und Geringschätzung; die Empfindlichkeit fürs Neue, durch die Angewöhnung zum flüchtigen, üppigen Genuß und zur Abwechslung aufs höchste getrieben. Das Rauhe, Selb-
stische der Vaterlandsliebe gemildert, durch das erwei-
terte Wohlwollen und Menschengefühl; vielleicht auch
das Schöne, Erhabene derselben verwischt, oder der
Mangel an allem thätigen Wohlwollen versteckt unter
der Schminke des Kosmopolitismus. Gold endlich der
Götze, dem alles opfert, dem alles aufgeopfert wird;
weil er, und er nur, der Menge allmächtig, alle Wünsche zu erfüllen scheint *). Le commerce, sagt *Mon-
tes-*

---

*) Dem Kaufmann heißt ein Freund, wer mit ihm
handelt. Ein holländischer Kaufmann soll einem Fremden,

tesquieu, polit les mœurs; mais il les corrompt. Und die ihm eigenthümlichen natürlichen Wirkungen scheinen mit diesem kurzen Ausspruche aufs richtigste angegeben zu seyn.

Zum Gegenbilde dieses jetzt so gemein anwendbaren Gemählbes von einem unter dem mächtigen Einfluß der Handlung gebildeten Volke, wird hier noch eine kurze Beschreibung des sittlichen Zustandes einer kleinen Insel, in der Nachbarschaft der cultivirtesten Länder und des Sitzes der Handlung und des Reichthums, den meisten Lesern nicht unangenehm seyn. Sie kann mehrere der bisherigen Bemerkungen bestätigen, und wie sehr die Bildung der Menschen sich nach den Umständen richtet, unter denen er sich zu erhalten strebt, allein schon beweisen.

St. Kilda ist eine von den westlichen Inseln bey Schottland; enthält ohngefähr fünf Meilen im Umkreis, und 180 bis 200 Einwohner. Ihr Reichthum besteht in Vieh, hauptsächlich in wilden Gänsen, und vielen andern Vögeln, die diese und die benachbarten Inseln in unzähliger Menge besuchen, und deren Eyern. Geld achten sie für nichts, und bedienen sich dessen gar nicht. Für diese, und die nächsten kleinen Inseln war bis ins

Qq 2 Jahr

---

den, der in seiner Gesellschaft es beklagte, daß er sich nicht mit ihm unterhalten könne, weil er seine Sprache nicht verstehe, geantwortet haben: was es schade, sie haben ja doch nichts mit einander zu handeln. — Aber sind nicht tausend Gelehrte von Profession eben so gleichgültig gegen jedwede Gesellschaft, in welcher sie nichts von ihren Wissenschaften auskramen oder für dieselben einsammlen können? Und ihre Freunde?

Jahr 1697 ein einziges Feuerzeug, welches einem jeden, dem das Feuer ausgegangen war, für einen Vogel oder drey Eyer überlaffen ward. Auch Salz hatten sie nicht. Die Kunst zu schreiben war ihnen ein eben so wunderbares Geheimniß, als sie den Wilden immer zu seyn pflegt. Ihre große Kunst besteht in der Geschicklichkeit, die gefährlichsten Felsen zu ersteigen, um die Vögel aus ihren Nestern, oder auch die Eyer derselben wegzuholen. Wer sich unter ihnen einen Namen machen will, muß der Vorderste in diesen Gefahren seyn.

So stark sie sonst sind: so können sie doch nicht weit zu Fuße gehn; weil sie selten Gelegenheit haben, ihre Kräfte auf diese Weise zu gebrauchen und zu üben. Bey diesen Umständen sind sie in einem hohen Grad vergnügt und rechtschaffen. Sie belustigen sich auf allerley Weise; ihre Weiber singen gewöhnlich bey ihrer Arbeit; die mehresten unter ihnen lieben die Dichtkunst und üben sie. Sie haben gewöhnlich keine Geistlichen unter sich; sind aber den Grundartikeln der christlichen Religion in aller Einfalt zugethan; dergestalt, daß sie die Leute eines von ungefähr bey ihnen angelandeten Schiffes nicht für Christen erkennen wollten, weil sie am Sonntag Ballast in das Schiff trugen, ihnen Vieh wegnahmen, ohne es nach seinem wahren Werthe zu bezahlen, und ihre Weiber verführen wollten. In langer Zeit hat man von Ehebruch oder Hurerey kein Beyspiel unter ihnen gehabt; bis ein angeblicher Prophet und schändlicher Betrüger unter ihnen Schwärmerey erregte, die aber von keiner langen Dauer war. Das Loos, oder wenn die Sache wichtig genug dazu ist, der Eid entscheidet ihre Streitigkeiten. Sie sind billig und einig unter sich, gerecht und
gast.

gaſtfrey gegen Fremde, mitleidig gegen die Hülfsbedürf-
tigen, und äußerſt aufmerkſam und eifrig für die Bewahrung ihrer Freyheiten, Gerechtſame und Gewohnheiten;
unſchuldig und glücklich wie die Menſchen in der goldnen
Zeit der Dichter; ſagt ihr Beſchreiber *M. Martin*,
der Verf. des Voyage to St. Kilda, Lond. 1749. 8.

§. 153.
Natürliche Geſchichte der hierarchiſchen Geſinnungen.

Jedwede der beſondern Lebensarten der mancherley
Stände in der bürgerlichen Geſellſchaft hat auf Körper,
Einſichten und Intereſſe ſo ſehr vielen Einfluß, daß Eigenheiten in den Sitten und Neigungen daher entſpringen müſſen. Es koſte auch nicht viele Beobachtung
oder Nachdenken, um einige dergleichen anzumerken.
Unterdeſſen ſcheint es noch nicht rathſam, die Grenzen
der Philoſophie ſo weit herauszurücken, daß moraliſche
Technologie auch einer ihrer Theile würde, in welchem
die Sitten der mancherley Handwerker, Kaufleute,
Gelehrten und anderer wiſſenſchaftlich erörtert würden.

Man hat einzelne Verſuche dieſer Art, die immer
ſchon ein ſchätzbarer Beytrag zur Menſchenkenntniß
ſind *).

Qq 3   Da

---

*) *Hume* hat in ſeinem Eſſay on national characters
den Gemüthscharakter eines Soldaten und eines Geiſtlichen beſchrieben; letztern am ausführlichſten, aber
offenbar zu ſehr von der ſchlimmen Seite, zufolge ſeiner Begriffe von der Religion, vielleicht auch der Be-
gegniſſe, die ihm von Geiſtlichen wiederfahren ſind.
Eine,

Da kein Stand der Gesellschaft von jeher wichtiger gewesen ist, als der der Vorsteher und Diener der Religion: so reizt er auch vorzüglich zur Untersuchung, was er für Einflüsse auf den Charakter der Personen haben könne, die sich ihm widmen. Und da müßte man gewiß sehr unrichtige Begriffe von dem Verhältniß der Religion zur menschlichen Natur hegen, und unbillig bey der Einziehung und Beurtheilung der Erfahrungen zu Werke gehen; wenn man nicht manche Beyspiele einer ausnehmenden Veredlung des Charakters durch die beständige Beschäftigung mit den Wahrheiten und Angelegenheiten einer vernünftigen Religion, und dem Gedanken, andern Vorbild der Tugend seyn zu müssen, anerkennen wollte; wenn man mit Hume behaupten wollte *), daß Heucheley, Herrschsucht, Beförderung der Unwissenheit und des blinden Glaubens, Hochmuth, der bitterste Haß und Rachsucht Eigenschaften seyn, die der Stand der Geistlichen am natürlichsten erzeuge; daß Ernsthaftigkeit vielleicht die einzige Tugend sey, die er bewirke; daß die Menschenliebe, Demuth und Sanftmuth, die ein-

---

Eine, auch dem, der sie nicht mit eigenen Beobachtungen zusammenhalten kann, wahrscheinliche und lehrreiche Schilderung der gemeinen Seeleute hat Forster seinen Reisen einverleibet, im ersten Th. S. 535 des Originals.

*) l c. 'Tis a trite but not altogether a false maxim, that priests of all religions are the same. – These men, being elevated above humanity, acquire an uniform character, which is entirely their own. – Whoever possesses the noble virtues of humanity, meekness, and moderation, as very many of them, no doubt, do; is beholden for them to nature or reflection, not to the genius of his calling.

einzelnen Perſonen dieſes Standes nicht abgeſprochen werden können, für Wirkungen ihres Naturells oder Nachdenkens, nicht aber ihres Standes anzuſehn, und daß
es nicht ſo ganz falſch ſey, daß Prieſter aus allen Religionen einander gleichen.

Unterdeſſen iſt es eine, nicht auf die Geſchichte
eines Volks und eines Zeitalters, ſondern aller Völker
und der verſchiedenſten Zeiten ſich gründende Bemerkung,
daß Beſtrebungen nach Unabhängigkeit und Herrſchaft auf eine ſehr auszeichnende Weiſe bey dieſem
Stande ſich zu erkennen gegeben haben. Es iſt alſo nicht
nur zur Menſchenkenntniß, ſondern auch zur moraliſchen
und politiſchen Würdigung der Religion, ja den Perſonen dieſes Standes ſelbſt zur Bewahrung ihrer Tugend,
nützlich und nöthig zu wiſſen, aus was für Gründen dieſes kommen könne; und was für Triebfedern dabey wirk-
ſam ſeyn müſſen?

Bey unpartheyiſcher, ſowohl ſpeculativer als hiſto-
riſcher Unterſuchung wird ſich bald entdecken, daß dieſes
Beſtreben nach Unabhängigkeit und Herrſchaft keinesweges aus lauter an ſich böſen, den Charakter ſchänden-
den, und der Geſellſchaft überhaupt nachtheiligen Eigenſchaften entſpringen müſſe; ſondern auch aus edlen und
gemeinnützigen Trieben entſtehen könne.

1) Da die Religion für die vornehmſte Stüze der
Tugend gehalten wird, wie ſie es auch gewiß iſt; da ſie
den Willen Gottes, des höchſten Geſetzgebers und Oberherrn der Menſchen, erklärt; da alles dasjenige alſo,
was wichtig in der menſchlichen Geſellſchaft iſt, Glückſeligkeit hindern oder befördern kann, ihr nicht gleichgül-

tig

tlg ſeyn darf: ſo erhellet, wie man ihr natürlicher Weiſe
die Oberaufſicht über alles, und insbeſondere über jedwede
andere Gewalt und Geſetzgebung zueignen, und der Diener der Religion es alſo für ſeine Pflicht anſehen könne,
allen Fleiß und Sorgfalt anzuwenden, daß alles der Religion gemäß eingerichtet und ihren Geboten unterworfen
werde *). Freylich ſagt die Vernunft, daß Herz und
Verſtand zu beſſern, nicht Gewalt das rechte Mittel ſey,
ſondern Ueberzeugung oder Ueberredung durch Unterricht
und Beyſpiel. Sie ſagt, daß wir bey unſren beſten Abſichten
keine Mittel gebrauchen dürfen, die den Grundgeſetzen der
Gerechtigkeit, der gemeinen Sicherheit und Wohlfarth entgegen ſind; ſondern es der göttlichen Vorſicht überlaſſen
müſſen, was geſchehen ſoll, wenn gerechte Mittel uns
fehlen; und daß wir ſo insbeſondere in denjeuigen Angelegenheiten uns betragen müſſen, in denen unſer Verſtand
so

---

*) Schon K. Conſtantin ſoll verordnet haben, daß man
bey bürgerlichen Rechtshändeln an die Biſchöffe ſich
wenden dürfe, auch wenn der andre Theil es nicht
wolle. Die nachfolgenden Kayſer haben dieß beſtätigt;
und die Carollnger auch auf peinliche Fälle ausgedehnt.
Ja Ludwig der Fromme erkannte ſchon ſeine eigne
Gewalt für eine Di- nerinn der Geiſtlichkeit, famulante,
ut decet, poteſtate noſtra. S. Schmidt Geſch. der
Deutſchen. I. 577 ff. Vergl. Ebend. Band III. S. 5.
Pabſt Innocenz III gebot dem Könige von Frankreich,
mit dem K. v. England Frieden zu machen. Man
antwortete ihm, daß dieß eine Lehensangelegenheit
ſey, über die der Pabſt nichts zu ſagen habe. Was
erwiederte hierauf der Pabſt? Non intendimus judi-
care de feudo - ſed decernere de peccato, cujus ad
nos pertinet ſine dubitatione cenſura, quàm in
quemlibet exercere poſſumus et debemus. Schmidt
B. III. S. 294.

so leicht irrt, in denen es so schwer ist, die Grenzen des Wahren und Falschen zu bestimmen. Aber was die Vernunft sagt, erkennt nicht immer der Mensch. Und am leichtesten überhört man diese Erinnerungen beym Bewußtseyn edler und großer Absichten und dem Eifer für dieselben. Der schwache Sterbliche, dem die Tugend so vielen Kampf kostet, befriediget sich gar zu leicht bey halber Erfüllung seiner Pflicht. Wie er sich beruhigen kann damit, daß er das, wornach er strebte, im sogenannten Wege Rechtens, durch richterliche Aussprüche erhalten hat; wenn gleich sein natürliches Gefühl und Gewissen ihm das Unrecht, das in der Sache selbst liegt, zu erkennen giebt: so hält er sich auch leicht für gerechtfertiget wegen der Mittel, wenn er gute Absichten zu befördern glaubt.

Und dann wie wahrscheinlich lassen sich nicht auch jene Aussprüche der Vernunft wegvernünfteln. Wie, kann man sagen, soll man durch Unterricht und Beyspiel, durch gelinde Mittel Menschen zu rechte bringen, die der Wahrheit kein Gehör geben; die durch Vorurtheile verblendet, durch Leidenschaften verhärtet sind? Man darf Gewalt brauchen, wenn es darauf ankömmt, einem Menschen das Leben zu erhalten; wie vielmehr, wenn er vom Laster und vom ewigen Elende abgehalten werden muß? Es kömmt alles auf frühe Angewöhnung und Erziehung an. Wenn man also auch ein ganzes Volk ausrotten müßte mit Feuer und Schwerd, um eine falsche Religion, und was damit verknüpft ist, Laster und ewiges Verderben zu vernichten und zu verhindern: wäre es nicht Wohlthat, nicht Menschenliebe? Also die Religion darf, muß oft gewaltsamer Mittel sich bedienen;

Qq 5

nen; und es iſt daher gut, daß ſie in den Beſitz derſelben eingeſetzt wird.

2) Ein anderer Gedanke, der zum vorigen leicht ſich
geſellt, und hierarchiſche, oder, wenn man lieber will,
hierokratiſche Geſinnungen erzeugen hilft, iſt der von der
Würde der Religion, und folglich auch derer, denen
ſie anvertraut iſt, die die unmittelbarſten Diener und Ver-
traute der Gottheit ſind. Oft genug hat ſich dieſer Gedanke bey hierarchiſchen Aeußerungen ausdrücklich zu erkennen gegeben. Bey dem Streit über die Inveſtitur
und der allgemeinen Frage, ob ein Geiſtlicher wegen der
Kirchengüter von einem weltlichen Fürſten in Lehenseid und
Pflicht genommen werden könne? führte man von Seiten
der Päbſte zum Grunde der Verneinung an, daß es unanſtändig ſey, daß ein Geiſtlicher, der ſchon Gott gewid-
met iſt, und an Würde die Layen übertrift, wegen irdiſchen Gewinns einem Layen den Lehenseid leiſte. Oder
auch, daß es ſich nicht gezieme, daß von Blut triefende
Hände auf die heiligen, dem Leib und Blut Chriſti ge-
weihten Hände der Geiſtlichen gelegt würden, die Götter und erhabene Söhne ſeyn. Die Päbſtliche Würde,
und überhaupt das geiſtliche Amt, ſagte man bey mehrern Gelegenheiten, verhalte ſich zum Anſehn der weltlichen Obrigkeit, wie die Sonne zum Mond, die Seele
zum Leib, der Tag zur Nacht, das Himmliſche zum
Irdiſchen *). Und daß der Pabſt Oberherr über alle
welt-

---

*) Schmidts Geſchichte der Deutſchen Th. II. S. 468.
475. III. 289. Iſelins Geſchichte der Menſchheit
Th. II. S. 263.

weltliche Mächte sey, glaubte Gregorius, VII durch einen Schluß a majori ad minus sonnenklar erweisen zu können, indem er schloß: Wer den Himmel öfnen und verschließen könne, der müsse ja auch auf Erden Kayserthümer, Königreiche, Fürstenthümer ꝛc. nach Verdienst nehmen und geben können. Wer über das Geistliche als Richter bestellt ist, müsse es ja, um so mehr über das Weltliche seyn u. s. w. *).

Und in eben dem Geiste sagte noch im 17ten Jahrhunderte der Pater Neithard, ein deutscher Jesuit, Beichtvater der Königinn von Spanien, Maria Anna von Oesterreich, zu einem Großen, der ihm nicht mit Ehrerbietigkeit begegnete: „Ihr müßt vor mir Ehrfurcht haben, der ich alle Tage euren Gott in meinen Händen, und eure Königinn zu meinen Füßen habe **).“

Wenn nun gleich dieser äußersten Erhebung der geistlichen Würde nur die wenigsten Mitglieder dieses Standes fähig seyn sollten — selbst in den Zeiten des Gregorius VII zeugten einige wider sie mit Nachdruck: so ist doch etwas im Grunde, was auch ein bescheidneres und vorsichtigeres Gemüth verführen kann.

3) Insbesondere aber können in gewissen Zeiten aus diesen beyden Gründen hierokratische Gesinnungen mächtig empor streben; in solchen nämlich, in welchen sich die Weltleute durch ihre ungesittete Aufführung der Geistlichkeit verächtlich, und von ihr abhängig machen. Abhängig, vermöge des Bedürfnisses, durch sie mit dem Him-

---

*) Schmidt II. S. 270 f.
**) *Millot* Elemens d'histoire generale. Tome VIII. 377.

Himmel und mit ſich ſelbſt ſich auszuſöhnen. Denn je verwilderter die Menſchen ſind; deſto nöthiger werden ihnen künſtliche Mittel zur Gewiſſensberuhigung; deſto nöthiger werden ihnen geheimnißvolle Religionen; und deſto höher ſteigt das Anſehn des Prieſterthums; wenigſtens in den Augenblicken der Reue. In andern Augenblicken mißhandeln ſie gleichwol die Religion und ihre Diener eben ſo barbariſch, als alles andere. In Zeiten, wie diejenigen waren, worinn Gregorius lebte, mußte ein Mann von ſeiner Kraft den Entſchluß faſſen, die Kirche von der Bothmäßigkeit der weltlichen Mächte zu befreyen, und das Uebergewicht auf ihre Sſite zu lenken. Ob es gleich damals auch gute Menſchen, und vielleicht gewiſſe Tugenden von vorzüglicher Größe gab: ſo bezeichnet doch den allgemeinen ſittlichen Zuſtand derſelben hinlänglich der einzige Name des Fauſtrechtes. Und wenn noch nicht der Name allein; ſo doch der Umſtand, daß Könige und Biſchöffe alle ihre Künſte anwenden, und ſelbſt angebliche Offenbarungen zu Hülfe nehmen mußten, um es dahin zu bringen, daß Mitbürger eines Reichs ſich nur zwey Tage in der Woche nicht befehdeten. Es läßt ſich aber hiebey wahrſcheinlich folgern, daß ſchon um dieſes Grundes willen, dem die Hierokratie ihr Daſeyn verdankt, die innere Würde und Heiligkeit der Religion in Gefahr komme abzunehmen, wie die Macht der Prieſter auf dieſe Weiſe zunimmt. Umſonſt wird ihnen dieſer Vortheil über die Freyheit nicht zugeſtanden; ſie müſſen andere Vortheile dafür gewähren. Und derjenige, auf welchen, wie ſchon bemerkt worden iſt, und die Geſchichte lehret, das Abſehn hiebey hauptſächlich gerichtet wird, iſt ein leichteres Mittel, Beruhigung des

Ge-

Gewissens zu erhalten, als nach den Regeln einer unbestochenen Vernunft und Sittenlehre zu hoffen steht. Die bequeme Moral, der Probabilismus und die Amulete für leibes- und Seelengebrechen, sind vielleicht die mächtigsten Stützen gewisser geistlichen Orden von jeher gewesen.

4) Zu diesen, die Sache bis zu einem gewissen Grade rechtfertigenden, wenigstens im Grunde nicht verwerflichen Antrieben, können denn freylich auch noch andere natürliche Triebfedern sich gesellen. Jeder Mensch ist von Natur mehr zum Herrschen, als zum Gehorchen geneigt. Beym geistlichen Stande kömmt nun noch hinzu, daß manche andere natürliche, bisweilen auch die gewaltigsten Neigungen bey demselben eingeschränkt werden müssen. Dafür will das Herz eine Entschädigung haben. Der Trieb zur Ehre und Herrschaft kann also um so stärker werden; je mehr von andern Absichten die Begierde abgehalten ist; und dieser Trieb dort um so viel leichter der herrschende werden, je leichter er seine wahre Gestalt verbergen und unter der Maske der Tugend, so gar der Demuth, sich behaupten kann. Er kann selbst durch die Hindernisse um so viel eher gereizt werden, je weniger es möglich ist, ihm alle Wege abzuschneiden, die zum Ziele desselben führen.

Kapitel

Kapitel IV.

Von dem Einfluſſe des Klima und den übrigen Beſchaffenheiten des Wohnlandes.

§. 154.
Einleitung in die allgemeinen Grundſätze.

Ueber eine Materie zu ſchreiben, über die ſchon vieles geſchrieben worden iſt, und über die doch noch immer von den berühmteſten Männern die entgegengeſetzteſten Meynungen geäußert werden *), hat wenig angenehmes; wenn man nicht geneigt iſt, andern zu widerſprechen, und ſich das Anſehn zu geben, allein einzuſehn, was ſo viele andere nicht haben einſehen können. Unterdeſſen giebt es bey ſolchen Streitigkeiten doch immer einige Grundſätze, die ſich aus dem Streitigen herausheben und außer Zweifel ſetzen laſſen, und deren Verkennung oder unrichtige Anwendung nicht ſo wohl von den Schwierigkeiten herrühret, mit denen ſie umgeben ſind, als vielmehr von der Hitze, mit welcher die ſtreitenden Partheyen ihre

---

*) Hauptgegner der Meynung vom Einfluſſe des Klima auf die Sitten, auf den *Montesquieu* Eſprit des loix liv. II. ſo viel rechnet, ſind *Helvetius* in ſeinem Buche de l'Eſprit, und *Hume* im Eſſ. of nation. Characters, Mehrere werden weiter unten noch genannt werden.

ihre Behauptungen auszudehnen und zu vertheidigen ſuchen. Dieſe vom Zweifelhaften und vom Uebertriebenen abzuſondern, erfordert nicht immer vorzügliche Einſichten; ſondern nur ruhige, unpartheyiſche Prüfung, und Entſchloſſenheit, nicht mehr beſtimmen zu wollen, als ſich beſtimmen läſſet.

Wie weit ſich die Einflüſſe des Klima, der Beſchaffenheit der Luft und Witterung, bey jedwedem Volke, zu jedweder Zeit erſtrecken, wie dauerhaft, wie allgemein ſie einzelne Neigungen gründen; dieß ſind ſchwere Fragen. Aber daß überhaupt erhebliche Einflüſſe auf das Sittliche daher entſtehen müſſen, läſſet ſich gewiß nicht leugnen. Denn

1) daß große Verſchiedenheiten der Luft, in Abſicht der Wärme und Kälte, daß trockne, heitere, naſſe, trübe Witterung auf Stärke und Schwäche, Lebhaftigkeit und Trägheit, dauerhafte Geſundheit oder öftere Krankheiten des Körpers, und mittelſt des Körpers auf Verſtand und Willen vielen Einfluß haben; kann niemanden zweifelhaft ſeyn, der entweder die allgemeinſten Grundſätze von der Natur dieſer Dinge, oder auch nur die Erfahrung unmittelbar zu Rathe zieht *).

2) Eben ſo gewiß und begreiflich iſt es aber auch, daß die Fruchtbarkeit und Schönheit eines Landes vom Klima natürlicher Weiſe abhänge. Dieſe aber beſtim-

---

*) Les climats d'une temperature ſeche, plutot chaude que froide, ſont en general très favorables aux nerfs — La vraie patrie de la delicateſſe du genre nerveux eſt entre le 45 et 55 degré de latitude. *Tiſſot* Traité des Nerfs tom. II. prem. part. chap. VIII. art. II.

stimmen hauptsächlich die Lebensart und Beschäftigung der Menschen und den Fortgang in der Vermehrung und Erhöhung ihrer Begriffe. In einem fruchtbaren, milden Klima, wo die Natur in mancherley wohl-
schmeckenden, von selbst, oder bey geringer Arbeit entstehenden Früchten eine hinreichende Nahrung anbietet, werden
die Menschen schwerlich den Jägerstand erwählen, oder so
lange in demselben bleiben, als in einem unfruchtbaren
Erdstriche. Die Vollkommenheit, Mannichfaltigkeit und
Schönheit, oder die Einförmigkeit, das Ungestaltete,
Rauhe und Finstere der Gegenstände, die einen Menschen
gewöhnlich umgeben, können nicht anders als entspre-
chende Beschaffenheiten der herrschenden Vorstellungen,
und also auch wohl einigermaßen der Neigungen desselben hervorbringen.

Die Wahrheit dieser Sätze erfährt ein jeder an
sich und andern in den Eindrücken und Veränderungen,
die die verschiedenen Witterungen und Jahreszeiten mit
sich bringen. Aller Orten kann man auch, wenn man
aufmerksam ist, die der Munterkeit des Geistes nachtheiligen Wirkungen allzutrockner oder sonst ungesunder
Winde beobachten; wenn sie gleich nicht überall so auffallend sind, als die des Sirocco *) in Sicilien, oder
des Süd-Süd-Ostwindes in der Provence **), oder
des zu Anfang und Ende des Winters in England gewöhnlichen Nordostwindes.

Wenn

---

*) S. *Brydone's* Tour trough Sicily etc. p 6 seqq.
**) S. Hist. generale de Provence l. 140
***) Keysler in Flögels Geschichte des menschl. Ver-
standes. §. 68.

Wenn man von diesen vorübergehenden Wirkungen auf die beständigen Einflüsse des Klima schließen will: so muß man freylich die Macht der Gewohnheit und die Folgen der Ungewohnheit mit in Erwegung ziehen, und etwas dafür abrechnen. Denn auch der angenehme Frühling bringt nicht die lebhaften Wonnegefühle und die Heiterkeit in die Seele, wo er beständig herrscht, wo die Natur nie aufhört zu grünen und zu blühen; als wo er der erstarrten und gleichsam erstorbenen Erde Leben und Schönheit wiederbringt. Und gegen alle Beschwerlichkeiten der Witterung und der Jahreszeiten lernt sich der Mensch allmälig schützen oder verhärten.

Aber durch alles dieses können die Einflüsse des Klima doch lange noch nicht ganz aufgehoben, und auch nicht einmal bey allen Menschen merklich geschwächt werden.

Auch dürfen dieselben darum nicht geleugnet werden; weil man jedwede Tugend und jedwedes Laster unter jedwedem Himmelsstriche gefunden hat oder noch findet. Denn, gesetzt daß diese Beobachtung sich gar nicht leugnen lässet: so ist die Frage ja doch noch übrig, wo jedwede Gemüthseigenschaft am stärksten, am dauerhaftesten, am häufigsten sich zeigt; und wo sie am leichtesten, bey übrigens gleichen Umständen entsteht? So wie Thiere und Erdgewächse wohl auch in verschiedenen Klimaten bestehen können, aber nicht überall so gut gedeihen und zur Vollkommenheit gelangen, als in ihrem natürlichen Vaterlande: eben so können auch Gemüthseigenschaften ihr Klima und Vaterland haben, ob sie gleich nicht schlechterdings darauf eingeschrenkt sind, oder mit Gewalt auch da ausgerottet werden können. Wie

R r   die

die verſchiedenſten Klimate in gewiſſen Jahreszeiten eines
dem andern ähnlich werden: ſo können es vielleicht auch
die Bewohner in den Neigungen, ſo fern ſie vom Klima
herkommen, alsdann auch ſeyn.　Aber ſolche Uebergänge
beſtimmen doch den Charakter nicht.

Wenn man die Uebereinſtimmung der Phyſiognomie mit dem Gemüthscharakter etwas gelten läſſet —
und etwas muß man ſie gelten laſſen: ſo findet ſich auch
darinn noch ein Beweis von dem Einfluß des Klima.
Denn nicht nur ſind die ſchönſten Formen dem gemäßigten Klima eigen: ſondern es entdecken ſich häufig auch
dieſem gemäße Anzeigen des Sittlichen in der Phyſiognomie *).

In der Lehre von den Temperamenten (§. 139. ff.)
iſt angemerkt worden, daß die Furcht vor den Fehltritten,
wozu jene geneigt machen, die ſittliche Denkart bisweilen
zum entgegengeſetzten Beſtreben überſpanne.　Eben dieß
läßt ſich auch vom Klima annehmen. _Montesquieu_ **)
will auf dieſe Weiſe erklären, warum die Religion, die
den eheloſen Stand zur Vollkommenheit anrechnet,　in
den wärmern Ländern von Europa länger ſich erhalte, als
in den kältern.　Und Baretti behauptet, daß die Muſik in Italien unter Leuten von Stande darum weniger
getrieben werde, als in andern Ländern; weil ſie theils,
als ein einheimiſches Naturprodukt, für etwas zu gemei-
nes, theils bey der ohnedem großen Lebhaftigkeit der
Ima-

---

*) S. Büffon allg. Geſchichte der Natur B. VI.

**) Eſprit des Loix liv. XXV. ch. IV.　Nous aimons
en fait de religion tout ce, qui ſuppoſe un effort.

Imagination und Empfindlichkeit fürs sinnliche Vergnügen allzugefährlich gehalten werde *).

Daß es bey der Beurtheilung des Klima eines Landes nicht ganz allein auf die Entfernung vom Aequator ankomme; daß es besonders auch auf die Erhebung desselben über die Oberfläche des Meeres **), auf die Entfernung von diesem letztern, auf Flüsse, die Nachbarschaft großer Gebirge überhaupt, und auf die Seite, auf welcher diese einem Lande, oder einer Stadt liegen, auf die gewöhnlichen Winde ankomme; daß die Anbauung des Landes, Austrocknung oder Ableitung stehender Gewässer, Aushauung großer Wälder, Vermehrung der Feuerstellen, und was sonst noch auf den Zustand der Luft und Ausdünstungen in einem Lande merklichen Einfluß haben kann ***), mit in Erwägung gezogen wer-

R r 2   den

---

*) *Baretti* Account of the manners and customs of Italy vol I. ch. XVII.

**) Das Klima auf den hohen gebirgigten Gegenden der Provence und den tiefen Landstrichen ist so sehr von einander verschieden; daß man das Getraide in den erstern säet, wann man es in den letztern einerndtet. S. Hist. gen. de Provence tom. I. p 138. Ein gleiches ist von der Schweiz bekannt. S. Reisen durch die merkwürdigen Gegenden Helvetiens Th. II. S. 127. 273 ff.

***) Die der Erde eigenthümliche innere Wärme, komme sie von wirklichem unterirrdischem Feuer, oder von Wärme erzeugenden Materien, oder von ihrem ursprünglichen Zustande her, wie Büffon annimmt, muß, wenn solche nicht überall gleich ist, die Verschiedenheiten des Klima auch bestimmen helfen. Die Einwohner einiger Gegenden des Aetna und Vesuv sollen wilder und lasterhafter seyn, als ihre Nachbarn, wegen der schweflichten und andern hitzigen Ausdünstungen, die sie in sich ziehen, nach *Brydone* l. c. vol. I. p. 165 seq.

ben müsse; dieß ist schon so oft gesagt worden *), daß es überflüssig scheinen könnte, noch daran zu erinnern; wenn nicht bey den Streitigkeiten über diese Materie gemeinig- lich sich offenbarte, daß diese Erinnerungen leicht vergess- sen werden.

Um so viel einleuchtender muß es also auch seyn, daß in verschiedenen Provinzen großer Länder das Klima, und die Sitten zufolge desselben, sehr verschieden seyn können. In Persien hat Chardin innerhalb weniger Wochen Getraide säen, und reifen, und erndten gesehen, bey seinen Reisen durch verschiedene Provinzen.

Endlich wird man auch leicht einsehen, daß die Unterscheidung des heißen, kalten und gemäßigten Klima noch viel zu unvollständig und unbestimmt ist, um eine genaue Erörterung der Einflüsse des Klima zu gründen.

Vielleicht kömmt es noch mehr auf Beständigkeit und Unbeständigkeit der Witterung, als auf den Grad der Kälte oder Wärme an. Denn der Körper leidet durch nichts so sehr, als durch schnelle Abwechselung sehr ver- schiedener Witterungen. Auch hat Hippokrates schon aus diesem Gesichtspunkte die Einflüsse des Asiatischen und Europäischen Klima beurtheilet; den sanftern, ru- higern Gemüthscharakter der Asiatischen Völker aus der gleichförmigen, nur selten, etwa zweymal im Jahre, und da allmälig sich ändernden Witterung, und die hef- tigern Anfälle von Leidenschaften der Europäer aus den gewaltigen Veränderungen der Luft zum Theil hergelei- tet

---

*) S. Flögels Geschichte des menschl. Verstandes Kap. III. und Esprit des Nations tom. I. liv. 1. ch. IV seq.

tet *). Zum Theil; denn dieſer unvergleichbare Beobachter erkannte auch hiebey die Wirkungen der deſpotiſchen
Regierungsform.

§. 155.

**Weitere Entwicklung der muthmaßlichen Wirkungen des hei-
ßen und kalten Klima.**

Nach allen dieſen genauern Unterſcheidungen und
Beſtimmungen die mittelbaren und unmittelbaren Einflüſſe des Klima abzuhandeln, würde ein Unternehmen
von faſt unüberſehlicher Weitläuftigkeit und Schwierigkeit ſeyn **). Je mehr man ſich es zum Geſetze machen

Rr 3   will,

---

*) S. *Mackenzie* Hiſt. de la ſanté p. 84. Vergl. *d'Ovington* Voyage I. 185, *De la Loubere* Deſcript du Royaume de Siam I. 232. Eſprit des Nations liv. I.
ch. IV.

**) Wenn man auch nur nach den zween gewöhnlichſten Thei-
lungsgründen, der Wärme und der Trockenheit, ohne
alle Rückſicht auf die übrigen vorher bemerkten Punkte,
das Klima eintheilet; ſo ergeben ſich ſchon, durch die
Verbindung dieſer beyden Theilungsgründe, außer dem
in beyder Rückſicht, ſowohl auf Wärme als Trockenheit,
vollkommen gemäßigten oder mittlern Klima, noch
ſechs von der vollkommenſten Temperatur abweichende
Hauptverſchiedenheiten deſſelben. Nemlich ein kalt-
naſſes, heiß-naſſes, kalt-trockenes, heiß-trockenes,
ein mäßig warmes und übermäßig trockenes, und
ein übermäßig warmes und mäßig trockenes Klima.
Und noch ſtehen offenbar die Verſchiedenheiten überall
zu weit von einander ab; und es müßte wohl, wenn
es zu genauern Unterſuchungen kommen ſollte, zwiſchen
den beyden äußerſten wenigſtens noch ein zwiefaches
gemäßigtes Klima, ſo wohl in Abſicht auf Wärme als
Trockenheit, angeſetzt werden; ein mehr kaltes als
warmes, oder kühles, und ein mehr heißes als kaltes,
ein eigentlich warmes; eben alſo etwa ein trockenes

— will, vor übereilten Schlüssen aus einzelnen, nur halb-
untersuchten Erfahrungen und andern gewagten Denkarten

---

nes und feuchtes zwischen dem dürren und nassen Klima.
Denn die Natur ist auch hier sehr mannchfaltig.

Der Gesundheit des Menschen sind die äußersten
Grade, wie der Hitze und Kälte, so der Feuchtigkeit
und Trockenheit, ohne Zweifel nachtheilig. Insbesondere sind es Feuchtigkeit und Wärme bey einander.
Dieß beweiset die Mortalität von Sumatra, Batavia
und allen ähnlichen Ländern. Auch ist es begreiflich;
da in diesen beyden Beschaffenheiten die offenbarsten
Ursachen der Entkräftung, Erweichung und Verdün-
nung durch Ausdehnung enthalten sind.

Aber aus diesen Datis allein auf die sittlichen Beschaffenheiten zu schließen, ist doch noch sehr bedenk-
lich. Und nur so viele, vor allen Trugschlüssen hinlänglich gesicherte Data von allen übrigen Hauptverschiedenheiten des Klima zu erhalten; wie schwer auch
dieß!

Wenn ich dennoch, nach allgemeinen Begriffen,
und einigen wenigen, mir ausgemacht scheinenden Erfahrungen, denen aber vielleicht eben so viele andere
entgegengesetzt seyn könnten, es wagen sollte, über die
sittlichen Wirkungen aller Hauptgattungen des Klima
etwas zu sagen: so würde ich, um mich kurz zu fassen, in Rücksicht auf die im vorhergehenden Kapitel
bestimmten Begriffe von den Temperamenten, meine
Vermuthungen so angeben.

Ein in aller Rücksicht gemäßigtes Klima, wie es
vielleicht nirgends in der Welt vollkommen, aber doch
vorzüglich in Frankreich, einigen Theilen der Schweiz,
Italiens und Griechenlandes sich findet, erzeugt oder befördert das sanguinische Temperament. Allzufeuchtes,
mehr warmes als kaltes Klima, das melancholische
Temperament; übermäßig feuchtes und mehr kaltes
als warmes Klima, das böotische; trocknes und warmes, doch keines von beyden, oder wenigstens nicht
beydes, aufs äußerste, ein Klima, wie größtentheils
in

ten sich in Acht zu nehmen; desto mehr wird es nöthig werden, sich hier nicht auf einmal zu weit auszubreiten,

Rr 4

son-

---

in Spanien ist, das cholerische; übermäßig warmes und trocknes Klima das hypochondrische Temperament, überspannte Empfindlichkeit und Reizbarkeit. Und wenn phlegmatisch der Name der äußersten Erschlaffung und Trägheit seyn soll: so müßte ich diese Temperamentsbeschaffenheit am meisten von der äußersten Hitze und Feuchtigkeit erwarten. Aber für diese Art von Entkräftung ist vielleicht keiner aus allen diesen Namen anpassend genug. Wie äußerst nachtheilig aber für die meisten Menschen die Einflüsse eines solchen Klima seyn; beschreibt ein Kunsterfahrner Beobachter *Lud. Schooter* in Diss. de morbis Surinamensium. Goetting. 1781.

Andere, zumal diejenigen, die nach einer ehedem gewöhnlichen Weise die Temperamente selbst nach den Graden der in ihnen sich findenden Wärme und Feuchtigkeit eintheilen, und dabey zum Grundsatze machen, daß Ursachen und Wirkungen einander ähnlich seyn müssen, könnten freylich leicht die Begriffe von den Verschiedenheiten des Temperaments und des Klima anders mit einander verbinden. Diese würden das cholerische Temperament vermuthlich im trocknen und heißen, das phlegmatische im nassen und kalten Klima suchen, u. s. w. Aber jene Eintheilung der Temperamente sowohl, als der Grundsatz, daß Wirkungen und Ursachen einander immer ähnlich seyn müssen, stehen nicht auf den besten Gründen.

Doch ich bleibe weit davon entfernt, meine Aeußerungen auch nur in der Speculation für genugsam gesichert zu halten; geschweige, daß ich der Beobachtung damit vorgreifen, oder sie ihr entgegen setzen wollte. Anlässe zu Untersuchungen sollen es nur seyn; die wenigstens die Weitläuftigkeit und Schwierigkeit des vorliegenden Thema, und die Unvollständigkeit der im Texte enthaltenen Ausführung desselben größren helfen.

Und

ſondern auf diejenigen Punkte einzuſchrenken, wo es an zureichenden Beweisgründen am wenigſten fehlet. Und in dieſer Rückſicht verdienen die beyden allgemeinſten Haupteigenſchaften der Klimate, Hitze und Kälte, vor allen andern erwogen zu werden.

Wenn man nun zuförderſt die Wirkungen der Hitze und Kälte auf den menſchlichen Körper überlegt: ſo wird man folgende Einflüſſe des heißen Klima für gegründet, und natürlich aus einander entſpringend, wo nicht andere Urſachen überwiegend entgegen ſind, gelten laſſen müſſen.

1) Die Hitze ſchwächt den Körper; indem ſie die Gefäße ausdehnt und verdünnt, das Geblüt auflöſet und die Ausdünſtung vermehrt. Sie ſchwächt insbeſondere auch die Verdauungswerkzeuge, und läſſet daher einen ſchnellen und reichlichen Erſatz der verlohrnen Kräfte mittelſt der Nahrung nicht zu. Die Kälte, wenn ſie nicht aufs äußerſte ſteigt, bringt die entgegengeſetzten Wirkungen hervor. Sie verträgt ſich insbeſondere mit der Kraft und Wärme gebenden animaliſchen Nahrung. Das Geblüt der Nordiſchen Völker iſt wärmer, und enthält gröbere Beſtandtheile, eben ſo wie das Blut der ſtärkern Thiere *).

2) Eine andere unmittelbare Wirkung des heißen Klima iſt Hang zur Ruhe, Abſcheu vor mühſamen,

den

Und was würde es vollends mit den Unterſcheidungen der Klimate werden, wenn man alle die Eintheilungen der Luft, welche die Naturforſcher itzt zu machen anfangen, bereits auch hier einmengen ſollte!

*) Montesquieu liv. II. ch. 2.

hen Körper durch die Bewegung noch mehr erhitzenden und entkräftenden Unternehmungen und Arbeiten. Bewegungen, die in kältern Ländern Wohlthat und zur Diät erforderlich sind, können im heißen Lande unausstehliche Beschwerden scheinen. Da auch in heißen Ländern die Bedürfnisse der Nahrung *) und der Kleidung geringer sind: so fallen auch damit viele Antriebe zur Thätigkeit weg, und die Neigung zur Ruhe kann um so mehr überhand nehmen. Im Gegentheil ist das Bedürfniß der Bewegung wahrscheinlich eine der Ursachen, warum in kältern Ländern die Neigung zur Jagd auch bey der Einführung anderer Nahrungsarten noch lange fordauert.

3) Ganz unthätig kann der Mensch nicht seyn. Der Abscheu vor äußerlicher Beschäftigung befördert den Trieb zur innern Thätigkeit des Geistes in der Betrachtung und Verfolgung seiner Ideen. Zumal, wo Einbildungskraft und Empfindlichkeit lebhaft sind; und sie sind es in warmen Ländern, wie die Erfahrung lehret; sey es nun wegen der feinern Säfte und der durch feinere Häute weniger bedeckten, also reizbarern, beweglichern Nerven **), oder aus andern unbekannten Gründen. Aber anhaltendes, tiefes Nachdenken, bey viel umfassender Aufmerksamkeit, ist auch Arbeit; und Arbeit, die den Körper mit anstrengt und entkräftet. Die Fähigkeit hiezu ist oft im umgekehrten Verhältnisse mit einer gewissen Lebhaftigkeit der Empfindungen und

R r 5   der

---

*) Man dünstet zwar bey der Wärme mehr aus; aber der Appetit ist doch schwächer.

**) *Montesquieu* l. c.

der Einbildungskraft; mit äußerster Beweglichkeit der Nerven kann sie nicht wohl bestehen. Befremdend kann es also nicht seyn, wenn in heißen Ländern nicht durch starken gründlichen Verstand die Menschen sich auszeichnen, wie durch Wirkungen der Phantasie. Und nach der Erfahrung ist es so. Allerley Dichtungen, die meisten und ausführlichsten Systeme des Aberglaubens sind da wohl entstanden; aber Entdeckungen und Schritte im Fortgange der Wissenschaften, dergleichen im gemäßigten Klima geschehen, kommen dort nie vor.

4) Die Imagination ist die vornehmste Quelle der Leidenschaften; und mittelst ihrer Wirkungen entstehen Reize und Begierden, wo keine natürliche Bedürfnisse sind Unnatürliche Laster und Ausschweifungen können also in heißen Ländern eher entstehen, als bey kälterer Natur. Daß insbesondere im Schooße des Müßiggangs, bey einer lebhaften Imagination und einer reichlichen Nahrung, die Reize zur Wollust sehr gefährlich werden können, ist bekannt und einleuchtend. Die Serrails sind, nach der Versicherung eines Chardin's und anderer glaubwürdiger Schriftsteller, der Sitz der allerabscheulichsten, außer ihnen unbekannten Unmenschlichkeiten und Vergehungen; aus mehrern Ursachen wohl, aber begreiflich auch aus den hier angemerkten. Die Polygamie findet in diesen Ländern durch die Leichtigkeit, eine Familie zu ernähren, Vorschub. Die Erde ist fruchtbar; und die Menschen brauchen weniger. Daß sie auch darum daselbst Statt finde, weil mehrere vom weiblichen Geschlecht gebohren werden, als vom männlichen, gegen das in andern Ländern bestehende Gesetz der Natur; entweder wegen der durchs Klima unmittelbar, oder durch übermäßige Reize und

und Befriedigungen, und alſo durch die Polygamie ſelbſt
bewirkten Entkräftung, oder anderer Urſachen; dieß
ſcheint bis itzt noch immer mit ſtärkern Gründen geleugnet, als behauptet zu werden *). Gewiſſer iſt, daß
auch ſelbſt die Polygamie die andern noch unnatürli-
chern Befriedigungen des Geſchlechtstriebes nicht verhindert **).

5) Aus mehrern der bisher angemerkten Gründe
kann aber auch leicht Liebe zur Einſamkeit entſtehen.
Wer die Ruhe liebt, Bewegung ſcheut; der ſcheut auch
wohl die Mühe, Geſellſchaft zu ſuchen, oder nur zu unterhalten. Wenn er dabey eine lebhafte Imagination hat, mittelſt derſelben in ſich ſelbſt Beſchäftigung
und Zeitvertreib findet: ſo kann er der Geſellſchaft auch
um ſo mehr entbehren. Seine Empfindlichkeit und lebhafte Einbildungskraft können ihm die Geſellſchaft wohl
eher gefährlich machen; gefährlicher, als ſie für andere
iſt; ſo daß er alſo auch aus Beſorgniß für ſeine Tugend
und Gemüthsruhe die Einſamkeit vorzieht ***).

6) Unter dieſen Umſtänden läßt ſich auch nicht viel Luſt
zu kriegeriſchen Unternehmungen und Muth gegen
Gefahren erwarten. Wenn auch die körperliche Schwäche
nicht wäre, oder keinen beträchtlichen Einfluß unmittelbar
hiebey haben könnte; ſo würde doch die Gewohnheit, ein
ruhiges und bequemes Leben zu führen, die im heißen
Klima

---

*) S. Süßmilchs, Göttl. Ord. Th. II. §. 415. Für die
andere Meynung hat Forſter in ſeinen Obſervation
p. 425 ſſ noch einiges beygebracht.

**) S. Montesquieu liv. XVI. ch. VI. Recueil des Voya-
ges au Nord III. 118.

***) S. Zimmermann von der Einſamkeit.

Klima natürlicher ist, jenen Eigenschaften entgegen
seyn. Und je weniger einem Menschen äußerliche Thätigkeit Bedürfniß ist; je mehr er an der Betrachtung sich
begnügen, und seine Zufriedenheit in der Eingezogenheit
finden kann; desto mehr schrenkt sich sein Trieb zur Freyheit und zum Eigenthume ein. Desto leichter wird
es ihm also, beyde zu veräußern, den Besitz derselben
der Ruhe oder vorübergehenden sinnlichen Vergnügungen
aufzuopfern. Das heiße Klima ist also der natürliche
Wohnsitz der Despotie. Republikanische oder vermischte
Staatsverfassungen können vielleicht auch darum daselbst
nicht wohl bestehen, weil ihre Erhaltung von einer weit mehr
zusammengesetzten und gleichförmigen Politik abhängt,
als die Despotie; einer Politik, Aufmerksamkeit, Entschlossenheit, Unbestechlichkeit, und Festigkeit, dergleichen sich von Menschen nicht erwarten lassen, die unter
der Herrschaft der Phantasie stehen, plötzlichen, schwärmerischen Einfällen ausgesetzt, und die entfernten Folgen zu bedenken weniger aufgelegt, oder zu erforschen weniger fähig sind. Solchen Menschen können auch all-
gewaltige Oberherrn zur Bezähmung ihrer Phantasie und
zur Unterhaltung der Ordnung und Thätigkeit eben so
nöthig seyn, als sie sich bey ihnen leicht behaupten.
Hinzugesetzt kann endlich allerdings auch noch werden,
was zum Grundsatz eines eigenen Systems gemacht worden
ist *), daß der Aberglaube eher zu Gunsten des Despotismus, als der Freyheit wirket.

7)

---

*) S. Recherches sur le Despotisme Oriental.

7) Je weniger ein Mensch auf seinen Muth sich verläßt, je mehr er vor Gefahren sich scheuet; desto mehr wird er über die Mittel nachdenken, durch List seine Absichten zu erreichen. Und da das warme Klima, wenn gleich nicht tiefdenkend über die entferntesten Verhältnisse, so doch scharf- oder feinsinnig macht: so wird der Fortgang in den Künsten der List und Feinheit daselbst um so viel leichter.

8) Eine andere Folge aus eben diesen Gründen ist der Glaube an übernatürlichen Beystand. Der Glaube richtet sich überall leicht nach dem Trieb der Wünsche und Bedürfnisse; zumal wenn eine lebhafte Phantasie ihn unterstützt. Den morgenländischen Völkern sind Amulete fast nöthiger als Kleider. Und ihre Imagination ist dabey so gefällig, oder ihr Bedürfniß so dringend, daß es ihnen gleichgültig ist, worinn sie bestehen und von wem sie herrühren. Die Perser und Indier nehmen sie, nach Niebuhrs Versicherung, von Juden und Christen, wenn sie nur mit unbekannten Charakteren bezeichnet sind.

9) Aus eben diesen Gründen ergiebt sich auch die Folge, daß die Neugierde, und die Begierde, die Zukunft vorher zu wissen, unter dem heißen Klima stärker seyn müssen. Wenn der Muth gleichgültig macht gegen das, was verborgen ist, weil er sich stark genug glaubt, es abzuwenden oder auszuhalten, es komme, wie es wolle; und die kalte Vernunft sich keine Mühe giebt, das zu entdecken, wovon sie einsieht, daß es nicht entdeckt werden könne: so macht die Furcht unruhig, und die träumerische Phantasie hilft mit Dichtungen aus, die

bey

bey der schwachen Vernunft und der starken Leidenschaft
immer Eingang finden *).

10) Auch die große Verehrung für die Verstorbenen, und die Neigung zu symbolischen Handlungen sind leicht zu begreifende Folgen von der lebhaften
Einbildungskraft in den wärmern Ländern. Denn die
Bilder der Verstorbenen wirken in dem Grabe aufs Gemüth, in welchem die Imagination sie belebt, und Leichtgläubigkeit und Furcht im Gemüthe herrschen.

11) Wenn man nur allein an die lebhafte dichterische
Phantasie dächte: so möchte man die Folge ziehen, daß
Erfindungstrieb und Veränderlichkeit zu den Wirkungen des warmen Klima gehören müssen. Wenn
man aber die übrigen schon bemerkten Eigenschaften, die
daher entstehen, besonders die Furchtsamkeit und Trägheit in Erwägung zieht: so sieht man bald ein, daß in
Kleinigkeiten wohl jene Triebe sich beweisen können;
aber nicht in viel befassenden und einmal für wichtig und
heilig angenommenen Dingen; insbesondere also nicht
in der Religion und Gesetzgebung. Veränderungen
in diesen Dingen sind allzugefährlich, um von einem
furchtsamen, und die Ruhe liebenden Gemüthe unternom-
men zu werden. Wenigstens sind sie alsdann nicht zu
erwarten, wenn den Anwandlungen einer schwärmerischen
Lebhaftigkeit Drohungen des despotischen Scepters entge-
genwinken; welcher aus schon vorher (Nro. 6.) bemerkten
Gründen, und eben auch um solcher schwärmerischen Anwandlungen willen, diesem Klima am natürlichsten zu-
kömmt.

*) S. Recherches philosoph. sur les Egypt. et les Chi-
nois II. 116.

kömmt. Und schwache, mit abergläubischer Furcht einmal eingenommene Gemüther erlauben sich kaum im Stillen Untersuchungen über solche Gegenstände anzustellen. Aber mit Hülfe anscheinender Wunder, oder anderer die Imagination mächtig anregender Thaten, muß es einem unternehmenden starken Geiste leicht werden, unter solchen Völkern große Progressen zu machen *).

§. 156.

Uebereinstimmende Erfahrungen.

Diese Schlußsätze zu bestätigen oder einzuschrenken, mittelst einer vollständigen Anführung aller vorhandenen Erfahrungen, nach genau geprüften glaubwürdigen Zeugnissen, aus den Reisebeschreibungen und der Geschichte aller Zeiten, von einem Pole zum andern; geht über eines Menschen Kräfte, und sehr weit über die meinigen. Es ist aber schon sehr entscheidend, wenn man, bey mannichfaltigen genauen Untersuchungen, mit seinen an sich schon gegründeten Schlußsätzen viele, im übrigen sehr verschiedene Erfahrungen einstimmig findet; und die wenigen abweichenden mit solchen Umständen verknüpft, daß sich Grund der Abweichung angeben läßt.

Und so weit kann man es in dieser Untersuchung über das Klima auch bringen. Das Nachfolgende wird einen, wenn auch nicht weitläuftigen, doch mannichfaltigen Beytrag dazu enthalten; und hauptsächlich zur Bestäti-

---

*) *Montesquieu* l. c. ch. IV.

ſtätigung derjenigen Grundſätze behülflich ſeyn, die am
meiſten angefochten worden ſind.

Von den Negern wird auf das einſtimmigſte be‐
zeugt, daß ſie in einem ſehr hohen Grade träge, furcht‐
ſam und argliſtig ſind. Ob ſie gleich des Morgens we‐
nig angreifen: ſo ruhen ſie ſich doch den ganzen Nach‐
mittag aus. Ihre Frauen arbeiten nie mehr als drey
Tage nach einander; der vierte iſt ein allgemeiner Ru‐
hetag. Die Männer, die die meiſte Zeit müßig gehn,
entſch..ßen ſich an dieſem Tage noch weniger zu einer
Arbeit. Die fließigſten fangen nichts vor Sonnenauf‐
gang an. Meiſter ſind ſie in der Giftmiſcherey, und wer‐
den leicht durch eine kleine Beſchimpfung oder Wortwechſel
dergeſtalten aufgebracht, daß ſie einander mit Gift ums
Leben zu bringen trachten. Selten aber laſſen ſie ihren
Unwillen frey aus, und greifen zu den Waffen. Obwohl,
in Vergleichung mit einander, die einen herzhaft und
tapfer ſcheinen können: ſo ſind ſie doch überhaupt vielmehr
furchtſam. Ihre Armeen weichen ſich einander ſorgfäl‐
tig aus, und lauern nur auf Gelegenheiten, mit Sicher‐
heit Gefangene zu machen. Ihre Gefechte ſind weder
blutig, noch hartnäckig. Es braucht nichts, als daß
ſich etliche Streiter über den Anblick eines ihrer getödte‐
ten Cameraden entſetzen, und die Flucht ergreifen; um
dieſe allgemein zu machen. Sie erkennen, daß ihr Le‐
ben und ihre Güter dem Könige gehören, und daß er
ihnen beyde, ohne gerichtliche Unterſuchung, wenn es
ihm gefällt, nehmen dürfe, ohne daß es ihnen zukomme,
ſich darüber zu beklagen *).

Faul

---

*) S. beſonders Hiſtoire de Loango; Boſmann's Vo‐
yage

Faul und zaghaft werden auch die Egyptier beschrieben. Auch finden sich in ihrer ältesten Geschichte manche Spuren einer ausschweifenden Wollüstigkeit *).

Die Araber genießen zum Theil durch die Gebirge, zum Theil durch die Nachbarschaft der Meere ein gemildertes Klima. Und die Triebe der Thätigkeit werden in ihnen theils durch die Handlung, theils durch die kleinen Kriege, denen sie immer ausgesetzt sind, unterhalten. Dennoch lieben sie die Ruhe ungleich mehr, als die Europäer. Sie sind keine Liebhaber vom Spazierngehn; und sitzen auf der Stelle, welche sie einmal genommen haben, bisweilen ganze Stunden, ohne ein Wort mit ihrem Nachbar zu sprechen **).

Persien gehört zwar überhaupt nicht zu den eigentlich so genannten heißen Erdstrichen; und hat in seinen verschiedenen Provinzen ein sehr verschiedenes Klima. Unterdessen stimmen die Eigenschaften, die Chardin den Persern beylegt, und die er selbst aus den Einflüssen der mehrentheils trocknen und warmen Luft herleitet, mit der Theorie völlig überein. Nach dem Zeugnisse dieses erfahrnen und scharffinnigen Mannes sind sie auch keine Liebhaber vom Spazierngehn und vom Reisen; sie begreifen nicht, wie man dieß bloß zum Vergnügen oder zur Gesundheit thun könne. Sie befinden sich nicht besser,

als

---

yage de Guinée. Aus der erstern sind viele Züge wörtlich, nach der teutschen Uebersetzung hier eingetragen.

*) S. Buffons allg. Gesch. d. Natur VI. 79. Berl. Ausg. 8. History of Women I. 221 ff

**) Niebuhrs Beschreib. von Arabien S. 107.

als wenn sie stille sitzen oder getragen werden. Noch weniger sind sie für gefährliche und mühsame Unternehmungen. Obgleich die Geistlichkeit die nachtheiligsten Grundsätze gegen das Recht der königlichen Gewalt hegt, und oft mit aller schwärmerischen Lebhaftigkeit öffentlich vorträgt; obgleich die Perser insgemein ihre Beherrscher als Tyrannen betrachten: so bleiben sie doch nichts desto weniger in der sklavischen Unterwürfigkeit. Die Geringen entschädigen sich durch List für die Gewaltthätigkeiten der Großen. Sie sorgen wenig für die Zukunft, leben leichtsinnig, immer nur für den Augenblick, sind die größten Verschwender. Ihre Neigung zu dem andern Geschlechte ist äußerst heftig; ihre Eifersucht nicht minder. Selbst den Anblick der Leichnahme suchen sie zu verhindern; wie die alten Egypter.

In Vergleichung mit ihrer einfachern Nahrungsart und Mäßigkeit scheinen wir nördlichern Europäer fleischfressende Thiere, unersättliche Wölfe. Schon die Türken halten drey Mahlzeiten des Tags; die Perser aber nur zwey. Eine Ursache davon ist wohl auch ihr unmäßiger Gebrauch des Tabacks, und Opiums.

Daß sie so wenig neues in den Künsten erfinden, und überhaupt zu keiner sonderlichen Vollkommenheit es darinn bringen; daß sie lieber von den Fremden kaufen, was sie zu verfertigen erst mühsam lernen müßten; daß sie den Werth der Kunstwerke mehr nach der Seltenheit der Materie, oder dem Glanze, als der Geschicklichkeit, die zur Arbeit erfordert wird, schätzen; alles dieß leitet Chardin von der Ungeneigtheit und Unfähigkeit zum anhaltenden Nachdenken bey den Persern her.

her *). Es ließe sich zum Theil auch allernächst aus den Einflüssen des Despotismus erklären.

Die gemeine Lebensart der Siamer, in den sechs Monathen, da sie, von Frohnarbeiten frey, zu Hause für sich sind, beschreibt der als Gesandter Ludwigs XIV mit ihnen bekannt gewordene De la Loubere auf folgende Weise. Der Siamer arbeitet fast gar nicht, wenn er nicht für seinen König arbeiten muß; er geht nicht spazieren, er geht nicht auf die Jagd. Man sieht ihn fast nie anders, als sitzend oder liegend, essen, spielen, Taback rauchen oder schlafen. Um 7 Uhr des Morgens weckt ihn seine Frau, und setzt ihm Reis und Fische vor; er verzehrt sie und schläft wieder ein. Zwischen dem Mittag- und Abendessen macht er wieder ein Schläfchen. Die übrige Zeit bringt er mit Unterredungen oder dem Spiele zu. Die Frauen bestellen das Feld, kaufen und verkaufen. Mäßig in Vergleichung mit den Europäern sind auch die Siamer. Mittelst der lebhaften Einbildungskraft, und freylich auch der vielen Uebung — denn alle treiben Handel — sind sie sehr geschickt, arithmetische Aufgaben im Kopfe auszurechnen. Aber womit sie auch nicht bald fertig werden können, dazu haben sie keine Lust. Denn anhaltendes Nachdenken ist ihre Sache nicht. Sie wissen leicht etwas nachzumachen; erfinden aber wenig. Von körperlichen Uebungen halten sie nicht viel. Wie viel unterdessen auch hier die Uebung vermöge, beweiset dieß allein schon, daß sie mehrere Tage und Nächte, fast ohne auszuruhen, hintereinander weg,

Ss 2   das

_____

*) Vergl. Recherches philosophiques sur les Egypt. I. 304. 308.

das Rudern aushalten können. Aber darinn üben sie
sich auch von ihrem vierten oder fünften Jahre an. Sie
bedienen sich lieber der Verläumdung, als der Gewalt,
um an ihren Feinden sich zu rächen. Oder wenn sie aufs
Leben gehn wollen: so bedienen sie sich des Giftes und
Meuchelmordes. Furchtsamkeit, Geiz, Verstellung,
Zurückhaltung und Lügenhaftigkeit sind Eigenschaften,
die mit ihnen aufwachsen. Ein bloßer Degen, sagt De
la Loubere, macht hundert Siamer davon laufen, und
ein Europäer, der einen Degen an der Seite, oder einen
Stock in der Hand hat, braucht nur in einem zuversicht-
lichen Ton zu sprechen, um sie selbst von den gemessensten
Aufträgen ihrer Obern abstehen zu machen. Dieser ver-
ständige Beobachter vergißt nicht hiebey anzumerken,
daß, nebst den wässerichten Speisen, die despotische Regierung eine zweyte Mitursache der Muthlosigkeit der
Siamer ist. Auch meynt er, daß der Glaube an die
Seelenwanderung, indem er sie ungeneigt macht, Blut
zu vergießen, der kriegerischen Tapferkeit bey ihnen hinderlich sey. In den Kriegen, die sie mit ihren Nachbarn führen, sollen die Armeen einander vorsetzlich aus
dem Wege gehn, und nur beyderseits Gefangene zu machen suchen. Wenn es aber auch zu Schlachten kömmt,
so sollen sie, indem sie mit Fleiß zu hoch oder zu niedrig
schießen, vielmehr einander zu erschrecken, und gleichsam
durch thätliche Drohungen abzuhalten und zurückzutrei-
ben, als zu verletzen bemüht seyn. — Die Könige von
Siam hatten ehedem eine Japanische Leibwache; aber
sie wurde, als eine dem Staat zu gefährliche Macht,
von demjenigen Könige abgeschafft, der sich, mittelst derselben, des Throns bemächtiget hatte. List ist dergestalten

ten ihre Sache, und bey ihnen in großem Werth, daß
ſie auch ihrem Könige die größte Schmeicheley zu ſagen
glauben, wenn ſie ihn für liſtiger, als alle andere Fürſten, mit denen er zu thun gehabt hat, erklären. Man
muß ihnen wenig trauen, und mit Stolz begegnen, wenn
man gut mit ihnen fortkommen will.

Die Sineſer und Japaner verhalten ſich gegen
einander, wie ihr Klima. Jene ſind, nach Kämpfers Zeugniſſe, friedſam, ruhig, beſcheiden, lieben
ein ſitzendes, ſpeculatives Leben, Argliſt und Wucher.
Dieſe ſind kriegeriſch, zu kühnen Unternehmungen und
Empörungen geneigt *). Die Einwohner der nördlichen
Theile von Sina ſind herzhafter, als die in den mittäglichen. So übertreffen auch noch die Einwohner des
nördlichen Theils von Corea die ſüdlichen an Muth und
Tapferkeit **).

Sehr gut ſtimmen auch mit unſern Grundſätzen
die meiſten Eigenſchaften überein, die man bey den meiſten Inſulanern der Süpſee gefunden hat; welche in
einem durch die Nachbarſchaft der See, und den Schatten ihrer Wälder und Thäler ſehr gemilderten, außerdem
aber heißen Klima leben. Von den Otaheitern und
den übrigen Völkern der geſellſchaftlichen Inſeln giebt
der ältere Herr Prof. Forſter nachfolgende allgemeine
Beſchreibung ***).

„Die Einwohner dieſer Inſeln ſind größtentheils
von einer lebhaften, muntern Gemüthsart, große Lieb-

haber

---

*) Kämpfers Geſchichte von Japan Th. I. S. 101.
**) *Montesquieu* liv. XVII. cb. 2.
***) Obſervations made during a Voyage round the W.
    p. 231. 233.

haber von Scherz und Lachen, offen, gefällig und lieb-
reich. Ihr natürlicher Leichtſinn — der gemeine Fehler
aller Völker in dem heißen Klima — hindert ſie, ihre
Aufmerkſamkeit einer Sache lange zu ſchenken. Die
Wärme macht ſie träge und unüberwindlich abgeneigt
gegen anhaltend mühſame Arbeiten. Die Mächtigen
und Reichen ſind nicht nur größtentheils unmäßig im
Eſſen und mäſten ihren Körper; ſondern ſie werden ſo
träge und bequem dabey, daß es ihnen zu beſchwerlich
vorkömmt, ſelbſt ihre Speiſe zu ſich zu nehmen, und ſie
ſich dieſelbe in den Mund geben laſſen. Der große Ueberfluß guter und nahrhafter Speiſen, das milde Klima,
nebſt der Schönheit und dem zwangloſen Betragen des
weiblichen Geſchlechts, reizen ſie mächtig. Sehr frühe
fangen ſie an, der Wolluſt ſich zu überlaſſen *). Ihre
Geſänge, ihre Tänze, ihre dramatiſchen Vorſtellungen
verrathen ihren Hang zur Wolluſt. Sie bezeigen ſich
tapfer im Kriege.

Mehr Beſtätigung, als Widerlegung, werden
die angenommenen Grundſätze auch noch finden; wenn
das nördliche Europa mit dem ſüdlichen, Italiäner
und Spanier mit Normännern und Teutſchen; oder
oft auch nur die verſchiedenen Provinzen der großen
Hauptländer; unter den erforderlichen Beſtimmungen, mit einander verglichen werden.

Die

---

*) Eine Urſache der frühen Reize liegt freylich auch dar-
inn, daß die Familie in einem engen, unabgetheilten
Raum beyſammen lebt. Aber dieß würde nicht ſeyn,
wenn die Folge verabſcheut würde.

Die Spanier in Catalonien, Biscaia, Asturien und Gallizien haben sich immer von den Spaniern in Valencia, Andalusien und den übrigen mittäglichen Provinzen durch Munterkeit, kriegerischen Geist und muthige Vertheidigung ihrer Freyheit unterschieden; wie man es nach der Beschaffenheit ihres kälteren Klima oder ihres weniger fruchtbaren gebirgigten Landes erwarten kann. Es ist bekannt, wie hartnäckig die Catalonier noch in diesem Jahrhunderte für ihre Freyheit gefochten haben, und noch, da sie fast aller ihrer alten Gerechtsame beraubt sind, hat sie der Druck nicht gebeugt. Bey dem geringsten Versuch einer willkührlichen Behandlung bricht ihr unbezwungener Freyheitstrieb immer wieder aus. Sie lieben körperliche Uebungen, dergleichen bey den südlichern Spaniern fast gar nicht gewöhnlich sind *). In den Asturischen Gebirgen fanden die Mohren unbezwingbaren Widerstand. Die Biscayer werden für die besten Kriegs- und Seeleute in Spanien gehalten. Sie haben viele Freyheiten, über welche sie auch sehr wachen **). Die Gallicier zeichnen sich durch

Ss 4

ihre

*) S. Travels through Spain. by H. *Swinburne* Lond. 1779. p. 61 ff. Catalonia, heißt es da noch, is almost throughout extremely mountainous. The nature of the country appears to have great influence on that of the inhabitants, who are a hardy, active, industrious race — There are few beggars to be met with among them. Vergl. p. 368 ff.

**) Büsching in der Erdbeschreibung. Und *Swinburne* l. c. The Biscayners are acute and diligent, fiery and impatient of controul; more resembling a colony of republicans, than a province of an absolute monarchy. Vergl. pag. 424.

ihre Arbeitsamkeit und Bereitwilligkeit zu den geringsten
Diensten aus; da der südlichere Spanier lieber Hunger
leidet oder bettelt, als daß er durch beschwerliche und
verächtlich gehaltene Dienste sein Brod suchte *). In
Valencia hat, nach Swinburne's Urtheil, die Luft
etwas schlaffes und entkräftendes, was sich auch in den
Pflanzen und Einwohnern äußert. Letztere sind ungleich träger, furchtsamer und argwöhnischer als die Catalonier **).
Heftiger in der Liebe und eifersüchtiger als die nördlichern
Völker sind überhaupt die Spanier nach allen Zeugnissen ***).

Ein entsprechendes Verhältniß der sittlichen Eigenschaften zu dem Klima zeigt sich auch in den verschiedenen
Theilen von Italien. Der Piemonteser hat nicht die
Munterkeit und lebhafte dichterische Einbildungskraft,
wie der Toscaner und Römer; ist aber ein besserer Sol-
dat und ein fleißigerer Arbeitsmann †).

Sulzer fand das Landvolk um Nizza beym schweren Druck der Dürftigkeit doch zum Verwundern schön
und

---

*) Büsching und *Swinburne* p. 369.

**) *Swinburne* p 96 III. 368.

***) As their constitution may be said to be made up
of the most combustible ingredients and prone to lo-
ve in a degree, that natives of more northern lati-
tudes can have no idea of, the custom of embra-
cing persons of the other sex, which is used
on many occasions by foreigners, sets the Spa-
niards all on fire. They would as soon allow a man
to pass the night in bed with their wives or daugh-
ters, as suffer him to give them a kiss etc. *Swinburne*
p. 373.

†) *Baretti* Account of the manners and Customs of Italy
vol. II. ch. XXIII.

und munter; und urtheilt, daß dieses nur vom Klima
herrühren könne, welches sehr mild und erquickend ist.
Vielleicht rührt es auch zum Theil nur mittelbar von demselben her, mittelst der geistreichen Früchte und Weine.
Der ärmste Pächter trinkt Wein *).

Sicilien und das untere Italien sind von jeher
als vorzügliche Wohnsitze der Wollust und des Leichtsinns
berühmt, und immer eine leichte Beute der Raub- und
Eroberungssucht gewesen.

Insbesondere werden aber auch die Grundsätze
noch dadurch bestätiget, daß die Völker des Nordens
jederzeit die merklichsten Veränderungen in ihren sittlichen
Eigenschaften erlitten haben, wenn sie in die südlichen
Klimate versetzt worden sind. Dieß zeigt sich in der
Geschichte aller der Völker, die von Norden her in das
Röm. Reich einfielen, dasselbe zu Grunde richteten und
unter sich theilten. Obgleich die Veränderungen, die sie
in Ansehung ihrer Glücksumstände, Religion und Staatsverfassung erhielten, zu ihrer Sittenänderung vieles bey-
trug: so sind doch auch die Einflüsse des Klima dabey unleugbar. „Je milder die Sitten waren, die sie angetroffen,
sagt der philosophische Geschichtschreiber der Teutschen **),
je gelinder das Klima war, unter das sie verpflanzt wurden, je länger sie sich auf Römischen Boden aufgehalten;
desto mehr sind sie ausgeartet. — Das letzte Volk, das
aus Teutschland ausgerückt, ist auch allemal das tapferste
gewesen.‟ Die Westgothen waren schon gewohnt, vor

S s 5   einem

---

*) S. dessen Beobachtungen auf einer Reise, S. 141,
   146. 161.

**) Schmidt Th. I. S. 183 f.

einem Feinde zu zittern, als Klodwig ſie mit ſeinen erſt
aus dem Walde hervorgebrochenen.Franken angriff. Die
Vandalen, die ſo leicht in Spanien und Africa ſich feſt-
ſetzten, konnten ſich unter K. Juſtinian gegen ein Heer
von 15000 Mann, das aber großentheils aus Barbaren
beſtand, nicht mehr behaupten. Aber bey ihren Einfällen waren ſie, wenn gleich nicht die tapferſten der Barbaren, dennoch nicht durch Ausſchweifungen geſchwächt.
Durch das gelinde Klima und den fruchtbaren Boden
wurden ihre Sitten dergeſtalt umgeändert, daß ſie ihre
meiſte Zeit mit Schauſpielen und Luſtbarkeiten zubrachten,
allen Arten von Ueppigkeit ſich ergaben, und da, ſie
vorher durch ihre Keuſchheit ſich ausgezeichnet hatten,
itzt das Urtheil ſich zuzogen, daß ſie weder Keuſchheit noch
eine andere männliche Tugend achteten.

Wie bald arteten nicht die Portugieſen in Indien aus; wo ſie bey ihrer erſten Erſcheinung als die be-
wundernswürdigſten Helden glänzten? Tout homme
né aux Indes, ſagt daher *De la Loubere* *), eſt
ſans courage;. encore qu'il ſoit né de parens
Europeans; et les Portugais nés aux Indes en
ſont une bonne preuve. Une ſocieté-de mar-
chands Hollandois ne trouva en eux, que le nom
et le langage, et non la bravoure des Portugais.
Et ſi d'autres Europeans y alloient chercher les
Hollandois, ils n'y en trouveroient pas, qui va-
luſſent à beaucoup prés ceux, qui en ſix ſemai-
nes

---

*) Deſcript. du Roy. de Siam I. 273. Von den Portugie-
ſen auf den Inſeln des grünen Vorgebirges ſ. Forſters
Voy. I. 36.

nes de la campagne de 1672 perdirent 48 places.
Wie sehr die Holländer daselbst dem Asiatischen Luxus
und der Asiatischen Etiquette sich ergeben haben, ist gemein bekannt. Auch in Surinam verlieren sie ihre
Europäischen Tugenden nicht weniger geschwind, werden
träge Müßiggänger und Wollüstlinge *).

Die Spanierinnen in Peru sind, nach Fre-
zier's, Versicherung, so wenig schaamhaft, daß sie sich für
freye Reden, wodurch man in Frankreich eine ehrliche
Frau aufbringen würde, als für ein Kompliment höflichst
bedanken; und daß sie des Abends auf der Straße thun,
was in Frankreich nur unzüchtige Mannspersonen zu thun
pflegen. Nach eben demselben sind auch die Portugiesi-
schen Frauen in Brasilien ihren Männern sehr untreu,
obgleich diese es strenge ahnden **).

Auf den Philippinschen Inseln ist, nach des Le
Gentil Bericht, das Sittenverderbniß, besonders in
Absicht auf die Gesetze der Keuschheit, aufs äußerste
gestiegen. Und die Inquisition begehrt ihm nicht abzuhelfen ***).

Eben so haben die Nordasiatischen Völker,
die Türken und die Tatarn, die China eroberten,
ihren

---

*) Otiosi et gulae indulgentes; nemo, nisi negotiis co-
actus, ambulando corpus movere cupit. — Veneri
adeo dediti sunt huius provinciae incolae, ex vaga
cum nigritis puellis venere adeo contabescunt Euro-
paei praesertim, qui huc perveniunt, ut vox tantum
atque ossa supersint. *Lud. Scheeler.* Diss. de morbis
Surinamensium p. 14.
**) Relation I. p. 531.
***) S. Gött. Anzeig. 1781. Zugab. S. 805.

ihren kriegerischen Geist in dem südlichen Asien größtentheils verlohren,

Die Art, wie ein Volk den Krieg führt, seine
Rüstung und Waffen können beweisen, wie viel es dabey
auf seine eigenthümliche Kraft und Tapferkeit sich verläßt.
Auch diese Vergleichung fällt zum Vortheil der Nordischen Völker aus, Die Teutschen stellten sich ihren
Feinden ganz unbedeckt entgegen, und griffen sie am
liebsten zu Fuß an; oder in der Folge äußerst schwer ge-
rüstet, Mann gegen Mann; wann im Gegentheil Par-
ter, Araber und Hunnen hauptsächlich auf die Geschwindigkeit ihrer Pferde sich verließen, und gleichsam
immer fliehend Vortheile zu erhalten suchten. Ein ähnlicher Unterschied ist auch in Ansehung der Nördlichen
und Südlichen Amerikaner beobachtet worden.

§. 157.

Entgegenscheinende Erfahrungen, und Grundsätze zu ihrer Beurtheilung.

Es finden sich in der Geschichte freylich auch Beyspiele von Völkern warmer Länder, welche den bisher bemerkten entgegenstehende Eigenschaften, einen thätigen, unternehmenden Muth und Tapferkeit bewiesen,
und nördlichere Völker überwunden haben. Die Kar-
taginenser, Römer, Araber sind deßfalls bekannt.
Auch haben sich in dieser Rücksicht merkwürdig gemacht
die Bewohner der beynahe an den Aequator grenzenden
Asiatischen Halbinsel Malacca. Nicht nur die Zeugnisse
der neuern Reisenden, sondern ihre Thaten, ihre Eroberungen und Colonien in der Südsee beweisen den unternehmenden und kriegerischen Geist der Malayen. Selbst
den

den in den dortigen Gegenden wohnenden oder handelnden Europäern haben sie sich fürchterlich gemacht; dergestalt, daß sie es ihren Schifshauptleuten verbieten,
keine, oder im Nothfall nicht über 2 bis 3 von dieser
Nation in ihre Schiffe aufzunehmen. Denn man hat
erlebt, daß ihrer wenige, die man unvorsichtig aufge-
nommen hatte, sich erkühnten, mit dem Dolch in der
Hand, die ganze Mannschaft anzufallen. Ja man hat
Beyspiele, daß Malayische Fahrzeuge von 25 — 30 Mann
Europäische Schiffe von 40 Canonen angriffen *).

Im Gegentheil haben die Finnen, ein Volk,
das sich unter vielerley Namen vom äußersten Norden
und Westen von Europa ostwärts tief in Sibirien hinein,
und südwärts bis in das Kaspische Meer erstrecket, die
einzigen Madscharen in Ungarn ausgenommen, nie auf
dem Schauplatze der Völker Rollen gespielt, nie einen
Eroberer erzeugt; sondern sind von jeher die Beute ihrer
Nachbarn gewesen **).

Sowohl in der allgemeinen Einleitung zu diesem
ganzen Theile, (§. 128) als auch in den Vorerinnerun-
gen zu dem gegenwärtigen Hauptstücke, sind bereits mehrere Grundsätze angegeben worden, nach welchen man
diese Erfahrungen zu beurtheilen und mit den vorhergehenden zu vereinigen hat. Es sollen izt aber noch mehrere, dahin abzweckende Bemerkungen hinzugesetzt
werden.

1)

---

*) Voyage d'un philosophe pag. 52.
**) Schlözer, Fortsetz. der allg. Welthist. Th. XXXI.
S. 247 f. Büsching in der Erdbeschreib. erklärt die
Finnen für tapfre Leute.

1) Bey kleinen Verſchiedenheiten in den einzelnen Urſachen der ſittlichen Eigenſchaften der Menſchen, kann es leicht ſeyn, daß die daher entſtehenden Wirkungen unmerklich, oder die einen durch die andern aufgehoben werden. Es beweiſet daher ſehr wenig gegen die Ein-flüſſe des Klima, wenn von mehrern Völkern, die alle in den gemäßigten, oder alle in den heißen Erdſtrichen ſich befinden, nur einige Grade von einander, die ſüdlichen den nördlichen an Muth und Tapferkeit es zuvorthun. Man muß ſehr von einander verſchiedene Klimate mit einan-der vergleichen, um deren Einflüſſe zu bemerken *).

2) Doch muß man nicht den äußerſten Norden mit dem heißen Klima vergleichen. Denn es iſt eine all-gemeine, und auch hier Beſtätigung findende Bemer-kung, daß die Wirkungen entgegengeſetzter Urſachen, bey einem ſehr großen Abſtande, oft ähnlich werden. Die ſtrengſte Kälte unterdrückt die Kräfte, hindert ihre Entwickelung und freye Anwendung; wie die Hitze ſie verzehrt und zerſtreut. Uebermäßige Hitze ſchwächt die Geiſtestriebe durch allzu viele Empfindlichkeit und Beweglichkeit; Kälte durch Unempfindlichkeit und Steif-heit. Die Liebe zu hitzigen Getränken geht in beyden äußerſten Klimaten weiter, als im mittlern gemäßigten Klima. In jener einem erweckt ſie die erſtarrten Lebens-geiſter; im andern erſetzt ſie, auf eine kurze Zeit, den unmäßigen Verluſt derſelben **).

3)

---

*) Am ſichtbarſten werden ſie, wenn ſehr verſchiedene Kli-mate an einander grenzen; wie in Aſien. S. Mon-telquieu liv. XVII. ch. III.

**) Wie mittelſt der Folgen der äußerſten Fruchtbarkeit und

3) Mit der Menge der Ideen mehren sich die Begierden und Antriebe zur Thätigkeit. Der Wilde ist in jedem Klima, überhaupt genommen, träger, als der Aufgeklärte. Wissenschaften und Künste verschaffen auch solche Vortheile im Kriege, daß dadurch ein, dem Temperamente nach, schwächeres und zur Furcht geneigteres Volk leicht Lust und Vermögen bekommen kann, sich zum Herrn eines, in physischen Eigenschaften ihm überlegenen Volkes zu machen.

Und was kann nicht insbesondere der Aberglaube, auch allein schon, ausrichten, wenn er in religiöse, schwärmerische Eroberungssucht ausbricht? Zu schwärmerischen Gemüthsbewegungen sind aber die Bewohner wärmerer Länder vor andern aufgelegt *).

4) Die Bewohner der Inseln und Halbinseln genießen, vermöge der Nachbarschaft des Meeres, eine oft viel gemäßigtere Luft, als sie sonst nicht haben würden **).

Dabey

---

und Unfruchtbarkeit die entgegengesetztesten Klimate ähnliche Wirkungen hervorbringen, wird weiter unten angemerkt werden.

*) La nature, qui a donné à ces peuples une foiblesse, qui les rend timides, leur a donné aussi une imagination si vive, que tout les frappe à l'excés. Cette même delicatesse d'organe, qui leur fait craindre la mort, sert aussi à leur faire redouter mille choses plus, que la mort. C'est la même sensibilité, qui leur fait fuir tous les perils, et les leur fait tous braver. *Montesqu.* l. c. ch. III.

**) Eben die Halbinsel Malacca, deren Einwohner die sonderbarste Ausnahme gegen die Gesetze des Klima zu machen scheinen, genießet eine so gemäßigte Wärme, daß nicht einmal die Europäischen Früchte daselbst zur
gehö.

Dabey härtet sie ihre Lebensart, als Fischer und Handlung treibende Seefahrer, ungemein ab. Nicht
nur stärkt die harte Arbeit ihren Körper; sondern
durch die Gewohnheit der Gefahren, denen sie oft
ausgesetzt sind, den Streit mit den Elementen, den
sie beständig führen müssen, wird auch ihr Gemüth
standhaft und muthig. Wenn mehrere von einander unabhängige kleine insulanische Staaten nahe beysammen liegen: so gerathen sie leicht in Streitigkeiten
und Kriege mit einander. Und dieß ist eine neue Ursache
der Abhärtung und des Muthes. So merkt Niebuhr
an, daß zwischen den verschiedenen kleinen Herrn in und
an dem Persischen Meerbusen beständig Krieg ist; und
daß daher die Matrosen aus dieser Gegend muthiger sind,
als die Indischen *). Und D'Ovington berichtet von
den Arabern zu Mascate, daß sie muthig und geschickt im Gebrauch der Waffen seyn, in welchen sie sich
auch alle Tage eine Zeitlang üben. Ihr Land ist zwar,
wegen der sandigten Wüsten, und der hohen, dasselbe
einschließenden Berge eines der heißesten. Aber sie sind
Fischer und Seefahrer; und die Kriege mit den Portugiesen haben sie noch mehr zu Soldaten gemacht **).

5) Es lehret die Geschichte der erobernden Völker
aus warmen Ländern, daß ihnen doch insgemein der
Nor-

---

gehörigen Reife kommen. Der Grund liegt in den
Dünsten, hinter welchen die Sonne, wenn sie am
höchsten steht, fast immer versteckt ist, dem langen Re-
genwetter und den stürmischen Winden. Flögels Geschichte des menschl. Verst. §. 61.

*) Reisebeschreibung II. 91.

**) Voyage II. 127. Vergl. Montesqu. liv. XVIII. ch. V.

Norden am meiſten Widerſtand gethan hat *); daß
der kriegeriſche Geiſt derſelben, wenn er auch durch re-
ligiöſen Enthuſiaſmus, oder die Diſciplin eines großen
Anführers erweckt war, nie ſo lange ſich behauptet hat,
als bey nördlichen Völkern, denen er mehr natürlich
iſt. Die Geſchichte lehret, daß die ſüdlichen Völker
ungleich öfter von den nördlichen bezwungen worden
ſind **), als umgekehrt; daß undiſciplinirte rohe Völker
aus Norden mit Künſten verſehene ſüdliche aufgehalten
und überwunden haben, aber nie rohe Südländer culti-
virte Nordländer. Freylich hat man hier nicht ohne
Grund vor einem Fehlſchluſſe gewarnt; und zu bedenken
gegeben, daß die reichen und fruchtbaren Südlande eher
die nordiſchen Völker zu Eroberungen einladen mußten,
als daß die Südlichen ſich einfallen laſſen konnten, ihr
geſegnetes Vaterland mit dem Rücken anzuſehn, um ſich
Wohnplätze in Norden zu erſtreiten. Aber dieß macht
die Sache doch allein nicht aus. Die Eroberungsſucht hat
ſich oft genug nordwärts geſtreckt; aber nicht mit ſo gutem
Erfolge als gegen Süden. Und warum haben denn die
Südländer ihr geliebtes Vaterland und ihre Reichthümer nicht beſſer vertheidiget? Die Normänner ſetzten

ſich

---

*) Man hat bisweilen als einen Einwurf den Widerſtand
anſehn wollen, den die Perſer der Römiſchen Macht
beſtändig entgegen ſetzten. Allein außerdem, daß die
Perſiſchen Völker zum Theil aus einem Klima herka-
men, das von dem Italieniſchen nicht ſehr verſchieden
war: ſo haben ſie nur der Römiſchen Macht Einhalt
gethan; nicht aber ſie überwältiget, wie die Teutſchen
und andere nördliche Völker.

**) *Montesquieu* liv. XVII. ch. IV.

Tt

ſich überall feſt, wo ſie hinkamen; in Engeland, Frankreich und Italien. Als ſie in dieſem letztern Reiche
mit den Griechen fertig waren, wurden ſie bald auch
den Päbſten fürchterlich. So gering auch ihre Zahl
noch war: ſo mußten doch die Italiener die Teutſchen
zu Hülfe rufen. Jene waren die erſten in der Flucht,
ob ſie gleich für ihre eigene Sache ſtritten; die Teutſchen
ließen ſich bis auf den letzten Mann niedermachen. in einer Schlacht unter Heinrich III *).

6) Da übrigens das Klima nicht alles ausmacht: ſo hat man ſich nicht zu verwundern, wenn auch
Völker unter einerley Himmelsſtriche in ihren Sitten ſehr
von einander verſchieden ſind; wie z. E. die Otaheiten
und Mallicoleſer **). Und bey dem Klima ſelbſt
kömmt es ja endlich nicht auf Hitze und Kälte allein an;
ſondern auf Feuchtigkeit und Trockenheit, Fruchtbarkeit
und Unfruchtbarkeit u. ſ. w. Die im vorhergehenden
feſtgeſetzten Wirkungen des heißen Klima haben deſto
mehr Grund; je mehr die Fruchtbarkeit des Erdbodens,
oder der Reichthum der Flüſſe und Seen, die Neigung
zu einem gemächlichen und üppigen Leben unterſtützt. Wo
hingegen die Nahrung mit mehrerer Mühe geſucht werden muß; wo unfruchtbare Gebirge und Wüſteneyen
zu einer unruhigen und räuberiſchen Lebensart beſtimmen: da muß ein gewiſſer Grad von Abhärtung und
Herzhaftigkeit, der Hitze ungeachtet, freylich wohl entſtehen.

7)

---

*) Schmidt Th. I. S. 236.
**) Forſter Voyage II. 166. und Götting. Magaz. I. 102. f.

7) Die unmittelbarsten Wirkungen, die das Klima überhaupt, und besonders Hitze und Kälte auf den Körper hervorbringt, können durch die Beschaffenheit der Nahrung, Kleidung und Wohnung, wenn nicht ganz verhindert, doch um vieles geschwächt werden. Wenigstens bey denen, die Einsicht und Vermögen genug haben, alle Bequemlichkeiten und Hülfen, welche Kunst und Natur hervorbringen, und die Handlung verbreitet, sich zu Nutze zu machen. Eine von den mehrern Ursachen, warum unter den vornehmen Ständen der entferntesten Länder die Verschiedenheiten, die man zufolge des Klima erwarten könnte, am wenigsten angetroffen werden. Und eben also auch eine von den Ursachen, warum bey demselben Volke in verschiedenen Jahrhunderten die Einflüsse des Klima nicht in gleichem Grade sich offenbaren können. Aber man muß eine jede Ursache, um ihre Wirkungen richtig zu schätzen, da beobachten, wo sie am freysten wirken kann.

§. 158.

Prüfung einiger Humischen Gründe wider die Meynung vom Einflusse des Klima.

Hume hat alles aufs kürzeste gefaßt, und auf das scharfsinnigste gestellt, was den Einfluß des Klima auf die Gemüther noch irgend zweifelhaft machen kann *). Einige seiner Bemerkungen sind in dem bisherigen Untersuchungen schon erörtert worden. Die es noch nicht, oder nicht genug sind, sollen hier erwogen werden.

Tt 2

1)

*) Essay of National Characters, in den Essays and Treatises Lond. 1758. 4. Ess. XXIV.

1) Wenn viele, ein sehr verschiedenes Klima ge=
nießende Völker mehrere Jahrhunderte hindurch unter
einerley Staatsverfassung und Oberherrschaft gestanden
haben: so verbreite sich über alle derselbe Nationalcha=
rakter, und Einartigkeit der Sitten.   So haben alle Chi=
neser die größte Aehnlichkeit des Charakters, die sich nur
denken lasse. — Diese Bemerkung, sofern sie in der Ge=
schichte gegründet ist, beweiset, daß die politischen An=
stalten zu den mächtigsten und nächsten Ursachen der Sit=
tenbildung auch gehören; nicht aber, daß das Klima
davon auszuschließen sey.   Weder in China noch in ir=
gend einem weitläuftigen aus vielen physisch sehr verschie=
denen Ländern zusammen gesetzten Staate wird es bey
genauerer Beobachtung schwer fallen, sittliche Verschie=
denheiten, die vom Klima herrühren, neben dem gemein=
schaftlichen politischen Charakter zu entdecken.   Es sind
im vorhergehenden schon mehrere Beyspiele hievon ent=
halten.   Und dazu lassen sich noch manche andere setzen,
die ganz außer Streit sind.   Die Bergschotten sind nicht
nur von den Engeländern, sondern auch von den übrigen
Schottländern, mit denen sie schon so viele Jahrhunderte
hindurch einerley Religion und Oberherrschaft vereiniget,
moralisch verschieden; wie es die physische Beschaffenheit
ihrer Wohnplätze mit sich bringet.   Und wer wird es
glauben, daß, wenn Samojeden und Kamschadalen
mit den Kosacken und Kalmucken auch noch mehrere
Jahrhunderte unter dem Russischen Scepter vereiniget
bleiben, sie in ihren Sitten und Neigungen einander,
sie zusammen an Physiognomie und Sitten den Esthlän=
dern völlig ähnlich werden können?

Aber

Aber das Aeußerste auch angenommen, was die Theorie wider sich und keine einzige ausgemachte Erfahrung völlig für sich hat, daß die Einflüsse des Klima, bey einer anhaltenden Wirkung entgegengesetzter moralischer und politischer Triebfedern, ganz aufgehoben und vernichtet werden könnten; so enthielte doch selbst dieß die Folge noch nicht, daß überall das Klima keinen Einfluß habe,

3) Benachbarte kleine Staaten unterscheiden sich oft in den Sitten mehr, als andere durch sehr verschiedene Klimate von einander entfernte. Wie man über die Grenze des einen Gebiets, einen Fluß, einen Berg hinüber ist, finde man oft ganz verschiedene Sitten. — Wenn man bey dieser Bemerkung auch gar nicht Rücksicht darauf nehmen will, daß die Verschiedenheit der physischen Beschaffenheiten eines und des andern Landes, nach Luft und Boden, nicht immer in gleichem Verhältnisse mit ihrer Entfernung stehe; welches doch hieben überhaupt nicht ganz außer Acht gelassen werden müßte *); so käme es hieben fürs erste wieder darauf an, ob die genauere Beobachtung solcher benachbarter Nationen nicht eben so wohl Aehnlichkeiten, die sich aufs Klima gründen, als Verschiedenheiten, die von der politischen Verfassung herkommen, entdecken würde? Und übrigens fiele die Schlußfolge auch hier doch immer in die Grenzen, die bey dem ersten Grunde wider den Einfluß des Klima bemerklich wurden,

Tt 3

3)

*) S. Esprit des Nations liv. I. ch. IV.

3) Die Juden, Armenier und andere ſolche, durch eigene moraliſche Urſachen gebildete und überall ſich zuſammenhaltende Gattungen von Menſchen, ſeyen nirgends den Völkern, bey denen ſie ſich aufhalten, auch nur halb ſo ähnlich, als ſie alle zuſammen genommen unter ſich es ſind. Spanier, Holländer, Engelländer und Franzoſen ſeyen erkenntbar und unterſcheidbar, in welchem Klima ſie auch zuſammen kommen mögen. — Richtig; und ſehr bemerkungswerth. Aber es iſt doch auch ausgemacht und im vorhergehenden ſchon angemerkt worden, daß die Europäiſchen Nationen, bey ihrer Verpflanzung in fremde Länder, nicht völlig dieſelben bleiben, ſondern merkliche und dem Phyſiſchen gemäße Veränderungen erleiden. Und ſo läßt ſich, der Analogie nach, auch nicht zweifeln, daß auch auf religiöſe Gemeinden das Klima einige ſichtbare Wirkungen hervorbringen werde; wenn ſie auch ihr Charakteriſtiſches unter keinem Klima verlieren.

4) Wie unähnlich ſind nicht die heutigen Einwohner faſt aller Europäiſchen Länder denen vor tauſend und mehreren Jahren? — Wie unähnlich, kann man dagegen fragen, ſind ſich nicht zum Theil auch dieſe Länder durch entſtandene oder vernachläſſigte Cultur, in Abſicht auf ihre phyſiſchen Beſchaffenheiten geworden? (§. 154 und Flögels Geſchichte des menſchl. Verſt. §. 97 f. f.) Und ſo gewiß es iſt, daß die Einwohner durch moraliſche Urſachen ihren Vorfahren ſehr unähnlich geworden ſind: ſo gewiß iſt es auch, daß noch Aehnlichkeiten übrig ſind, die den fortdaurenden Einflüſſen der nemlichen phyſiſchen Urſachen zugeſchrieben werden müſſen. Selbſt die hiebey ſo oft zum Beyſpiel genommene

jenen Griechen, ob sie gleich unter dem Joche des Despotismus und des Aberglaubens nicht seyn können, was
sie zur Zeit des Perikles waren, sollen, nach dem Zeugnisse ihrer mehresten Beobachter, das feine Gefühl für
sinnliche Schönheit, das ihre Vorfahren auszeichnet,
noch besitzen, so weit es ein Geschenk der Natur seyn
kann. Bey den Mainotten hat sich in den neuesten
Zeiten noch etwas von Spartanischer Tapferkeit bewiesen *).

5) Völker, die viel Umgang mit einander haben,
werden sich in den Sitten ähnlich, nach dem Verhältnisse
dieses ihres Umgangs mit einander. — Aber bleiben
doch immer verschieden von einander; und vielleicht also
auch nach Maaßgabe des Klima; wie die Europäer in
dem Beyspiele, dessen sich Hume hiebey bedient, ob sie
gleich den Türken alle für ein Volk, für Franken gelten,
wegen der Aehnlichkeit, die sie unter einander, im Ge-
gensatz auf jene freylich auffallend genug an sich haben.

Ueberhaupt aber ist zur richtigen Beurtheilung aller
dieser von Hume gebrauchten, und anderer ähnlicher

Tt 4   Be-

---

*) A modern Greek perhaps is mischievous, slavish and
cunning, from the same animated temperament, that
made his ancestor ardent, ingenious and bold, in
the camp, or in the council of his nation. A modern Italian is distinguished by sensibility, quikness
and art, while he employes on trifles the capacity
of an ancient Roman; and exhibits now in the scene
of amusements and in the search of a frivolous ap-
plause that fire and those passions with which Grac-
chus burned in the forum, and shook the assemblies
of a severer people. Ferguson Hist. of civil soc. p.
166.

Beobachtungen, noch eine Bemerkung dienlich. Die von moralischen, religiösen und politischen Ursachen herrührenden Bestimmungen der Sitten und Neigungen machen die Außenseite des Charakters aus, die man gern sehen läßt; sind dasjenige, was man an sich haben oder an sich zu haben scheinen muß, um nicht gegen die religiöse und politische Verfassung anzustoßen. Die diesen entgegengesetzten von Temperament und Klima herkommenden Eigenschaften können vertilgt zu seyn scheinen, weil man sie sorgfältig verbirgt. Es ist also um so mehr erlaubt, der Theorie gemäß eine größere Macht der physischen Ursachen bey einzelnen Menschen und bey ganzen Völkern zu vermuthen, als bey der gewöhnlichen Gelegenheit, die Gemüther zu erforschen, sich zu erkennen giebt *).

§. 159.
Einwürfe einiger anderer Schriftsteller.

Nicht gegen den Einfluß des Klima überhaupt, aber gegen den Hauptsatz von den Wirkungen des heißen Klima, macht ein anonymischer Schriftsteller verschiedene, zum Theil scheinbare Einwürfe. Diesen glaube ich um so mehr hier eine Stelle einräumen zu müssen; da der-

---

*) Ein feiner Beobachter schließt bisweilen aus der Uebertreibung auf Neigung zum Gegentheil und Verstellung. So sagt Swinburne, daß in Spanien die heimlichen Juden und Mahomedaner sich als die eifrigsten Katholiken anstellen, und daß kluge Leute sie daran erkennen. Die Juden sollen, nach dem bekannten Baldober, wenn sie auf nächtliche Diebereyen ausgehen, und ihnen Leute begegnen, vom Herrn Jesus erbauliche Gespräche anfangen, um nicht für Juden angesehen zu werden.

dergleichen Unterſuchungen nach dem Haupttitel des Buches in demſelben gar nicht geſucht werden möchten. Es
iſt betitelt: Le Theiſme, Eſſai philoſophique
Lond. 1773. 8. Der zweyte Theil aber hat noch den
beſondern Titel: Reflexions phiſiologiques ſur l'
homme & ſur les animaux. Darinn wird, nach
einigen allgemeinen Unterſuchungen über Temperament
und Einfluß des Klima, bey Menſchen und Thieren,
S. 217 f. f. die Meynung, daß die Hitze ſchwäche
und furchtſam mache, mit allerley Gründen beſtritten.
Es ſey wahr, heißt es erſtlich, daß Menſchen, die aus
kältern Ländern in wärmere kommen, daſelbſt ſchwäch-
lich werden. Aber dieß beweiſe nichts; die Verſetzung
aus warmen Ländern in kalte werde gleichfalls ungeſund
machen und ſchwächen; & tout homme perd de ſon
courage, quand ſa conſtitution ſ'altere. — Aber
man ſieht leicht, daß der Verf. das obige Argument von
der Ausartung nordiſcher Völker im ſüdlichen Klima
nicht genommen und angeſehen hat, wie es geſchehen
muß. Und wenn er hinzuſetzt; Pluſieurs m'ont avoué,
que par le froid ils ſe ſentoient moins bra-
ves, & tout le monde ſçait combien il importe,
de rechauffer le ſang des ſoldats, avant de donner bataille; ſo ſind ja die vorübergehenden Wirkungen äußerſter beſchwerlicher Kälte auf der einen, und
mäßiger Erwärmung des Körpers auf der andern Seite,
etwas ganz anders, als die fortdauernden Einflüſſe des
einen und des andern Klima. Weiter heißt es: S'il
étoit vrai, que la chaleur affoiblit la force & le
courage, il ſeroit bien ſingulier, que les animaux les plus hardis, comme les tigres, les

lions

lions &c. ſe trouvaſſent en Afrique. Ceux la ſont
d' autant plus terribles, que le climat eſt plus
chaud, & leur ferocité ſ'emouſſe, quand on les
transporte dans les climats temperés. Dieß iſt
ſcheinbar. Aber Schlüſſe nach der Analogie beweiſen
doch nicht, wo directe Erfahrungen entgegen ſind. Wenn
alſo bewieſen worden iſt, daß die Erfahrung in den mei‐
ſten Fällen, in allen, wo es vermöge anderer Urſachen
geſchehen kann, bezeuge, daß Menſchen in heißen Län‐
dern ſchwächer und furchtſamer ſind, als in kalten; ſo
kann eine widerſprechende Beobachtung in Anſehung der
Thiere kein Einwurf mehr dagegen ſeyn. Thiere kön‐
nen auch im Waſſer leben, und unter mehrern Umſtän‐
den, unter welchen Menſchen ihren Untergang finden
würden.

Aber der Verfaſſer nimmt endlich auch Gründe aus
der Natur der Sache her. Ein Europäer, meynt er,
werde in heißen Ländern entkräftet, parceque ſes po‐
res trop ouverts par la chaleur laiſſent une ſortie
trop libre aux humeurs aqueuſes. Mais pluſieurs
generations conſecutives prennent peu à peu la
temperature la plus conforme à celle du climat.
Le ſang ſe dephlegma, & ſes molecules *plus
liées* deviennent moins ſujettes à ſ'exhaler; le
tiſſu de la chair devient plus ſec & plus ferme —
Si le ſoleil ardent dilate les vaiſſeaux, il *rarefie*
le ſang autant & même plus, enſorte, que la ten‐
ſion & la force ne diminuent pas. Aber iſt dieſes
Räſonnement nicht der Erfahrung entgegen, ſowol von
Völkern, die in heiße Länder gekommen und daſelbſt ge‐
blieben ſind, als auch von den jedesmaligen Wirkungen

der

der Hitze? Scheint es nicht mit sich selbst im Wider-
spruche zu seyn?

So sehr dieser Schriftsteller sich der Südländer annimmt; so nachtheilig urtheilt er über die Völker des
Nordens. Les hommes du Nord sont glacés dans
leurs ecrits, dans leur physiognomie & dans leur
demarche. Ils ont etonné les nations, sans jamais les soulager, ni les instruire. Ils ont fait de
belles actions sans goût, & de grands crimes
sans remons. — Un Scandinave se fera tuer ou se
tuera par stupidité, ou par ennui; il ne l'auroit
jamais fait pour son ami, ni pour sa maitresse.

Auch Süßmilch kann unter die Bestreiter unserer
Behauptungen gezählt werden; indem er in seinem vortreflichen Buche Von der göttlichen Ordnung rc.
Th. II. §. 415. so sich ausdrückt: „Es wird nicht zugegeben, daß die Orientalischen Völker sollten schwächer
seyn, als die, so unter dem temperirten oder kalten
Himmelsstrich wohnen. Diese können mehr die Kälte
vertragen; jene sind aber mehr der Hitze gewohnt, und
in derselben dauerhafter, in welcher die Nordländer wie
die Fliegen hinzufallen pflegen. — Ein armer und meist
nackter Malabar arbeitet und läuft in der größten Mit-
tagshitze, da sich kein Europäer auszugehen traut; er
kann die Hitze des Sandes und der Steine mit bloßen
Füßen ertragen, die ein Europäer mit Schuhen in den
stärksten Sohlen nicht aushalten kann. Der fette Europäer zerfließt in Schweiß, wird gleich abgemattet,
und stehet wegen der Insolation, oder coups de soleil,
in Gefahr; da hingegen ein trockner und bloß von Reis
und Wasser genährter Malabar gegen alles gesichert ist.

Die

Dieſer iſt alſo ſtärker und dauerhafter, als ein Europäer. Dieſes iſt einem jeden bekannt, der zu Madras
und in dortigen Gegenden gewohnt hat." Aber dieß
beweiſet nur, daß das heiße Klima denenjenigen, die
nicht daran gewohnt ſind, und keine angemeſſene Diät
führen, noch beſchwerlicher ſey, als den daran gewöhnten. Es beweiſet, daß durch eine angemeſſene Lebensart und durch Uebung der Menſch unter jedem Himmelsſtriche geſtärkt und abgehärtet werden könne. Aber daß
die Einwohner der heißen Länder den Völkern in gemäßigten Erdſtrichen im Durchſchnitte, oder bey übrigens
gleichen Umſtänden, an Kräften gleich kommen; dieß
kann es wohl, nach ſo manchen Gründen fürs Gegentheil, nicht beweiſen *).

§. 160.

Folgen aus den verſchiedenen Graden der Fruchtbarkeit, und
aus einigen andern Eigenſchaften des Wohnlandes.

Zu den Wirkungen, mittelſt welcher das Klima
Einfluß auf das Sittliche hat, gehöret auch die größere
oder geringere Fruchtbarkeit des Erdbodens. Weil
dieſelbe aber doch auch von mehrern Urſachen abhängt,
und ihre Folgen vorzüglich wichtig ſind; ſo verdient dieſer Gegenſtand beſonders unterſucht zu werden,

Die äußerſten Grade von Fruchtbarkeit und Unfruchtbarkeit ſind der Entwickelung und Vervollkommnung der Geiſteskräfte, Neigungen und Sitten beynahe
gleich

---

*) Auch Büſching ſcheint vom Einfluß des Klima auf die
Seelenkräfte und Gemüthseigenſchaften nicht viel zu halten. Erdbeſchreib. Th. I. Einleit. S. 64.

gleich hinderlich. Im beſtändigen, von ſelbſt ſich an-
bietenden Ueberfluſſe wird der Menſch allzu ſorglos, träge und ſinnlich. Er liebt von Natur die Ruhe und den
Genuß ſinnlicher Vergnügungen zu ſehr, um aus freyer
Wahl ſich einzuſchrenken und anzuſtrengen. In ſeinem
gewöhnlichen Zuſtande der Arbeit und Fürſorge für die
Zukunft überhoben, übt er ſich nicht, lernt er die Mittel
nicht kennen, ſeinen Zuſtand zu vervollkommnen und zu
ſichern. Er entbehrt daher bisweilen vieles, was ſeinen
Zuſtand verbeſſern konnte, gleichgültiger, als diejenigen,
welche durch dringendere Bedürfniſſe zum erfinderiſchen
Nachdenken, und zum Bewuſtſeyn des Vermögens, ſich
ſelbſt glücklicher zu machen, früher erweckt werden.

Wenn im Gegentheil der Menſch alle ſeine Zeit
und Kräfte nöthig hat, um die thieriſchen Bedürfniſſe
zu befriedigen, immer gegen den Mangel kämpfen muß,
und bey allem dem kaum nothdürftig die abgehenden
Kräfte ſich erſetzt: wie ſoll er da ſeinen Verſtand, ſeine
Einbildungskraft, ſeine ſittlichen Gefühle entwickeln,
üben und beleben? In die Gefühle jener Grundbedürf-
niſſe, und die Abſichten ihnen abzuhelfen ganz verſunken,
iſt er vielleicht nicht aufmerkſam, nicht weit ſehend,
nicht neugierig genug, um Mittel zur Verbeſſerung ſeines Zuſtandes ſich zu verſchaffen, die ihm ganz nahe gebracht ſind. Wie ſoll eine Begierde nach dem Beſſern,
beym Mangel aller Vorſtellungen davon, entſtehen?

Auch dieſe Folge können die beyden Extreme
noch gemein haben, ſo lange nemlich der Natur nicht Gewalt angethan wird, daß in beyden Fällen die Sorgfalt
für die Beſtimmung und Sicherheit des Eigenthums,
und dem zufolge auch das Bedürfniß der Obrigkeit und
                                                              die

die Abhängigkeit von derselben, überhaupt die Suborbi-
nation der Stände nur gering sind. Wo alle nichts haben, und wo alle noch genug haben, da ist der natürlichste Grund zur allgemeinen Gleichheit, Freyheit und
Sicherheit *). Eine den Sitten vortheilhafte Folge,
die die größte Fruchtbarkeit vor der äußersten Unfruchtbarkeit voraus zu haben scheint, ist dieß; daß die Gefühle des Wohlwollens, bey der so leichten Befriedigung
der gewaltsamsten Bedürfnisse, von den selbstsüchtigen
Trieben weniger zu befürchten haben.

Die Erfahrung stimmt mit diesem allem vollkommen überein. Die Folgen, zwar nicht der äußersten,
doch einer sehr großen Fruchtbarkeit des Landes geben
sich in der vorher angeführten Schilderung einiger Süd-
see- Insulaner (§. 156.) schon zu erkennen. Noch genauer entwickelt sie eben derselbe vorzügliche Beobachter
in folgenden Bemerkungen **). Die Bewohner der
Südseeinseln, außer Verbindung mit sehr aufgeklärten Völkern, sind doch in aller Absicht um so viel
weiter in der Erkenntniß, als sie weiter von den
Polen entfernt sind. Manchfaltigere und reichli-
chere Nahrung, geräumigere, reinlichere und beque-
mere Wohnungen, eine nettere Kleidung, stärkere
Bevölkerung, mehr gesellschaftliche Ordnung, bessere
Anstalten gegen auswärtige Feinde, mehr Höflichkeit
und Feinheit der Sitten, bessere Erkenntniß und ge-
meinere Ausübung der Pflichten. Sie sind fähig, einen
Unterricht zu fassen; sie haben Begriffe von einem höchsten Wesen, vom andern Leben, vom Ursprung der
Welt

---

*) *Forster* Voyage I. p. 589.
**) *Forster* Observations p. 286.

Welt — Hingegen haben die elenden Einwohner der froſtigen Länder gegen den Südpol kärgliche und ſchlechte Nahrung; ihre Wohnungen ſind Hütten, ſo erbärmlich, als man ſie ſich nur gedenken kann; ihre grobe Kleidung nicht geſchickt, ſie vor der rauhen Witterung zu ſchützen; ihre kleine Geſellſchaft iſt, auch unter ſich durch Bande der Zuneigung nur wenig verbunden, ohne Schutz gegen Feinde, außer den unbewohnbarſten Felſen. Sie ſcheinen gegen alles Große und Künſtliche unempfindlich; und wo ſie die ſtärkſten ſind, verrätheriſch und ohne alle Achtung für die Geſetze der Menſchenliebe und Gaſt-freundſchaft zu handeln.

Die Gutherzigkeit und Gaſtfreundſchaft der Bewohner der fruchtbaren Südſeeinſeln rühmen alle ein-ſtimmig; beſonders nachdrücklich aber der ältere Herr Forſter. Ihr Herz, ſagt er *), iſt der wärmſten Zu-neigung und der edelſten Freundſchaft fähig. — Es wird einem Fremden leicht, ihre Gewogenheit ſich zu verſichern; wenn ihnen gleich die Verbindung mit ihm keinen Vor-theil bringt. Und wenn ihn Krankheit, Traurigkeit oder irgend ein Leiden befällt; ſo wetteifern ſie mit einander, um ihm Erleichterung zu verſchaffen.

Die vortheilhaften Einflüſſe eines gemäßigten Kli-ma und der Fruchtbarkeit des Landes ſcheinen ſich auch in dem Charakter der Mayländer zu beweiſen. Sie erkennen nicht nur ſich ſelbſt für eine gutherzige Art von Leuten; ſondern auch ihre Nachbarn. Sie ſind vielleicht die einzigen in Italien, ſagt Baretti, die ihre Nachbarn nicht haſſen. Ihre Liebe zum ländlichen Aufenthalte iſt

eine

*) Obſervat. p. 347.

eine Folge der unvergleichbaren Schönheiten, welche die
Abwechſelung von Hügeln, Seen und Flüſſen der Land-
ſchaft giebt. Jedermann iſt willkommen bey ihnen,
wer Luſt zum Eſſen und zu frölichen Scherzen mitbringt.
Der einzige Fehler, durch den ſie ſich unter ihren Nachbarn auszeichnen, iſt, daß ſie ſich allzu viel aus gutem
Eſſen machen *)

Von dem Nationalcharakter der Coſacken und deſſen Verhältniß zur phyſiſchen Beſchaffenheit des Landes
ſchreibt ein neuerer Beobachter **) alſo: „Der Nationalcharakter der Coſacken iſt Trägheit und Luſt und Freude.
Bey einem Boden, der niemals gedüngt wird, und doch
jedes Jahr Waizen und Rocken vollauf trägt, hat der
Bauer oft nichts zu leben. Er mag lieber die Milch
ſo verzehren, als ſich die Mühe geben, Butter daraus
zu machen; und Käs iſt dort ganz und gar nicht bekannt.
Die Obſtbäume wachſen von ſelbſt auf freyem Felde;
und doch giebt ſich der dortige Landmann nicht einmal
die Mühe, das Obſt davon zu leſen und es auf den
Winter zu trocknen. — Mit ſo eingeſchrenkten Begierden,
und einem ſo glücklichen Himmelsſtrich iſt es ganz natürlich, daß ſie nicht zur Melancholie geneigt ſind. Ein
Maas Meth und eine elende Geige ſind hinreichend, einen Coſacken 24 Stunden lang mit Singen und Tanzen
zu beſchäftigen. — Man reiſet mit weit mehr Sicherheit bey dieſer Nation, als in den policirteſten Staaten.
In Rußland warnen die Poſtillons gemeiniglich die Rei-
ſen-

---

*) Dieſer hat ihnen den Namen Lupi Lombardi zugezogen.
S. Baretti Chap. XXV.
**) Götting. Magaz. St. IV. S. 112 f. Jahr I.

senden vor den gefährlichen Orten; aber in der ganzen Ukräne weiß man sich keines Mordes zu erinnern.

Die Hottentotten sollen selbst zum Grunde ihrer Faulheit anführen, daß sie nicht nöthig haben zu arbeiten; weil sie die Natur mit Thieren und Baumfrüchten, die zu ihrer Nahrung dienen, überflüssig versorgt hat; und sie kein anders Getränk verlangen, als das Wasser *).

In dem fruchtbaren Peru sind nicht nur die Eingebohrnen äußerst träge; sondern die Europäer, die es vorher nicht waren, werden es daselbst bald. Und der scharffinnige Beobachter Frezier giebt die übermäßige Güte des landes zur Ursache an **).

Im Gegentheil ist, nach Kämpfers Urtheile, die felsigte und an sich unfruchtbare Beschaffenheit des landes Ursache der Abhärtung und des erfinderischen Geistes der Japaner ***).

Von den Heidebewohnern schreibt Möser in seiner vortreflichen Geschichte †), die Heide macht ihre Bewohner fleißig. Davenant, *disc. on Trade*, macht eben diese Bemerkung, welche die Erfahrung überall bestätiget; und im Schaßwesen findet man, daß alle Heidedörfer geschwinder bezahlen, als andere. Die Ursache ist auch begreiflich. Der auf der Heide sucht aus vierzig Quellen, was der andere aus einer nimmt. — Jenen —

kann

*) Vogage d'Ovington II. 202.
**) Relation p. 440 sq.
***) Geschichte von Japan II. 402.
†) Th. I. S. 96 f.

Uu

kann der Krämer nicht verführen, weil er bey Pfenni-
gen einnimmt, und alſo auch den Werth eines jeden
Pfenniges kennt. Dieſer hingegen ärndtet, iſt und trinkt
im Großen, verachtet die Allmoſen der Natur, und
wird leicht ſtolz und faul. In unſerm Stifte iſt es
ſichtbar; auf keinem guten Boden fällt ein Stück Lin-
nen *).

So ſind auch die unfruchtbarſten, gebirgigten Gegenden in Schleſien und in der Schweiz der Sitz des
Fleißes und der Künſte; da in dem fruchtbaren Walli-
ferlande die Leute zu träge ſind, das abgemähete Gras
in die Scheune zu bringen, und aus den überflüſſig
wachſenden Trauben für ſich und zum Verkauf Wein
ordentlich zu bereiten. Außerordentliche Dummköpfe in
der Familie werden für ein Glück gehalten **).

Die

---

*) Nach einer lehrreichen Beſchreibung des Niederſtiftes
Münſter im Oetting. Mag. Jahr II. St. 3. beſtimmten
von jeher und beſtimmen noch Localumſtände die Einwohner, entweder einzeln oder in geſchloſſenen Dorfſchaften
beyſammen zu wohnen. Und die verſchiedene Art des
Bodens macht auf der einen Seite des Strohms das
Spinnen, auf der andern das Stricken zum Nebenver-
dienſte des Landmannes; beydes, ſonderlich das letztere
in einem Grade der Induſtrie, der vielen unglaublich
ſcheinen muß. Alles ſtrickt vom fünften Jahre an bis
ins Grab. Daher ſind ſie im Stande, für einen Rthl.
ſechzig paar Kinderſtrümpfe zu ſtricken, wenn der Kaufmann die Wolle dazu hergiebt, und dieſe dabey noch
erſt zu ſpinnen. Aus einem andern Geſichtspunkte prei-
ſet die Heidebewohner glücklich, als Menſchen, die ſich
der Einfalt und Gutheit der Natur vor andern ſich erhalten, Mr de Luc, Lettres phyſiques & morales Tom.
III. Lett. LXXIV-LXXVI.

**) S. Reiſen durch die merkwürdigſten Gegenden Helvetiens
Th. I. S. 34. 217 u. a. O.

Die Neuholländer leben bloß von kleinen Fischen, die das Meer bey der Ebbe zurückläßt, laufen ganz nackend, und machen sich aus den kleinen Geschenken, die andere Wilde so sehr erfreuen, gar nichts, nach Dampiers und Hackesworths Zeugnissen *). Nach des erstern Bericht hatten sie nicht einmal Fahrzeuge, sondern schwammen von einer Insel zu der andern. Hackesworth vermuthete, daß die Neuseeländer aus Mangel an Nahrung Krieg anfiengen, um die Gefangenen verzehren zu können; welche Vermuthung nachfolgende Beobachter mit Wahrscheinlichkeit verwerfen. Gewisser aber ist, daß sie die menschenfreundliche Sorgfalt der Engeländer, die ihr Land mit Ziegen und Schweinen bereichern wollten, vereitelten; und die ersten Paare verzehrten **).

Die Einwohner des Feuerlandes, vielleicht die elendesten aller Menschen, immer einer strengen Kälte ausgesetzt, und schlecht genährt, scheinen fühllos gegen alles, außer den dringendsten thierischen Bedürfnissen. Sie verstanden die Zeichen der Engeländer nicht, wodurch alle andere Südinsulaner bedeutet werden konnten.

Die abweichenden Erfahrungen haben ihre eigenen Gründe. In Hindostan ist viele Industrie bey der größten Fruchtbarkeit des Bodens. Die Ursachen davon sind die große Volksmenge, daß die alten Einwohner

Uu 2   keine

---

*) Eben eine solche Gleichgültigkeit fanden die Engeländer bey den in einem hohen Grade armen Einwohnern der östlichen Insel. Doch bewies dieß arme Volk Gastfreundschaft. *Forster* Voyage I. 572.

**) ibid. p. 493. 496.

keine oder nur wenige Thiere tödten, und also auch diesen
viele Früchte überlassen müssen, und die Erpressungen
der despotischen Großen, die über sie herrschen. Bey
allem dem soll es noch immer Nationalsprüchwort daselbst
seyn, daß es besser sey zu sitzen, als zu gehen, besser
zu schlafen als zu wachen, und der Tod das Beste.

Noch manche besondere Beschaffenheiten der Länder können Einfluß auf die Sitten ihrer Bewohner
haben.

Das Japansche Reich, von einer stürmischen See
und klippigten Untiefen umschlossen, und mit allen Bedürfnissen des Lebens versorgt, scheint durch die Natur
zu einer eigenen kleinen Welt gemacht, deren Einwohner
keine Gemeinschaft mit andern Völkern unterhalten
sollen *).

Der Vorrath von frischem Wasser und einladenden
Bächen scheint die Ursache zu seyn, daß einige Südländer nicht nur fleißig sich baden, sondern, auf diese Weise zur Reinlichkeit gewöhnt, ihr überhaupt mehr zugethan
sind, als andere, denen diese Veranlassung fehlet **).

Die Sterblichkeit in Batavia soll Gleichgültigkeit
gegen den Tod hervorbringen ***).

Die Holländer sind nicht nur durch ihre Lebensart, als Kaufleute, zur Reinlichkeit gewöhnt, sondern
sie werden auch durch ihr Klima dazu angetrieben, weil
die beständig mit Ausdünstungen angefüllte Luft alles gar
leicht

---

*) Kämpfer I. 76.
**) Forster Observat. 397 sq.
***) Hackesworth. Vergl. Iselin Gesch. der Menschh. I.
44. 45. Meiners vermischte Schriften I. 260. 271.
Forster's Voyage I. 476 ff.

leicht mit Unreinigkeiten überzieht *). Eben diese feuchte
Luft, bey welcher die Fibern leicht erschlaffen, kann den
Geschmack an Gewürzen und stärkenden Getränken er-
zeugen **).

§. 161.
Von den Einwohnern hoher gebirgigter Gegenden.

Die Menschen lieben die Unabhängigkeit zu sehr,
um nicht die in die Sinne fallenden Mittel dazu zu gebrauchen. In Gegenden, die durch Waldungen und Süm-
pfe, oder Gebirge und Klippen unzugänglich sind, oder
geschickt Flüchtlinge zu verbergen, streiten sie länger für
ihre Freyheit, weil sie es mit Vortheil thun können.
Und wo das Physische Naturtrieben nur erst Gelegenheit

an-

---

*) Auch ihre Colonisten in Surinam sollen, bey gleichem
Grunde, dieselbe Reinlichkeit beobachten. *Schooler* de
morbis Surinamensium p. 5.

**) So urtheilt der Verf. des angeführten Essai sur le
Theisme; setzt den Holländern die benachbarten Teutschen an die Seite, und fährt in der Beschreibung der
Einflüsse des Klima so fort: Les uns & les autres ont
l'imagination glacée, les passions tranquilles, vont
à la guerre par ressorts, marchant regulierement
sans ardeur, reculent pesamment, & sont soldats
sans être guerriers. La servitude des Allemands n'est
pas la cause, qui les abrutit; car les Hollandois,
qui ne sont point esclaves, n'ont pas même autant
de vigueur & d'activité. Den Charakter der Engelländer, den er auch als Franzos zeichnet, sucht er
gleichfalls aus der doch eher zu kalten, dabey feuchten
und fetten Luft, den Ausdünstungen der Steinkohlen,
ihrer Unmäßigkeit im Essen und endlich auch aus der
Diät, die sie auf ihren häufigen langen Seereisen führen, zu erklären, p. 292 ꜐.

anbietet und sie erweckt, da erhalten sie durch Beyspiele, Erziehung und Uebung leicht noch neue Verstärkungen. So kann der kriegerische Geist, Heldenmuth und Freyheitstrieb der Bewohner solcher Gegenden allernächst freylich von sittlichen Triebfedern, den Begriffen von Ehre und Tugend, die unter denselben herrschen, entspringen; und dennoch von physischen Ursachen abstammen.

Daß diese angezeigten Eigenschaften den Bergbewohnern vorzüglich zugeschrieben werden können, beweisen schon im vorhergehenden angemerkte Beyspiele und noch viele andere *); die Bergschotten, Böhmen, Schweizer und Mainotten sind in Europa dafür allgemein bekannt. In Asien sind es nicht weniger die Drusen auf dem Gebirge Libanon. Oft kommen auch hiebey mehrere Ursachen zusammen. Unfruchtbarkeit und Armuth des Landes; bey welchen die Einwohner zu feindlichen, räuberischen Ausfällen, wenigstens vor einem gewissen Grad der Cultur, einigermaßen genöthigt scheinen können; andere aber die Eroberung nicht der Mühe werth, selbst aus Mangel der Lebensmittel zu beschwerlich erachten; bisweilen Schwäche, bisweilen entgegengesetztes Interesse der Nachbarn.

Auch bey den Drusen bilden mehrere Umstände den schon ziemlich aufgeklärten Freyheitssinn; wovon Niebuhr diese ausführlichere Beschreibung giebt **). Sie leben in einem Lande, das sehr fruchtbar ist; aber bey den Bedürfnissen, zu denen sie sich gewöhnt haben, schon
Ar-

---

*) S. Esprit des Nations liv. I. ch. IV. Flögels Geschichte des menschl. Verst. §. 93.
**) Reisebeschreibung Th. II. S. 428 ff.

Arbeit erfordert. Die vielen steilen Berge in demselben
sind so viele Vestungen gegen die Türken, wenn diese sie
bekriegen wollen. Des Sommers halten sie sich auf
den kühlen Bergen, des Winters in den wärmern Ebe-
nen auf; so daß sie immer in einer gemäßigten und
stärkenden Luft, und, wie Niebuhr sich ausdrückt, in
einem beständigen Frühlinge leben. Sie erhalten sich
auch frey von allem niederdrückenden Religionszwange;
scheinen überall nicht sehr bestimmt und eifrig in der Religion zu seyn. Die Geistlichen haben es übernommen,
für die Weltlichen zu fasten und zu beten. Mit äußerster Empfindlichkeit alle Beleidigungen zu rächen, und
Tapferkeit auch bis zur Tollkühnheit zu beweisen, wird
zur Ehre gerechnet. Das Faustrecht herrscht unter ihnen eben so, wie unter den Teutschen zur Zeit, da die
Bergschlösser noch unüberwindliche Vestungen waren.
Ihre Erziehung ist ganz kriegerisch. Von Jugend auf
werden sie angewöhnt, große Beschwerlichkeiten auszu-
stehen, Pferde und Waffen gut zu gebrauchen. Einer
von Adel würde sehr verachtet werden, wenn man, bey
was für einer Gelegenheit es auch seyn möchte, Thränen in seinen Augen erblickt hätte.

Die sittlichen Folgen des Aufenthaltes auf hohen
gebirgigten Gegenden lassen sich noch aus einem andern
Gesichtspunkte aufsuchen. Nicht nur der Körper genieße
daselbst eine reine und stärkende Luft; sondern die großen Gegenstände und weiten Aussichten auf die
mannichfaltige Pracht und die wundervollen Auftritte der
Natur, müssen den Geist mit reizvollen Bildern erfüllen, zu großen Gedanken und Entwürfen erheben; weit
mehr, oder doch früher, als in einem verschlossenen, dü-

stern

stern Winkel geschehen kann. Der schon aufgeklärte
Mensch findet wohl überall in der Natur Gegenstände,
die ihn zur Bewunderung und hohen Gefühlen erwecken
können; wenn er irgend dazu aufgelegt ist. Aber leichter entsteht doch die Erweckung bey Mannchfaltigkeit und
Größe; voller und wärmer wird da das Gefühl.

Der schon einige male angeführte Verfasser des *Essai sur le Theisme* führt diese Bemerkung, besonders
in Absicht auf die Helvetier, einleuchtend und nachdrücklich aus. Und da er als Augenzeuge redet: so ist es der
Mühe werth, einiges aus seinem Gemählde auszuzeichnen.
Ihr Geblüt, sagt er, circulirt langsam, wegen der kühlen und leichten Luft; aber es enthält viele Lebensgeister,
wegen ihrer größtentheils animalischen Nahrung und der
balsamschen Kraft der Kräuter, wovon die Luft im
Sommer angefüllt ist, und die man in der Milch und
dem, was daraus bereitet wird, schmeckt. Sie seyen
also stark, wie die Nordländer; aber bey ungleich feine-
rer und lebhafterer Empfindung. Aber auch vor ausschweifenden Leidenschaften, die sonst eine Folge lebhafter Empfindungen sind, werden sie, unter der Mitwir-
kung moralischer Ursachen, durch die Beschaffenheit der
Natur, die sie umgiebt, bewahret. Nachdem er ihre
Keuschheit gerühmt hat *), fährt er so fort. Le seul
aspect

---

*) Im folgenden sagt er noch besonders von den Hirten auf
den hohen Gebirgen des Lucernschen und Unterwaldens-
schen Cantons, daß sie groß, stark und schön gebildet
seyn, und très chastes; & passent des saisons entie-
res, sans voir leurs femmes, qui se tiennent dans
les vallées. — On ne commit jamais parmi eux ni
le vol, ni l'homicide, ni l'adultere,

aſpect des grands objets, qui les frappe, con-
tribue certainement à les priver d'idées laſcives
ou tumultueuſes. De noires forets de ſapins,
qui retentiſſent du cri des aigles, le fracas des
caſcades ecumantes, qui entrainent des maſſes
de rocher dans les abimes, d'enormes troncs
deſſechés, qui tombent en pouſſiere, des cimes
cachées ſous une voute de glace eternelle, des
lacs transparents, qui ajoutent à la majeſté du
payſage, en doublant l'image des enormes ſom-
mets qui les entourent. Tout y eſt varié, quoique tranquille; tout y eſt frappant, ſans mignar-
diſe dans les details. C'eſt le ſanctuaire de la nature, ce ſont des piramides, dont la hauteur
rend temoignage à la puiſſance, qui les créa.
Leurs eſcarpements & leurs ruines portent auſſi
l'empreinte du cahos, & ſemblent atteſter, que
le monde actuel a été rebati ſur des ruines. Un
ſpectacle ſi grand peut occuper ces peuples & les
rendre ſerieux. Gewiß, man fühlt es bey der bloßen Beſchreibung, daß es ſolche Wirkungen hervorbringen müſſe. Und wenn gleich die tägliche Gewohnheit ſie
bey vielen ſehr vermindert: ſo können ſie doch nicht ganz
ausbleiben.

Kapitel

Kapitel V.

Vom Einflusse der gesellschaftlichen Verbindungen, Gesetze und Staatsverfassungen.

§. 162.

Allgemeine Bemerkungen über den Einfluß der gesellschaftlichen Verhältnisse in die sittliche Natur des Menschen.

Wenn ein Mensch vom andern Menschen gar nichts wüßte, oder außer aller Verbindung mit demselben sich erhalten könnte: so würde es dem größten Theil der Neigungen und Bestrebungen, die ihn gewöhnlich tugendhaft oder lasterhaft, glücklich oder unglücklich machen, an den nächsten oder entfernten Ursachen fehlen. Der mächtige Trieb der Ehre, der auf alle übrigen einen so großen Einfluß hat, würde keine Erweckung, keine Nahrung, keinen Gegenstand haben. Hinsicht auf das Künftige, überhaupt Klugheit und Vernunft, wie langsam, wie unvollkommen würden sie sich entwickeln im einzelnen Menschen, ohne Sprache, ohne Unterricht? Selbst die Einbildungskraft, die die Empfindungen belebt, und oft so sehr verändert, kann nur schwach sich äußern; wenn nicht die ähnlichen oder widerstrebenden Ideen anderer die eigenen ergänzen oder in Bewegung setzen.

Der

Der Mensch steht zwar mit allem, was ihn umgiebt, in mancherley Verhältnissen wechselseitiger Einwirkung. Aber nichts wirkt doch so sehr auf den Menschen, als der Mensch. An keinem andern Gegenstande
nimmt er so stark Antheil; keinen fürchtet, keinen haßt,
keinen liebt er so sehr; - nach keinem bildet er sich so schnell,
und so anhaltend, vorsetzlich und unvorsetzlich. Er hat
Begriffe, Grundsätze, Interesse, Freunde, Feinde,
Gefahren, Hofnungen, weil sie andere haben. Er hat
alles dieses nicht, wie er es außerdem haben würde; weil
es andere haben, die ihm widerstreben, denen er wider-
strebt, von denen er sich entfernt hat, von denen er sich
unterscheiden will.

Doch haben nicht alle einen gleichen, nicht alle
einen gleich dauerhaften Einfluß auf einander. Nur da,
wo Liebe und Hochachtung oder Furcht vorzüglich obwal-
ten, ist derselbe auch vorzüglich stark. Je weniger ein
Mensch von diesen Trieben bewegt wird, desto schwächer
ist auch der Einfluß anderer auf ihn; desto mehr kann
sein Charakter nach seinen ursprünglichen Anlagen sich
entwickeln, oder durch physische Ursachen gebildet werden.

Auch können diejenigen gesellschaftlichen Verbindungen keinen so großen Einfluß haben, die nur auf selbstsüchtige, nie lange unter einander einstimmige Triebe der
Mitglieder gegründet, nicht durch moralische Gefühle
befestigt, nicht durch Gewalt geschützt sind. Hingegen
scheint gleich, vermöge der Natur der Sache, der
allerstärkste Einfluß aus denjenigen Gesellschaften entstehen zu müssen, die die Religion zum Grunde, und die
sittliche Natur zum Gegenstande haben; wie denn dieß
auch

auch die Erfahrung von den religiösen Orden und kirch-
lichen Gemeinden, in denen die Religion wirklich Haupt-
grund der Vereinigung ist, mehrentheils offenbar zu erkennen giebt. Gewaltigere Umformungen und Verähn-
lichungen der Charaktere, als da, finden sich schwerlich
bey irgend einer andern Art von Verbindung.

§. 163.

**Natürliche Stuffen des Einflusses der Gesellschaft auf die Bil-
dung und Veränderung des Menschen.**

Die Gesellschaft hat auch nicht immer, nicht bey
jedweder Stuffe des Alters und der Erkenntniß, einen
gleich starken und gleichartigen Einfluß auf den Menschen. Wenn wir die ursprüngliche Natur und die Verhältnisse desselben zu den äußerlichen Dingen erwägen: so
ergiebt sich, daß ganz anfänglich der moralische, oder überhaupt freye gewaltlose Einfluß anderer Menschen, nur
schwach seyn kann. Das Kind und der ganz rohe un-
wissende Wilde haben zu wenig Aufmerksamkeit für alles,
was sie umgiebt, zu wenig Verstand, um die Natur der
Dinge und deren Beziehungen einzusehen. Bey ihrer
schwachen Einbildungskraft auch zu wenig Empfindlichkeit und Sympathie, um nicht wie gegen alles, so auch
gegen andere Menschen noch sehr gleichgültig zu bleiben;
und vielmehr den physischen Antrieben eigener Gefühle
sich zu überlassen. Mit dem Wachsthum der Einsichten und Kräfte wird das Bedürfniß gesellschaftlicher
Verbindungen dringender. Der Mensch sieht in ihnen
seine Erhaltung und sein Vergnügen, oder glaubt es zu
sehen; und diese Entdeckung macht um so mehr Eindruck
auf ihn, je neuer sie ihm noch ist, und je weniger an-

dere

dere Mittel für beyde ihm noch bekannt ſind. Den Geſellſchaften und ihrem Intereſſe wird alſo eine Zeitlang
alles übrige aufgeopfert oder nachgeſetzt.

Aber dieſe Verbindungen vermehren ſich, ſie wech-
ſeln ab; ſchon dies vermindert ihren Werth. Noch mehr
thun es die Einſchrenkungen, die Colliſionen, die ge-
täuſchten Hofnungen, die ihnen bald nachfolgen. Der
Menſch fängt an darauf zu ſinnen, wie er die Geſellſchaft nützen, ſie genießen, und zugleich von ihr mög-
lichſt unabhängig ſich erhalten könne.

Der Leichtſinnige, blos dem Vergnügen des Tages
nachjagende, zerſtreut ſich in die größte Geſellſchaft,
weil er da am ungebundeſten herumflattern kann; und
entwickelt ſich weder einen eigenthümlichen Charakter,
noch bekommt er einen geſellſchaftlichen; indem er von unzähligen andern abwechſelnd berührt wird, und mit keinem zuſammen hält. Der Thätige ſucht Leitfäden der
Verbindung, in welcher er mit andern ſteht, in ſeine
Gewalt zu bringen; um ſie anzuziehen, abzuſchreiben
oder fahren zu laſſen, ſo bald er es für gut findet.

Sittliche Eigenſchaften, die bey dieſem weitläuftl-
gen, aber loſen Zuſammenhange der Menſchen unter
einander ſich hauptſächlich entwickeln und ausbilden, ſind
Gefälligkeit und Höflichkeit, Bereitwilligkeit in Kleinigkeiten ſich nach andern zu richten. Eigenſchaften,
die zwar an ſich mit ächter Freundſchaft, Vaterlandsliebe und Menſchenliebe ſehr gut beſtehen können; bey
vielen aber in ſo fern ihnen Abbruch thun, daß ſie den
Mangel derſelben durch einen Schein erſetzen, bey welchem man jene größere Tugenden bey ſich ſelbſt für weniger

ger nöthig; und bey andern oft für weniger aufrichtig
hält.

Endlich fängt die Gesellschaft wieder an gleichgültig zu werden; der Mensch verachtet sie, zieht sich ein-
siedelerisch zurück, oder liebt sie nur aus Wohlwollen,
nicht mehr aus Bedürfniß und Eigennuß; in der Stuf-
fenfolge, in welcher er unfähig wird, sie zu genießen und
zu benutzen; oder innerlich reich und stark genug, um
seine Glückseligkeit nicht mehr außer sich zu suchen.

Wird auch die Menschheit, wie das Individuum,
werden auch Nationen zu dieser Periode fortrücken; wo
jede ihr Glück in sich selbst suchte und genösse, ohne Eifersucht über das Glück der andern; oder auf andere nur
sähe, um von ihrem Ueberflusse ihr mitzutheilen? Die
Entwürfe der Physiokraten scheinen dieß zu versprechen.

Wie bey der ersten Entwickelung der gesellschaftlichen Triebe und Empfindungen, Partheygeist mit allen
seinen feindseligen und unbilligen Gesinnungen entstehen,
und die Rachsucht außerordentlich anwachsen könne; ist
an einem andern Orte (§. 96.) schon ausgeführt worden.
Wie allmählig diese Neigungen wiederum gemildert und
verfeinert werden, eben auch durch das gesellschaftliche
Interesse, und andere Ursachen, verdient hier noch angemerkt zu werden. Nemlich

1) Wie die Verbindungen der Menschen unter einander sich erweitern und vervielfältigen: so verlieren sich
auch die Vorurtheile und Abneigungen, so wegen ihrer
zufälligen Verschiedenheiten, Familien, Völker und einzelne Menschen gegen einander hatten. Sie lernen aus

der

der Erfahrung, daß ſie nicht ſo ſehr von einander verſchieden ſind, nicht ſo viel Mühe haben, ihre Ideen mit
einander zu verwechſeln oder zu vereinigen, als ſie anfangs glaubten; daß dieſe Verſchiedenheiten überall ſo
wichtig nicht ſind, als man dachte; daß einer in des andern Umſtänden, ſo ſehr ſie auch nun von einander abweichen, ohngefähr der andere ſeyn würde.   Große
Städte und auswärtige Handlung bringen ſo, in manchen Stücken, die Menſchen auf das urſprünglich natürliche zurück, was alle mit einander gemein haben.

2) Indem die Menſchen alſo einander immer voll-
ſtändiger und genauer kennen lernen: entdecken ſie auch
immer neue, beſſere, zureichendere Mittel, durch Güte
und Klugheit einander nach ihren Abſichten zu leyken.
Was man ehedem mit den Waffen allein ausrichten zu
können vermeynte, dieß und noch mehr verſteht und ſucht
man itzt lieber durch Unterhandlungen auszumachen.

3) Endlich hat die Erfahrung durch allzuempfind-
liche Beweiſe gelehrt, wie ſelten dauerhafte Vortheile
über andere durch Ungerechtigkeit gegründet, wie oft die
Folgen der Untreue und Grauſamkeit für denjenigen ſelbſt
verderblich werden, der ſie begeht; nicht nur wegen der
Wiedervergeltung des Beleidigten; ſondern auch wegen
des Einfluſſes, den dieß auf den eigenen Charakter und
das Betragen der Mitglieder einer Geſellſchaft unter einander zu haben pflegt.   So werden alſo die Menſchen
gerechter, wie ſie weit ausſehender werden.   So bringt
die wahre Klugheit die Menſchen endlich wieder zur
Menſchlichkeit und Billigkeit zurück, von welchen die

selbſt-

ſelbſtſüchtigen Triebe bey den erſten Colliſionen ſie ſo weit
entfernen können *).

Was dieſen wohlthätigen Wirkungen der erwei-
terten geſellſchaftlichen Begriffe und Neigungen hauptſächlich ſich widerſetzen und Abbruch thun kann, iſt über-
mäßiger Reichthum und Luxus. Denn jener macht
übermüthig und zur Verachtung anderer geneigt. Dieſer
kennt keine Gränzen der Begierden, und bringt auf dieſe Weiſe eben dahin, wozu die Noth und Colliſion wahrer Naturbedürfniſſe bringen konnte; zur Unterdrückung
der ſympathetiſchen Gefühle.

§. 164.

Von den Folgen deſpotiſcher Obrigkeiten und allzuſtrenger Geſetze.

Unter den mehrern Geſellſchaften, in welche die
Menſchen ſich begeben, iſt, auch in Abſicht auf die Folgen für das Sittliche, der Staat überhaupt wohl die wich-
tigſte. Doch kommt es dabey freylich ſehr darauf an,
wie genau die Verbindung aller Theile und ihre Unter-
ordnung unter die oberſte Gewalt darinnen iſt. Daher
kommt es zuförderſt auf die Staatsverfaſſung und Regie-
rungsformen an. Daß

---

*) Eben dieſen Gedanken, der wohl manchen eine der Erfah-
rung widerſtreitende gutherzige Einbildung ſcheinen
dürfte, trägt *Ferguſon* in einer beſtimmtern Anwendung vor „The trader in rude ages, is ſhortſighted,
fraudulent and mercenary; but in the progreſs and
advanced ſtate of his arts, his views are enlarged —
he becomes punctual, liberal, faithful. — Even in
China, we are informed, where pilfering, fraud and
corruption are the reigning practice with all the
other orders of men, the great merchant is ready
to give and to procure confidence.“ Hiſt, of civil
ſociety p. 219,

Daß insbesondere die Unterwerfung der Menschen unter eine despotische Gewalt und Regierung die wichtigsten Veränderungen in den Neigungen und Sitten verursache, ist eine gemeine Behauptung aller Beobachter.

Es ist aber hiebey nöthig, den, in seinen mancherley Anwendungen nicht immer gleichen Begrif von der Despotie gehörig zu bestimmen. Eigentlich bedeutet dieser Name die Gewalt nach Willkühr zu gebieten über alles, was Menschen ihre Kräfte und die höchsten unabänderlichen Gesetze der Vernunft erlauben, über alles, was ihnen physisch und moralisch möglich ist. Wenn in einem Lande der Wohlstand der Unterthanen und alle ihre Einrichtungen von den Leidenschaften des Oberhaupts und seiner Günstlinge abhängen; wenn man sich berechtiget hält, sie zu Lebensarten und Diensten zu zwingen, gegen die sie die größte Abneigung haben, oder sie gar an andere zu verschenken und zu verkaufen; oder wenn man wenigstens unmäßige auszehrende Dienste und Abgaben von ihnen erzwingt: so leben sie in der Despotie. Je mehr die Willkühr der Obern durch Gesetze eingeschrenkt ist, je mehr durch solche von ihrer Willkühr nicht abhängige Gesetze den Unterworfenen Freyheit und Eigenthum gesichert ist; desto mehr sind sie von despotischer Gewalt entfernt. Je mehr sie aber von ihr eingeschrenkt und unterdrückt werden; desto mehr

1) wird auch die Achtung für das Leben, für sich selbst, für die Menschheit und die ganze Erdwelt geschwächt und erstickt. Bis zu einem gewissen Grad kann zwar der Mensch auch den Verlust der Freyheit ertragen, und das Leben lieb behalten. Aber nur bis zu einem gewissen Grade, und bey einem gewissen seinen Haupt-

Xx   nei-

neigungen entsprechenden Erſatze. (§. 118.) Es iſt bekannt, wie leicht die Negern in der Sklaverey der Europäer ſich zum Selbſtmorde entſchließen. Die Indianer unter der Spaniſchen, beſonders anfänglich ſo be-
drückenden Gewalt haben auch Beweiſe genug davon
gegeben. Und eben dieſelbe Wirkung ſoll häufig auf die
Indianerinnen der häusliche Deſpotiſmus gehabt haben. Man hat angemerkt, daß ſie die Kinder ihres
Geſchlechtes aus Mitleiden über das ihnen bevorſtehende
harte Schickſal umgebracht haben *). Die Verachtung
des Lebens, durch die die Japaner ſich **) vor andern
Völkern auszeichnen, mag wohl im rauhen Klima, und
noch

---

*) S. *Robertſon* Hiſt. of Amer. I. 320. Schon die Bedrückung der Leibeigenſchaft, wie ſie noch in einigen
teutſchen Provinzen Statt findet, ſoll die Wirkung
nach ſich gezogen haben, daß auf einem adelichen Gute
die jungen Leute ſich beredeten, gar nicht zu heirathen.
Sie blieben bey dieſem Vorſatze 9 Jahre lang; trieben
unterdeſſen die ſchändlichſte Unzucht; und das Gut ward
dadurch ſeinem Ruin nahe gebracht; von welchem ein
neuer Eigenthümer durch Gelindigkeit, Verſprechun-
gen und Belohnungen für die Heirathende es noch ret-
tete. Dies verſichert *Büſch* vom Geldsumlauf II.
S. 393. *Le Gentil* berichtet als zuverläſſig, daß die Einwohner der Marianiſchen Inſeln ihr Geſchlecht nicht
fortpflanzen wollen, wegen der unerhörten Bedrückun-
gen, die ſie von der Geiſtlichkeit und dem Gouverneur
auszuſtehen haben. Gött. Anzeigen 1781 Zug. S. 806.

**) *Home's* Verſuch über die Geſch. d. M. I. 211. Einen
von mehrern Beweiſen giebt Kämpfer mit folgendem:
Bey einer Feuersbrunſt haben diejenigen vom Felde zu-
rückkommenden Eltern, die ihre Kinder in den brennenden Häuſern ohne Rettung ſahen, ſich freywillig
zu ihnen in die Flamme geſtürzt. *Lohms* Ausgabe
Th. II. S. 302.

noch mehr in der Erziehung *) einen Theil ihres Grundes haben. Aber in ihrer Staatsverfaſſung doch gewiß
auch. Und würde die Erziehung ſo eingerichtet ſeyn,
wenn die Regierungsart anders wäre?

2) Wenn dennoch Menſchen unter einem ſolchen
Drucke das Leben lieb behalten können: ſo iſt um ſo mehr
zu vermuthen, daß ſie von eingeſchrenkten Empfindungen und niedrigen Begierden beherrſcht werden; von eblen und großmüthigen Geſinnungen wenig wiſſen; daß
ſie nur für den Augenblick leben, da ihnen die Zukunft
ſo ungewiß iſt; daß ſie ſich jedes Vortheils bemächtigen,
keinen ihrer unwürdig halten, da ſie ſo ſehr eingeſchrenkt,
und die Gefühle der Ehre und Selbſtachtung ſo ſehr un-
terbrückt werden. Insbeſondere kann die häusliche Sklaverey nicht für ein großes Uebel oder Schande angeſehen
werden; da die politiſche Sklaverey ſo wenig Freyheit
übrig läßt. Dabey vermindert wiederum rückwärts die
Gewohnheit der häuslichen Sklaverey den Abſcheu vor
dem politiſchen Deſpotiſmus. So wird gar oft die
Wirkung wieder zur Urſache. Dieß wird durch Zeugniſſe nachdrücklich beſtätigt. Die Siamer geben, wie
es unter ihnen ſelbſt ein Sprichwort ſagt, ihre Freyheit
für eine Näſcherey hin. Sie ſetzen ſie aufs Spiel, wenn

Xr 2

ſie

---

*) Ich ſelbſt habe es gehört, wie man ſchreyende Kinder mit
kriegeriſchen Liedern beſänftigte, wie man in den Schulen die letzten Briefe der Helden und der Selbſtmörder,
die hier auch in die Heldenclaſſe gezählt werden, den
Knaben erklärte, ſie dieſelben auswendig lernen, und
zur Uebung ſchreiben ließ, um ihnen ſo mit den erſten
Kenntniſſen Verachtung des Todes und Tapferkeit ein-
zuflößen, ſchreibt Kämpfer S. 400.

sie weiter nichts zu verspielen haben. Sie werden lieber
Sklaven, als daß sie betteln; und man beweiset den Bett-
lern weniger Mitleiden, als dem Vieh, weil man die
Sklaverey für kein unanständiges Mittel hält, sich Unterhalt zu verschaffen. Der Herr darf seine Sklaven
schlagen, so viel er will, nur nicht tödten. Aber Schläge sind, im despotischen Reiche, auch eine gewöhnliche
Strafe der Freyen, selbst der Vornehmen *). Die
Perser sind, nach Chardins **) Aussage, im hohen Grade und auf eine sehr niederträchtige Weise eigennützig.
Sie haben Mühe zu begreifen, daß es Länder gebe, wo
Menschen andern dienen, ohne Belohnung dafür zu erhalten, oder zu hoffen ***). Sie machen sich für alles
bezahlt, und so oft sie können, zum voraus. Die ärm-
sten und elendesten erscheinen nie vor den Großen, oder
vor irgend jemand, bey dem sie etwas zu bitten haben,
ohne etwas zum Geschenke mitzubringen. Und alles
wird angenommen, auch von den größten Herrn Früchte, Hüner 2c. Großmuth ist eine im Orient unbekannte
Tugend, sagt dieser Schriftsteller ausdrücklich. Doch
erzählt er hie und da Dinge, die dieß allgemeine Urtheil
einigermaßen einschrenken können. Daß sie wenig für
die Zukunft sorgen, immer nur für den Augenblick leben, ist, als eine Eigenschaft der Perser, die auch aus

den

---

*) De la Loubere I. 234.
**) Voyages II. 36.
***) Daß eine nicht viel geringere Eigennützigkeit bey allen
　　Dienstleistungen und Gefälligkeiten auch in den Re-
　　publiken, durch den Geist der Handlung und äußersten
　　Industrie entstehen könne; davon fehlen in Europa
　　die Erfahrungen nicht ganz.

den Einflüssen des Klima begreiflich wird, anderswo (§.
156.) schon angemerkt worden. Die despotische Oberherrschaft befördert also die Wirkung des Klima, und
thut vielleicht das meiste in diesem Falle.

3) Der Muth hat zwar, wie die Furcht, mancherley und sehr verschiedene Gründe; er kann eine Folge seyn von der Verachtung des Lebens, Muth der höchsten Sorglosigkeit oder Verzweiflung (§. 31). Und so widerspricht er dem natürlichen Charakter sklavisch unter-
drückter Menschen nicht. So zeigt er sich auch oft in
den Empörungen und Revolutionen, die sie bewirkt haben *); oder bey der Ausführung eines auf Privatrache
abzielenden Anschlages. Aber als Folge von der Liebe
zum Vaterlande und Eigenthume, als Folge von Gefühlen der Ehre und einer beständigen Angewöhnung zur
Unerschrockenheit und Entschlossenheit, läßt er sich beym
Sklaven nicht erwarten. Und wenn auch der Sklave,
in gewissen Verhältnissen Muth zu beweisen, Antrieb in
sich hat: so wird doch überhaupt sein Betragen furchtsam, scheu, mißtrauisch seyn; da seine Sicherheit nicht
von seinem Rechtverhalten, sondern so sehr von der Willkühr und Bosheit der Menschen abhängt. Selbst die
Despoten leben in beständiger Furcht und Mißtrauen;
nach dem bekannten Ausspruche eines alten Weisen,
daß sich vor vielen zu fürchten habe, wer von vielen gefürchtet wird. Die eingebildeten Götter, die sich in ihren übertriebenen Titeln Herrn der Kaiser und Könige,

Tt 3 der

---

*) S. *Ferguson* Hist. of civ. soc. p. 429.

der Länder und der Meere nennen, können nicht, ohne
Furcht vor Vergiftung, etwas essen oder trinken *).

4) Dieß scheue, mißtrauische und finstere, trüb-
sinnige Wesen, und der Verlust der natürlichen Gefühle
von Wahrheit, Ehre und Tugend wird durch die äußerst
strengen unnatürlichen Gesetze und Strafen, und die
ängstliche Aufsicht, die einen jeden umgiebt, noch mehr
befördert **). Da der Despote alles nur auf sich bezieht,
in

---

*) Der Mogol *Aureng-Zeb* aß nichts, bevor seine Schwe-
ster, und zwey oder drey der vornehmsten Omrahs,
davon gekostet. Von den Arzeneyen, die seine Aerzte
ihm verschrieben, mußten diese gleichfalls zuerst selbst
einnehmen, damit er die Wirkung derselben an ihnen
sehen konnte. Voyage *d'Ovington* I. 205. 207. Der
König von Siam läßt niemand in seinen Pallast kommen, der bewafnet ist; seine eigene Wache ist daselbst
entwafnet. In sein eigentliches Zimmer kommen nur
Frauenspersonen. Wer nur so nahe am Pallast, daß
der König es hören könnte, ein Feuergewehr losschießt,
hat das Leben verwirkt. De la Loubere I. 316.

**) Von den Persern s. *Chardin* II. 298. III. 13. Im
Criminalgerichte bekommt der Beschuldigte, zum freundlichen Willkomm, vor dem Verhör, eine Tracht Schläge. Niebuhr erzählt (Reisebeschreib. II. 116.) daß
während seiner Anwesenheit zu Schiras der dortige
Beglerbeg, ein Bruder des Kerim Chan, zween
Schlächter, die schlechtes Fleisch verkauft hatten, bey
den Ohren an einen Pfahl nageln, und sie so den ganzen Nachmittag stehen ließ. Zugleich ließ er bekannt
machen, daß künftig alle Schlächter, die eben dieß
Verbrechen begehen würden, in der Mitte von einander gehauen werden sollten. Dem Herrn N. versicher-
te er ganz gnädig, daß er allen, die ihm etwas zu lei-
de thun würden in seinem Gebiete, viel Köpfe wolle
abschlagen lassen. In Japan, sagt Kämpfer aus-
drück-

in jedem Gesetze nur seinen Willen, und in jedweder
Uebertretung Ungehorsam, Verachtung desselben sieht:
so bekömmt jede das Ansehn eines Staatsverbrechens,
eines Verbrechens der beleidigten Majestät. Und wie

Xr 4

sollte

───────────────────────────

drücklich, wird bey den Verbrechen nicht auf den höhern
oder geringern Grad von Bosheit, sondern bloß auf
die Uebertretung des Kaiserlichen Befehls gesehen. Alle
Verbrechen werden daher mit dem Leben gestraft; die
Verbannungen der Großen in einigen Fällen ausgenommen. Jeder Angehörige, jeder Nachbar muß für
des andern Verbrechen mit einstehn und büßen. Wahr
ist es, daß keiner in eine Straße einziehen kann, ohne
Erlaubniß der Nachbarn. In ihren Eiden müssen sie
selbst auch auf ihre Verwandten und Freunde die Rache
auffordern; sie müssen mit ihrem Blute unterzeichnen.
— Und achten dieß alles doch nicht, wo sie von obrig-
keitlicher Strafe sicher zu seyn glauben. Th. II. S. 82.
409. Vergl. Recueil des Voyages au Nord III. p.
107. seq. 126. 128. Der König von Siam begnügt
sich nicht, seine Hofbediente und Geheimen Räthe ab-
prügeln zu lassen, wenn sie in Kleinigkeiten etwas versehen; sondern er verurtheilt auch sie, und jedermann,
nachdem es ihm einfällt, ohne Weitläuftigkeit zu den
grausamsten Todesstrafen. Oft den Schuldigen und
Unschuldigen, den Kläger und den Beklagten mit einander. Und damit sie nicht eine Verschwörung anfangen können, werden sie in der genauesten Einschrenkung und Aufsicht erhalten. Keiner darf den andern
besuchen, ohne ausdrückliche Erlaubniß des Königs.
Und diese wird ihnen nur bey Hochzeiten und Leichen-
begräbnissen ertheilet. Wenn sie einander begegnen,
dürfen sie nichts anders als laut und in Gegenwart eines dritten mit einander reden. Das Geschäfte eines
Angebers, welches unter freyen Völkern so verabscheuet
wird, ist auf alle Fälle, unter Lebensstrafe, einem jeden
Siamer geboten. Wenn also ihrer zween etwas sträf-
bares wissen, bleibt es selten verborgen. Dabey un-
ter-

sollte auch der Despote bey den Strafen die Rechte der
Menschheit zu Rathe ziehen, die er überhaupt verkannt
hat? Harte Strafen scheinen ihm um so viel nöthiger,
je mehr er sich bewußt ist, nur durch Gewalt und Furcht
zu herrschen; oft auch nützlich, als Gelegenheit zur Einziehung der Güter mit noch einigem Schein des Rechtes.

5) Für alles dieß ist die steife gleisnerische Höflichkeit wohl kein Ersatz; in welcher die Völker, die unter einem despotischen Scepter stehen, Meister seyn sollen.
Die Lebensart der Japaner, sagt Kämpfer, ist, von
dem geringsten Bauer bis zu dem größten Herrn, so
artig, daß man das ganze Reich eine hohe Schule aller
Höflichkeit und guten Sitten nennen könnte *). Und
nach *Chardin* sind die Perser das höflichste Volk im
ganzen Orient, die größten Komplimentirer. Die Höflichen unter ihnen sind den Höflichsten in Europa gleich
zu achten **). Von den Siamern und den orientalischen

---

terhält der König noch eine Menge geheimer Spio-
nen. — Eine sonderbare Ursache zur Einschränkung
dieses Uebels der beständigen Anklagen findet sich doch
auch hier neben dem Uebel; in der Schmeicheley, und
Furcht dem König etwas unangenehmes zu sagen. La
Flatterie est fi grande aux Indes qu'elle a persuadé
aux Rois, que s'il est de leur interêt d'être infor-
més, il est de leur dignité de ne rien entendre,
qui leur puisse deplaire. *De la Loubere* Descript. du
Roy. de Siam. I. 313. seq.

*) Kämpfers Reisen von Dohm Th. II. 409. Herr Thun-
berg bestätigt dieß in seinem Schreiben an Herrn Banks
f. Philosoph transact. 1780. Vol. I.

**) Voyages II. 37. Niebuhr bestätigt es; giebt ihnen
auch ausdrücklich den Vorzug vor den Türken und Arabern

ſchen Völkern überhaupt ſagt *de la Loubere*, daß ihre
Höflichkeit die Europäiſche ſo weit übertrift, daß, wenn
ein Europäer ſich lange unter ihnen aufgehalten hat, er
Mühe hat, an die vertraulichere und ungezwungene
Lebensart ſeines Vaterlandes ſich wieder zu gewöhnen *).
Die Sineſer übertreffen doch vielleicht alle andere. Wenigſtens iſt noch kein Volk bekannt, welches aus den
Höflichkeitsgebräuchen ein ſo wichtiges Geſchäfte gemacht
hätte, als ſie. Sie haben ein Geſetzbuch dazu, welches
über 3000 Regeln vorſchreibt, und ein eigenes Gericht,
um darüber zu halten. Selbſt der Kaiſer iſt eben ſo
ſehr Sklav der Etiquette, als er ſonſt unumſchrenkter
Herr iſt **). Aber wie im Grunde dieſe Höflichkeit beſchaffen, und was ſie werth ſey, vergeſſen die unpartheyi-
ſchen Beobachter nicht hinzuzuſetzen. Die größten
Schmeichler und die größten Betrüger ſind die Perſer,
nach *Chardin;* ſein im höchſten Grade, und unver-

Er 5

ſchämt.

---

dern hierinnen; und ſagt, daß man ſie ganz richtig
die Franzoſen des Orients genannt habe. Reiſebeſchr.
II. 98. Wenn man mehrere unter gleicher Deſpotie ſte-
hende Völker in dieſem Punkt der Sitten ungleich findet, ſo muß man vor allen Dingen auch darauf denken,
wie lange ein jedes derſelben ſchon cultivirt iſt?

*) Deſcript. du Roy. de Siam I. 164. Daß Menſchen, die
unter einer deſpotiſchen Regierung leben, insbeſondere
auch gegen Fremde höflicher ſind, als Republikaner;
kann nicht nur daher kommen, daß ſie überhaupt zur
Beſcheidenheit und Höflichkeit gewohnt ſind, ſondern
auch aus dem Grunde, daß ſie von ihnen deſto mehr
zu gewinnen hoffen. Auch hält ſie wohl eben dazu der
Deſpot, gleichfalls aus Eigennutz, ſcharf an.

**) S. Gött. G. A. J. 1779. Zugabe ſm St.

schämt zugleich; Heuchelei und Verstellung ist ihr ge-
wöhnliches Kleid *). Die Siamer müssen sehr gewiß
seyn, daß man die Wahrheit wissen will, um sie einem
zu sagen, wenn sie glauben, daß man eine andere Meynung hat. Sie thun nie, als ob sie etwas besser wüß-
ten, als der andere; selbst gegen Fremde in Dingen,
die ihr Land betreffen. Selbst die Härte, womit die
Lügen gegen einen Obern bestraft werden, verhindert
nicht, daß nicht da eben so oft, oder noch öfter, als in
andern Ländern gelogen werde **). Welche Erzbetrü-
ger die höflichen Sineser sind, ist seit Ansons Nachrichten allgemein bekannt, und durch mehrere Zeugnisse
bestätiget. Von den Japanischen Kaisern schreibt
Kämpfer ***): „Sie nehmen, wenn sie geben; sie er-
schö-

---

*) II. 36.

**) *De la Loubere* I. 165. 227. Dabey vernachläßigen sie
einige der natürlichsten Regeln der Höflichkeit, die auf
Reinlichkeit und Achtung gegen andere sich beziehen,
ungescheut. S. p. 174.

***) II. 409. Was Kämpfer hier von der Politik der orien-
talischen Despoten sagt, findet sich buchstäblich bestätigt,
in einer Geschichte vom Großmogol *Aureng-Zeb*,
die ein Zeitgenosse und persönlicher Bekannter von
Kämpfer, *Jean d' Ovington*, in seiner Reisebeschreibung ertheilt. Er ließ einmal alle Faquirs aus seinen
Staaten einladen, zu einem Feste, das er ihnen geben
wollte. Sie erschienen in großer Menge; und wurden
herrlich bewirthet. Als sie sich wieder beurlauben wollten, ließ er dieß nicht geschehen, bis er ihnen auch
neue Kleider ausgetheilt hätte, statt der alten Lumpen,
in die sie sich eingewickelt hatten. Ob sie sich nun gleich
diese Ehre sehr verbaten: so waren doch schon Leute bestellt,

ſchöpfen, wenn ſie gnädig anblicken; ſie beläſtigen, wenn
ſie Aemter ertheilen; ſie unterdrücken, wenn ſie mit Titeln und Würden adeln. Sie verbinden durch manchfaltige läſtige Arten von Gnadenbezeigungen die Großen
zum Gehorſam, und verleiten ſie auch, die Einkünfte
ihrer Provinzen aufzuwenden, die ihnen ſonſt Vermögen
und Luſt geben können, Unruhen anzufangen." Und eine
andere Bewandniß und Abſicht hat es überall nicht mit
der Höflichkeit der Vornehmen gegen die Geringern in
dieſen Staaten. Die Geringern müſſen wohl umſonſt
höflich ſeyn, aus Furcht und Gewohnheit. Die Vene-
tianer, ſonderlich die Unadelichen, zeichnen ſich unter
andern Nationen aus, durch ihre Geſchicklichkeit zärtlich
und ſchmeichelhaft zu thun. Ihr Dialekt, ſagt *Baretti*, ſcheint aus nichts anderm, als aus freundlichen
Worten und zärtlichen Beyworten zu beſtehen. Durch
die übertriebenſten Schmeicheleyen allein ſind ſie im
Stande, den Adelichen, ihren ſtolzen Obern, ſich beliebt zu machen; den Adelichen, die ſich alle für gebohrne Fürſten achten, und niederträchtig genug ſind, zum
Zeichen ihrer Hoheit in der Komödie von ihren Logen
dem gemeinen Volke auf die Köpfe zu ſpeyen. — Dafür
ſuchen ſie denn freylich dieſe Herrn, und alles, was zu
ihnen gehört, aus ihren Geſellſchaften zu entfernen; wozu

ſtellt, die dieſe Umkleidung bewerkſtelligten. Und da
fanden ſich, wie es der Kaiſer vorher gewußt und zur
Abſicht gehabt hatte, viele Koſtbarkeiten von Gold und
Edelſteinen; ſo daß derſelbe nicht nur ſeinen für die
Faquirs gemachten Aufwand gut bezahlt, ſondern noch
großen Gewinn dabey erlangte. S. Voyage I. 200. ꝛc.

zu die Livrey eines fremden Ministers vor der Hausthür hinreichend ist *).

6) Achtung fürs Aeußerliche geht überhaupt bey dem Sklaven weiter als beym Freyen; weil er nicht denken, nicht nach Gründen und Wesen forschen darf. Daher auch in despotischen Staaten die äußerlichen Zeichen der Gewalt und Herrschaft mehr thun, als innere Eigenschaften und Rechtsverhältnisse **). Ebendeswegen kann auch in denselben es ein Staatsverbrechen seyn, Kleider von der Farbe derjenigen des Regenten zu tragen, oder auch nur bey sich zu bewahren ***).

7) Es ist nicht so leicht, die natürlichen Triebe der Menschen zu unterdrücken, als im Gebrauche der Mittel zu ihrer Befriedigung ihre Freyheit einzuschrenken. Die List tritt an die Stelle der freyen Macht; und hält sich um so viel mehr erlaubt, je stärker das Gefühl des Unrechts der zu erduldenden Einschrenkungen ist.

Wenn auch nur ein Theil der Gesetzgebung, entweder in seinem Grunde, oder in der Ausführung, den natürlichen Trieben allzuviele Gewalt anthut; so sieht man

bald

---

*) Account of the manners and customs of Italy Chap. XXVI. coll. e. V.

**) S. Recherches philosoph. sur les Egypt. I. 296. — De la Loubere Descript. du Roy. de Siam I. 126. Dasselbe zeigt sich überall, wo mehr die Einbildungskraft, als der aufgeklärte Verstand herrscht. Wer in den mittlern Zeiten die Reichskleinodien in seinem Besitz hatte, konnte sich dadurch schon eines großen Vortheils über andere Kroncandidaten versichert halten, Schmidts Gesch. der Deutsch. I. 260.

***) Millot. Elemens d' hist. gen. IV. 218.

bald die Menge der listigen Erfindungen, um die Gesetze und ihre Vorsteher zu hintergehn, so überhand nehmen, daß die Regierungskunst, auch bey der unumschrenktesten Gewalt, ihnen nicht gewachsen ist. Wie diese die Mittel, die Unterdrückung allseitig zu befestigen, häuft; so nimmt der Abscheu dagegen zu, und die Bedenklichkeiten, alle nur mögliche Vorkehrungen dagegen zu machen, nehmen in den Gemüthern der Unterdrückten ab. Es wird endlich nichts mehr für zu grausam oder zu niederträchtig gehalten; jedwede List scheint erlaubt, wird wohl gar für rühmlich bey der Menge gehalten. Das schlimmste dabey ist dieß, daß, wenn die Menschen erst gelernt haben, arglistiger Mittel sich zu bedienen, und der Betrügereyen sich nicht mehr schämen: sie nicht nur in dem einen Fall, der ihnen zuerst Grund und Gelegenheit dazu gab, sondern überall, wo es ihnen schwer wird, ihre Absichten zu erreichen, darauf verfallen. So sehr die List auf der einen Seite überhand nimmt; so sehr muß das Mißtrauen auf der andern Seite wachsen; der Glaube an Redlichkeit, diesen Hauptbestandtheil der gesellschaftlichen Tugend, und selbst die Achtung für selbige muß sich endlich verlieren.

Es ist nicht ohne Grund, daß man diese nachtheiligen Folgen für den Charakter eines Volks von den indirecten Auflagen befürchtet; und zwar um so viel mehr, je weiter sie das gerechte und gleiche Maas überschreiten, mit je mehrerer Strenge sie beygetrieben, und je weniger sie zum gemeinen Besten verwendet werden *).

8)

---

*) Man sehe die Schriften der Physiokraten, z. B. *Le Trosne* Disc. V.

8) So leicht es ist, mittelst despotischen Zwanges,
Sitten und Künste schnell zu einem mittelmäßigen Grade
der Vollkommenheit zu bringen; zu demjenigen, zu welchem nicht die Kraft eines freyen heltern Geistes und
freyer Umlauf der Ideen aller guten Köpfe nöthig ist: so
natürlich ist Stillstand bey dieser Mittelmäßigkeit und
Einförmigkeit, bey eben diesen Voraussetzungen. Wer
überhaupt gewohnt ist, mit sklavischem Gehorsam nach
den Ideen anderer sich zu richten; wer fürchten muß,
durch eigene Gedanken und Neuerungen Mißtrauen und
Zorn zu erregen, wenigstens mit dem Gewinn seiner Bemühungen sich nur um so viel eher zur Beute der Raub-
sucht oder zum Sklaven zu machen: kann weder sehr fähig, noch sehr geneigt seyn zu erfinden, mehr zu thun,
als ihm vorgeschrieben ist, und erzwungen werden
kann *).

Am meisten wird dieß sich so zeigen, wo unfruchtbare Natur, felsigter Boden und harte Regierung zusammen kommen. Die Gewohnheit, auf das äußerst
Nothdürftige sich einzuschrenken, sie mag nun ihren
Grund in der Unfruchtbarkeit der Natur, oder in den
uhmäßigen Auflagen haben, kann zwar äußerst arbeit-
sam machen, um dieß Nothdürftige zu erzwingen. Aber
es fehlt dabey an der Munterkeit, wodurch der Geist
zum Nachdenken aufgelegt und erfinderisch gemacht wird.
Und so unterlassen solche niedergedrückte Menschen, sich
diejenigen Vortheile und Verbesserungen ihres Zustandes
zu verschaffen, wozu es an Gelegenheit und Hülfsmitteln
außer

---

*) Vergl. Iselin Gesch. d. M. B. VI. C. V. und de la
Loubere Descript. du Roy. de Siam I. 212. seq.

außer ihnen nicht fehlet. Hauptsächlich wird dieß alsdann geschehen, wenn die Vorstellung obwaltet, daß
der neue Gewinn nur ein Raub der unbarmherzigen Beherrscher seyn, oder doch unbilliger Weise mit ihnen getheilt werden würde.

9) Die Begierde etwas zu scheinen, und Vor-
züge vor andern zu behaupten, sitzt zu tief in der menschl-
lichen Natur; als daß sie in irgend einem Zustand und
Verhältnisse sich ganz verlieren könnte (Th. I. §. 56. 67.)
Wo es an wahrer Größe und Verdiensten fehlt, lügt
oder erträumt sich die Eigenliebe irgend etwas, was dem
ähnlich scheint. Der Sklave des Despoten brüstet nicht
nur sich gebieterisch vor dem eine Stufe unter ihm stehen-
den Sklaven, sondern er ist wohl noch stolz auf die
Größe der Gewalt seines Beherrschers, die ihn um
die Rechte der Menschheit bringt; auf den üppigen Glanz
und Aufwand desselben, zu dessen Unterhaltung er seine eigene Lebenskräfte hergeben muß. Ihm scheinen
vielleicht andere Völker, die unter einer eingeschrenkten
Oberherrschaft eine mehrere Freyheit genießen, nicht so
wohl darum beneidenswürdig, daß sie weniger von fremder Willkühr abhängen; als verächtlich, daß ihr Re-
gent so wenig Macht besitzt *). Ohnedem ist es der
Eigenliebe natürlich, dasjenige, dessen Gewalt man
einmal über sich erkennen muß, so groß und würdig sich
zu denken, als nur möglich ist. (Th. I. §. 66.) So kann
der Mensch endlich so gar mit Ehrfurcht und mit Wohlgefallen ansehn, was seinen ursprünglichen Neigungen
schnurstraks entgegen ist.

Bey

---

*) Vergl. *Ferguson* Hist. of civ. society p. 314.

Bey allen bisherigen Bemerkungen, und deren Zusammenhaltung mit der Erfahrung, kömmt es freylich hauptsächlich auf den Gebrauch oder Mißbrauch, der von der unumschrenkten obersten Gewalt gemacht wird, nicht auf den Umfang dieser Gewalt an sich bloß allein, an. Es kann hie und da diesem Mißbrauche die Religion, es können ihm die aus andern Gründen entsprungenen Sitten so entgegen seyn, daß sich die sonst natürlichen Wirkungen einer solchen Staatsverfassung größtentheils verlieren oder mäßigen.

Richtig ist auch dieß angemerkt worden, daß, wenn der Despotismus in einem Fall die Sitten verdirbt; im andern das Verderbniß der Sitten ihn nach sich ziehet oder vollendet *). Menschen ohne Ehre und Tugend verkaufen endlich auch ihre Freyheit; oder opfern sie sonst ihren Lüsten auf.

§. 165.

Anwendung des Vorhergehenden auf den hierokratischen Despotismus.

Da keine menschliche Herrschaft für sich selbst desjenigen Ansehens fähig ist, welches die Menschen natürli-

---

*) When intereſt prevails in every breaſt, the ſovereign and his party cannot eſcape the infection: he employes the force, with which he is intruſted, to turn his people into a property, and to command their poſſeſſions for his profit or his pleaſure. If riches are by any people made the ſtandard of good and of evil, let them beware of the powers, they intruſt to their prince. *Ferguſon's* Hiſt. of civil ſoc. p. 156. S. auch Part. VI, Sect. V.

licher Weiſe den göttlichen Befehlen zugeſtehen : ſo iſt
klar, daß der allerwirkſamſte Deſpotiſmus derjenige ſeyn
müſſe, der aus der Religion entſteht, und des ganzen
Anſehens derſelben ſich zu bemächtigen weiß. Zwar die
wahre Religion iſt ein ſanftes Joch. Sie, wie ſie von
Gott, dem Schöpfer der Natur, kömmt, unterdrückt
nicht die Triebe der Natur; ſondern ordnet ſie nur. Aber
die Religion, wie ſie aus den Schwärmereyen und der
Herrſchſucht der Menſchen entſteht, oder durch dieſe
Triebfedern verunſtaltet wird, iſt die fürchterlichſte aller
Deſpotien und Tyranneyen; jeder Mißhandlung und
Verunſtaltung der Menſchheit fähig. Sie, dieſe die
Religion, das ehrwürdigſte, was der Menſch beſitzt,
nachäffende und mißbrauchende Schwärmerey und
Herrſchſucht, haben Menſchen bereden können, daß alles,
was das Oberhaupt eines Mönchsordens geſagt habe,
und zu ſagen je Luſt haben werde, eben ſo viel gelten
müſſe, als ob Gott ſelbſt gegenwärtig es ihnen ankün-
digte; daß es ihre Pflicht ſey, allen ſeinen Aufträgen
und Geboten blindlings zu folgen, ohne ſich zu beſinnen
und darüber nachzudenken, ohne zu fragen, ob ſie auch
recht ſeyn; daß, vermöge dieſes dem Mönchsobern ſchul-
digen Gehorſams, Menſchen, vernünftige Geſchöpfe
Gottes, ſich wie Leichname, todtes, ſeelenloſes Aas anzuſehen haben, welches ſich hin und her bewegen und gebrauchen läßt, wie man will. Oder wie einen Stab
in der Hand eines Alten, der ſich darauf lehnt, oder
ihn ſenket, wie es ihm beliebt; daß ſie ganz und gar kein
Urtheil, keine Meynung mehr für ſich haben, ſondern
mit innigſter Bereitwilligkeit und Freude für recht anneh-

men

men und vollstrecken müssen, was der Obere haben
will *).

Bey den Folgen eines solchen Despotismus, die
einem Nachdenkenden leicht bemerklich werden, muß
man doch nicht außer Acht lassen, daß es überall Menschen

---

*) Singuli Subditorum non solum Praeposito in omnibus
ad inflitutum focietatis pertinentibus (dazu gehörte
aber auch, unabhängig von jedweder andern geiftlichen
und weltlichen Macht in den bisherigen Conftitutionen
alle beliebige Veränderungen zu machen; juxta loco-
rum ac temporum ac rerum qualitatem & varieta-
tem mutare, alterare, feu in totum caffare & alias
de novo condere) parere femper teneantur; fed in
illo Chriftum veluti praefentem agnofcant. — Pote-
rit Praepofitus generalis in omnibus, quod videbi-
tur, conftituere; & femper ei obedientiam ac reve-
rentiam, ut qui Chrifti vices gerit, praeftari opor-
tebit. — Statuatis vobifcum ipfi, quidquid Superi-
or praecipit, ipfius Dei praeceptum effe & volunta-
tem; atque ad ea facienda, quaecunque Superior di-
xerit, coeco quodam impetu voluntatis parendi cu-
pidae fine ulla prorfus difquifitione feramini. — Sibi quisque perfuadeat, quod, qui fub obedientia vi-
vunt, fe ferri ac regi a divina providentia per fupe-
riores fuos finere debent, perinde ac fi cadaver ef-
fent, quod quoquo verfus ferri, & quacunque ratione tractari fe finit: vel fimiliter atque fenis bacu-
lus, qui, ubicunque & quacunque in re velit eo uti,
qui eum manu tenet, ei infervit. — Obedientia
tum in executione, tum in voluntate, tum in intel-
lectu, fit in nobis femper omni ex parte perfecta;
cum magna celeritate, fpirituali gaudio & perfeve-
rantia, quidquid nobis injunctum fuerit, obeundo;
omnia jufta effe nobis perfuadendo, omnem fenten-
tiam ac judicium noftrum contrarium coeca quadam
obedientia abnegando. S. Arret de la Cour du Par-
lement rendu le 6 aout 1761.

schen giebt, die dem Einfluß äußerlicher Ursachen widerstehen; daß es darauf ankomme, wie weit der Obere
sich vor allem Mißbrauche dieser seiner grenzenlosen Gewalt hütet, und Eigenschaften zeiget, die eines so blinden Zutrauens und Gehorsams ihn würdig zu machen
scheinen können.   So läßt sich also sehr leicht glauben
und begreifen, daß auch in einer solchen Gesellschaft
manche liebenswürdige und ehrwürdige Charaktere vorkommen können.

§. 166.
Natürliche Wirkungen republikanischer Staatsverfassungen auf die Sitten.

Der Name einer Republik, im Gegensatze auf
Monarchien, ist ein sehr zwendeutiger Name, der in
Absicht auf den politischen Zustand des Volks gar verschiedenen Verfassungen gegeben wird.   Wenn die ober-
ste Gewalt, wenig oder gar nicht eingeschrenkt, in den
Händen einer kleinen Zahl von erblichem Adel ist: so
können alle politische und sittliche Uebel des Despotismus dabey Statt finden.   Das erste Interesse dieses
regierenden Adels kann seyn, das Volk, welches diese
Regierungsart vor allen andern zu hassen pflegt, in der
Unterdrückung zu erhalten.   Wer auch nicht selbst geneigt ist, Ungerechtigkeit und Unterdrückung zu verursachen; ist doch genöthigt, diejenigen zu dulden, die es
thun; wofern er selbst sicher seyn, nicht für einen Verräther des gemeinschaftlichen Interesse, für einen Feind
des Vaterlandes — so nennt mans alsdann — gehalten
werden will.   Staaten, die in sich selbst frey und repu-
blikanisch sind, aber auswärtige Unterthanen haben, die

sie

sie despotisch beherrschen, Freystaaten, welche die Statt-
halterschaften, Landvogteyen in solchen ihnen unterworfenen Provinzen an die Meistbietenden verkaufen, und für
einen so hohen Preiß, daß diejenigen, die sie bekommen,
ohne Erpressungen, oder Verkaufung des Rechtes, nur
Schaden davon haben würden; sind kaum mehr als
Freystaaten anzusehen; können wenigstens die natürlichen
Wirkungen einer solchen Staatsverfassung nicht mehr rein
an sich tragen.

Republiken oder Freystaaten sollten eigentlich nur
diejenigen Staatsverfassungen heißen, in deren ganzem
Gebiete der größte Theil der Einwohner so frey ist, als
man es in der Gesellschaft seyn kann; dadurch daß er
keinen Gesetzen unterworfen ist, als die von ihm selbst,
oder doch mit seiner Einwilligung gegeben worden sind.
Demokratien, demokratisch eingeschrenkte Monarchien
und Aristokratien, zumal wenn in den letztern die Mitglieder des hohen Rathes vom Volke, oder doch aus
seinen Familien gewählt werden, können solche Staatsverfassungen seyn; und sind bey den folgenden Bemerkungen vorausgesetzt. In dem Wesen derselben findet sich
natürlicher Grund:

1) Zu mehr Stolz oder Selbstachtung der Bürger und Eingebohrnen dieses Staates. Sie haben Antheil an der obersten Gewalt, Hofnung zu den wichtigsten Posten durch Verdienste sich zu erheben; sie sind
freye Leute. Beym freyen Gebrauch entwickeln sich auch
die Kräfte leichter; dieß vermehrt denn ihr Gefühl, und
ist der Selbstachtung ein neuer Grund.

2) Wer sich selbst für edel, groß und wichtig hält,
ist um so viel aufmerksamer auf seine Ehre; er hat in
ihr

ihr viel zu erhalten und zu verlieren. Furcht und Schmeicheley ist unter ihm; er ist vielmehr freymü- thig und dreist; er hat es ja mit seines Gleichen zu thun, oder mit denen, die doch wenig nur über ihn sind. Ver- zierungen des Betragens, durch genaue Beobachtung der Regeln des Wohlstandes, und Komplimente gelten dem freyen Republikaner aus eben dem Grunde nicht sehr viel. Etwa auch darum, weil er wichtigere Din- ge, Staatsangelegenheiten, im Kopfe hat.

3) Oeffentlicher Geist, Theilnehmung am Zu- stande und den Schicksalen anderer, und mittelst dersel- ben Einschrenkung oder Milderung der selbstischen Triebe findet Grund. Man hat politische Pflicht und Erlaub- niß dazu. Da insbesondere hier alles von der Aufrecht- haltung der Gesetze und Gleichheit abhängt: so sieht je- der in jedweder Ungerechtigkeit und Unterdrückung sein Interesse in sehr unmittelbarer Gefahr, und empört sich dagegen.

4) Milder und menschlicher werden auch die Strafgesetze in einem Lande seyn, wo die Gesetzgeber selbst gestraft werden können; und wo man Rechte der Menschheit und gemeine Wohlfahrt zum Ziel derselben gesetzt hat. Eine von mehrern Ursachen, warum der Republikaner gutmüthig und mitleidig ist. Das natür- liche Gefühl ist in ihm weder durch harte Strafgesetze erstickt, noch durch überspannte Achtung für Ceremonien- höflichkeit verkünstelt *).

Yy 3

5)

---

*) Man mache mir hier keine Einwürfe, von ausgearteten Verfassungen, oligarchischen oder ochlokratischen Despo- tien

5) Alles was dem Despotismus ähnlich, oder ihm beförderlich zu seyn scheint, wird verhaßt. Darum haben großer Ruhm und außerordentliche Tugenden in den Freystaaten bisweilen am wenigsten Sicherheit. Die Sorge für die Freyheit kann Beweggrund seyn, diejenigen, die sie besitzen, zu verbannen oder zu unterdrücken. Dieß ist das natürliche Uebel, die schwache Seite dieser Staatsverfassungen. Doch für die Sitten vielleicht so nachtheilig nicht, als es scheinen möchte. Kraftvolle Menschen sind gar zu geneigt, für sich ein besseres Schicksal zu hoffen, als andern bey gleichen Unternehmungen zu Theil worden ist; um so leicht durch deren Beyspiel ihre Thätigkeit und Ehrbegierde zurück halten zu lassen; zumal wo so viele andere Antriebe für sie vorhanden sind. Aber eine Ursache zur Klugheit und Feinheit, wie man sie nur an Höfen, nicht in Republiken, vermuthen möchte, kann jene Gefahr wohl werden; bey denjenigen, die bis zu dieser gehäßigen Größe sich über andere hervorgethan haben, oder hervorthun wollen.

6) Neuerungen entstehen nicht leicht, wo Willkühr und einzelne Beyspiele wenig Einfluß haben; und Neue-

---

tien hergenommen. Auch wären harte Gesetze wider Staatsverbrechen dem obigen Grundsatze nicht schlechterdings entgegen. Und daß der Republikaner im Kriege zu einem härtern und grausamern Verfahren geneigt seyn könne, als Unterthanen monarchischer Staaten gegen einander, die sich bewußt sind, daß sie nur auf Befehl ihrer Regenten und für deren Absichten mit einander streiten, nicht aus freyem Antriebe für eigene Absichten; läßt sich leicht begreifen. S. *Ferguson* Hist. of civil soc. 296. s.

Neuerung ist auch eine verhaßte Idee, wo alles auf der
Erhaltung der Gesetze beruht.   Man weiß, daß die
größten Revolutionen oft mit Kleinigkeiten angefangen
haben.   Auch hat der Republikaner zu viel Achtung für
sich, sein Volk und sein Land; um dem Ausländischen
den Eingang leicht zu gestatten, und den Vorzug vor
dem gewohnten Einheimischen zuzugestehen.   Alte Gewohnheiten und Gebräuche behaupten sich also in Republiken am leichtesten.   Und sind sich in diesem Punkte
die entgegengesetztesten Staatsverfassungen einigermaßen
ähnlich. (§. praec.)

7) Diese geringere Achtung für die Sitten und
Meynungen anderer, die Gewohnheit seinen eigenen Einsichten zu folgen, und das Zutrauen in sich selbst, machen den Republikaner auch zu einem wärmern und stand-
haftern Freund.   Er verläßt seinen Freund nicht so
leicht, wenn das Urtheil anderer ihm ungünstig wird;
er darf auch urtheilen; und hält es um so viel mehr für
seine Pflicht, fürs Wahre und Gute zu streiten, wenn
er es allein zu erkennen glaubt; am allermeisten aber,
wenn ungerechte Gewalt und Willkühr ihm entgegen zu
seyn scheinen; denn so ist es gemeine Sache.

8) Vielleicht kommt auch die Gleichgültigkeit der
Gelehrten gegen auswärtige Litteratur in solchen Staaten
aus jenem Grunde. —

Vieles jedoch von dem bisher Bemerkten richtet
sich nach der Größe des Staats und seiner Macht.   Ein
übermäßig großer Staat hört, besonders bey der re-
publikanischen Staatsverfassung, gar bald auf, ein
zusammenhängendes und einartiges Ganzes zu seyn.
Und wenn übermäßige Macht und Reichthümer einmal

Yy 4   Pracht

Pracht und Ueppigkeit eingeführt haben: so können die Ausschweifungen um so viel weiter gehen; je uneingeschrenkter die Freyheit ist, je mehr jeder gewohnt ist, und sich berechtiget hält, seinem eigenen Sinne zu folgen.

Am meisten Bestätigung finden daher die vorhergehenden Grundsätze in den Sitten der kleinen helvetischen Demokratien. Von dem Canton Appenzell, in welchem jeder, der das 16te Jahr erreicht hat, auf dem Landtag, dem die höchste Gewalt eigen ist, seine Stimme geben darf, schreibt ein wohlunterrichteter Eidgenosse: „Die Einwohner dieser Landschaft sind redlich, manierlich, von einem feinen und aufgeweckten Geiste und vielem Witze. Sie verachten die, so sich über ihren Stand erheben, und daher dutzen sie sich alle unter einander. Sie sind kernhaft, üben sich mit Ringen, Wettlaufen, Werfen zc. Man findet wenig Reiche und wenig Arme; alles ist wohlgesessen. — Ihre Häuser sind wohl gebaut, geräumig und hoch; ihre Lebensart einfältig und ländlich. Man schätzt die Bevölkerung dieses kleinen Landes, welches kaum 60 Quadratstunden enthält, und wovon ein guter Theil aus unfruchtbaren Felsen besteht, auf 57000 Seelen. Die Industrie ersetzt, was dem Boden mangelt. Eine wohlverwahrte Freyheit und die Ehre an der Regierung Theil zu nehmen, weckt den Geist und entwickelt seine Triebfedern *).

Und von den Bürgern des Canton Glarus versichert eben derselbe, daß eine einfältige und patriarchalische

<hr />

*) Reisen durch die merkwürdigsten Gegenden Helvetiens. Th. II. 14?. f.

ſche Lebensart dieſelben glücklich und liebenswürdig mache; und das Bewußtſeyn ihrer im höchſten Grad republikaniſchen Freyheit ihrem Charakter einen ganz beſondern Schwung gebe *).

§. 167.
Monarchien.

Staaten, in denen die höchſte Gewalt eines Einzigen durch die erkannte Unverletzbarkeit der natürlichen
und der ausgemachten Geſellſchaftsgeſetze, und denen
gemäß, durch mittlere Gewalten, durch geſichertes Eigenthum und Freyheiten der Stände und Unterthanen, gemäßigt iſt, ſtehen in der Mitte zwiſchen den demokrati-
ſchen Freyſtaaten und den Deſpotien; und machen alſo
diejenigen ſittlichen Eigenſchaften natürlich, die aus der
Zuſammenwirkung jener entgegengeſetzten Triebfedern
entſtehen. Sie werden mehr die Folgen der einen oder
der andern in ſich enthalten; je nachdem ſie ſelbſt mehr
der deſpotiſchen Strenge und Willführ, oder der republikaniſchen Verfaſſung nahe kommen.

Im mittlern Verhältniſſe betrachtet, ſcheinen ſie
alſo folgende Wirkungen hervorzubringen.

1) Je mehr Ungleichheit da iſt, und je mehr die
Vorzüge der Geburt, des Eigenthums und der Ehren-
ſtellen auf ſich haben, da ſie durch die Geſetze geſichert
ſind; deſto anziehender und weitläuftiger iſt der Wirkungskreis der Ehr- und Herrſchſucht. Ganz natürlich
wird alſo die Ehrbegierde eine Haupttriebfeder in den

Yy 5

Mo-

---

*) S. Reiſen durch die merkw. Geg. Helv. Th. II. S. 132.

Monarchien; wenn sie auch nicht die einzige oder vornehmste Triebfeder, und die Stelle der bürgerlichen Tugend zu vertreten hinlänglich seyn sollte, wie Montesquieu
behaupten will *).

2) Dieser Trieb aber muß, wie alle andere Neigungen, sich verfeinern; weil viele Mitwerber überall
da sind, die alle auch ihre gesicherten Rechte und Freyheiten haben; wovon keiner sich so leicht stolz verachten
und unterdrücken läßt. Die Ungleichheit der Stände
trägt noch mehr zur Verfeinerung der Sitten bey; da
einigen Zwang sich anzuthun, bey so vielen Verhältnissen nothwendig wird. Und da endlich durch große Eigenschaften und Verdienste sich auszuzeichnen und hervorzuthun, nicht jeder Kräfte und Gelegenheit hat; da
diese zu bemerken und zu beurtheilen, auch diejenigen
nicht immer Aufmerksamkeit und Einsichten genug haben,
deren Beyfall und Unterstützung man sucht, Anstand und
Höflichkeit aber in die Augen fallen: so ist begreiflich,
daß die Regeln derselben zu verstehen und geschickt auszuüben, in Monarchien für sehr nöthig erachtet werden
müsse.

3) Am allermeisten aber tragen hiezu die Höfe
bey; deren Sitten überhaupt auf die Sitten einer Nation einen sehr wichtigen Einfluß zu haben pflegen. An
denselben muß nothwendig die höchste Verfeinerung der
selbstischen Triebe und die äußerste Verstellungskunst entstehen. Denn wie würde außerdem, bey den so sehr
unter sich, so oft mit dem gemeinen Besten streitenden
Ab-

---

*) Esprit des loix liv. III. chap. 5. 7.

Absichten, bey den so vielen in die Enge zusammenge-
drängten und sich unter einander herumtreibenden verschiedenen Charakteren, nur ein Anschein von Ordnung und
Uebereinstimmung sich behaupten können? Und Ordnung,
Ruhe und äußerliche Eintracht sind doch unabänderliche
Gesetze in der Nähe des höchsten Oberhauptes, von dessen Beyfall alle ihr Glück erwarten? Ferner macht die
öftere Geschäftlosigkeit und die dabey eintretende lange
Weile, daß die Kunst lebhaft und unterhaltend zu seyn
an den Höfen sehr geschätzt wird. Die Geschicklichkeit
immer etwas zu thun, was wenigstens die Sinne und
Einbildungskraft angenehm beschäftiget, die Fertigkeit
über alles mit Leichtigkeit zu reden und zu urtheilen, der
Witz mit allen seinen guten und bösen Folgen, und jedwede angenehme kleine Kunst, finden daselbst ihren natürlichen Grund und Boden.

4) Bey dem Ueberfluß der Großen und der Begierde ihnen gleich zu scheinen, bey der Erlaubniß sich
zu unterscheiden, welche nicht die Demokratie, bey der
Sicherheit, mit der man seine Reichthümer zeigen kann,
welche nicht so die Despotie verstattet, scheint es, daß
der Luxus am leichtesten in der Monarchie entstehen,
oder wenigstens gemein werden könne.

5) Aber mehr, als das allgemeine Wesen dieser
Staatsverfassung bewirket, kann das Beyspiel des
Regenten thun. Nach ihm richtet sich der Hof, und
bald das ganze Land. Wenn er es will; so wird nach
seinem Muster der Charakter des Volks kriegerisch oder
kaufmännisch, galant oder frömmelnd. Und wenn er
Menschengefühl und Weisheit genug hat, über freye
Menschen durch Liebe und Achtung vielmehr, als über
ſkla-

ſklaviſche Unterthanen durch Furcht, herrſchen zu wollen:
ſo werden bald republikaniſche Gemüther im monarchi-
ſchen Gebiete ſich zeigen.

6) Aus denjenigen Urſachen, die ſelbſt gegen die
beſpotiſche Oberherrſchaft eine mit Wohlgefallen verknüpfte Ehrfurcht zu erzeugen im Stande ſind, kann
noch leichter eine ehrfurchtsvolle Zuneigung gegen den
unumſchrenkten Monarchen entſtehen. Wo man die
Fehler nicht bemerken darf, wenigſtens nicht laut; gewöhnt man ſich endlich ſie zu überſehen. Wo man aus
Schmeicheley, und nach dem Ton der guten Lebensart,
alles Lobenswürdige anzumerken befliſſen iſt; findet man
denn auch leichter Anlaß zur Liebe und Ehrfurcht, wenn
er noch irgend zu finden iſt. Ein Volk hingegen, welches ſtolz darauf iſt, unter einer eingeſchrenkten königlichen Gewalt einer republikaniſchen Freyheit zu genießen,
und ein Vergnügen darinne findet, Beweiſe ſich und andern zu geben, von dieſer ſeiner Freyheit, und dem
Rechte, ſeinem König ſelbſt ungeſcheut alle ſeine
Schwachheiten und Vergehungen vorzurücken; ein ſolches Volk wird leicht bis zur ungerechteſten Ausſchweifung tadelſüchtig, und unehrerbietig gegen ſeinen Regenten. Man nehme noch dabey an, daß das erſtere Volk
überall von frölicher Gemüthsart iſt, das andere aber
ernſthaft und oft gramſüchtig, ſey's durch Klima oder
Diät: ſo wird man ſich dieſe bekannte Sittenverſchie-
denheit bey zweyen großen, benachbarten und auf einander
eiferſüchtigen Nationen ohne viele Mühe erklären können *).

§. 168.

---

*) Eine ſchöne hieher gehörige Schilderung ſ. in *Moore's*
View of ſociety and manners in France &c. vol. I,
lett.

§. 168.

Vermischte Anmerkungen.

Um auch hier über allerley bisweilen einander zu widersprechen scheinende Fälle mit Vorsicht zu entscheiden; können vielleicht noch einige Bemerkungen dienlich seyn.

1) Oft scheinen die Sitten der Natur der Staats-verfassung zu widersprechen. Aber sie ist auch) nur dem Namen nach noch da. Die Epoche einer Revolution ist nahe. So stands mit Rom in den letzten Zeiten der Republik.

2) Wiederum können aus vorigen Zeiten die Sitten und Denkarten noch herstammen, der vormaligen, nicht der itzigen Staatsverfassung gemäß seyn. Dieß um so viel leichter; je gemäßigter die nunmehrige Regierung ist, oder je mehr sie doch aus Klugheit den alt-väterischen Sitten nachsieht. Der ernsthafte Stolz der Spanier, ein Hauptzug in ihrem Charakter *), gründet sich wahrscheinlich zum Theil auf ihre ehemalige Macht,

---

lett. V · VI. Auch macht *Ferguson* Hist. of civ. soc. p. 291. 340. einige Bemerkungen über die sittlichen Eigenschaften, die in einer gemischten Regierungsform mehr Grund haben, als in reinen Monarchien und Republiken. Der gemeine Bürger eines solchen Staates ist geneigt die hohen Stellen zu verachten, zu denen er nicht gelangen kann, und vor denen er sich auch nicht zu fürchten hat. Er findet weniger Antrieb zur Höflichkeit und Gefälligkeit in seiner politischen Verfassung, als der monarchische und republikanische Bürger.

*) S. a Review of the characters of the principal nations in Europe, Lond. 1770. Vol. I.

Macht, Staatsverfaſſungen und Geſchichte, ihre Eroberungen, ihre Verhältniſſe gegen die Nichtchriſten.
Und ſichtbar gründet ſich auf die Ideen der Vorzeit die
oft bis ins äußerſte lächerliche fallende Eitelkeit der Italiener, ſonderlich der Einwohner von Rom, reich und
vornehm ſcheinen zu wollen *).

3) Ein Volk kann ein gelindes weltliches Regi-
ment und eine beſpotiſche Religion haben; es kann aus
Völkern von ſehr verſchiedenen phyſiſchen und moraliſchen
Beſchaffenheiten abſtammen; wie beydes der Fall bey
den Spaniern iſt. Man muß ſeine Sitten bald aus
dieſem, bald aus jenem Umſtande erklären.

4) Es kömmt bisweilen darauf an, wie lange ein
Volk in ſeiner gegenwärtigen Staatsverfaſſung iſt, und
durch was für Triebfedern es dieſelbe erhalten hat.
Wie ein Menſch ausgelaſſen wird, wenn er nach har-
tem Zwang auf einmal in volle Freyheit geſetzt wird:
ſo kann eben bleß ſich auch mit einem Volke ereignen.

So

---

*) Sie ſollen Hunger leiden, und die ganze Woche aufs
kümmerlichſte ſich behelfen, um an feſtlichen Tagen in
einem geborgten Staatskleide, oder mit einem Bedien-
ten hinter ſich her, ſpazieren gehn zu können. Auch geben ſie ihren Kindern noch gern die Namen der berühmteſten alten Römer Scipio, Marc. Anton. Caeſar, Pom-
pejus. Mit welchen nichts mehr bedeutenden Zeichen
einer längſt verlohrnen Macht ſie noch bey der feyerlichen Einholung der Kaiſer erſchienen, zu einer Zeit,
da ſie nicht mehr das nahegelegene Städtchen Tuscu-
lum in Gehorſam zu erhalten vermochten, und mehrere Proben ihres Ahnenſtolzes, bemerkt Schmidt
Geſch. d. Deutſch. B. M. 426. III. 580.

So urtheilen über Engeland selbst Engeländer *). Und insbesondere kann die Geschichte Cromwells und seiner Gehülfen den Uebermuth des Pöbels und die Geringschäzung der Geburt und des politischen Rangs begreiflich machen.

Die Türken haben, bey einer gleichen Regierungsform und Religion, lange nicht eine so feine Lebensart, als die Perser und Araber. Aber der Anfang ihrer Cultur ist auch noch viel jünger, wenn man anders sagen kann, daß sie Cultur haben oder je hatten.

5) Klima, Religion und Staatsverfassung wirken bisweilen einander entgegen. Bisweilen befördern sie gemeinschaftlich einen sittlichen Erfolg. Ob in einem Lande, dessen Klima eine lebhafte Einbildungskraft, Wollust und Eifersucht befördert, dessen Vertheilung in viele kleine von einander unabhängige und gegen einander eifersüchtige Staaten die Entwischung aus einem in den andern leicht macht **); welches dazu noch überall eine

Men-

---

*) S. Review I. 9. Und *Hume* in der Hist. of Engl. V. 122. schreibt von den Zeiten Jacob I. The manners of the nation were suitable to monarchical governement; and contained not that strange mixture, which at present &c. Such violent extremes were then unknown of industry and debauchery, frugality and profusion, civility and rusticity, fanaticism and scepticism

**) Aus diesem Grunde räumet *Baretti* selbst einige, der den Italienern gemachten Vorwürfe ein; der übrigens gegen die freylich sehr unbillig übertriebenen Beschuldigungen des Mr. *Sharp's* seine Landsleute eben so fein, als patriotisch zu vertheidigen weiß. S. Vol. I. p. 69. seq.

Menge heiliger Orte zu Freyſtäten anbietet, vielleicht auch eine Religion hat, welche die Vergebung der Sünden leicht vorſtellt, wenigſtens in den rohen Begriffen des Pöbels — ob in einem ſolchen Lande, unter allen dieſen Umſtänden, gerade, ehrliche Tapferkeit, oder tückiſche Argliſt gemeiner; ob Giftmiſchereyen und Meuchelmörder darinnen gewöhnlicher ſeyn werden, als in andern Ländern; iſt eine Frage, die zu beantworten nicht ſchwer ſeyn würde; wenn es auch keine Erfahrung davon gäbe.

6) Bey mehreren kleinen Völkern, die nur loſe unter einander zu einem Ganzen vereinigt ſind, kann kommen, was bey Menſchen, die in weitläuftigen Bekanntſchaften ſtehen, zu geſchehen pflegt; (§. 163.) daß ſie weder einzeln noch zuſammen einen Nationalcharakter haben.

7) Je biegſamer und veränderlicher die Charaktere vermöge des Klima ſind; deſto mehr können politiſche und überhaupt moraliſche Triebfedern bewirken; mehr daher in den wärmern, als in den kältern Ländern. Die republikaniſchen Römer, und die Sklaven und Höflinge von Senatoren unter den Kaiſern, oder die heutigen Italiener, wie ungleich einander! So ungleich ſind ſich die Teutſchen nie geworden.

8) So wie äußerliche Urſachen auf den Charakter des einzelnen Menſchen nicht immer einen gleichen Einfluß haben; nicht, wenn er ſich bereits gebildet und befeſtiget hat, noch eben ſo wie in der Kindheit: eben alſo kann die politiſche Verfaſſung und der Einfluß der oberſten

ſten Gewalt bey einer Nation, deren Sitten durch
Kenntniſſe, durch Verbindungen mit andern Völkern
und andere Urſachen, bereits eine gewiſſe tiefgegründete
Form erlangt haben, ſo viel nicht ausrichten, als beym
Anfang ihrer Cultur geſchehen ſeyn würde.　Die Sitten
ändern da vielmehr bisweilen die Natur der Staatsverfaſſung allmählig ab.

9) Noch weniger richten ſich alle einzelne Charaktere
nach den Einflüſſen der Staatsverfaſſung.　Es giebt
überall einzelne Menſchen, die Ausnahmen von der Regel machen; republikaniſche Köpfe in Deſpotien, und
ſklaviſche Gemüther in Republiken.　Genie und Temperamentsanlagen, oder zufällig entſtandene beſondere
Ideen können ſolche Ausnahmen hervorbringen.　Für
heroiſche Gemüther werden äußerliche Hinderniſſe Antrieb.

10) Auch kann die Vermiſchung mehrerer Völker
Sonderbarheiten in den Sitten hervorbringen.　Conſtantin hatte, um ſeine neue Reſidenzſtadt zu bevölkern,
Aſiater, Thracier, Griechen und Römer zuſammenge-
raft.　Aus dieſer Miſchung entſtund, nach dem Urtheil eines ſcharfſinnigen Geſchichtforſchers *), ein Charakter, in welchem aſiatiſche Weichlichkeit, griechiſche
Liſt und Eitelkeit, thraciſche Grauſamkeit und römiſche
Selbſtgenügſamkeit, auf die wunderlichſte Art in einander verwebt waren.

11)

---

*) Schmidts Geſch. der Deutſch. I, 394.

11) Endlich haben große und kleine Staaten, Staaten, die auf den Ackerbau, oder die Handlung, den Krieg, oder die Religion ganz vorzüglich gegründet sind, nothwendig in manchen Stücken besondere, nicht aus der allgemeinen Form der Regierung, sondern aus den eigenen Einflüssen der darinn herrschenden Lebensarten entspringende Sitten und Denkarten.

Kapitel

Kapitel VI.

Vom Einfluß der Glücksumstände auf die Gemüther.

§. 169.

Worauf dieser Einfluß überhaupt beruht.

Es ist eine gemeine, und durch die Erfahrung genug bestätigte Bemerkung, daß Glück und Unglück auf die Gesinnungen und Sitten der Menschen einen großen Einfluß haben, und oft plötzliche, unerwartete Veränderungen darinn hervorbringen. Denkt man über die Art und Weise, wie dieses geschehen könne, nach: so entdeckt sich bald, daß dieß erstlich daher komme, daß die Begierden und Entschließungen des Menschen sich nach den Vorstellungen von seinen Kräften und Bedürfnissen richten. Er strebt eben so wenig nach dem, was ihm unmöglich, als nach dem, was ihm entbehrlich und überflüssig scheint. Sodann richten sich die Verhältnisse, in denen ein Mensch mit andern steht, seine Rechte und Verpflichtungen gegen sie, die Ansprüche auf Achtung, Furcht, Wohlwollen, Mitleiden, es richten sich besonders auch die Begriffe vom Schicklichen und Unschicklichen, großen Theils nach der Gleichheit oder Ungleichheit der Glücksgüter. Und endlich haben die

äu-

äußerlichen Beſtimmungen des Zuſtandes eines Menſchen, die Kräfte oder Bedürfniſſe, die ihm daher entſtehen, die günſtigen und widrigen Erfolge ſeiner Bemühungen in der Welt, gar leicht Einfluß auf das ganze
Selbſtgefühl, auf die Achtung für ſich ſelbſt, die Begriffe von der Welt und von der Beſtimmung des Menſchen. Doch können zumal dieſe letztern Wirkungen der
Glücksumſtände ſehr verſchieden ausfallen, nach der
Verſchiedenheit der ſonſtigen Gemüthsanlagen. Und es
iſt nöthig, um alles dieſes gehörig ins Licht zu ſetzen,
mehrere beſondere Unterſuchungen anzuſtellen.

§. 170.

Natürliche Wirkungen der Armuth unter verſchiedenen Umſtänden.

Armuth und Reichthum ſind ſehr relative, von keiner abſoluten Quantität der Glücksgüter, ſondern von
dem Verhältniß zu den natürlichen oder eingeführten Be-
dürfniſſen abhängende Begriffe. Auch kömmt es in jedem Falle, wo die Folgen beurtheilet werden ſollen, die
aus der Armuth für die Gemüthseigenſchaften und Sitten entſtehen, zuförderſt darauf an, ob einer bey dem
Mangel der Glücksgüter, dennoch in einer ſolchen Lage
ſich befindet, in welcher ihm mancherley Ausſichten und
Antriebe entſtehen können, oder nicht. Das erſte iſt
der Fall, wenn einer ſeiner Geburt nach zu einem Stande gehört, in welchem entweder die Erziehung, oder
doch die Beyſpiele, die er vor ſich hat, und auf ſich zu
beziehen nicht umhin kann, ihn auf den Abſtand, der
zwiſchen ihm und andern, nicht nothwendig, nur durch
Glücks-

Glücksfälle ist, aufmerksam und empfindlich dagegen machen.

Wenn in diesem Fall die Seele viele Empfindlichkeit und Schnellkraft hat; so kann die Armuth den edlen, und mächtigen Gedanken erzeugen, über sein Glück zu siegen, und durch sich selbst groß zu werden, durch Tugend und Verdienste. Und wenn das Unternehmen gelingt; so sind Zutrauen zu sich selbst, geringere Achtung gegen das Aeußerliche, Standhaftigkeit und Gleichmüthigkeit die natürlichsten Folgen davon.

Aber beym Mangel innrer Kraft, und der Empfindung der Ungleichheit, in welche einen das Glück mit andern gesetzt hat, können leicht Neid und Mißgunst mit ihrem ganzen bösartigen Gefolge entstehen. Oder verzweifelnde Gleichgültigkeit auch gegen alle andre, nicht just auf Glücksgüter sich beziehende Unterschiede und Rangordnungen der Menschen; die äußerste Niederträchtigkeit, allenfalls noch zum Zeichen des hohen Ursprungs, mit der Miene des Trotzes. Wenn ein Mensch Unglück für Ungerechtigkeit ansieht, und nur allzuleicht glauben dieses die Menschen; so glaubt er, daß ihm alles erlaubt sey, und verziehen werden müsse; er glaubt sich nur Gerechtigkeit zu verschaffen, und an dem Glücke oder der Welt sich zu rächen, wenn er seine ausschweifenden Begierden auf jedwede Weise zu befriedigen sucht. Am leichtesten entsteht diese Denkart, unter den vorausgesetzten Umständen, wenn, bey vieler thierischen Kraft und brausender Phantasie, Verstand und moralisches Gefühl schwach sind *).

Zz 3   Wenn

---

*) S. vom Catilina Sallust Kap. 5.

Wenn aber Armuth zu einer überall eingeſchrenkten, vom Großen weit entfernten Situation geſellt iſt;
ſo iſt beydes zuſammen hinreichend, auch in Seelen, denen es an fruchtbaren Anlagen nicht fehlet, die Keime
der Thätigkeit und erhabener Geſinnungen zu erſticken.
Denn Jdeen, die erſten Triebfedern der Handlungen,
kann ſich die Seele nicht ſelbſt geben; ſie müſſen durch
äußerliche Veranlaſſungen und Gegenſtände erweckt werden. Doch der weite oder enge Kreis, in welchem ſich
die Ausſichten, Begierden und Unternehmungen eines
Menſchen aufhalten, entſcheidet an ſich noch nicht zum
Vortheil oder Nachtheil des Charakters. Wenn das
wenige, in deſſen Beſitz er ſich befindet, für ſeine Bedürfniſſe hinreichend, oder mehr als hinreichend iſt; ſo
kann er zufrieden, wohlthätig, ſeine Seele kann edel
und groß ſeyn.

Aber wenn ſein Leben ein beſtändiger Kampf mit
dringenden Begierden wäre; wenn die thieriſchen Bedürfniſſe ihm nicht Zeit ließen, ſeine Seele zu erheben,
und nach größern Gütern zu ſtreben : ſo fehlte es der
Empfindlichkeit für die feinern Vergnügungen, für
Schicklichkeit und Gemeinnützigkeit, an den natürlichſten
Gründen. Gleichgültiger gegen das Ganze iſt ein Menſch
natürlicher Weiſe immer, wenn er an dem gemeinen Jn-
tereſſe keinen, oder nur den geringſten Antheil hat. Wenn
er nun dazu noch von zu eingeſchrenktem Verſtande iſt,
um ſeinen Vortheil im Gemeinnützigen, da, wo er wirklich iſt, gewahr zu werden; wenn Ordnung und Wahrheit keine unmittelbaren Reize für ihn haben: ſo iſt es
nicht zu verwundern, wenn niederträchtiger, kurzſichti-
ger

ger Eigennutz und Furcht als die einzigen Triebfedern
ſeiner Handlungen ſich offenbaren.

§. 171.
Reichthum, Macht und Anſehn.

Der Beſitz anſehnlicher Glücksgüter ſcheint an ſich
noch wenigereinen beſtimmten Einfluß auf den Gemüthscharakter haben zu können, als Armuth und Niedrigkeit.
Bey dieſer fällt vielerley, was die Neigungen und Handlungen des Menſchen beſtimmt, nothwendig weg; weil
Gelegenheit und Hülfsmittel fehlen; die Erziehung, an
der ſo viel gelegen iſt, wird in vielen Fällen nothwendig
vernachläſſiget. Beym Reichthum iſt alles möglich,
wenn nur guter Wile da iſt; und der kann doch da
ſeyn.

Unterdeſſen iſt zu einer Wirkung, die der Beſitz
der Glücksgüter in dem Menſchen hervorbringen kann,
ein ſo ſtarker Grund vorhanden, daß dieſelbe insgemein
nicht ganz ausbleibt. Dieß iſt eine zu gute Meynung
von ſich. Denn erſtlich hat ein Menſch, dem wenig
fehlt, für den das Glück ſo reichlich geſorgt hat, der
mittelſt der von ihm abhängigen Kräfte außer ihm, ſo
vieles bewerkſtelligen kann, nicht ſo viel Gelegenheit, die
Eingeſchrenktheit ſeiner innern Kräfte gewahr zu werden.
Und vermöge der Eigenliebe ſchmeichelt man ſich leicht
ſelbſt, und ſchreibt ſeinen perſönlichen Vollkommenheiten
zu, was man ſeinem Reichthum, oder ſeinem Anſehn
zuſchreiben ſollte. Sodann fehlt ihm das eine zur Selbſt-
erkenntniß insgemein nöthige Hülfsmittel, das freymü-
thige, ſcharfe Urtheil anderer. Statt deſſen umgeben
ihn Schmeichler, die keine ſeiner Vollkommenheiten un-

Zɜ 4   ge-

gelobt laſſen, alles ihm zum Verdienſt anrechnen, und seine Fehler selbſt in ihren Urtheilen zu Tugenden zu machen befliſſen ſind. Und es iſt nicht allemal bloße Verſtellung, wenn Menschen denen, die durch Reich-thum und Ansehn mächtig ſind, mit mehrerer Ehrerbie-tung und Nachſicht begegnen, als ihr Betragen verdien-te. Furcht und Hofnung und die Jdeenaſſociation, mit-telſt welcher die verschiedenen Gründe der Hochachtung in einem wenig aufgeklärten Verſtande ſich oft mit ein-ander verwechseln, erzeugen immer in vielen Menschen günſtige Vorurtheile für diejenigen, denen das Glück günſtig iſt. Vermöge derselben wird ihnen wenigſtens das Gute, was ſie thun, oder auch das Böse, was ſie nicht thun, vortheilhafter angerechnet, als ohne jenes Vorurtheil geschehen ſeyn würde.

Alles dieß iſt freylich nicht allgemein; aber doch ſehr gewöhnlich.

Je leichter es dem von Glück begünſtigten iſt, sei-ne Neigungen zu befriedigen; je mehr Mühe andere ſich geben, ihnen zu fröhnen; je mehr ihm verziehen wird, oder je mehr Mittel er doch in seiner Gewalt hat, seine Fehler wieder gut zu machen: deſto weniger Ursache hat er, ſich vor Fehlern in Acht zu nehmen, und seinen Neigungen Gewalt anzuthun; man läßt ihm oft kaum die Möglichkeit davon übrig. Er zeigt ſich also am eheſten oder am öfterſten, wie er iſt.

Und auch darinn ſind wieder die beyden Extreme ſich am ähnlichſten. Der ganz Arme, der nichts zu ver-lieren hat, oder der ſich zu verſtellen gar nicht verſteht, um den ſich niemand ſehr bekümmert, kann oft eben ſo frey der Natur ſich überlaſſen. Der Mittelſtand giebt

die

die meiste Veranlassung zum Zwange und zur Verstellung.

Es ist eine natürliche Folge der Eigenliebe auch
dieß, daß man diejenigen Vorzüge, die man besitzt,
vielmehr als diejenigen, die einem fehlen, zu hoch schätzet. Also ist es natürlich, daß reiche, und durch die
Geburt erhöhete Menschen diesen Vorzügen zu viel Werth
beylegen, und von geistischen Vollkommenheiten oft ge-
ringschätzig denken; und dieß um so viel mehr, je weniger sie, auch diese zu besitzen, sich einbilden können. Der
Reiche insbesondere bildet sich oft ein, daß Geld alles
ausmache, und alles bewirke, daß auch Liebe erkauft
und bezahlt, und der Mangel aller Verdienste durch Geld
ersetzt werden könne *). Er frägt bey der Würdigung
aller Aemter und Stände, was bringen sie ein? und bey
der Würdigung der Menschen, was haben sie im Vermögen? Ein großer Mann heißt bey ihm ein reicher
Mann **).

B 3 5   Die

---

*) Es ist eben nicht unnatürlich, daß die Reichen so denken,
   sagt Aristoteles; denn die meisten Menschen geben
   durch ihr Betragen ihre Abhängigkeit von ihnen zu erkennen. Er erinnert dabey an die Satyre des Simoni-
   des, welcher auf die Frage, was er für besser halte,
   reich oder weise seyn, geantwortet, reich seyn. Denn
   er sehe die Weisen vor den Thüren der Reichen, nicht
   umgekehrt. Die Gegenantwort ist zwar auch bekannt;
   daß dieß so komme, weil die erstern ihre Bedürfnisse
   kennen, und die andern nicht. Aber dieß ändert nichts
   in den Folgen, so jenes Betragen auf den Charakter
   der Reichen hat. S. *Aristoteles* Rhetor. II. 16.
**) Im Englischen heißt es nachdrücklicher noch, nicht eben
   zum Beweis der Gesinnungen der Nation, aber gewiß
   mancher Einzelnen: wie viel ist der Mann werth? statt:
   wie reich ist er?

Die Geringſchätzung der Niedrigen kann in den
Mächtigen und Reichen auch dadurch noch erzeugt oder
vermehrt werden; daß, wenn einige aus Vorurtheil oder
Verſtellung ihnen unverdiente Nachſicht und Ehrerbietigkeit erweiſen, andere dagegen auch oftmals Neid und
ungerechte Begierden blicken laſſen, die ſie nicht weniger
verächtlich machen. Und da die äußerlichen Sitten, auf
die man in der großen Welt am aufmerkſamſten iſt, und
oft das unmäßigſte Verdienſt ſetzt, bey denen, deren
Glücksumſtände gute Erziehung und Verfeinerung unmöglich machen, nicht anders als ſehr abſtechend von den
gewohnten Sitten der vornehmern Stände ſeyn können:
ſo iſt es begreiflich, wie ſchwer vielen unter dieſen der
Gedanke werden müſſe, von Natur nicht beſſer zu ſeyn
als jene Arme, wie ſchwer, Brüder in ihnen anzuerkennen.

Uebrigens kömmt es bey den Wirkungen, die der
Beſitz anſehnlicher Glücksgüter in den Gemüthern hervorbringt, immer auch noch auf die Stuffe an, bis zu
welcher man ſich erhaben ſieht, und die übrigen Gegenſtände, die die Begierden, beſonders den Ehrtrieb, reizen. Wenn durch jene das Selbſtgefühl nur gehoben,
und zu größern Ausſichten gebracht, noch nicht das Ziel
aller Wünſche erreicht iſt: ſo kann das Bewußtſeyn ſeines Vermögens das Beſtreben nach höhern Stuffen entflammen, und das Wohlgefallen an den Vorzügen einer Art, die man beſitzt, den Trieb zu andern wecken,
die einem noch fehlen. Auf dieſe Weiſe wird alſo leichter der von Geburt Reiche und Vornehme in einer
großen Stadt, oder in Zeiten einer allgemeinen Aufklärung und Betriebſamkeit, ſeiner Glücksvortheile ungeachtet,

achtet, ja mittelst derselben, zu einem wirklich großen
und gemeinnützigen Manne sich bilden; als der Sohn des
reichsten Krämers in einer kleinen Stadt, oder der seinen
Dorfstaat nie verlassende Landjunker, in einer Gegend, wo
es noch dunkel ist, oder helle zu werden erst beginnet.
Auf diese Weise hat der Bürgerstand in den mittlern
Zeiten sich empor geschwungen, mit dem Adel in Absicht
auf politische und kriegerische Verdienste und Vorzüge
zu wetteifern angefangen, nachdem er sich durch seine
Reichthümer erst einiges Ansehen erworben hatte.   Und
so erheben sich noch immer viele einzelne in allen Ständen durch Thätigkeit und Verdienst von einer Stuffe des
Glücks, und von einer Art der Vorzüge zur andern.

Daß die größten Regenten, Helden und Eroberer
durch Krieg und durch Industrie, so selten würdige Erben ihres Ruhms, ihrer Macht und ihrer Reichthümer
haben; kann doch vielleicht für manche noch etwas unbegreifliches haben; da hier das Beyspiel moralischer
Vollkommenheit, und die Bemerkung, wie äußerliche
Vorzüge erworben und verlohren werden, so nahe liegt.
Man wird aber die Gründe dazu, außer dem, was überhaupt schon vom Einfluß der Glücksvortheile gesagt worden ist, in folgenden Bemerkungen gewahr werden.
Wenn auch die Väter groß genug denken, um sich selbst
vor den Verführungen der Schmeichler und des Glücks
zu bewahren: so vergessen sie doch leicht die sittlichen Angelegenheiten ihrer Familie über so vielen andern weit gehenden Absichten auf das Aeußere.   Oder sie lassen auch
gern ihre Familie die sinnlichen Freuden und Vorzüge
genießen; über welche nur sie selbst sich glauben erheben
zu können.

Prin-

Prinzen, die ihren großen Vätern gleich geworden sind, oder sie noch übertroffen haben, sind entweder von diesen strenge gehalten worden, bis in die Jahre des völlig reifen Verstandes; oder noch bey geringen Glücksumständen gebohren und erzogen worden; wie Titus, der einzige würdige Nachfolger eines großen Vaters unter allen römischen Kaisern der drey ersten Jahrhunderte. Domitian, Commodus, Caracalla, welche Söhne von einem Vespasian, Antonin und Septimius Severus! Auch Atalarich war seinem großen Vater Theodorich sehr unähnlich. Unter ihm verfiel schon wieder das ansehnliche Ostgothische Reich, welches dieser errichtet hatte. Aber dieser lebte als Geißel am Hofe; jener als Erbprinz.

§. 172.

Anwendung auf Völker.

Wenn auch der Einfluß, den der Besitz auszeichnender Glücksgüter in die Sitten einzelner Menschen hat, von sehr verschiedenen Folgen seyn kann; so kann doch derselbe in Ansehung ganzer Nationen nicht ohne gewisse Folgen bleiben. Wenn auch einige von den Reichthümern, die sie besitzen, nur weisen Gebrauch zu ihrer und ihrer Nebenmenschen Vervollkommnung machen, oder nur geizig sie bewahren; so werden immer andere seyn, deren Begierden dadurch entflammt, und zu Ausschweifungen verleitet werden.

Und die von dem Ueberfluß der einen erzeugten Begierden, und Ausschweifungen in der Befriedigung derselben, werden sich nicht bloß bey denen einfinden, die die Mittel dazu schon in ihrer Gewalt haben; sondern durch ansteckende Beyspiele bald auch andere ergreifen,

die

die nicht anders als durch Unbeſonnenheit und Ungerechtigkeit dazu gelangen können.

Und wenn unnatürliche, ausſchweifende Begierden
bey einer Nation einmal überhand nehmen; ſo ſchrenken
ſich dieſelben da noch weniger auf eine einzige Art ein,
als etwa bey einzelnen Menſchen noch bisweilen geſchieht;
ſondern eine zieht die andere nach ſich. Wer nicht das
gleiche thun kann, ſucht doch etwas ähnliches zu thun,
im Böſen, wie im Guten; wenn einmal Beyſpiele da
ſind, die zur Nachahmung reizen.

Wenn Ueppigkeit und Ungerechtigkeit unter den An-
geſehenſten und denen, die mit ihnen am meiſten wetteifern, herrſchen: ſo iſt leicht abzuſehen, wie die Sitten
der Niedrigſten dabey beſtimmt ſeyn werden; was Ver-
führung, Unterdrückung, Mißgunſt, gereizte und nur
durch verzweifelnde Anſchläge zu befriedigende Begierden
für Wirkungen hervorbringen müſſen.

Es iſt aber eine ſehr gegründete Erinnerung dabey,
daß es ſehr darauf ankomme, wie die großen Reichthümer in einer Nation entſtanden und ausgetheilt worden ſind? Ob durch glückliche Kriege und Eroberungen,
plötzlich *)? oder durch Cultur, Arbeitſamkeit und
Hand-

---

*) Nicht viel beſſer ſcheint der Urſprung der Reichthümer
in Abſicht auf die Folgen derſelben für die Sitten zu
ſeyn, wenn ſie aus übermäßig einträglichen, den Be-
ſitzern wenig Mühe machenden und dem Volke um ſo
mehr verhaßten öffentlichen Stellen oder Befugniſſen
entſtehen; dergleichen die Generalpachtungen in Frankreich bisher geweſen ſind. Ja ſelbſt ein überflüſſiges
Einkommen aus Zinſen und Leibrenten reichgebohrner
Kapitaliſten kann jener Art von Reichthümern ſich ſehr
nä-

Handlung, allmählig; nach den Gesetzen der Ordnung
und Gerechtigkeit, so daß jeder erlaubte Mittel vor sich
sieht, auch dazu zu gelangen, oder Theil daran zu nehmen? Es ist begreiflich, und die Geschichte der Römer,
nach ihren Eroberungen in Griechenland, Africa und
Asien, der Teutschen beym Untergang des Römischen
Reichs, und anderer erobernder Völker, beweiset es zur
Genüge, daß in dem ersten Fall hauptsächlich Sittenverderbniß den Reichthümern folgen müsse. Denn die
Liebe zu ihnen entsteht alsdann in keiner natürlichen Ver-
knüpfung mit der Liebe zur Arbeitsamkeit, Ordnung und
Gerechtigkeit; die Ausschweifungen des verschwenderi-
schen Gebrauchs werden um so viel größer, je weniger
Mühe ihre Erwerbung gemacht hat; und es müssen um
so viel mehr ungerechte Mittel, Reichthümer sich zu verschaffen, gebraucht werden, je weniger die gerechten
Mittel bekannt und üblich sind. Wer nicht Gewalt genug besitzt, um zu unterbrücken und zu plündern, wird
feil zu allen Diensten, die man gut genug bezahlt; wird
Verräther am Vaterlande, an seinen nächsten Verwandten und Freunden, und an sich selbst. Solche Sitten,
wie man in Rom während der Triumvirate, oder unter den Franken, während der Merovingischen Könige, gesehen hat, sind noch nie in einer durch Industrie

---

nähern. Wenn es genug ist, hervorstechend reich zu seyn,
um etwas zu gelten, ja um zum großen Ansehen bey
einer Nation zu gelangen; wie gleichgültig muß nicht
der natürliche Hang zum Müssiggang und zur Ueppigkeit die Reichen gegen die Tugend machen; und wie
begierig viele der Nichtreichen nach Reichthümern?

strie und Handlung reich gewordenen Republik gewesen *).

Man sieht also auch, wie falsch der Schluß im Allgemeinen seyn würde, wenn man behaupten wollte, daß
ein Volk um so viel mehr Vaterlandsliebe haben müsse, je reicher und mächtiger es ist; weil alsdann sein Ansehn, seine Bequemlichkeiten', und überhaupt sein ge-
meinsames Interesse in demselben um so viel größer sey.
Denn außerdem, daß an diesem sogenannten gemeinschaftlichen Interesse, Wohl und Flor der Nation
vielleicht nur die kleinste Zahl wahren Antheil hat: so
werden auch leicht die öffentlichen Angelegenheiten um so
viel eher vergessen oder vernachlässiget, je mehr man der
eigenen hat; die Empfindungen für andere um so viel
eher erstickt, je weitläuftiger der Wirkungstrieb der
selbstsüchtigen geworden ist.

Wenn die Kunst erfunden und im Gebrauche ist,
persönliche Tapferkeit durch Maschinen zu überwinden;
oder die Politik auch Tapferkeit zu erkaufen oder zu erzwingen versteht: so kann's wohl seyn, daß das reichere
Volk dem ärmern im Kriege überlegen ist. Aber wahrer, ausdauernder Muth und kriegerischer Geist lassen
sich natürlicher Weise doch vielmehr bey denjenigen erwarten, die abgehärtet sind, und mit dem Leben wenig

zu

---

*) S. Sallust bell. catil. cap. XII. Stewart Staatswirth-
schaft B. II. Kap 22. Schmidts Geschichte der Deutschen, Th. I. Buch II. Kap. VI und VII. Was bey
den Römern, als die auswärtige Beute nicht mehr zu-
reichte, ihre gränzenlose Ueppigkeit zu befriedigen, Pro-
scription und Hochverrath leistete, das that, bey den
Franken Meineid und Kirchenraub.

zu verlieren, durch Sieg aber vieles zu gewinnen haben;
als bey denjenigen, deren gewöhnliche Lebensart so wenig körperliche Stärke als Entschlossenheit verschaft, deren Triebfedern durch Sorge und Furcht für unzählige
Gegenstände getheilt sind, und deren an beständige Vergnügungen gewöhnten Gemüthern Anblicke des Grauens
und einförmige Anstrengung nicht anders als sehr beschwerlich seyn können. Beyspiele, in denen sich dieses
sehr leicht zu erkennen giebt, sind die wenigen Spanier,
welche die Mohren bey ihren Eroberun;en in die Gebirge von Biscaja und Asturien flüchten ließen, bald aber
als Ueberwinder gegen sich anrücken sahen; nachdem jene
in der Armuth abgehärtet, sie selbst aber durch Reichthum und Wohlleben verzärtelt, und durch Eigennuß
uneinig geworden waren. · Und in spätern Jahrhunderten die Bukaniers, der Schrecken der ausgearteten Spanier in Amerika.

Die meisten Nationen haben ihre Größe dem
Druck und den Gefahren, und ihren Untergang dem
Glück zuzuschreiben *). Die Schlacht bey Cannä kann
als die Epoche der werdenden Größe Roms, und die
Zerstörung von Karthago als der Anfang ihres Falls angesehen werden. Die Republik der vereinigten Nie-
derlande erhob sich unter dem Druck der Spanischen
Tyranney; und zeigte sich in der völligen Größe im Jahr
1672, als Frankreich und Engeland sich mit einander wider dieselbe vereiniget hatten, und ihr Untergang unver-
                    meid-

---

*) Dieß führet *Fergnson* umständlich aus, in der Hist. of
civ. soc. part. V. sect. 3. ss.

meiblich ſcheinen konnte. Aber die Geiſtesgröße, die damals die Republik zeigte, war auch nicht geringer, als die der Römer in ihren größten Nöthen. Reichthümer bringen nicht nur Verſchwendung, ſondern auch Geiz hervor *). Und aus Geiz und unſinnigem Vertrauen auf Reichthümer, als das Mittel für alle Noth und Ge- fahren, unterläßt auch wohl ein den Reichthum vergöt- terndes Volk die Mittel zu veranſtalten, wovon die Er- haltung derſelben abhängt. Quid non mortalia co- gis pectora auri ſacra fames!

Was für ſonderbare Einfälle aber die Begierde ſeine Macht oder ſeine Reichthümer zu zeigen in den Men- ſchen hervorbringen könne; davon giebt es zu allen Zei- ten ſolche Beweiſe, daß man auch diejenigen glauben kann, die von der Denkart eines andern Zeitalters und der Vernunft noch ſo weit abſtehen.

In dem mittlern Zeitalter haben viele Edelleute ſich nicht nur dadurch oft hervorzuthun geſucht, daß ſie bey großen Gaſtereyen, außer dem größten Ueberfluß an Speiſen, große Summen Geldes unter die Anweſenden austheilten; ſondern einer ſoll einmal 30000 Sols auf einen gepflügten Acker haben ſäen; ein anderer 30 ſeiner beſten Pferde auf einmal lebendig verbrennen laſſen **). Wiederum ein anderer ſoll an dem Pferde, das er bey ei-

---

*) Corrupti civitatis mores, quos peſſuma ac diverſa in- ter ſe mala, luxuria atque avaritia vexabant. Salluſt.

**) Aus der Hiſtoire generale de Provence in den G. A. 1780. zu St. VII.

einem öffentlichen Aufzug ritt, die silbernen Beschläge so
lose haben anmachen lassen, daß sie recht oft abfallen
mußten; und anstatt der abgefallenen, die man liegen
ließ, neue angeschlagen werden konnten. Der Wetteifer
der Kleopatra mit dem Antonius ist bekannt *).

§. 173.
**Veränderungen in den Glücksumständen. Natürliche Folgen,
wenn aus der Niedrigkeit Menschen sehr hoch empor gekommen sind.**

Wie beym Besitz der Reichthümer, die Art, wie
man sie erlangt hat, in den Folgen, die daraus entstehen, vieles ändert: so kömmt es überhaupt bey den
Wirkungen der Glücksumstände in den Gemüthern auf
die Folge und Abwechselung derselben eben so sehr, als
auf die absolute Beschaffenheit derselben an.

Wenn auch Wohlstand und Ansehen dem Charakter allemal gewisse Bestimmungen geben: so sind es doch
bey denen, die sich immer darinn befunden haben, nicht
völlig dieselben, wie bey denen, die aus der Niedrigkeit
und Armuth empor gekommen sind.

Je plötzlicher dieses geschieht, und je mehr das Glück
dabey thut; desto mehr ist zu befürchten, daß nachtheilige Veränderungen im Charakter daraus entstehen, daß
manche gute Eigenschaften desselben mit den Gründen,
die sie größtentheils nur in den äußerlichen Umständen
hatten, sich verlieren; und daß an weiser Fassung und
Vor-

---

*) Von den Römern s. *Sallust* Cap. XIII von den General-
pächtern ꝛc. Tableau historique de Paris.

Vorſicht in einer neuen verführeriſchen Lage dem unberei-
teten Gemüthe es fehlen werde.

Insbeſondere entſteht alsdann am leichteſten Stolz
und Eigendünkel. Denn wie leicht ſchreibt nicht der
Menſch ſein Glück ſeinen Verdienſten zu? Um ſo viel
leichter insgemein, je weniger er es thun ſollte. Das
wahre Verdienſt entfernt ſich nicht leicht von Beſcheidenheit und weiſem Mißtrauen in ſeine Kräfte; eben deswegen weil es ſich kennt, und glückliche Zufälle von nothwendigen Erfolgen zu unterſcheiden weiß. Aber diejenigen, die das Glück hebt, können ſich um ſo viel
mehr von ihren Kräften einbilden; je weniger Widerſtand ſie erfahren haben, je mehr alles ihnen zu weichen
ſchien. Es kann aber bey dem unter Begünſtigung des
Glücks ſich ſchnell empor ſchwingenden auf einem gedoppelten Wege Muth und Dünkel ſich vermehren; theils
wegen des poſitiven Zuwachſes an Macht und Anſehn;
theils wegen der vorher in der Niedrigkeit eingeſoge-
nen, durch Vorurtheil und Unwiſſenheit übertriebenen,
Vorſtellungen von dem Werth und den Vorzügen hoher
Stände. Denn entweder er wendet dieſe nun ſo fort
auch auf ſich an; oder, indem er die andern ſeines neuen
Standes viel kleiner und verächtlicher findet, als er ſie
ſich ehedem gedacht hatte, verliert ſich nicht nur in ihm
alle die Furcht und Zurückhaltung, die die Achtung vor
ihnen in ihm gegründet hatte; ſondern er ſchließt um ſo
viel mehr auf ſeine eigene perſönliche Verdienſte und
Vorzüge, je verächtlicher jene andre ihm ſcheinen.

Und wenn ein Menſch erſt angefangen hat, über
ſeine eigene Größe zu erſtaunen, und ſich ein Gegenſtand
der Bewunderung zu ſeyn; ſo iſt bald keine Vollkommen-

heit

heit mehr, die er nicht zu besitzen glaubt, oder wenigstens besitzen will. Und letzteres, versteht sich, ohne
viele und lange Bemühung; wie soll es bey einem so
großen außerordentlichen Mann anders seyn? Und so
wird der Reiche, Vornehme — mehr durch das Glück,
als durch vorzügliches Verdienst empor gekommene Mann,
in seinen und seiner Schmeichler Augen, in kurzen Fri-
sten, Kunstkenner, Philosoph, Gelehrter, Staats-
mann; und in den Augen der vernünftigen Welt, ein
— Geck.

Ein solches Geschöpf des Glücks schämt sich auch
wohl seiner vorigen Niedrigkeit, und ist bange, andre
möchten daran denken, und dadurch den Glanz seiner
itzigen Hoheit in sich verdunkeln lassen. Er sucht also
diesen Glanz um so mehr zu vergrößern; damit nirgends
eine Spur seines ehemaligen Zustandes übrig bleibe,
in keinem Stücke er den Niedrigen gleich und unter den
Größten zu seyn scheine.

Dies trennt ihn auch von seinen vorigen Freunden;
und trennt ihn von allen denen, die mit Wahrhaftigkeit
und Aufrichtigkeit ihm begegnen wollen. Ihm wird
Freymüthigkeit um so viel eher Geringschätzung, Keckheit, unsittliche Vertraulichkeit scheinen; je mehr er von
derselben zu befürchten hat. Denn wie gut er auch selbst
von sich denken mögte; so weiß er doch, wie andere von
seines gleichen zu denken pflegen.

So wie er durch Stolz und Kaltsinn diejenigen,
zu denen er gehörte, von sich entfernt; so drängt er sich
unvorsichtig und unbescheiden in die Vertraulichkeit derjenigen ein, denen er nun gleich scheinen will. Und
wird auch diesen um so viel mehr lächerlich oder verhaßt.

Durch

Durch alle diese Umstände wird er mehr und mehr die Beute der Schmeichler; glaubt zuletzt nicht mehr an Tugend und Adel der Seele; weil er sie in dieser Gesellschaft nicht findet, und selbst nichts mehr davon besitzt.

Es giebt Ausnahmen. Aber die Beyspiele, die damit übereinstimmen, sind in der Geschichte ungleich zahlreicher. Ich will einige von beyden Arten hersetzen, bey denen der Leser versuchen kann, an mehrere ähnliche aus der alten oder aus der neuesten Geschichte sich zu erinnern.

Von dem bekannten David Rizio schreibt Robertson: Er war im geringsten nicht bemüht, dem Neide zu begegnen, welcher einem so großen und schnellen Glücke allezeit entgegen steht. Vielmehr war er bemüht, den ganzen Umfang desselben recht an den Tag zu legen. Er suchte die Gelegenheit, mit der Königinn vor den Leuten oft und vertraulich sich zu unterhalten. Er that es den Vornehmsten und Reichsten gleich, in der Kostbarkeit der Kleidung und der Anzahl seines Gefolges. Kurz er zeigte in allen Stücken den beleidigenden Stolz, mit welchem unverdientes Glück unedle Gemüther erfüllt *).

Vom Halbbruder der Königinn Maria, dem Regenten Murray, bemerkt eben dieser Schriftsteller, daß seine unerwartete Erhebung ihn stolz, kalt und falsch machte, da er vorher gerade und offen war; daß er gegen das Ende seines Lebens Schmeicheley liebte, und guten Rath haßte **).

Xaa 3   Auch

---

*) Hist. of Scott. I. 275.
**) Hist. of Scott. I. 437.

Auch Cardinal Wolſey, der vom Fiſchersſohn dahin gelangte, daß er königliche Einkünfte beſaß, einen der mächtigſten Könige beherrſchte, und zween andere zu ehrerbietigen Schmeicheleyen zwang, nöthigte durch Hochmuth und Gepränge die Welt, ſich mit Verdruß an ſeine niedrige Geburt zu erinnern *).

Von wem hätte man mehr erwarten ſollen, daß ihn das Glück nicht verderben werde, als vom Alexander? Eines ruhmvollen Königs Sohn, den er zu übertreffen frühe eiferſüchtig war, und von dem größten Philoſophen ſeiner Zeit mit gutem Erfolge gebildet, gab er, bis zur gänzlichen Bezwingung des Darius, Beweiſe jeder Art von Großmuth. — Und beſchloß ſeine Laufbahn, wie ein Nero; daß man den Perſer bedauret, keinen würdigern Ueberwinder gehabt zu haben **). Ein merkwürdiges Beyſpiel, wie in einem Herzen, das nur durch Leidenſchaften beherrſcht wird, jedes Laſter Platz gewinnen könne! Wenn der Herrſchſüchtige, von ſeinen Arbeiten auszuruhen, ſinnlichen Vergnügen ſich ergiebt: ſo wird er Wollüſtling und Wütrich; weil er keine Geſetze kennt, als die Triebe ſeines Temperaments und ſeiner trunknen Phantaſie. Philipp, Alexanders Vater, war auch dem Trunk ergeben, aber er blieb im Trunk ſeiner großen Abſichten eingedenk; denn er hatte noch viel zu fürchten.

Ed-

---

*) *Hume* Hiſt. of Engl. III. 84. 107. 113.

**) Referre in tanto rege piget ſuperbam mutationem veſtis & deſideratas humi jacentium adulationes, etiam victis Macedonibus graves, nedum victoribus: & foeda ſupplicia, & inter vina & epulas caedes amicorum, & vanitatem ementiendae ſtirpis *Liv.* IX. 18.

Edward II in Engeland und Heinrich III in Frankreich sind noch ein paar andre Beyspiele zum Beweis, daß auch Personen, die im hohen Stande gebohren waren, wenn sie eine ansehnliche Stuffe höher stiegen, ihren guten Charakter abgelegt haben. Der letzte hatte als Prinz und als König von Polen die vortreflichste Meynung von sich erregt. Auf dem französischen Throne schien er nicht nur die Tugend, sondern auch den Verstand verlohren zu haben.

Nach der übrigen Temperatur der Gemüther, können die nachtheiligsten Folgen früher oder später aus den Glücksbegünstigungen entstehen; und entweder bey reellem Zuwachse, oder auch nur einem leeren Scheinzeichen. Der Verstand und Charakter mancher Menschen hat sich gut gehalten, bis zu einem Titel, oder einer einzigen kleinen Sylbe vor ihrem Namen; an dieser Kleinigkeit scheiterte er. Plutarch merkt an, daß die Feldherrn des Alexanders, die in seine Reiche sich theilten, von der Zeit an, da sie den königlichen Titel angenommen, herrischer, grausamer, unbilliger sich zu betragen, angefangen haben. So viel, setzt er hinzu, vermogte ein einziges schmeichelndes Wort; solche Veränderungen brachte es auf dem Erdkreis hervor *). — Man könnte hier zwar in Zweifel ziehen, ob der Titel eine Ursache oder schon eine Folge von der vorhergegangenen Sinnesänderung gewesen? Aber konnte doch auch Cäsar der eiteln Versuchung zum Königstitel nicht ganz widerstehen;

Aaa 4 und

*) Τοσυτον ισχυε κολακιας φωνη μια, και τοσαυτης ενεπλησε την οικυμενην μεταβολης. Demetr.

und büßte sie vielleicht mit seinem Leben. Und warum sollte der Königstitel nicht den Verstand verwirren können, da es so unendlich minder wichtige thun? Mancher junger Mensch glaubt ausschweifend thun zu müssen, weil er nun Student, oder trotzig, weil er Fähndrich geworden ist.

Ein Römischer Dichter weissagte unter dem Tiberius, und in Beziehung auf ihn:

regnabit sanguine multo,
Ad regnum quisquis venit ab exilio *).

Natürlich, wenn die Begegnisse, die in seinem widrigen Schicksale ihm widerfuhren, Menschenhaß zu erzeugen geschickt waren; oder wenn überhaupt seine Leidenschaften im Unglück nicht gebessert, sondern nur gewaltsam zurückgehalten wurden. Sonst hat man auch Beyspiele genug von Regenten, deren gutes Betragen mit Wahrscheinlichkeit auf die beschwerliche Lage, in der sie ihre Jugend zubrachten, zurückgeführt werden kann **).

Ganz entgegen gesetzt können auch die nachtheiligen Folgen seyn, die aus der Erlangung der Glücksgüter dem Charakter entstehen; nachdem das Maas der Begierden und Thätigkeit groß ist. Der eine fängt erst an unmäßig nach Macht und Reichthum zu streben, nachdem ihm viel davon zu Theil geworden ist. Nun ist erst seine Aufmerksamkeit auf diese Gegenstände gerichtet; nun findet er es erst der Mühe werth, seine Bestrebungen nach der Seite hinzurichten, da er Hofnung hat, ein seinen

Idea-

---

*) S. *Suetonius* Tib. Cap. 59.
**) Z. E. Kaiser Carl IV. Heinrich IV. in Frankreich.

Idealen entsprechendes Ziel zu erreichen.   Freygebig,
wo nicht Verschwender, bey mäßigen Besitzungen, wird
er erst im Ueberflusse geizig; und rastlos, da er mit aller Bequemlichkeit ausruhen könnte.   Andere umgekehrt. —

Unter den Beyspielen solcher Menschen, die von
den niedrigsten Glücksumständen zu den höchsten Stuffen
menschlicher Gewalt und Ehre erhoben, nicht übermüthig geworden, sondern ihrer vorigen Umstände eingedenk
geblieben sind, verdient eine vorzügliche Stelle der Cardinal Ximenes. Vom Franziskanermönch zum Erz-
bischof von Toledo erhoben, änderte er, so viel bey ihm
stand, in seiner physischen und moralischen Lebensart
nichts.   Sein Geist scheint früh mit den erhabensten
Ideen zu innigst sich beschäftiget zu haben, um die Veränderungen im bürgerlichen Rang für etwas zu achten,
was den Menschen ändern könnte. Der einzige Premier-
minister, schreibt Robertson, den seine Zeitgenossen
als einen Heiligen verehrten, und seine Unterthanen für
einen Wunderthäter hielten.

Zu selbigen gehört auch Cromwell, der Premier-
minister Heinrichs VIII.   Ob er gleich von sehr geringer Herkunft war: so äußerte er doch auf dem Gipfel
der Macht keinen Stolz und Verachtung gegen geringere; und blieb mit Sorgfalt alles Guten eingedenk, das
ihm in der Zeit seiner Niedrigkeit war erwiesen worden *).

Es giebt Charaktere, von denen es scheint, daß
sie nur im Glücke gut seyn könnten; weil Einschrenkun-

Aaa 5   gen

---

*) *Hume* III. 240.

gen sie erbittern und widerspänstig machen. Heinrich V
von Engeland hatte als Prinz den gröbsten Ausschweifungen sich überlassen, er soll sogar in Gesellschaft andrer
Straßenräuber zum Zeitvertreib Straßenraub ausgeübt
haben; weil sein Vater, aus Mißtrauen und Eifersucht,
weder in Staatssachen, noch bey der Armee ihn gebrauchte. So bald er auf den Thron kam, zeigte er
den würdigsten Charakter *).

§. 174.
Umsturz oder Abfall des Glücks.

Beym Verlust des äußerlichen Glücks und damit
verknüpften Ansehns sinkt der Muth desto mehr; je mehr
dasselbe alles war, worauf er sich stützte und stützen
konnte.

Der unbezähmteste Stolz macht alsdann mehrentheils der kriechenden, niederträchtigsten Unterwerfung
Platz.

Der vorher angeführte eitle Wolsey ward äußerst
betroffen beym Wechsel seines Glücks. Eben die Gemüthsbeschaffenheit, sagt Hume, die ihn so stolz über
sein Ansehn gemacht hatte, war nun Ursache, daß er
den Streich des Unglücks mit doppelter Gewalt empfand.
— Der geringste Schimmer einer Hofnung, die Gunst
des Königs wieder zu erlangen, versetzte ihn in Heftig-
keiten von Freude, die keinem Manne anstehn. Der
König schickte ihm einen Ring, als einen Beweis seiner
noch nicht ganz erstorbenen Neigung. Wolsey, der
eben zu Pferde war, als ihn der Ueberbringer antraf,
stieg

*) *Hume.*

stieg auf der Stelle ab, kniete nieder in den Koth, und empfieng in dieser demüthigen Stellung diesen Beweis der gnädigen Gesinnungen seiner Majeſtät *). Muth- los und kriechend bezeigte sich auch der vorher unbändig stolze Northumberland **).

Die schändlichsten, ruchlosesten Mittel ergreift ein solches Glücksmeteor, sein voriges Selbſt, sein Alles, wieder herzustellen.

Wenn aber in einem Menschen sicheres Bewußt- seyn seiner Verdienſte iſt, wenn innere Kräfte, wenn Gefühle da sind, die einem sagen, daß man ohne das Glück bestehen könne: so zeigt sich jetzt edler Stolz, mehr als er sich im Glücke gezeigt hatte. Damals machte den eblen Mann die Besorgniß, stolz auf sein Glück zu scheinen, herablassend und bescheiden. Es kostete ihn wenig Mühe zu bitten; so lange er versichert war, for- dern — oder entbehren — zu können, was er bat. Aber jetzt kann er sich nicht zum Bitten entschließen. Er for- dert Gerechtigkeit, und trotzt der Noth.

So verschönerte sich die Tugend des Phocion im Unglücke; indem er bey seiner ungerechten Hinrichtung seinen Sohn noch ermahnete, die Ungerechtigkeit der Athener gegen ihn zu vergessen.

So sagte Demetrius Phalereus bey der Nach- richt, daß eben dieses leichtsinnige Volk die 360 Sta- tuen, die sie ihm errichtet hatten, umgeschmissen: Sie können mir doch die guten Thaten nicht vernichten, wo- für sie mir errichtet wurden.

Und

---

*) *Hume* III. 161.
**) l. c. 357

Und Agis, welcher die Gesetze des Lykurgs in Sparta wieder herstellen wollte, sagte dem, der ihn bey seiner Hinrichtung beklagte: Beklage mich nicht, ich bin viel glücklicher als meine Mörder.

Standhaft ertrug auch Columbus sein Schicksal, als er aus dem von ihm entdeckten Lande, wie ein Miſsethäter in Fesseln zurückgeschickt wurde; und richtete sich mit dem Andenken seiner großen Thaten auf *).

Verwegenheit oder Muth, immer war es innere dem Unglück trotzende Größe, was Cäsar, Alexander und Carl XII thaten; da dieser im brennenden Hause, und in der Gewalt der Janitscharen noch den Souverain spielte; Alexander seine Griechen, da sie ihm nicht weiter folgen wollten, gehen hieß, mit der kühnen Versicherung, daß er ohne sie die Welt erobern, und Soldaten überall, wo es Menschen gebe, bekommen werde; Cäsar aber, als Gefangener der Cilicischen Seeräuber, diesen Stillschweigen gebot, um Ruhe genießen zu können, und halb im Scherz, halb im Ernst, drohte, sie aufhängen zu lassen.

Ein ausschließendes Vorrecht der Tugend ist es nicht, Muth und Heiterkeit im Unglücke nicht völlig zu verlieren. Es kann auch eine Folge vom Leichtsinn, und einer niederträchtigen Begnügsamkeit seyn.

Ueberhaupt scheint es dem Menschen leichter zu seyn, im Unglücke nicht zu verzagen, als im Glücke sich nicht zu erheben. Der Mensch hat viele Kraft zur Selbstgenügsamkeit und Unabhängigkeit vom Schicksal in sich, wenn

---

*) *Robertson* Hist. Am. I. 155.

wenn er nur aufmerksam darauf ist.   Er wird es im
Unglück leichter, als er im Glücke zur Vorsicht und
Aufmerksamkeit sich bestimmt.   Zu den vielen vorher
schon bemerkten Beyspielen des Uebermuths im Glücke
verdient auch noch Carl V aufgestellt zu werden.   Dieser vorsichtige, feine, verstellungsvolle Carl wurde dennoch durch seine Siege über Franz, Solimann und die
Mohren so aufgeblasen, daß er in der feyerlichen Ver-
sammlung des Pabstes, der Cardinäle und aller fremden Gesandten, seinen großen Gegner in einem höchst
unwürdigen Ton zum Zweykampf herausforderte.   Sein
Geschichtschreiber führt noch mehrere Proben des damaligen Uebermuthes Carls an; und setzt zur Erklärung
desselben hinzu: Seit seiner Rückkehr aus Afrika wurde
er mit wiederholten Scenen von Triumphen und öffentlichen Freudenbezeugungen unterhalten; die italienischen
Redner und Dichter, die besten damals in ganz Europa,
hatten sich in Lobsprüchen auf ihn erschöpft; die Astrolo-
gen unterließen auch nicht das ihrige dabey zu thun, und
verhießen viel größers Glück, das noch kommen würde.
Dadurch ward er berauscht und schwindlicht ꝛc. *)

Hingegen zeigen selbst der Wollüstling Otto **),
und der gutherzige aber schwache Ludwig ***), Carls
des Großen Sohn, in der äußersten Noth eine Stärke
des Gemüths und Erhabenheit der Gesinnungen, denen
man seine Bewunderung nicht versagen kann.

Wahr

---

*) *Robertson* II. 393.

**) *Suetonius* cap. 10.   *Tacitus* Hist. II. 47.

***) Schmidts Gesch. der Deutsch. B. I, S. 449 ff.

Wahr ist es unterdessen doch auch, daß, wenn Unglücksfälle starken Seelen das Gefühl ihrer Würde und ihres eigenen Werths nicht benehmen, dennoch ihr Muth und ihre Laune nicht leicht ganz unerschüttert dabey bleiben. Wenn gleich der edelmüthige Franz nach der Schlacht bey Pavia seiner Mutter schreiben konnte: Alles ist verlohren, außer der Ehre; wenn er gleich, als er, nach der Gefangenschaft, zum erstenmal wieder den Boden seines Reichs betrat, frohlockend ausrief: Ich bin doch noch ein König: so zeigte er doch von der Zeit an nicht mehr den muntern, unternehmenden Geist. Wohlgefallen an der lange entbehrten Gemüthsruhe, und Mißtrauen gegen sein Glück, machten aus dem tapfern Ritter eine Zeitlang beynahe einen italienischen Staatsklügler *).

Ein merkwürdiges Beyspiel einer großen Geschicklichkeit, in Glück und Unglück sich zu finden, ist der Kaiser Dioclétian. Von der niedrigsten Abkunft schwang er sich durch Klugheit und rühmliche Thaten auf den Thron der mächtigsten Herrschaft in der damaligen Zeit. Aber weit entfernt, bey dieser Erhebung des Glücks ein ungemessenes Zutrauen in seine Kräfte zu bekommen, wählte er sich vielmehr, erst einen, und bald noch zween andere Gehülfen der Regierung; um mit ihnen die Beschwerlichkeiten und Gefahren derselben zu theilen, und die Vortheile seiner Macht und Hoheit desto ruhiger genießen zu können. Das Ansehn, welches er über diese seine Collegen anfangs geschickt zu behaupten wußte, trieb er zwar in Absicht auf den Galerius

zu

---

*) *Robertson* B. IV.

zu weit; wodurch dieser gereizt wurde, ihn des Thrones
zu berauben.   Aber eben dabey zeigte er sich am meisten
über sein Schicksal erhaben; indem er nicht nur der Sache den Schein gab, als ob er ihn freywillig verließ,
sondern in seinen Gärten zu Salona mit einer solchen
Zufriedenheit und Heiterkeit sein Leben beschloß, die es
unzweifelhaft machen, daß er des Thrones entbehren
konnte.

Vielleicht ist es auch nöthig, bey der Vergleichung
der Folgen, die Glück und Unglück in den Gemüthern
der Menschen hervorbringen, sich vor einem täuschenden
Einfluß der Neigungen vorzusehen.   Personen im Unglück, wenn sie sich würdig darinn betragen, nehmen
uns leichter für sich ein, vermöge des Mitleidens und der
damit verknüpften Neigung, dem Bemitleideten gute Eigenschaften zuzuschreiben.   Der Beglückte erweckt hingegen leicht geheimen, wenn nicht offenbaren, Neid, und
Argwohn; bey welchen Triebfedern es natürlich ist, das
Zweydeutige oder Schlimme in seinem Charakter sich
schlimmer vorzustellen, als es wirklich ist.

Es kann einen Augenblick, aber nicht lange, wi-
dersprechend scheinen, was die Erfahrung sehr oft lehrt,
daß kleine Verdrießlichkeiten und widrige Vorfälle einen
Geist aus seiner Fassung bringen und zu Fehlern verleiten, bey dem es ungleich größere Stürme des Unglücks
nicht vermögen.   Bey diesen merkte er sofort die Nothwendigkeit auf sich Acht zu geben, und innerlich sich zu
stärken; oder er hat sich schon lange auf sie gefaßt gemacht und dagegen gewafnet.   Jene können einen am
leichtesten unvorbereitet überraschen.   Eben dasselbe kann
sich

ſich alſo wohl auch in Anſehung der größern und kleinern
Begünſtigungen des Glücks ereignen.

Manchmal geſellen ſich zu den Eindrücken, welche
Glücksbegebenheiten an ſich aufs Gemüth machen, noch
religiöſe oder abergläubiſche Vorſtellungen; wodurch die
natürlichen Wirkungen der erſtern gar ſehr verſtärkt, oder
umgeändert werden können. Der Muth wächſt gedop-
pelt, wenn man ſeine glücklichen Erfolge für Beweiſe
einer beſondern Begünſtigung und Beſchützung der Vor-
ſehung hält; und ſinkt um ſo mehr im Unglück, wenn
die Vorſtellung dabey entſteht, von Gott verlaſſen und
verworfen zu ſeyn.

In andern Fällen laſſen ſich auch unglückliche Er-
eigniſſe als Aufforderungen, durch verdienſtliche Handlungen die Gottheit wieder zu verſöhnen, betrachten. So
waren allerhand Krankheiten und Hungersnoth eine von
den Bewegurſachen zu den Kreuzzügen *). Der Schwärmer läßt von ſeinen unbeſonnenen Unternehmungen, bey
noch ſo widrigen Erfolgen, nicht ab, indem er glaubt,
die Gottheit wolle nur ſeinen Glauben und ſeine Standhaftigkeit dadurch prüfen.

Bisweilen entſteht ein wunderliches Gemiſch von
Eigenſchaften in den Charakteren der Menſchen, mit
denen ſich große Glücksveränderungen ereignet haben.
Sie behalten etwas von der Denkungsart und den Sitten ihrer vorigen Lebensart und Glücksumſtände, und
nehmen nur einiges von dem in der neuen Verfaſſung
natürlichen oder gewöhnlichen an; ſind wechſelsweiſe und
durch

---

*) Schmidts Geſch. der Deutſch. Th. I. 319.

durch einander stolz und demüthig, furchtsam und trozig, verschwenderisch und karg.

Man begreift, daß die häßlichsten Charaktere entstehen müssen, wenn zu den Lastern der vorigen Niedrigkeit und Armuth sich die Laster des Ueberflusses und der Macht gesellen. Viele von den Eroberern der neuentdeckten Americanischen Länder und Reichthümer sind Beyspiele davon. .

Es können aber auch die herrlichsten Charaktere gebildet werden, wenn zu den Tugenden des niedrigen Standes, der Bescheidenheit, Mitleidigkeit, Arbeitsamkeit, diejenigen hinzu kommen, zu welchen Glücksbegünstigungen Gelegenheiten, Mittel und Antriebe verschaffen.

Wenn Völker oder andre große Gesellschaften von Macht und Ansehn, die sie besaßen, herabgekommen sind, ohne daß jedoch das Band ihrer Vereinigung aufgelöset worden ist; so ist eine natürliche Folge davon, daß sich dieses Band der Vereinigung unter dem Drucke noch fester zusammen zieht. Denn Aehnlichkeit der Schicksale, Aehnlichkeit der Leiden, gemeinschaftlicher Haß gegen die Unterdrücker, gemeinschaftlicher Wunsch, vielleicht Hoffnung der Errettung, sind neue Antriebe dazu. Um so viel gewisser wird freylich dieß geschehen; je fester diese Bande vorher schon geknüpft waren; je älter, je heiliger ihr Ursprung ist, oder geglaubt wird; je manchfaltiger die Verschiedenheit dieser Nation oder Gesellschaft von jedweder andern ist.

Wechselseitiger, uneigennüziger, großmüthiger, auch wohl in Beziehung auf andre ungerechter und hartnäckigter Beystand der Mitglieder einer solchen Gesell-

Bbb   schaft

schaft ist also sehr natürlich. Ueberhaupt ist Grund zu einem rechtschaffenen, tugendhaften Betragen der Mitglieder unter sich vorhanden. Sie lieben sich, und können sich um so mehr lieben, je mehr ihre feindseligen und eigennützigen Triebe in ihren Unterdrückern einen sie lebhaft reizenden und vielleicht, wenigstens nach ihrer Meynung, rechtmäßigen Gegenstand haben. Und sie müssen die Gesetze der Gerechtigkeit und Billigkeit gegen einander beobachten, um sich nicht innerlich noch mehr zu schwächen, noch mehr um ihre äußerliche Achtung sich zu bringen, und sich so durch einander selbst aufzureiben.

Je länger man geduldet hat, desto weniger liebt man die Vorstellung, vergeblicher, thörichter Weise geduldet zu haben; desto mehr kann also die Anhänglichkeit an die bisherigen Einrichtungen zunehmen, und das Bestreben, durch die Erziehung sie auch bey der Nachkommenschaft zu erhalten; desto größer der Haß gegen die Abtrünnigen werden, die von Unglücklichen sich trennen, und, ihnen zugleich den Vorwurf der Thorheit dadurch machen.

Ohne Mühe und ohne Partheylichkeit wird man in diesem Bilde das Allgemeine des sittlichen Zustandes der jüdischen Nation in ihrer so allgemeinen und so langwierigen Bedrückung erkennen.

Keine andre bekannte Nation des Erdbodens kömmt ihnen so nahe, als die Parsi, die von den Mahomedanern vertriebenen Anhänger der alten Zoroastrischen Religion. Sie leben, nach Niebuhrs Zeugniß*), in

In-

*) Niebuhrs Reisebeschreib. II. 49.

Indien sehr ruhig und einig; treiben allerhand Hand-
thierungen, und sind fleißig. Sie unterstützen ihre
Arme mit großem Eifer, und erlauben es keinem von
ihrer Nation, von fremden Religionsverwandten Allmo-
sen zu verlangen. Und wenn etwa einer von ihnen in
die Hände der Obrigkeit kömmt: so sparen sie kein Geld,
wenn sie ihn dadurch von der öffentlichen Strafe loskau-
fen können. Liederliche Mitglieder, an denen sie keine
Besserung sehen, jagen sie aus ihrer Gemeine. Sie
haben sich unter den Indianern sehr vermehrt.

Nicht so sehr stimmt überein mit diesen Grundsätzen
die Aufführung der Griechischen und Armenischen Christen, die unter dem Türkischen Scepter stehen; indem
sie sich sehr oft unter einander selbst verfolgen, bedrü-
cken und zu übervortheilen suchen. Aber sie genießen
auch einer größern Freyheit als die Juden und Parsis;
sie wissen, daß sie mit Geld sich Verzeihung für alles erkaufen, und nur ohne dieses Mittel nichts ausrichten
können; endlich macht sie vielleicht auch der Gedanke,
entfernte Mitglieder einer in andern Welttheilen mächtig
herrschenden Religion zu seyn, noch bisweilen stolz und
übermüthig.

Daß sich der Nationalstolz, so wie der Ahnenstolz,
auf Thaten der Vorfahren gegründet, auch in den wi-
drigsten Umständen noch bisweilen behaupte, ist sonst
schon (§. 168.) angemerkt worden. Einen Beweis davon sollen auch die Portugiesen in Ostindien geben. Ihr
Stolz soll selbst den Indianern so lächerlich vorkommen,
daß die Komödianten derselben ihn zum Gegenstand ihrer
Possenspiele wählen *).

Bbb 2   §. 175.

---

*) Niebuhr Reisebeschr. II. 84.

§. 175.

Von den Gemüthsbeschaffenheiten und Sitten in' Zeiten der Anarchie.

Die Geschichte lehrt, daß bey bürgerlichen Kriegen und solchen Revolutionen in den Staaten, bey denen die Bande der bürgerlichen Gesellschaft beynahe ganz
aufgelöset, und diejenigen, die zu gehorchen gewohnt
waren, plötzlich in Freyheit oder in eine ungewisse Abhängigkeit gesetzt werden, allemal die Gemüther und
Sitten einen ganz eigenen Charakter bekommen. Und
nach dem Charakter dieser Zeiten scheinen sich einige ihre
Ideen von dem ursprünglichen Charakter und Verhalten
der Menschen im Naturstande gebildet zu haben *).

Wie irrig aber diese Ideen dadurch werden müssen;
wird erhellen, wenn man die Triebfedern aufsuchet, welche in den Zeiten der Anarchie in Bewegung sind, und
sie mit denjenigen vergleichet, welche in Menschen, die
aus der natürlichen Freyheit und Einfalt noch gar nicht
herausgetreten sind, wirksam seyn können.

1) Die Triebe zur Herrschaft, oder doch zur Unabhängigkeit, werden allgemein rege. Alle die Neigungen und Gesinnungen, die aus der Herrschaft entspringen (§. 62.), nehmen überhand.

2) Viele kommen plötzlich in Freyheit, und wohl
gar zur Herrschaft, die bisher in Unterdrückung gehalten
wurden. Ihre Leidenschaften lassen sich also desto unmäßiger aus; je länger sie vergeblich nach Befreyung streb-
ten,

**) Vom Hobbes ist dieses längst angemerket, und von
ihm selbst halb eingestanden worden. S. *Brucker* Hist.
crit. philos. tom. V. p. 187. f. 199.

ten, und je weniger zum voraus innere oder äußere Anstalten zur Regierung derselben, zum rechten Gebrauch
der Freyheit gemacht worden waren, die bey den vorhergehenden Einschrenkungen nicht nöthig schienen.

3) Hiezu kommen nun die plötzlichen Veränderungen der Glücksumstände; indem in diesen Zeiten der Gewaltthätigkeit und Arglist nichts gewöhnlicher ist, als daß
Begüterte um alles das Ihrige kommen, und Wage-
hälse oder Schmeichler vom geringsten Herkommen zum
Besitz großer Reichthümer und eines großen Ansehens
gelangen. Woraus denn Uebermuth der einen, und
Verzweiflung der andern; in den übrigen aber Furcht
oder Neid und nachstrebende Habsucht entstehen.

4) Bey den oftmaligen und allgemeinen Zerrit-
tungen der heiligsten Verbindungen, bey der Angewöhnung zur Geringschätzung des nun so veränderlichen, so
oft von denen selbst, die es sonst vertheidigten und beschützten, angegriffenen obrigkeitlichen Ansehns, ist es
leicht geschehen, daß diejenigen, die nur durch positive
Gesetze und menschliches Ansehn zur Ordnung und Rechtschaffenheit angetrieben waren, nun sich über alles weg-
setzen und alles für willkührlich halten, was Recht und
Gesetz heißt. Das sogenannte Recht des Stärkern
ist die Geburt dieser Zeiten vielmehr, als des ursprünglichen Naturstandes. In diesem sind die Begierden zu
einfach und eingeschrenkt, um zu Unterdrückungen und
zur Herrschaft zu reizen, und die sophistischen Vorstellungen noch nicht da, die die Regungen der Sympathie
so völlig unterdrücken könnten.

Wo

Wo hat je ein wildes Volk das Faustrecht unter sich so ausgeübt, wie die Europäer in den mittlern Zeiten? Verträge nöthig erachtet unter Bürgern eines Reichs, um sich einander wenigstens in etlichen Tagen der Woche nicht zu berauben und zu ermorden? Aber jene Zeiten waren auch zugleich Zeiten einer bereichernden Handlung, und einer ausschweifenden Neigung zur Pracht.

Auch die bürgerlichen Kriege in der ersten Periode der Fränkischen Monarchie wurden so geführt, daß die Frommen die Ankunft des jüngsten Tages daran zu erkennen glaubten. Der Vater lehnt sich gegen den Sohn auf, der Sohn gegen den Vater, der Bruder gegen den Bruder, und der Verwandte gegen den Verwandten; schreibt Gregorius von Tours *). An welche abscheuliche Verbrechen erinnern nicht schon die bloßen Namen der beyden Königinnen Brunehild und Fredegund? Bey den Kriegen der Karolinger unter einander gieng es nicht besser; wenn nicht noch schlimmer **).

5) Um so viel heftiger können alsdann die Leidenschaften auch darum wüthen; weil sie sich so leicht ein ehrwürdiges Ansehn geben. Erlittenes Unrecht zu rächen, das Seinige zu vertheidigen und in Sicherheit zu setzen; Jura erga hostem sunt infinita. Man kann sich noch das Ansehn geben, fürs gemeine Beste etwas zu unternehmen; die Ordnung wieder herstellen zu wollen;

---

*) Schmidts Gesch. der Deutsch. I. 234. 245. 308.
**) Ebend. I. 498.

len *) ; man kann sich, wenigstens mit dem gemeinen Beyspiele rechtfertigen. Kein Wunder, wenn Stra-ßenraub zuletzt für eine ritterliche Beschäftigung, und so anständig als Krieg und Jagd gehalten wird.

6) Auch dadurch können sie noch stärker entflammt werden, daß die nun gegen einander aufgebrachten vor-her mit einander vereinigt waren. Je genauer sie ein-ander kannten, auf desto mehrere Arten wissen sie nun einander beyzukommen, Haß und Feindschaft auszulas-sen. Haßten sie einander vorher schon aus Privattrie-ben: so verstärkt dieß die gemeinen Antriebe des Hasses. Waren, die durch öffentliche Angelegenheiten jetzt entzwey-ten vorher durch Freundschaft, Verwandtschaft, Wohl-thaten, mit einander verbunden : so wird leicht dem einen, oft beyden Theilen, die vorige Liebe Ursache eines desto bittern Hasses. Bisweilen aber erleichtert dieß auch die Aussöhnung und Vertauschung der Partheyen; bey denen nemlich, die hauptsächlich durch das so verän-derliche Interesse des Eigennutzes, oder nur durch das Beyspiel anderer, sich leiten lassen. Aber auch dadurch wird das Zutrauen der einen gegen die andern geschwächt; und Treue und Redlichkeit von vielen endlich gar nicht mehr geachtet.

7) Freylich müssen auch in manchen Gemüthern die guten Früchte sich zeigen, die aus einer freyen Den-kungsart, aus mächtigen Antrieben und beständigen

Bbb 4 Ge-

---

*) Getraute sich doch Catilina seinen Unternehmungen noch ein ehrwürdiges Ansehn zu geben, beym Salust. Cap. XX.

Gelegenheiten zur Thätigkeit, endlich aus dem Bedürfnisse treuer Freundschaften entstehen können. Alles Gute,
was in einem Menschen ist, wie alles Böse, kann sich
ungehinderter in seiner ganzen Stärke offenbaren. Beyspiele der treuesten Freundschaft findet man immer in den
Geschichten bürgerlicher Kriege. Die Uebereinstimmung
in heftigen Leidenschaften gegen gemeinschaftliche Feinde,
und das Bedürfniß eines wechselseitigen sichern Beystan-
des in den beständigen Gefahren vor offenbaren und hin-
terlistigen Nachstellungen bringen sie natürlich hervor.
(§. 69.) Einige schöne Beyspiele dieser Art erzählt D'Aubigné in seiner Geschichte. Als er den König, seinen
Herrn verließ, weil er sich für beleidigt von ihm hielt;
verließen verschiedene Edelleute freywillig den Hof, um
sein Schicksal mit ihm zu theilen. Als nachher einmal
der König ihn zu einer sehr gefährlichen Gesandschaft gebrauchte; ließ einer der vertrautesten Freunde desselben,
St. Gelais, aus Betrübniß seine Haare und seinen Bart
wachsen, bis er ihn glücklich zurückgekommen sah. Er
selbst, D'Aubigné, bewies eine solche Freundschaft gegen La Trimouille. Als der König Truppen gegen ihn
marschiren ließ: schrieb dieser an D'Aubigné nur folgendes: D'Aubigné, mein Freund, ich lade Sie hie-
durch ein, daß Sie, Ihren eidlichen Versicherungen gemäß,
hieher kommen, um zu sterben mit Ihrem ergebensten ꝛc.
D'Aubigné beschwerte sich in seiner Antwort nur, daß
er für nöthig gehalten hätte, ihn an seinen Eid zu erinnern, kam, und theilte alle Gefahren mit ihm.

8) Ueberhaupt kommt es hiebey noch sehr darauf
an, in welchen Zeiten, bey welchem Grade der Aufklärung, welchem Zustande der Religion, sich diese Auftritte

tritte ereignen. So gieng es in den bürgerlichen Kriegen in Frankreich zwischen den Katholiken und Hugenotten freylich nicht so barbarisch her, als in den mittlern Zeiten. Aber immer noch schlimm genug, um die vorhergehenden Grundsätze zu bestätigen. Man lese nur, was der tapfere D'Aubigné von sich selbst, und andern berühmten Leuten seiner Zeit, in seinen Memoires und seiner Geschichte erzählt.

Man findet bisweilen Ausnahmen, wo man sie vielleicht nicht erwartet hätte. Bey den letzten Zerrüttungen des Reichs des großen Mogols, wo einer um den andern die Herrschaft in den Provinzen an sich riß, auch auswärtige Völker zum Beystand herbeygerufen wurden, blühten dennoch Handlung und Gewerbe. Wenn auch in den Städten selbst diese kleinen Tyrannen sich mit einander herumschlugen: so wurden doch die Einwohner dabey nicht geplündert. Und wenn dieß bisweilen geschah, oder ein Haus bey der Gelegenheit im Feuer aufgieng: so erhielt der Eigenthümer gemeiniglich eine Entschädigung *). War dieß noch eine Wirkung der schwächern Leidenschaften der Indianer? Oder vielmehr Wirkung des aufgeklärten Eigennutzes dieser Despoten, daß sie die Quellen des Wohlstandes nicht ausrotten wollten in dem Lande, um dessen Besitz sie stritten?

Auf eine entgegengesetzte Weise wurden um eben diese Zeit die bürgerlichen Kriege in Persien geführt.

---

*) Niebuhr Reisebeschreib. II. 59.

Kapitel

Kapitel VII.

Von den Gemüthsbeschaffenheiten der verschiedenen Alter und Geschlechter.

I. Von den verschiedenen Altern.

§. 176.

Vorerinnerung.

Wenn die Beschaffenheit des Körpers, wenn Erkenntnisse und Erfahrungen, wenn Beschäftigung und Lebensart, Verbindungen und Interesse die Gemüther der Menschen bilden: so ist es außer Zweifel, daß sich merkwürdige Verschiedenheiten in den Gemüthsbeschaffenheiten der verschiedenen Alter und Geschlechter offenbaren müssen.

Unterdessen lehret die Erfahrung, daß es doch auch hier nicht leicht ist, allgemeine Merkmale festzusetzen; daß die einzelnen Erscheinungen oft anders aussehen, als man nach allgemeinern Begriffen vermuthen möchte.

Es giebt Kinder von beynahe männlichem Sinn [*]), und kindische Jünglinge. Wenigstens ist der Eintritt in

eine

---

[*]) Vom K. Antonin, dem Philosophen, sagt die Geschichte, daß er von Kindheit an ernsthaft gewesen; fuit a prima infantia gravis. *Jul. Capitol.* Cap. 2. Ein gleiches ist vom jüngern Cato bekannt.

eine der moralischen Stuffen des Alters, und der Austritt aus derselben, bey welchem nicht immer an die gleiche Zahl von Jahren gebunden.

Auch kann der Zustand des Zeitalters und der Nationalsitten hierinn gar vieles ändern; männliche Ernsthaftigkeit in der Jugend erzeugen, und Leichtsinn noch im Greise unterhalten.

Eben dieß gilt in Absicht auf die Sitten der beyden Geschlechter.

§. 177.

Allgemeine Gründe der unterscheidenden Gemüthsart des kindischen Alters.

Die besondern Eigenschaften des kindischen Alters in Absicht auf die Neigungen und Willensäußerungen entspringen aus einem doppelten Grunde; nemlich aus dem Zustande des Körpers, und der Beschaffenheit der Erkenntniß. Der Körper des Kindes besteht aus weichern und reizbarern Werkzeugen, auf die alles leicht Eindrücke machen kann. Kinder empfangen daher leicht eine Begierde wornach, und sind immer rege. Veränderlich dabey; da so leicht ein neuer Eindruck entsteht, hingegen kein tiefer dauerhafter Eindruck in den zarten allzu nachgiebigen Werkzeugen Statt findet *). Sie sind heftigen Empfindungen, des Schmerzes zuerst, hernach auch der Freude, ausgesetzt durch diese Beschaffenheit ihrer Empfindungswerkzeuge. Aber auch ihr Affect

ist

---

*) In infante cerebrum est mobilissimum aque fluida pulte parum omnino distat; videtur in labili elemento nihil potuisse inscribi. *Haller* Elem. phys. lib. XVII. Sect. I. §. VI.

ist nicht von langer Dauer. Sie sind bald wieder aus-
gesöhnt; und gehen überhaupt sehr leicht von einer Leidenschaft zur andern über. Wenn sie gesund sind: so
macht eben dieß leichte Spiel ihrer Organen, der schnellere Umlauf ihres Bluts, und das tägliche Gefühl ihrer wachsenden Kräfte, daß sie fast immer munter
und gutes Muthes sind.

Diese Triebfedern ihres Willens werden durch den
Zustand ihrer Erkenntniß mehrentheils begünstiget. Von
vielen Dingen, durch welche die Begierden in der Folge
getheilt und eingeschrenkt werden, haben Kinder noch gar
keine, von andern nur schwache, wenig wirksame Begriffe. Sie können sich also jedem Gegenstande, der
Eindruck auf sie macht, völlig überlassen, alles was sie
zu seyn gereizt werden, ganz seyn. Wenig Scharfsinn
in der Unterscheidung läßt sie leicht zur Wahl kommen,
Unvollkommenheiten übersehen, und, wenn nur irgend
etwas ihren Vorstellungen entspricht, eins fürs andere
nehmen. Da sie so wenig vertraut mit der Wahrheit
sind, so wenig die Gefahren und mancherley Gestalten
des Irrthums kennen; so sind sie leicht zu täuschen, leicht
zu überreden, wo es nur dem Gefühl und der Neigung
nicht gerade entgegen ist, was man sie glauben machen
will. Ihre noch so wenig gefüllte und durch innern Stoff
auf eine bestimmte und dauerhafte Weise beschäftigte,
ihre nach neuen Vorstellungen und Anregungen begierige
Seele giebt auch leicht Gehör, und öfnet sich jedem Eindrucke, bey dem sich ihre bekannten Bilder irgend er-
neuern, erweitern und zusammen thun können. Desto
schwerer hält es hingegen, durch Vorstellungen von dem,
was nicht in die Sinne fällt, durch Beschreibungen von

noch

noch nicht empfundenen, oder noch weit entfernten Vor-
theilen und Uebeln, Eindruck zu machen, und den sinnlichen Trieben Einhalt zu thun. Kinder scheinen bisweilen vernünftigen, aber für sie allzu erhabenen und
unverständlichen Reden ihre Aufmerksamkeit und ihren
Beyfall zu schenken, schenken ihn bisweilen wirklich;
aber nur um der etlichen nicht unangenehmen Bilder
willen, die ihnen, wer weiß wie sehr von den Vorstellungen, die man ihnen erwecken wollte, abstehend, zu-
fälliger Weise dabey entstehn. Oder wohl gar nur um
der Beschäftigung willen, die ihr äußerer Sinn bey dem
Schall der Worte, und den Mienen der Redenden findet *). Sicherlich aber ist ihnen nichts so verdrießlich,
als ein Vortrag dieser Art; so bald sie merken, daß er
die Absicht hat, ihren Neigungen Einhalt zu thun; das
ihnen zu entziehen oder zu stören, was ihrer Empfindung
nach gut ist. Ungelehrigkeit, Unfolgsamkeit hat also
in diesem Fall den natürlichsten Grund; und den um so
mehr, je bestimmter und stärker die Empfindung des
Kindes ist. Eben so natürlich ist der Leichtsinn der
Kinder, daß sie wenig und nur flüchtig überlegen, und
die guten Lehren leicht vergessen und aus der Acht schlagen. Was sollen die wenigmale gehörten, halb ver-
stan-

---

*) Kleine Kinder von zwey, drey Jahren lassen sich nicht
nur beym Mangel einer andern Unterhaltung, gern
gefallen, wenn man ihnen ihre verübten Unarten und
die dafür erlittene Züchtigung, über die sie noch vor
wenigen Stunden so heftig weinten, wieder vorhält;
sondern sie plaudern auch wohl selbst, oft naiv genug
davon. Aber der Schluß auf moralische Gefühle dürfte
dabey wohl die meiszenmale betrügerisch seyn.

ſtandenen, durch keine Empfindung verſiegelten und er-
wärmten Vorſtellungen gegen das lebhafte gegenwärtige
Gefühl? Selbſt einzelne Erfahrungen, empfundene
üble Folgen machen ſie nicht allemal klüger. Die Aufmerkſamkeit iſt bey ihnen nicht immer auf den rechten
Punct gerichtet geweſen, aus welchem die Lehre entſpringen mußte; der Verſtand war nicht vorbereitet genug,
um ſie zu faſſen, iſt im Ganzen nicht belehrt und feſt
genug, um ſie nicht zu bezweifeln, oder als anders wohin gehörig fahren zu laſſen, ſo bald ſie der Neigung
nicht anſteht. Und wenn alles dieſes nicht wäre; dauerhafte Eindrücke ſtimmen weder mit der Beſchaffenheit
der Werkzeuge, noch mit der Beſchaffenheit der noch ſo
wenig geübten Denkkraft überein.

Das Neue, wenn es nur irgend etwas Angenehmes hat, zieht Kinder um ſo mehr an, je weniger be-
ſtimmte und feſſelnde Beſchäftigung ſie haben. Ihre
Unwiſſenheit macht ſie dabey leicht vorwitzig und unvor-
ſichtig. So bald es hingegen etwas dem, was ſie haben fürchten lernen, ähnliches, etwas ihren Sinnen oder
innern Anlagen unangenehmes hat *); ſind ſie auch äußerſt

---

*) So viel auch die Schreckenbilder, welche durch die unver-
ſtändigen Drohungen und Erzählungen einfältiger Wärterinnen den Kindern in den Kopf geſetzt werden, an
der Furcht derſelben vor Nacht und Einſamkeit Urſache
ſeyn mögen: ſo ſcheint mir doch auch ein innerer natürlicher Grund dazu vorhanden zu ſeyn. Wenn es
nemlich durch die allmälige Ideenverbindung bey Kindern dahin gekommen iſt, daß ſie bey Bildern und
Schatten Körper, Perſonen ſich zu denken anfangen:
ſo machen ſie es, wie man weiß, daß erwachſene Blind-
ge-

ßerſt ſcheu und mißtrauiſch dagegen; und durch Worte
nicht leicht zu bewegen, ſich ihm zu nähern, und bekannter damit zu machen. Denn es fehlt ihnen noch zu ſehr
an den Vorſtellungen, mittelſt welcher Menſchen ſich
Gewalt anthun und den ſinnlichen Eindruck überwinden:
an den Vorſtellungen von Ehre, Pflicht und oft trügen-
dem Scheine. Deſto weniger Mißtrauen haben ſie gegen dasjenige, was ihnen ſchon oft Vergnügen gemacht
hat. Wo ſollte es ihnen herkommen? Aus entfernten
Analogien, öftern Erfahrungen, lange verborgen geblie-
benen Tücken, allgemeinen Möglichkeiten, ihnen? Wer
daher ihrer Liebe ſich einmal bemächtiget hat, dem überlaſſen ſie ſich ganz, trauen ihm in allen Stücken, verbergen vor ihm nichts. Offenherzig, vertraulich, geſchwä-
ßig macht ſie ohne dem ſchon die Reizbarkeit und Beweglichkeit aller ihrer Kräfte. Gewohnte Vergnügen
und liebe Bekannte ziehen ſie um ſo mehr an ſich; je weniger ihre Neigungen noch getheilt oder ihre angenehme
Vorſtellungen durch widrige Abſociationen getrübt ſind.

Kinder ſind der Empfindungen des Mitleides und
Wohlwollens allerdings fähig; ob man gleich auch hier
ſich

─────────────────────

gebohrne, nachdem ſie ihr Geſicht bekommen, und beym
Sehen, wie andere Menſchen, zu urtheilen endlich
gelernt hatten, es machten — ſie halten dieſe Bilder
ißt für mehr noch als ſie ſind, für wirkliche belebte
Weſen. Und da iſt kein Wunder, daß ſie vor den mehr-
rentheils unbekannten und ſonderbar ausſehenden Geſtalten ſich fürchten. Die Reden einiger Kleinen in ſolchen Umſtänden haben mich auf dieſe Vermuthung gebracht, die ohne Zweifel mehrern ſchon ſo entſtanden
ſeyn wird.

sich irren könnte, wenn man annehmen wollte, daß sie
bey den Worten, die sie Erwachsenen nachsprechen, immer
das empfänden und dächten, was diese dabey sich denken.
Aber sie geben häufig untrügliche Beweise von wirklichen
Empfindungen dieser Art durch wohlthätige Handlungen der
Liebe und andere natürliche Ausbrüche des Wohlwollens.

Unterdessen sind diese Gefühle für andere bey Kindern, wie auch bey den Erwachsenen, in denen sie nicht
durch Kunst oder Zufälle entwickelt und gestärkt worden
sind, insgemein viel schwächer, als die Empfindung der
eigenen Bedürfnisse und Begierden; und werden daher
im Streite mit diesen gar leicht unterdrückt. Daher die
so gemeinen und frühen Ausbrüche des Neides, der
Habsucht, Herrschsucht und ungerechter Gewaltsam-
keit der Kinder gegen einander. Die Vortheile einer
vorzüglichen Achtung werden auch zu bald einleuchtend,
als daß Regungen der Ehrbegierde und einer darauf sich
beziehenden Eifersucht im kindischen Alter ganz fehlen
könnten. Doch finden in demselben diese Triebe vergleichungsweise noch die wenigste Nahrung, und weichen
dem Trieb zum nähern sinnlichen Vergnügen gar leicht.
Daß der Trieb zur Nachahmung in diesem Alter hauptsächlich herrschen müsse; ist eben so leicht aus den allgemeinen Gründen desselben (§. 115.) und den Grundbeschaffenheiten der kindischen Natur zu schließen, als es
die Erfahrung gewiß macht.

Persönliche Vollkommenheiten müssen in die
Sinne fallen, oder mit dem in die Sinne fallenden
sehr einleuchtend verknüpft seyn, wenn sie auf Kinder Eindruck machen sollen. Eben deswegen werden sie
auch bald aufmerksam auf die Vorzüge des Standes,

wegen

wegen der dabey entstehenden Vorstellungen von prächti-
geren Kleidern, köstlicheren Speisen, mehreren Bedien-
ten. Auch gegen körperliche Schönheit sind Kinder
insgemein sehr empfindlich; und bisweilen so, daß man
der Vermuthung einer in diesem Alter schon ganz instinct-
mäßig sich regenden Liebe der beyden Geschlechter gegen
einander kaum widerstehen kann *). Ungern gestehen
die Kinder einander, oder auch selbst den Erwachsenen,
persönliche Vorzüge zu; ohne den mindesten Grund,
auf die leichtsinnigste, lächerlichste Weise eignen sie sich
oft gleiche Vorzüge mit andern zu. Welches drey oder
vierjährige Kind bildet sich nicht ein, groß zu seyn, spricht
nicht, als ob es klein gewesen wäre, vor wer weiß wie
langer Zeit; und glaubt nicht unzählige Dinge zu wissen,
von denen es nichts weiß? Kurz die Eigenliebe giebt
sich in den Kindern sehr stark zu erkennen. Eine Folge
der noch ganz ungebändigten und unaufgeklärten Selbst-
liebe.

§. 178.

Unterscheidende Eigenschaften der reifenden Jugend von der Kindheit.

Wie die Kräfte sich vermehren und ausbreiten: so
nimmt natürlicher Weise der Muth, das Vertrauen
auf

---

*) Sie hat auch nichts ganz unbegreifliches; in so fern sich
annehmen lässet, daß außer dem erst in einem gewissen Alter eintretenden Bedürfnisse, die beyden Geschlechter, wenigstens in besondern Fällen, noch andere
eigene Reize für einander haben können; und zwar
auch auf Kinder wirkende, sinnliche Reize. Die weibliche Physiognomie unterscheidet sich doch insgemein
von der männlichen schon in der ersten Jugend.

Ccc

auf dieselben, Stolz und Zuversichtlichkeit zu. Beym Jüngling, bey dem sie so eben aufblühen und sich hervordrängen, der sie lebhaft fühlt, und gegen größere Kräfte, unüberwindliche Schwierigkeiten, noch wenig sie gemessen, den leichten Verlust derselben noch nicht gefühlt hat, gehn diese Eigenschaften natürlicher Weise, wenn nicht weise Lehre und gebesserte Beyspiele Einhalt thun, am weitesten *). Auch in seinen Geschicklichkeiten, und Einsichten, neuen, lebhaften, nicht genug geprüften und verglichenen Einsichten, finden jene Neigungen Grund.

Je mehr Muth und Zutrauen zu sich selbst, je mehr Lebhaftigkeit, Wärme und Sinnlichkeit noch dabey; desto mehr Abscheu gegen Zwang und Abhängigkeit. Das Bewußtseyn, daß das Kind sich diese Abhängigkeit gefallen lassen muß, und die Ungeneigtheit für ein Kind, für schwach und unwissend noch sich halten zu lassen, vermehren jenen Abscheu.

Spott und Verachtung empören eben diese Gefühle; und die täglich sich erweiternden Einsichten in die Vortheile der Ehre geben dem Trieb darnach schon so mannichfaltige und starke Reize, daß er schon oft bis zur Leidenschaft steigt **).

Beschimpfungen von sich abzuwälzen, Beleidigungen zu rächen, wählt der kühne Jüngling, in der Hitze

der

---

*) Tunc primum idonea deliciis aetas est, nec plus a voluptatum sensu gaudet, quam quod illas audeat impune experiri. *Barclaii* Icon anim. Cap. 2.

**) Animus autem in hoc aetatis flore prima cupidine laudis ardet, impatiens contumeliarum. Ibid.

der Empfindung, gern die nächsten und gewaltsamsten,
nicht die sichersten Mittel.   Aber er verzeiht noch leicht
der Reue, und schont großmüthig dessen, der sich unterwirft.   Die künftigen Gefahren, die die Verstellung
oder der Rückfall ihm dadurch bereiten könnte, kennt
und fürchtet er zu wenig, um größere Strenge für nöthig zu halten.   Aber er selbst nimmt sich nicht genug davor in Acht, daß er andere nicht beleidigt.   Er thut
es nicht leicht aus Absicht zu schaden; auch nicht so oft
vorsetzlich, aus stolzem Vertrauen auf seine Kräfte, und
Begierde seine Unerschrockenheit und Ueberlegenheit zu
zeigen; als aus Leichtsinn, Unbedachtsamkeit, Voreiligkeit und Zuversichtlichkeit im Urtheile, und daraus ent-
stehender Neigung zum Tadel.   Besonders auch aus der
Neigung zum Lachen; weswegen er das lächerliche
gern aufspüret; und den eigenmäßigen Verdrehungen
und Ideenverbindungen, wodurch etwas lächerlich wird,
was es an sich nicht ist, nicht gern widersteht *).

Fürs Große, Kraftvolle, Muthige, Kühne geräth er leicht in Sympathie und Bewunderung.   Das
Neue reizt ihn; da er mehr zu hoffen als zu fürchten
geneigt ist.   Deswegen gehen auch die Anschläge und
Erwartungen, sein eigenes künftiges Glück in der Welt
betreffend, insgemein weiter, als ihre Erfüllung.   Das
Wunderbare zieht seine Imagination mehr an, als es
seinen zum Zweifeln noch wenig gestimmten Verstand zu-
rückstößt.

C c c 2

Schon

---

*) τα ȷ̈δικηματα αδικεσιν εις ὑβριν και 8 κα-
κουργιαν. και Φιλογελωτες και ευτραπελοι.
Aristoteles Rhetor. II, 12.

Schon mit mehrerer Wahl sucht der Jüngling
sein Vergnügen, und bleibt seinem Gegenstande getreuer.
Seine Liebkosungen sind feiner, als die des Kindes, und
wärmer, als die des Mannes. Der Knabe braucht
Spielgesellen; der Jüngling Freunde, denen er sich mittheilen, Geliebte, gegen die er seine vollen Gefühle auslassen kann *).

Nie fühlt er die Seligkeiten der Freundschaft
wieder, wie er sie itzt fühlt, wenn sein Herz das Bedürfniß zu lieben im vollen Maaße empfindet, sein ge-
schärf-

---

*) Barclay scheint mir diesem Alter nicht genug Gerech-
tigkeit wiederfahren zu lassen in folgenden Zügen: Non
diu eadem consilia probare aut exsequi facili etiam
plurimum sibi placet, nec satis amicitias potest eli-
gere, nec postea adversus succrescens fastidium tueri.
Denn ob sie gleich auf manche Jünglinge passen, und
die edlern Gefühle in einigen später als in andern sich
ausbilden: so bezeichnen sie doch überhaupt mehr den
Knaben als den Jüngling. Auch Horaz zeichnet den
Jüngling so: Amata relinquere pernix. Aber der
Zug scheint mir nicht ins allgemeine Gemählde der Natur zu gehören, wenigstens nicht, wenn er auch auf
die Freunde angewendet wird. Nach dem Aristoteles,
der von der Kindheit nicht besonders handelt, sondern
nur Jugend (νεοτητα) mittleres und hohes Alter unterscheidet, sind junge Leute in ihren Neigungen freylich veränderlich. ευμεταβολοι και αψικοροι
προς τας επιθυμιας. σφοδρα μεν επιθυμϰσι,
ταχα δε παυονται. Doch aber die wärmsten und
uneigennützigsten Freunde Φιλοφιλοι και Φιλεται-
ροι μαλλον των αλλων ηλικιων, δια το χαι-
ρειν τω συζειν, και μηπω προς το συμφερον κρι-
νειν μηδεν. l. cit.

schärfter, verfeinerter Sinn schon den Einzigen unter=
scheidet, in dem er seine eigenen Empfindungen verdop=
pelt, seine Liebe ganz erwiedert sieht; wenn er noch nicht
ahndet, daß eine andere heftigere Liebe möglich ist, daß
es möglich ist, einem andern Geschlechte den Vorzug vor
dem seinigen zu geben, im Freunde nur den Vertrauten
einer andern Leidenschaft zu sehen, oder doch in diesem
Verhältnisse am zärtlichsten ihn zu lieben, und am begie=
rigsten aufzusuchen.

Eine neue Schöpfung von Trieben und Empfin=
dungen; wenn diese Leidenschaft durch einen Strahl der
Liebe, bey sich begegnenden gleichen Bedürfnissen, auf
einmal entzündet wird; wenn ungestört und ungezwungen
die Natur allein ihr Werk vollendet. Dunkel fällt über
alle Gegenstände; nur ein Bild steht klar vor der Seele,
die sich von allem loszusagen scheint, um dieß Einzige
zu verfolgen und fest zu halten. Verhaßt ist, was dazwi=
schen treten will, was es auch sey; reizend die Einsam=
keit, wo nichts die Täuschung unterbricht. Argwohn
entsteht, neuer ungewohnter Argwohn gegen allen Schein,
alle Möglichkeit nebenbuhlerischer Absichten. Dunkle
Gefühle von Seligkeiten, gegen die alle bisher genosse=
ne Freuden geschmacklos scheinen; und doch Traurigkeit,
Abzehrung. Ein Zustand des Leidens; und doch nicht
zu vertauschen gegen die leichtsinnigen, zerstreuenden Er=
götzungen! —

Die Art, wie diese Leidenschaft im Jüngling ent=
steht, und sich wendet, gehört zu den entscheidendsten
Gründen seines ganzen künftigen Charakters. Sie er=
höht entweder seine Gefühle fürs Schöne und Schickliche,
und entflammt seine Thätigkeit, seine Bestrebungen nach

Ehre

Ehre und andern äußerlichen Gütern. Oder sie raubt
ihm mit der Schaamhaftigkeit alle edlern Empfindungen;
stürzt ihn in die Wirbel grober Sinnlichkeiten, entnervt
ihn, und macht ihn zum verächtlichsten und bejammerns-
würdigsten Geschöpfe unter der Sonne. Ueberhaupt
aber gehört es zu den Eigenschaften des jugendlichen Alters, daß der sittliche Charakter noch nicht vollständig
und dauerhaft bestimmt ist. Sinnlichkeit und Vernunft,
Temperament und Grundsätze, Einsichten und Vorurtheile, Vorsätze und Beyspiele streiten beym Jüngling
noch gewaltig mit einander, und behaupten oft sehr abwechselnd die Oberhand *). Er steht am Scheide-
wege.

§. 179.

Eigenschaften des mittlern Alters.

Je mehr durch viele Erfahrungen die Einsichten des
Menschen sich läutern, und die Lebhaftigkeit der Empfindungen mit den Reizen der Neuheit und den Graden der
Empfänglichkeit abnimmt: desto mehr richten sich die
Triebe desselben nach den dauerhaften Gütern, dem
Nützlichen; und lassen durch das unmittelbare Vergnügen sich immer weniger bestimmen **). Auch darum,
weil er schon so viele Arten von Vergnügungen kennt
und zu schätzen weiß, macht keines mehr so starken Eindruck auf ihn. Aber die Mittel dazu in seine Gewalt

zu

---

*) Nouvelle Theorie de l'homme Tome II. p. 60 seqq.
**) Cauta illis vitia; ac plerumque nec virtutem sine prae-
mio colunt. Barcl.

zu bringen, seinen Glücksstand zu gründen, zu befestigen, zu erhöhen, ist seine dringendste Angelegenheit.
Die Zeit, wo er andere für sich sorgen lassen konnte, ist
vorbey. Eben diese Absicht, aber auch das Gefühl und
Bewustseyn voller und geübter Kräfte, erworbener ge-
meinnütziger Einsichten und Fertigkeiten, treibt ihn zu
Geschäften, und macht ihm, dem Manne, es unaus-
stehlicher, als es keinem andern Alter ist, einen bloßen
müssigen Zuschauer in der Gesellschaft abzugeben.

Der Trieb zur Ehre ist mächtig in ihm; aber
gleichfalls durch die Triebe zum Nützlichen geformt, durch
Unterscheidung des leeren Scheins und der Realität geleitet, strebt er itzt mehr nach dauerhaftem, Hauptzwecke
befördendem Ansehn, als nach vorüber gleitendem Lobe
und Beyfall. Auch ist es ihm nicht mehr so, wie vorher, genug zu gefallen und geliebt zu werden; er will
auch — seine Gefühle, seine Verhältnisse und Absichten
bringen es mit sich, mehr oder weniger — aus Achtung
gefürchtet werden.

Er hält auf den Wohlstand strenger. Der
Zwang kostet schon weniger, da er sich in der Herrschaft
über seine Empfindungen und Triebe schon lange geübt
hat; und er kennt die Nothwendigkeit der Gesetze des
Wohlstandes auch aus mehreren Einsichten.

So beweiset er auch gegen die Gesetze der gesellschaftlichen Ordnung überhaupt genauere Achtung; wo
nicht aus Rechtschaffenheit, doch aus Klugheit und Gewohnheit, und sucht die selbstsüchtigen Absichten mehr
zu verbergen, vom öffentlichen Geiste beseelt zu scheinen,
wenn er es auch nicht wirklich ist.

Ueber-

Ueberhaupt ist er verschlossener, fertiger in der Verstellung, als der Jüngling *).

Feiner, höflicher, verständiger, dienstfertig; aber weniger Freund. (Th. I. §. 69.) Weniger halsstarrig, aber standhafter; nicht so unternehmend, so kühn zum Angriffe a), aber ausdauernder in der Vertheidigung und Verfolgung der Vortheile b). Er geräth nicht so leicht in Leidenschaft, oder läßt sie nicht so leicht ausbrechen. Aber seine Leidenschaften sind völliger, wirksamer und dauerhafter c).

§. 180.

Eigenschaften des menschlichen Gemüthes im hohen Alter.

Das hohe Alter ist seiner Natur nach mehr ein Zustand der Schwäche und Kränklichkeit, als der Gesundheit. Ein unbehagliches, zur Verdrießlichkeit reizendes Gefühl ist also natürlicher in demselben, als Heiterkeit und froher Muth. Die Sinne sind auch stumpfer, unempfindlicher gegen die Eindrücke der Ergözungen und Schönheiten der Natur; die Einbildungskraft nicht mehr lebhaft genug, das Unangenehme umzuschaffen oder zu verscheuchen, und die Eindrücke des Angenehmen durch ihre Zusätze und Ausbildungen zu erhöhen.

Der

---

*) Simulare amicitias suisque desiderii imperare, non alii magis sciunt. *B.*

a) Commisisse cavet, quod mox mutare laboret. *Horat.*

b) Veram quoque fortitudinem habent castigato impetu, neque exstincto, quo ad iram vindictamque adolescentia fertur. *Barcl.*

c) *Tissot* Traité des nerfs vol. II. p. 201.

Der Mensch beurtheilt aber insgemein alle Dinge nach den Empfindungen, die er davon hat; und von den Einflüssen des Selbstgefühls und der innerlich ge-gründeten Laune hängt er in seiner Beachtung und Wür-digung der Dinge so sehr ab, daß er sie fast immer be-urtheilt, wie jene es mit sich bringen. Daher ist also nicht zu verwundern, wenn alte Leute ärgerlich, gräm-lich und tadelsüchtig sind.

Wie der Mensch überhaupt lieber andern Dingen, als sich selbst, Unvollkommenheiten zuschreibt; geneig-ter ist, Vollkommenheiten, die er nicht gewahr wird, ganz zu leugnen, als sein Unvermögen, sie gewahr zu werden, einzugestehen: so ist der Alte auch leicht unge-recht gegen die itzigen Zeiten, Menschen und Bege-benheiten; theils weil er der vollen angenehmen Eindrü-cke, vielleicht auch der lebhaften genauen Beachtung nicht mehr fähig; theils weil er nicht mehr eine von den Hauptpersonen des Schauplatzes ist.

Die Eigenliebe treibt alte Leute auch an, dem, was sie vor den jüngern am gewissesten voraus haben, oder doch zu haben scheinen können, der Erfahrung, einen übermäßigen Werth beyzulegen.

Eben diese Erfahrung, das Gefühl ihrer Schwä-che, und die dadurch erhöhten Vorstellungen des Unan-genehmen machen sie leicht, bis zur Zaghaftigkeit und Unentschlossenheit, furchtsam *).

Ccc 5   Da

---

*) Omnia etiam tuta circumspicit, mavultque interdum malo otio vulnera tegi, quam in periculum venire medicinae. *B.*

Da ihre Vorzüge in klugen Einſichten beſtehen: ſo
iſt es natürlich, daß ſie andern gern Rath ertheilen.
Und da das Gegenwärtige ihnen keine ſo lebhafte Eindrücke verſchaft, als ſie vom Vergangenen haben, ſtarke
Bewegungen ihnen auch ihr Körper nicht oft verſtattet:
ſo finden ſie ein beſonderes Vergnügen in Erzählungen
aus ihrem vorigen Leben *). Dabey verurſachet die
Schwäche ihres Gedächtniſſes in Anſehung der itzt erſt
entſtehenden Eindrücke, daß ſie, ohne es ſelbſt zu bemerken, denſelben Perſonen ſehr oft daſſelbe wieder erzählen.

Da ſie grämlich, ſchwach, furchtſam und zum
Genuſſe unfähig ſind: ſo ſind ſie zur Sparſamkeit, ja
wohl zum Geize geneigt **).

Niemand wird ſo unerfahren ſeyn, bloß für das in
allen Stücken gleichende Gemählde eines jeden Greiſes
zu

---

*) Et fortaſſe hinc ſenibus illa ingens & plerumque inde-
feſſa loquendi cupiditas quaſi datus a natura ſtimulus,
ne illi docere gravarentur, qui omnium optime poſ-
ſent. Barcl. Verulam ſagt: Fructum enim ſermonis
petunt, cum rebus minus valeant. Hiſt. vitae & mor-
tis pag 562. opp. ed Erf. 1665. Es kömmt da eine
ausführliche Vergleichung der Jugend und des Alters
nach Seel und Leib vor.

**) Quis fert hoc mortalitatis ludibrium, tunc fortunas
avidiſſime expeti, cum nec diu manere, nec iam ſo-
licitare pretioſis deliciis effoetum corpus poſſunt.
Viget hoc tamen in ſiccis pectoribus malum labens-
que natura timet ſcilicet ad inopiam pervenire, a qua
non poſſit iam laſſis viribus indies morientibus vindi-
cari. Barcl. Ariſtoteles ſetzt den Grund noch hinzu:
Sie wiſſen, wie ſchwer es wird Reichthümer zu erwerben, und wie leicht es iſt, ſie zu verlieren, l. e. cap. XIII.

zu halten. Kein Zug ist in demselben, gegen welchen
sich nicht einzelne Beyspiele aufstellen lassen; zumal wenn
man das Alter nur nach Jahren, nicht zugleich auch
nach dem Zustand der Kräfte mißt *). Niemand, der
die menschliche Natur ganz kennt, wird zweifeln, daß
Vernunft und Tugend auch die natürlichsten Fehler des
Alters verbessern oder doch unmerklich machen können.
Und wie könnte ich es; dem, da ich dieses schreibe,
noch eben der erneuerte Eindruck deines Bildes vor Augen schwebt, Ehrwürdigster — du Zierde der Protestan-
tischen Kirche; oder warum sollte ich nicht sagen dürfen,
der Religion! du, der jedem jüngern Verdienste mehr
als Gerechtigkeit wiederfahren lässet; und nur durch sein
Beyspiel Bescheidenheit von ihm fordert; du, dem seine Werke Fehler des Alters zu haben scheinen, wenn jeder lernbegierige Freund der Wahrheit ihnen noch immer

mü-

*) Voltaire machte z. B. eine Ausnahme gegen die Be-
merkung, daß im hohen Alter die Einbildungskraft und
die davon abhängende Empfindlichkeit sich verlieren.
Nicht nur seine letzten Schriften beweisen es; sondern
er soll auch an allen anscheinenden Gefühlen der Schau-
spieler, denen er zusah, den sichtbarsten Antheil genommen haben, und bey rührenden Stellen leicht zu
Thränen gebracht worden seyn. Und dieß bey seinen
eigenen Stücken, die er doch so sehr als seine Dichtungen kennen mußte. — Doch der scharfsinnige Beobachter,
der dieß bezeugt, fragt dabey nicht ohne Grund: ob
nicht diese große Empfindlichkeit des Dichters bey seinen eigenen Stücken noch am begreiflichsten sey? Hier
konnten ehemalige lebhafte Empfindungen leicht erneuert werden. Hier traf auch der Reiz die Eigenliebe,
das letzte Kleid, nach einem alten Philosophen, was
der Mensch auszieht. *Moore's* View of society and
manners. I. 279. L.

mit Sehnsucht entgegen sieht, ihnen die herrlichsten Empfindungen verdanket! Du, der du auch noch die Freuden der Jünglinge und jungen Männer durch deine Gegenwart erhöhst; vom Greise nichts als die Würde hast! Ich nenne dich nicht; und du eilst vielleicht über diese Stelle weg, wenn sie noch das Glück hat, dir vor Augen zu kommen, um dich nicht in diesem Bild erkennen zu müssen. Aber mein Zeitalter versteht mich. Und ich weiß, daß dieses Opfer meines Herzens weder ihm, noch dem nachfolgenden mißfallen kann *).

§. 180.

Entwickelung einiger Temperamentsverschiedenheiten bey den Einflüssen der verschiedenen Alter.

Es hat seine Richtigkeit, daß das Temperament des Körpers mit dem Alter in vielen Stücken sich verändere; und man kann annehmen, daß jedem Alter ein gewisses Temperament eigen sey; der Kindheit das leichtsinnige (sanguinische), der Jugend das brausende, heftige, cholerisch — sanguinische, dem hohen Alter das schwer- oder trägmüthige (melancholische, phlegmatische), und

---

*) Illis vero, qui in senectute haec vitia, velut syrtes, effugiunt, nihil est ad omne consortium commodius; res publicas atque privatas felicissime regere; despicere malos impetus ac vincere, qui animos nostros inconsulte diripiunt; & consulere juventuti & parcere; quid ipsi fuerint. quid tunc senserint, nondum immemores; digni denique, qui longa senectute sua sapientia fruantur, orbemque illa veluti expertae philosophiae disciplina componant. *Barclai.*

und dem mittlern Alter das aus beyden angrenzenden
zusammengesetzte, cholerisch-melancholische, mit seinen
verschiedenen Mischungen.   Aber es leiden doch auch
diese allgemeinen Sätze hier, wie die übrigen derselben
Art, viele Einschrenkungen; und sind höchstens nur immer vergleichungsweise wahr.   Wenigstens beweiset die
Erfahrung, daß schon oft in der frühesten Jugend sehr
erhebliche Temperamentsverschiedenheiten sich offenbaren;
daß manches Kind cholerisch oder melancholisch, so wie
mancher Erwachsene sanguinisch heißen könne; obgleich
jeder, mit sich selbst verglichen, dasselbe mehr und weniger ist oder seyn wird, nach den Einflüssen der verschiedenen Stuffen des Alters.   .

    Aber es ist auch nicht bloß ein Mehr und Weniger,
was mit der Folge der Jahre in dem Temperamente und
den daraus entspringenden Neigungen sich ereignet.
Denn wenn auch dem Körper selbst nichts zustößt, was
die Temperamentsanlagen verändert; so werden ja die
Einflüsse derselben auf das Gemüth durch den Erkennt-
nißzustand bestimmt, der sich mit den Jahren gar manchfaltig ändern kann.   Es wäre daher gar wohl der Mühe
werth, die natürliche Geschichte der Temperamente und
ihrer sittlichen Folgen, in Rücksicht auf die mit den verschiedenen Stuffen des Alters eintretenden Veränderungen, durch directe und analogische Erfahrungen genauer
aus einander zu setzen.   Denn die sichere Kenntniß dessen, was aus einem gewissen Temperamente als natürlicher Erfolg mit der Zeit entstehen wird, besseres oder
schlimmeres, als was itzt sich äußert, würde die rechte
Anweisung geben, wo man den Anlagen entgegen arbei-
                                                    ten,

'ten, wo man sie unterstützen, und wo man sie nur ihren natürlichen Gang fortgehen lassen müßte *).

Einige Bemerkungen, die aus allgemeinern Grund-sätzen begreiflich scheinen, und in der Beobachtung sich bestätiget finden werden, sollen dieß erläutern und zu andern ähnlichen Anleitung geben.

1) Wer als Kind schon starke volle Empfindung hat, Empfindung, die seine Seele ganz fasset, und dauerhaften Eindruck macht; der wird als Jüngling, wenn sein Temperament nicht physisch geschwächt, oder gewaltsam unterdrückt wird, stolz und stürmisch jedem Gebote, jedem Führer voreilen; oder schnaubend die Bande zerreißen, die ihn zurück halten wollen. Er wird jeden Gedanken, den er für wahr hält, zum praktischen Grundsaße sich machen, und in Ausübung bringen wollen. Er wird keine Verbindung eingehn, die mehr ihm als dem andern Theile Bedürfniß oder Wohlthat scheinen möchte; und jebwede verabscheuen, die er nicht das Recht haben soll, aufzugeben, so bald es ihm gefällt.

Im

---

*) Errant haud raro, qui ex puerorum moribus temere de futurorum affectuum ratione conjiciunt — unum est, quod vix fallit praesagium, scilicet lacrymarum profuse excidentium facilitas. Qui enim ad primum perculsae mentis ictum veris gemitibus madent, sunt illi naturae mollioris, & ad humanitatem amorem-que compositae Alios videas magnis quidem clamoribus & simulantibus fletum, siccos tamen oculos inter parentum minas & verbera tenere: feri isti plerumque, si adoleverint, aut certe in opacis pectoribus nec teneros affectus nec justos etiam timores admissuri. *Jo. Barclaii* Icon animorum Cap. I.

Im männlichen Alter wird eben derselbe durch Standhaftigkeit, Muth, und Arbeitsamkeit sich auszeichnen; aber seinen Stolz durch Achtung für die gleichen Absichten und Kräfte anderer itzt mehr verfeinern; und später zwar als andere, aber endlich doch auch lernen, durch Gefälligkeit und Nachgiebigkeit in Nebendingen, seine Unternehmungen desto ungehinderter und vollständiger zu Stande zu bringen. Gleichgültigkeit wird er als Greis vertragen können, aber nicht Verachtung; und eine Niederträchtigkeit nicht mit ansehen können, ohne sie mit einem dürren, treffenden Scheltwort zu bestrafen, wenn ihm seine Kräfte nicht ein mehreres erlauben *).

2) Ein Mensch von gesunden, aber schwächern Empfindungen und Triebfedern wird länger, als jener, die Fehler des Kindes an sich behalten, Schüchternheit und Veränderlichkeit. Bey erlangter männlicher Stärke des Körpers und reifenden Einsichten, wird es ihm hingegen leichter, seine Empfindungen und Triebe durch einander ins Gleichgewicht zu bringen; sich in das zu finden, was sich nicht ändern läßt, und da sein Glück und seine Verdienste anzubauen, wo sie nicht die glänzendsten, aber die sichersten sind. Und es kann seyn, daß er beyde zu einer gleichen Höhe bringt mit denen, die an Kraft und Entschlossenheit ihn übertreffen, ob er gleich langsamer und bey kleinern Theilen anbaut; weil er weniger einzureißen und weniger zu verfechten hat.

3) Wer

---

*) Man sehe vom Cortez *Robertf.* H. A. II. 4.

3) Wer in der Jugend ſchon träg und ſchwerfällig
iſt, aus Mangel an Empfindſamkeit und Reizbarkeit in
den feinern Triebfedern, wird, wenn die Maſſe wächſt,
und das Gefühl der Kraft zum Widerſtande zunimmt,
und jedwede Gewohnheit den Trieben eine mehrere Be-
ſtimmtheit giebt und ihre Veränderlichkeit und Reizbarkeit vermindert, an Gleichgültigkeit, Ungefälligkeit und
Ungelenkſamkeit nicht leicht übertroffen werden. Und
wofern ein fleißiger Vater für ſein hinlängliches Aus-
kommen geſorgt hat, und das Schickſal nicht mit Ru-
thenſtreichen ihn in Bewegung ſetzt; wird er den größten
Theil ſeiner Lebenskräfte auf einem Lehnſtuhl verdünſten.
Ein paar Grade von Empfindlichkeit mehr, können einen
muntern, viel verſprechenden Jüngling geben; aus dem
aber, bey frühem allzugünſtigem Glücke, ein grobmüthi-
ger, ſtarrſinniger, prahleriſcher, höchſt ſelbſtſüchtiger
Mann wird. Der Unterſchied zwiſchen dem Mann und
dem Jüngling kömmt da bloß von der vermehrten Selbſtgenügſamkeit und Zuverſichtlichkeit, verminderten Offen-
heit, Folgſamkeit und Gefälligkeit.

4) Wer nur aus Furcht des Böſen thätig iſt im
Alter, wo die Empfindung fürs Vergnügen am größten
ſeyn muß, wird, wenn er ſich nicht aus Verzweiflung
bald erſäuft oder auszehrt, ein Sklav des Aberglaubens,
und wenn er kann, auch ein Tyrann werden, der neue
Arten von Martern und Todesſtrafen erfindet.

§. 182.

Folgen von dem überwiegenden Anſehn eines Alters in der
Geſellſchaft.

Die Menſchen ſtimmen alle, mehr oder weniger,
ihre Empfindungen und Handlungen nach dem herrſchen-

den Ton der Gesellschaft, in der sie sich befinden. Auf
diese Weise nimmt auch oft ein Alter von dem andern
etwas an. Kinder, die die meiste Zeit in der Gesellschaft erwachsener nicht nach ihnen sich herabstimmender
Personen zubringen, zeigen sich gesetzter und ernsthafter,
als es in ihrem Alter sonst gewöhnlich ist. Und Alte leben biswellen wie von neuem auf unter jungen Leuten,
werden ohne Zwang und Verstellung muthwillig, leichtsinnig, wenn nicht kindisch.

Hieraus ist leicht abzunehmen, wie das sittliche
Wesen einer ganzen Gesellschaft, der herrschende auffal-
lende Charakter einer Nation, sonderbar verändert werden könne, durch das ausnehmend überwiegende Ansehn
irgend eines Alters.

Wenn ein junger Monarch zur Regierung kömmt,
und seinen jugendlichen Trieben ungehindert sich überläßt:
so wird nicht nur der Geschmack der Hofleute in ihren
Trachten und Lustbarkeiten plötzlich sich verjüngen; sondern neue Thätigkeit wird sich in den Rathsstuben her-
vortthun, wenn sein Trieb auch dahin sich erstreckt. Neue
Feste werden im Lande veranstaltet, Einschrenkungen
weggenommen, und Geist der Freude über das Volk
ausgegossen werden; wenn anders die Freuden des Regenten nicht von der kostbaren Art sind, daß nur er allein
sich freuen kann. Wo das hohe Alter den Ton giebt;
da wird vor allem andern Erfahrung, Gewohnheit,
Observanz über alles entscheiden. Auch umgekehrt, wo
die Natur der Gesellschaft, Staatsverfassung oder Religion den Neuerungen sich widersetzt; da wird das Ansehn des Alters und der Erfahrung größer seyn. Und
so dürfte man wohl schließen, daß in Monarchien öfter

Ddd   als

als in Aristokratien die Sitten nach dem Charakter des jugendlichen Alters geformt seyn werden.

In der Litteratur muß, wenn freydenkerische Zeiten sind, der junge Gelehrte sich leichter hervorthun und überheben, als in einer gläubigen Periode. Und wieder umgekehrt wird Freydenkerey sich ausbreiten in den Werken der Untersuchung, und Leichtfertigkeit in den Werken des Witzes; wenn durch irgend ein Verhängniß die Censur in den Händen der Adolescenz ist.

*   *   *

II. Von den sittlichen Unterschieden der beyden Geschlechter, besonders vom Charakter des weiblichen Geschlechts.

§. 183.
Vorerinnerung.

Mit besonderer Furcht und Schüchternheit wage ich mich an diesen Theil meines Werks. Nicht bloß darum, weil ich nicht gerne ein Geschlecht beleidigen mögte, das so leicht zu beleidigen ist, und nach den Gesetzen einer guten Lebensart Schonung und Bescheidenheit am meisten fordern darf; aber auch nicht schmeicheln einem Geschlechte, welches so oft durch Schmeicheleyen verblendet und verdorben wird. Sondern weil ich es wirklich und aus Ueberzeugung für sehr schwer halte, über ein anders Geschlecht richtig zu urtheilen. Denn wenn auch dasselbe nicht in der Kunst sich zu verstellen besonders geübt wäre, wie von dem weiblichen Geschlechte dies geglaubt wird: so ist immer die Gefahr sehr groß, durch Eigenliebe und Vorurtheil für sein Geschlecht, zur

Un-

Unbilligkeit, oder, durch den Mangel genugsam ähnlicher Empfindungen in seiner eigenen Natur, zu Mißverständnissen und falschen Auslegungen verleitet zu werden.

Uebrigens wird es keine Unvollständigkeit der Untersuchung scheinen können, wenn ich hier nur hauptsächlich mit dem Charakter des weiblichen Geschlechts mich beschäftige; und nicht besonders den des männlichen Geschlechts zergliedere. Denn nicht nur läßt das eine aus dem andern vermöge des Gegensatzes sich schließen; sondern da ich bey den vorhergehenden Abschnitten, und besonders dem letzten, das männliche Geschlecht hauptsächlich vor Augen gehabt habe, so ist kaum Stoff zu einer eigenen weitern Beschreibung übrig geblieben.

§. 184.
Natürliche Gründe zu verschiedenen Gemüthseigenschaften der beyden Geschlechter.

Wenn man den innern Grundursachen nachgehen will, durch welche Eigenheiten in dem sittlichen Charakter des weiblichen Geschlechts entstehen können: so wird man solche nirgends anders, als in dem Körper, suchen müssen. Denn daß die Kräfte und Anlagen der Seele in beyden Geschlechtern ursprünglich verschieden seyn; wird eben so wenig bewiesen werden können, als es mit hinreichenden Gründen geleugnet werden kann. Im Körper aber entdecken sich leicht Ursachen der Verschiedenheit in den Gefühlen, den Neigungen und der Handlungsweise. Denn nicht nur ist das weibliche Geschlecht schweren ihm eigenen Leiden und oftmaligen Beschwerden des Körpers durch Naturgesetze unterworfen. Sondern es

ist daſſelbe, überhaupt betrachtet, mit einer zartern und
schwächern Organiſation von der Natur verſehen. Freylich iſt die Schwäche und Empfindlichkeit, die in manchen Jahrhunderten unter den Töchtern und Frauen eines Volks bemerkt wird, nicht das Werk der Natur,
wenigſtens nicht ganz allein; ſondern vielmehr der Erziehung und Lebensart. Und an einzelnen Beyſpielen von
Mädchen und Frauen, die an Stärke und Standhaftigkeit Männer übertreffen, fehlt es zu keiner Zeit. Dennoch bleibt es ausgemacht, daß, nach dem gewöhnlichen
Laufe der Natur, das weibliche Geſchlecht als das ſchwä-
chere und feiner organiſirte anzuſehen iſt *).

Hieraus entſpringt nun gleich weiter eine Verſchiedenheit der natürlichen Beſtimmung der beyden Geſchlechter in Abſicht auf Lebensart und Beſchäftigung.
Das weibliche Geſchlecht wird von denjenigen Unternehmungen, wozu ein ſtarker Körper und eine immer gleiche

---

*) La fibre eſt plus molle, le ſang plus aqueux — Cette
plus grande molleſſe des fibres chez les femmes eſt
evidente, & n'auroit pas beſoin d'être prouvée;
elle eſt conforme à leur deſtination; mais outre cela
elle a été demontrée avec la plus grande rigueur.
Tiſſot Traité des nerfs vol. II. p. 276. Ariſtoteles
bemerkt eben dieſen Grundunterſchied der beyden Geſchlechter; eignet dem weiblichen neben der Schwäche
auch noch Kälte zu; und erlaubt ſich endlich den zu harten unſchicklichen Ausdruck: ὥσπερ αναπηριαν ειναι
την θυλητητα φυσικην. De generat. animal. IV. 6.
Einige weitere ſcharfſinnige Betrachtungen über dieſen
Grundunterſchied finden ſich in einer Abhandlung über
das Verhältniß der beyden Geſchlechter; im Teutſchen
Merkur 1781 Monat Februar.

che Gesundheit nöthig sind, vom Kriege, der Jagd und andern solchen Beschäftigungen, gewöhnlich entfernt werden, und gern sich derselben enthalten. Die ruhigern häuslichen Beschäftigungen werden ihm zufallen.

Aber da jene mit Bewegung, Anstrengung und Aufenthalt in freyer Luft verknüpfte Beschäftigungen den Körper noch mehr stärken und abhärten; Ruhe und Eingezogenheit ihn schwächen: so wird hier, wie in mehrern Fällen, die Grundursache durch ihre ersten Wirkungen verstärkt.

Aus diesem gedoppelten Grunde nun entstehen ein Paar Folgen in der Seele, die als Anlagen zu den meisten sittlichen Verschiedenheiten der beyden Geschlechter angesehen werden können.

Die Ruhe und Eingezogenheit befördert das Nachdenken über sich selbst; verfeinert die innern Gefühle. Dieß kann bey dem einen Geschlechte eine Ueberlegenheit in Ansehung der Kenntniß des Menschen im gemeinen Leben, und der Geschicklichkeit ihn da zu behandeln hervorbringen; wenn das andere weitschweifigen Beschäftigungen mit äußern Angelegenheiten sich widmet, unter diesen seine Aufmerksamkeit und sein Nachdenken zerstreut, und seine Zeit nur zwischen Arbeiten, die alle Lebensgeister nach außen zu hintreiben, und gedankenloser Ruhe oder ausgelassener Freude theilet.

Diese vortheilhafte Wirkung scheint es nun zwar ungewiß zu machen, ob auch immer das weibliche Geschlecht, in Rücksicht auf seine natürliche Schwäche, und die dadurch bestimmte Anweisung zur weniger glänzenden Lebensart, sich bewogen finden müsse, einen Vorzug des männlichen Geschlechts anzuerkennen. Ach-

tung

tung und Furcht vor demselben in sich herrschen zu lassen?
Wenn man unterdessen erwägt, eines Theils, wie sehr
das Gefühl körperlicher Schwäche Einfluß auf das ganze
Selbstgefühl hat, Furcht und Niedergeschlagenheit zu
erzeugen geschickt ist; andern Theils aber, wie leicht der
Mensch von Natur darauf verfällt, seine Absichten mit
Gewalt durchzusetzen, und seine körperlichen Kräfte dazu
anzuwenden: so wird man es doch natürlich finden müssen, daß Furchtsamkeit im weiblichen Gemüthe überhaupt mehr als im männlichen, und besonders gegen das
männliche Geschlecht sich beweise.

Desgleichen läßt sich die Anerkennung eines Vorzu-
ges im männlichen Geschlechte, und eine damit verknüpfte Empfindung von Achtung und Ehrerbietigkeit, von
der weiblichen Denkart alsdann wenigstens erwarten,
wenn Einsichten und Geistesvorzüge in beyden Geschlechtern auch nur gleich sind. Sie läßt sich erwarten als
Folge der Eindrücke, die die Vorstellungen von Muth
und Unerschrockenheit in Gefahren, von Tapferkeit und
Sieg, und allen dadurch erworbenen oder beschützten
Gütern, im Menschen gewöhnlich hervorbringen.

Noch einmal; es ist vom Gewöhnlichen und Natürlichen, nicht vom Außerordentlichen und von Ausnahmen die Rede. Es hat freylich auch weibliche Personen gegeben, die den Gefahren trotzten, und Martern
mit unerschütterlicher Standhaftigkeit aushielten. Sie
haben bisweilen den Muth der Männer übertroffen und
wieder hergestellt *). Aber ihre Anzahl ist in der Ver-
glei-

---

*) Dergleichen Beyspiele sind in so vielen Büchern aufge-
zeichnet, daß es nicht nöthig seyn kann, hier sie anzu-
zei-

gleichung sehr klein; und kleiner ohne Zweifel, als sie bloß um der äußerlichen Einschrenkung willen, die es dem weiblichen Geschlecht nicht erlaubt, seinen Muth zu zeigen, seyn muß.

Und wenn der weibliche Muth auch noch öfter dem männlichen an Thaten gleich käme, oder ihn sogar übertráfe; wäre er auch eben so die Wirkung einer ruhigen Schätzung seiner Kräfte und dessen was zu thun oder zu leiden ist? Oder vielmehr der erhitzten Einbildungskraft, der Begeisterung? (Th. I. §. 31) *).

§. 185.

Einige Folgen aus demselben.

Darinn kommen alle Menschen mit einander überein, daß sie vergnügt seyn und der Mittel dazu sich versichern wollen. Dieß ist das allgemeine Gesetz der Natur. Nur darinn unterscheiden sie sich von einander, daß sie nicht alle völlig gleiche Bedürfnisse haben, und also nicht alle Arten von Vergnügungen im gleichen Grade schätzen; und dann auch von den Mitteln, ihre Bedürfnisse sich zu befriedigen und Absichten zu erreichen,

Dbb 4

nicht

---

zeigen. Thomas in seinem Essai sur le Caractere, les Moeurs, & l'Esprit des femmes, merket ihrer viele selbst an; und zugleich mehrere Schriftsteller, die eben dasselbe gethan haben. Von den Alten gehört Plutarch hauptsächlich hieher in seinem Tractat von vortreflichen Frauen, oder, wie er eigentlich überschrieben ist, von den Tugenden der Frauen.

*) Im ganzen Thierreiche, nur wenige Gattungen ausgenommen, ist das männliche Geschlecht muthiger. Aristot. Hist. anim. XI. 1.

nicht einerley Begriffe hegen. In Anſehung der weſent-
lichen Bedürfniſſe läßt ſich kein Unterſchied der beyden
Geſchlechter behaupten; außer demjenigen, der von dem
ungleichen Maaße körperlicher Kräfte herrührt, und dem
einen ſtärkere Bewegungen und ſchwerere Unternehmungen angenehmer und nothwendiger macht, als dem andern *).

Aber in Anſehung der Art und Weiſe, wie beyde
ihre Bedürfniſſe zu befriedigen, ihre Abſichten zu erreichen ſuchen, werden ſie ſich faſt immer von einander unterſcheiden.

Je mehr das eine Geſchlecht auf ſeine Stärke ſich
verlaſſen kann, oder darauf ſich verlaſſen zu können
glaubt; deſto weniger wird es ſeine Abſichten vor dem
andern Theile, dem ſchwächern Geſchlechte, geheim halten, und gerade zu auf die Befriedigung ſeiner Bedürfniſſe losgehn; fordern, befehlen, zwingen. Dieſes
hingegen, furchtſamer vor einer unangenehmen Begegnung, einem nachtheiligen Erfolge, wird ſeine Abſichten ſorgfältiger verbergen, und ſeine Wünſche öfter und
länger zurück halten, wo irgend Anſchein von Gefahr iſt.
Und je weniger es ſich mit hinlänglicher Kraft ausgerüſtet
fühlt, um mit Gewalt etwas zu bewirken; deſto mehr
wird es ſich im Gebrauch derjenigen Mittel üben, denen
auch der Stärkſte nicht immer widerſtehen kann, in den
Künſten zu bitten, zu liebkoſen und zu überreden.
Es wird bald die mahleriſchſten Worte gebrauchen, die
die

---

*) Woraus weiter das Bedürfniß einer mehrern Nahrung
folgt, wie Ariſtoteles bemerkt.

ble Sprache hat, und neue noch süßere und schmeichel-
haftere erfinden; und Mienen und Stellungen voll Aus-
druckes des lebhaften Wunsches und der völligsten Liebe
und Ergebenheit mit den Worten verbinden. Und
weil das Mitleiden eine Haupttriebfeder ist, um uns zur
Liebe, Wohlthätigkeit und Gefälligkeit gegen andre zu
bewegen: so ist es natürlich, daß auch diesen Vortheil:
das schwächere Geschlecht nicht außer Acht läßt, und
in der Kunst zu klagen dem andern es zuvorthut.
Ohnedem entsteht bey seiner Schwäche ihm eher ein
schmerzhaftes Gefühl und Anlaß zum Wehklagen. Und
da diese Schwäche Naturgesetz ist; so hat es auch nicht
Ursach derselben sich zu schämen, und Schmerzgefühle
zu unterdrücken und zu verleugnen, wie vom Manne wohl
gefordert werden kann. Gleichwie nun überhaupt aus
dem, was der Mensch oft aus Noth oder mit guter Absicht thut, gar leicht eine Gewohnheit entsteht, vermöge
welcher er dasselbe auch alsdann thut, wenn keine Noth
ihn dazu treibt, und keine vernünftige Absicht es erfordert: so geht es denn auch so mit den weiblichen Klagen.
Von den Frauen gewisser Völker wird wenigstens versichert, daß sie sehr oft klagen, ohne etwas zu empfinden,
bloß zum Zeitvertreib, oder zum feyerlichen Gepränge*).

Dbb 5 Auch

---

*) Die Mahomedanerinnen begnügen sich nicht, aus allen
Kräften ihre verstorbenen Anverwandten selbst zu be-
weinen; sondern sie miethen auch noch Gehülfinnen dazu. Man sieht sie öfters, ohne ein Zeichen der Traurigkeit zum Grabe gehen; dann aber, sobald sie sich
an einem gewissen Platz gesetzt haben, weinen und
schreyen sie eine Stunde lang aus bestem Vermögen;
und

Auch werden bey allen Völkern, wenn irgend ein Ceremoniel öffentliches lautes Wehklagen erfordert, nicht Männer, sondern Frauen, Klagemütter, dazu gedingt. Foeminis lugere honestum, viris meminisse, sagt Tacitus.

Es kann auch noch ein andrer Grund hinzukommen, um den Trieb und die Kunst zu klagen bey denjenigen zu befördern, die Anlagen dazu haben. Gefühllos, unempfindlich seyn, ist so wenig schön und gut; bey starkem innern Gefühl äußerlich ruhig seyn, und ohne leidenschaftlichen Antrieb, bloß aus Grundsätzen und einer zur Natur gewordenen Rechtsliebe, thätig seyn, so selten, so fast unbegreiflich der Menge und unglaublich: daß man es auch wohl für ein Zeichen einer edlern, zur Tugend fähigern Seele ansieht, einen hohen Grad von Empfindlichkeit zu besitzen; sich darinne übet und sie gern sehen läßt.

Doch ist auch unleugbar, daß zum Mitleiden, und überhaupt zur Sympathie, vorzügliche Anlagen das weibliche Geschlecht theils von Natur hat, theils bald erlangt. Zum Mitleiden ist ein Mensch um so viel eher aufgelegt; je leichter Vorstellungen des Schmerzes in ihm erweckt werden und Eindruck auf ihn machen können; folglich je mehr er selbst schon erduldet hat, und

je

---

und gehen darauf wieder ohne einiges Zeichen der Betrübniß weg. Die Männer erinnern sie bisweilen vernünftig zu seyn, wenn sie ein gar zu starkes Geschrey machen. Niebuhr Reisebeschreib. Th. II. S. 186. Von den Morgenländischen Christinnen sagen die Nachrichten dasselbe.

je leichter ihm ein Eindruck schmerzhaft werden kann wegen seiner Schwäche. Wenn nun das weibliche Geschlecht überhaupt mehr leidet, und leichter ein Eindruck
ihm schmerzhaft wird: so muß es wohl auch vorzüglich
mitleidig seyn. Nur freylich muß der Regung des Mitleidens nicht die Vorstellung der eigenen Gefahr sich zu-
gesellen, wenn sie Annäherung zum leidenden Gegenstande, und thätige Hülfsleistung bewirken soll. Und
diese Vorstellung kann im Schwachen eher überhand nehmen, als im Starken.

Daß das weibliche Geschlecht aber überhaupt fähiger ist, in die Gemüthszustände und Empfindungen andrer einzugehn, und sie anzunehmen; ist eine natürliche
Folge von der mehrern Abhängigkeit von andern, und
der daraus entstehenden Aufmerksamkeit auf sie und ihre
Gemüthszustände. Denn daß durch die willführliche
Aufmerksamkeit, und durch die eben daburch vorher schon
entstandenen und geläufig gewordenen Ideen von den Eigenschaften und Zuständen anderer, die Theilnehmung
sehr befördert werde; ist außer allem Zweifel, obgleich
ganz allein davon die Sympathie nicht herkömmt. (Th.
I. §. 19.)

Aus eben diesem Grunde läßt sich auch die Neugierde, als ein Stück des weiblichen Charakters, folgern.
Je mehr der Mensch sich selbst genug, sicher und unabhängig scheint; desto gleichgültiger ist er gegen das, was
außer ihm ist. Die Furchtsamkeit aber macht aufmerksam auf alles was sich reget und hervorthut, macht arg-
wöhnisch und neugierig. Und nicht bloß, weil er furchtsamer ist, ist der Schwache neugieriger; sondern auch
darum, weil er mehr fremde Hülfe nöthig hat, folglich
auch

auch ſeine Wünſche und Hofnungen mehr auf das, was außer ihm iſt, gerichtet hat. Endlich iſt auch dieß noch ein Grund zur mehrern Neugierde bey der Schwäche; daß beym Mangel ernſthafter anſtrengender Geſchäfte, wenn die Schwachheit dieſe nicht verträgt, oder doch bey der daraus entſtehenden Geneigtheit, ſich ihnen zu entziehen, wenn es Gelegenheit giebt, die Beſchäftigungen der Einbildungskraft, die durch Neuigkeiten, unerwartete Nachrichten und unbekannte Erſcheinungen entſtehn, einen angenehmen Zeitvertreib oder eine erquickende Zerſtreuung abgeben.

Die Lüſternheit oder die Begierde allerley, auch das Verbotene, zu verſuchen und zu genießen, gehört zu den Arten oder Folgen der Neugierde. Auch iſt ſie oft eine natürliche Folge von der Vorſtellung einer ungerechten Einſchrenkung, in der man ſich befinde (§. 14). Endlich entſtehen auch mehrere und ſonderbare Gelüſtungen im Schwachen, mehrern ſelben ausgeſetzten; weil er nach einem Erſatz für dieſe mehrern ſelben oder andern Vergnügungen, die ſeine Schwäche und Einſchrenkungen ihm nicht geſtatten, ſtrebt und zu ſtreben für Recht hält. Zugleich haben denn auch Leichtgläubigkeit und Aberglauben hierinn ihre Quellen.

Durch alles dieſes wird aber der Scharfſinn, was in andern vorgeht, auszuſpähen erhöht; und man hat alſo Urſache zu vermuthen, daß das weibliche Geſchlecht es dem unſrigen darinn zuvorthut. Und wie mich dünkt, beſtätigt dies auch die Erfahrung *).

§. 186.

---

*) Weiter ausgeführt und ausgemahlt, recht ſchön und wahr in

§. 186.

Begierde zu gefallen mit ihren Folgen, der Liebe zum Putz,
der Eitelkeit und andern mehr.

Das weibliche Geschlecht wird nach einem so allgemeinen Ausspruche vorzugsweise das schöne genannt,
daß, diesen Vorzug ihm streitig machen wollen, eben
so ungerecht als unhöflich scheinen müßte.   Unterdessen
wird es schwer, aus irgend einem angenommenen Begriffe von der Schönheit, die Nothwendigkeit und Richtigkeit dieses Ausspruches zu erweisen; wenn man nur
auf das sieht, was beyde Geschlechter von Natur sind.
Kann man sagen, daß das Verhältniß der Theile unter
einander, oder zu den Absichten der Natur, besser bey
dem weiblichen Geschlechte, übereinstimmender sey, als
bey dem männlichen; daß mehr Ebenmaaß und sinnliche
Vollkommenheit in der körperlichen Form des erstern sey,
als in dem Bau des letztern; mehr Regelmäßigkeit oder
eine geschicktere Verbindung der Manchfaltigkeit und
Einheit? Oder wenn man sich an den unentwickelten gemeinen Begrif halten will, nach welchem die Schönheit
darinne besteht, daß etwas gefällt: wird etwas anders
daraus folgen, als daß der Mann die größte Schönheit
für die Frau besitze, so wie sie für ihn der schönste Gegenstand in der Natur ist?   Das blendende Weiße und
die weiche Hand des Mädchens hat nicht mehr absolute
Schön-

In einzelnen Fällen, nur etwas zu stark für die allgemeine Naturgeschichte der Geschlechter hat dieß *Rousseau*
im Emile liv. V. (1' edit. d' Amst. 1762.) Vol. IV.
p. 100. seqq.

Schönheit, als die bräunlich rothe Farbe, und die festern Muskel des Jünglings *).

Ist also das schöne Geschlecht etwa nur darum im Besitz dieses Titels, weil es seine natürlichen Reize mehr gelten zu machen und zu erhöhen versteht; weil es den Werth der sinnlichen Vollkommenheit höher bey sich angerechnet sieht und selbst anrechnet, als bey dem andern Geschlecht: weil es jeden andern Vorzug sich eher würde streitig machen lassen, als diesen?

Natürlich ist es, daß diejenigen, die nicht geschickt sind, Furcht einzujagen und ihre Absichten zu erzwingen, die Ueberredung, Wohlwollen und Mitleiden nöthig haben, um die Erfüllung ihrer Wünsche, oft der gerechtesten Wünsche, von einem durch sein Kraftgefühl zum Stolze und zur Tyranney verführten Geschlechte zu erhalten, daß diese um so mehr mit den Reizen auszurichten suchen, die die Natur in sie gelegt hat; daß sie aufmerksamer werden auf alles, wodurch sie gefallen und einnehmen können. Sie folgen eben dadurch dem Gesetze der Natur, welche ihnen keine andre Waffen gegeben hat, oder sie doch auf diese als die vortheilhaftesten verweist. Und mit diesen Waffen wird es ihnen leicht genug, den Stärkern zu bändigen und sich zu unterwerfen **). Natürlich denn auch, daß sie es nicht bey den bloßen angebor-

---

*) Kein Frauenzimmer liebt eine Mannsperson, die wie ein Frauenzimmer aussieht; sagt ein zwar übermäßig witziger Schriftsteller, aber feiner Beobachter. Ueber die Ehe. 2te Aufl. Berl. 1776. S. 183.

**) Und so will ich gern wieder dem Dichter Anacreon, in seinem Liede auf die Weiber, beypflichten, dem ich vorher zu widersprechen scheinen konnte.

bornen Reizen bewenden lassen; sondern ihnen noch allerhand Reize der Kunst zusetzen, erborgte Schönheiten
mit den eigenthümlichen verbinden, und auf jedweden
Theil so viel Licht oder Schatten fallen lassen, als nöthig
ist, um auf die Sinne oder die Einbildungskraft den
vortheilhaftesten Eindruck damit zu machen.

Rousseau redet von diesem Triebe so, daß man
dadurch in Versuchung kommen könnte, ihn für einen
angebornen Naturtrieb zu halten.　Die kleinen Mädchen, sagt er, lieben den Putz, so bald sie auf die Welt
kommen (presque en naissant).　Nicht zufrieden,
daß sie schön sind, wollen sie auch dafür erkannt seyn.
Man sieht es ihren kleinen Gesichtern an, daß sie dieß
beschäftiget.　So bald sie nur im Stande sind, einen zu
verstehen, richtet die Vorstellung, was die Leute von
ihnen sagen werden, mehr aus, als jede andre.　Lange
nicht so stark wirkt dieser Beweggrund auf kleine Knaben.
Wenn diese nur Freyheit haben, sich untereinander zu belustigen, so kümmert es sie wenig, was man von ihnen
denken möge.　Es kostet viele Zeit und Mühe, ehe man sie
eben diesem Gesetze unterwirft.　Gut ist jene Anweisung für
die Mädchen; sie entstehe woher sie wolle.　So weit
Rousseau *).　Wenn man der Erfahrung genau nachgeht: so wird man doch diesen Trieb zu gefallen, und
sich zu putzen, beym weiblichen Geschlechte nicht früher
bemerken, als er sich aus der geflissenen Anführung der
Erwachsenen, den Eingebungen der eigenen Beurthei-
lungs-

---

*) Emile liv. V.

sungskraft und der Nachahmung begreifen lässet *). Man
muß nur, was die letztere anbelangt, bedenken, daß auch
Kinder Personen ihres Geschlechts überhaupt mehr nachahmen, als Personen eines andern Geschlechtes; ob sie
gleich dieß auch bisweilen thun. Dazu sind sie nicht nur
fähiger; sondern die Eigenliebe, das Wohlgefallen an
sich selbst, welches die Aufmerksamkeit und Sympathie
mehr für das uns Aehnliche, als für das Unähnliche
stimmt, reizt sie auch mehr dazu. Und was die Anführung durch Erwachsene betrift; so ist diese hier nicht bloß
von den Lehren der Erzieherinnen zu verstehen; sondern
auch von der Gewohnheit, die fast jedermann hat, kleinen Mädchen vielmehr als Jungen Schmeicheleyen zu
sagen, und sie auf ihre natürliche oder künstliche Reize
aufmerksam zu machen.

Wenn nun einmal die Begierde zu gefallen, und
hauptsächlich durch sinnliche Reize zu gefallen — welches
der gemeinste Fall seyn muß, da überhaupt die Menschen in jedwedem Geschlechte von Natur mehr durch
das sinnliche bestimmt werden, als durch das was höhe-
rer Art ist — wenn dieser Trieb einmal überhand ge-
nom-

---

*) Wenn ich, wie oft zum Behuf einer Hypothese geschieht,
aus einer einzigen Erscheinung schließen wollte, was
sich im Gesichtspunkt der Hypothese schließen läßt; so
könnte ich sagen, daß ich selbst gesehen habe, wie ein
neugebornes Mädchen in seinem ersten Bade seine Hände lebhaft gebrauchte, um sich den Leib zu waschen;
und ich könnte hinzusetzen, daß dieß kleine liebenswürdige Geschöpf diesem so früh geäußerten Charakter noch
immer sehr getreu bleibt. Aber so vorsetzlich bin ich
nicht fähig, aus der Philosophie einen Roman zu machen.

nommen hat, und der herrschende in der Seele geworden ist: so artet er gar leicht in Eitelkeit aus, — wenn
man nicht sagen will, daß er es an sich schon ist. (Th. I.
§. 57.) Kein Reiz ist mehr zu gering, um nicht auch
ihn gerne zu benutzen, und ein wenig etwas auf ihn sich
einzubilden; keine Kunst der Verschönerung zu vergäng-
lich, um sie nicht auch mit anzuwenden.   Auch ist diese
Ausschweifung und Ueberspannung der Kunst zu gefallen
dem reizenden Geschlechte um so weniger zu verargen;
da die Erfahrung ihnen so viele Beweise giebt, durch
was für Kleinigkeiten, für vergängliche, betrügerische
Reize, wir oft uns hinreißen und bezaubern lassen.

Wie es für den Mann die empfindlichste Beleidi-
gung ist, wenn man ihn für schwach und muthlos erklärt, weil seine Bestimmung Thätigkeit und Unerschrockenheit erfordert; wie er auf nichts so gern sich etwas zu
gute thut, als auf seine Stärke und Furchtlosigkeit: so
wird denn freylich auch das Geschlecht, das sein Glück
am oftesten durch die Schönheit macht, und durch Lieb-
reizungen zur Herrschaft gelangt, fast jedwede Beschuldigung leichter ertragen, als die der Häßlichkeit und
Reizlosigkeit *).   Viele darunter werden alles verzeihen
dem,

---

*) Man vergesse nicht, daß hier, wie überall, die Rede
nur von Neigungen ist, zu welchen die stärksten natürlichen Anlagen vorhanden sind; nicht von dem, was
unter gesitteten Völkern aufgeklärte Vernunft und gute
Erziehung zur herrschenden Neigung und Gemüthsart
machen können.   Wer gar nicht an weibliche Tugend
glaubt, macht seinem Verstande damit so wenig Ehre,
als seinem Herzen.

dem, der ihre Reize verehrt, und bey allem, was er thut,
nur durch ihre Schönheit angetrieben ſcheint.   Und wie
der Menſch bey dem, was er ſehr wünſchet, ſich oft ſelbſt
zu täuſchen kunſtreich bemüht iſt, oder wenigſtens ſich
leicht täuſchen läßt: ſo wäre es nicht ſehr zu verwundern, wenn dem weiblichen Geſchlechte in ſeinem Falle
oft begegnete, was uns in dem unſrigen; daß es dem
der Leidenſchaft fröhnenden Schmeichler den Vorzug giebt
vor dem treuen, wohlthätigen Freunde, der der Lieblings-
neigung keinen Vorſchub thut, oder ihr wohl gar bisweilen ſich entgegen ſtellt *).

In

*) Der Verfaſſer eines weitläuftigen Werks über das weib-
liche Geſchlecht, aus welchem ich nicht vieles habe nutzen können, hat dieſen Gedanken weiter ausgeführt
und angewendet in Ausdrücken, die ich nicht ganz allgemein von ihm annehmen möchte; aber doch auf eine
Weiſe, in der er von meinen Leſern und Leſerinnen erwogen zu werden verdient.   Der weibliche Gemüthscharakter, heißt es da, iſt ſo beſchaffen, daß ein wenig zur rechten Zeit angebrachte Schmeichelep und Unterwerfung nicht leicht verfehlt, ſie in gute Laune zu
ſetzen; da oft die untadelichſte und verſtändigſte Aufführung nicht hinreicht, ihre Zufriedenheit zu erhalten.
Eine Frau läßt ſich durch Liebkoſungen und Verſpre-
chungen einer künftigen Beſſerung bewegen, 10,000
Fehler zu verzeihen; wenn ſie nur glaubt, daß ihr
Mann in den Zwiſchenräumen ſeiner Thorheit ſie liebt.
Aber ſie wird nie Gleichgültigkeit oder Verachtung verzeihen.   Daher kommt es denn, daß manche der gelehr-
teſten und verſtändigſten Männer für keine gute Ehegatten gehalten werden; weil ſie mehr Freundſchaft als
Liebe haben, und mehr von beyden, als ſie ſagen; und
manche der liederlichſten für die beſten, weil ſie mehr
Liebe empfinden als Freundſchaft; und mehr von beyden vorgeben, als ſie empfinden. S. *Alexander's* Hiſt.
of Women II. S. 235.

In Ansehung desjenigen, worinn man seine Vorzüge und seinen größern Vortheil sich denket, kann man
es am wenigsten mit Gleichgültigkeit ansehn, wenn andre uns übertreffen und verdunkeln wollen. So muß
also wohl auch das weibliche Geschlecht — nicht überhaupt,
aber in Absicht auf Schönheit, und den dieser wiederfah-
renden Beyfall, mehr zum Neide und zur Eifersucht aufgelegt seyn, als das unsrige. Und wie es sich selbst vor
dem herannahenden Alter, als dem Ende der körperlichen Schönheit, fürchtet, und daßelbe auf alle Weise zu
verbergen sucht *); — wenn Männer auf den Anfang
der grauen Haare wohl eher etwas sich zu gute thun; —
also sind junge Mädchen und junge Frauen eben alsdann
am meisten in Gefahr, andern ihres Geschlechts zu mißfallen; wenn diese mit jenen sich zu vergleichen noch nicht
sich entwöhnt haben, und die Vergleichung doch nicht
mehr zu ihrem Vortheil ausfallen will.

So gemeine Bemerkungen, als die bisherigen sind,
durch besondre Beyspiele zu bestätigen, dürfte wohl überflüssig scheinen. Einige unterdessen, durch welche die
Sache in einem mehr als gewöhnlichen Grade sich zeigt,
werden nicht ganz undienlich seyn.

So

---

*) Es kann, da es doch mehrentheils unschädliche Eitelkeit
ist, belustigen, zu sehen wie vielerley Mittel zu dieser Absicht bisweilen gebraucht werden. Aber es wäre
unbescheiden, in einer allgemeinen Naturgeschichte, solche besondere Phänomene aufzustellen. Artig ist die
Bemerkung aus der Sprache der Siamer, daß sie das
weibliche Geschlecht aus Höflichkeit durch das Beywort
jung unterscheiden. Junger Prinz heißt so viel, als
Prinzeßin. *De la Loubere* Descript. du Roy. de
Siam I. 167.

So groß auch die Liebe zum Puß und zur Kleiderpracht bey unſern Schönen bisweilen ſcheinen mag; ſo
kann man doch ſagen, daß ſie mäßig darinn ſind, in
Vergleichung mit dem, was von den Orientaliſchen
Frauen erzählt wird.   Dieſe ſollen bey großen Zuſam-
menkünften oder feyerlichen Beſuchen ihren Anpuß in
einigen Stunden acht bis zehnmal verändern.   Zu dem
Ende laſſen ſie ſich Sklavinnen mit ganzen Kiſten von
Kleidungsſtücken folgen, die ſich zu ihren Dienſten bereit
halten *).   Daß die Orientaliſchen Frauen ſo weit darinn
gehen; kömmt daher, weil nicht nur die Liebe zum Pracht
und Glanz in dieſem Welttheil überhaupt mehr noch, als
unter uns herrſchet, ſondern auch ſo viele andre Vergnügungen ihnen abgeſchnitten ſind, und ſie daher durch
dieſes einzige ſich ſchadlos zu halten ſuchen.

Die

---

*) Niebuhr Reiſebeſchreib. II. 182.   Die Frauen der mä-
ßigen und ihre Reichthümer ſonſt ſo ſorgfältig verber-
genden Banianen ſind, gleich den andern morgenländi-
ſchen Frauen, ausſchweifend im Puße; den ſie die Freude ihres Herzens ausdrücklich nennen.   Sie ſind mit
Gold, Silber und Edelgeſteinen, oder die ärmſten wenigſtens mit kupfernen Zierrathen, vom Kopf bis auf
die Füße bedeckt und behängt, Voyage d'Ovington II.
23. ſſ.   Selbſt die häßlichen, ſtinkenden Hottentottinnen, von denen Kolbe ſagt, daß derjenige, den eine
Begierde nach ihnen hinreißen könne, nicht nur ein Un-
chriſt, ſondern auch blind und aller Sinnen, Witz und
Verſtand beraubt ſeyn müſſe, färben ſich nicht nur das
Geſicht mit rother Erde, ſondern umbinden ſich die
Beine mit Riemen aus Schaafsfellen, oder wie andere
ſagen, mit Schaafsdärmen.   Welchen Zierrath ſie abnehmen und zur Speiſe gebrauchen, ſo bald es hieran
ihnen fehlt.

Die Königinn Elisabeth von England, so würdig
ben Scepter zu führen, als nicht viele vom männlichen
Geschlechte, an gesundem Verstande, Gelehrsamkeit,
Entschlossenheit und Standhaftigkeit diesem so gleich ober
überlegen, verleugnete in den vorher bemerkten Eigenschaften ihr Geschlecht fast unter aller Erwartung wenig.
Bey ihrer großen Sparsamkeit in andern Dingen, fand
man doch nach ihrem Tode an drey tausend Anzüge in
ihrer Garderobe. Noch im siebenzigsten Jahr ließ sie
sich gerne Complimente über ihre Schönheit machen.
Und vielleicht hat dem Grafen Essex kein Vergehn so
viel geschadet, als seine Nachlässigkeit und sein allzu-
freyes Urtheil in diesem Punkte. Ihre Feindschaft gegen die unglückliche Maria rührte offenbar von weiblicher Eifersucht über ihre, immer neue warme Verehrer
erweckende, Reize mit her *).

Eee 3 §. 187.

---

*) S. *Hume* Hist. of Engl. IV. 693. 736. Aber was die
Liebe zur Kleiderpracht anbelangt, so bleibt hinter dem
Beyspiel der Elisabeth nicht weit zurück das bekannte
Beyspiel eines teutschen Ministers, der wenigstens 300
vollständige Anzüge gehabt haben soll; und jeden doppelt, damit er des Nachmittags, wenn er geschwitzt
hatte, Kleider wechseln konnte, ohne umgekleidet zu
scheinen. Zu jedem Anzuge eine eigene Schnupftabacks-
dose und einen eigenen Stock! Von einem andern großen Minister wird erzählt, daß
er eine Sorgfalt auf die Bepuderung seines Kopfes
verwendet, die der Sorgfalt eines Frauenzimmers für
ihren Kopfputz nichts nachgiebt.

§. 187.

Achtung für den Wohlstand und für die Religion.

Die Furcht zu beleidigen und Mißfallen zu erregen, die beständige Begierde zu gefallen, muß das weibliche Geschlecht auch auf eine vorzügliche Weise zur Beobachtung des Wohlstandes antreiben. Wer gleichgültiger gegen den Beyfall ist, nicht sonderlich sich vor dem Unwillen andrer fürchtet, ist auch weniger geneigt, sich Zwang anzuthun, und nach den Begriffen andrer vielmehr als nach seinen eignen in Dingen, die doch im Grunde nicht viel zu bedeuten haben, so sich zu richten, wie es die Gesetze des Wohlstandes gebieten. Ja die Aufmerksamkeit auf alle diese Kleinigkeiten, besonders des willkührlichen modischen Wohlstandes, können beym Manne gar zu groß und ängstlich scheinen, nicht vereinbar mit der Beobachtung der wichtigen Angelegenheiten, womit man annimmt, daß Kopf und Herz ihm erfüllt seyn müssen.

Die, wenn nicht von Natur, so doch durch Uebung, feinere, empfindlichere Sympathie macht das weibliche Geschlecht auch vorzüglich geschickt, das Gefällige und Mißfällige, Schickliche und Unschickliche zu bemerken. Und wenn endlich die Natur, oder das gewöhnliche Schicksal, dasselbe mehr noch als das männliche, überhaupt zum Gehorsam anweiset, und nicht zur Freyheit nach eigenen Ideen zu leben: so wird es ihnen auch nicht so schwer werden, sich dem Zwange der Wohlstandsgesetze zu unterwerfen.

Eine der vornehmsten Regeln des Wohlstandes befiehlt, seine Begierden und Empfindungen zu mäßigen,

oder

oder ganz zu verbergen vor andern; wenn diese nicht fähig, oder geneigt sind, einzustimmen und sie zu befriedigen.

Diese Gewalt über sich selbst, diese Art von Verstellung wird also dem Frauenzimmer gewöhnlich, da der
Wohlstand sie ihnen so sehr zur Pflicht macht. Und hier
läßt sich also gar leicht noch ein neuer Grund zur weiblichen Schaamhaftigkeit entdecken; außer demjenigen,
der schon an einem andern Orte angezeigt worden ist.
(Th. I. §. 72. S. 309. **)

Nicht sehr verschieden sind die Gründe, die die
weibliche Frömmigkeit und Achtung für die Religion
erzeugen. Es ist zwar ein sehr verwegenes, im Allgemeinen offenbar falsches Urtheil, daß allein die Furcht
die Quelle der Religion sey. So wie die kalte Vernunft,
ohne den Antrieb irgend einer Leidenschaft, vom Daseyn
Gottes überzeugen kann; so hat auch die Natur des
Menschen Triebe, die ihn fähig machen, die Gottheit
aus Liebe und Ehrfurcht anzubeten, nicht aus knechtischer
Furcht oder Eigennützigkeit. Aber gewiß ist es doch,
daß der sichere, sich selbst genügende und seinen Kräften
trauende Mensch am leichtesten Gott, und was er ihm
schuldig ist, vergißt. Wenn aber Hülfe nöthig ist; so
suchet man ihn. Dem Schwachen ist es Trost, eine
unwandelbare Stütze, dem Unterdrückten, einen all-
mächtigen Retter in ihm zu finden. Wenn den Mann
sein herrischer Stolz, sein Hang zur ungebundenen Freyheit, zum Verächter und Hasser der Religion machen
kann; so findet hingegen das sanftere, bescheidenere, zur
Unterwürfigkeit gewöhnte Weib sich williger in den Gedanken eines höchsten Gebieters; und freudig vielleicht

bey

bey der Nebenvorstellung, daß er ein allgemeiner Herr, auch ihres menschlichen Oberhauptes Herr und Gebieter ist *).

Wenn man aus dem weiblichen Charakter auf die Art, wie oft weibliche Frömmigkeit beschaffen seyn und sich beweisen werde, schließen will: so wird man vermuthen müssen, daß sie auch hier in der Beobachtung des Aeußerlichen, des religiösen Wohlstandes, es uns eher zuvorthun; desgleichen, daß sie Gepränge und Auszierungen bey den gottesdienstlichen Feyerlichkeiten lieben werden **).

Die Geschichte ist voll von Beyspielen durch Weiber bewirkter Religionsveränderungen. Die heidnischen Völker, die sich in die Römische Monarchie theilten, sind größtentheils durch die Vermählung ihrer Regenten mit christlichen Prinzessinnen zur christlichen Religion gebracht worden. Darf man hieraus schließen, daß ihr Eifer für die Religion größer, ihr Glauben an die Wahrheit und Nothwendigkeit derselben inniger und lebhafter; oder vielleicht, daß ihre Begierde zu herrschen sich auch bis auf die Meynungen erstrecke? Ein scharfsinniger Beurtheiler scheint geneigt, das eine und das andere zu vermuthen ***) Man kann doch aber auch mit wenigstens eben so vielem Grunde annehmen, daß es ihnen

nur

---

*) Man kann hier Thomas vergleichen in seinem Essai sur les femmes p 61. seq. 130 seq

**) Der Bilderdienst ist in der griechischen Kirche besonders durch zwey Kaiserinnen beschützt worden, Irene und Theodora. *Millot* Elem, d'.hist. gen, tom, V, p. 286.

***) *Thomas* l. c.

nur öfter gelungen ist, Religionsveränderungen zu bewir-
fen, weil sie es geschickter angefangen haben; nicht,
durch Befehl und Drohungen, oder stolz angefündigte
Belehrungen, sie zu erzwingen suchten; sondern durch
fünstliche Ueberredungen, zärtliche liebreizende Bitten,
rührende Vorstellungen das Herz zu erweichen wußten.
Vielleicht auch bisweilen, weil der Gegentheil glaubte,
in solchen Dingen einer Geliebten wohl nachgeben zu
fönnen; oder es für gefährlich hielt, mit einer Gemah-
linn bey Religionsuntersuchungen sich lange aufzuhal-
ten *).

§. 188.

Freundschaft, Verstellung, Veränderlichkeit.

Ob dem einen Geschlechte ein Vorzug vor dem andern eingestanden werden müsse in Absicht auf Zärtlich-
feit und Treue bey den mancherley Verbindungen der
Liebe und Freundschaft; wird mir sehr schwer zu beurtheilen. Zwar was Zärtlichkeit anbelangt, wenn man
darunter Lebhaftigkeit und Feinheit der Liebkosungen, und
Sorgfalt dem andern auch nicht in Kleinigkeiten Mißfallen zu erregen, versteht: so ist die Folge, daß das
Eee 5   weib-

---

*) Wahr und nachdrücklich sagt der Verf. des vorher schon
angeführten Buchs über die Ehe, S. 200. Nichts ist
abscheulicher, als ein Frauenzimmer, das wider seine
Kirche spricht. Ein kleiner Aberglauben kleidet es.
Wie er aber gleich darauf hinzusetzen konnte: „Alle
Frauenzimmer haben einen Hang zur Freydenferey"
machen mir wenigstens meine Beobachtungen nicht begreiflich.

weibliche Geschlecht dem männlichen hierinn es zuvorthun werde, in den vorhergehenden Bemerkungen allerdings gegründet. Ihr verfeinertes sympathetisches Gefühl, und ihre Uebung in der Beobachtung des Wohl-
anständigen und Gefälligen, machen weiblichen Seelen
diese Beweise der Zärtlichkeit wenigstens leichter und
geläufiger, als dem weniger auf andre achtenden, tro-
tzigern, schwerfälligeren Geschlechte. Aber jene Au-en-
seite der Zärtlichkeit hält nicht immer genaues Maaß
mit der innern Empfindung. Mit der Fertigkeit in
äußerlichen Handlungen, die auf Uebung und Gewohnheit sich gründet, steht bisweilen die Theilnehmung der
Seele im umgekehrten Verhältnisse. Also ist diese erste
Frage noch nicht hinreichend entschieden; und nicht leicht
zu entscheiden, weder nach allgemeinen Grundsätzen noch
nach der Erfahrung. Es giebt Frauen von unverstell-
ter innigster Zärtlichkeit gegen ihre Männer, Kinder
und andre geliebte Personen. Aber auch solche Männer.
Von beyden ist hier nicht die Frage; sondern nur davon,
ob es mehr der einen oder der andern gebe: und zwar
aus eigenem Gefühle und freyem Antriebe? Von Männern sagt uns zwar die Geschichte nicht, wie von Frauen,
daß sie sich auf dem Scheiterhaufen ihres versto-benen
Ehegatten lebendig mit verbrennen lassen. Aber dieß
sonderbare Phänomen läßt sich aus vielerley andern Ursachen wenigstens eben so gut erklären, als aus der Voraussetzung einer besonders zärtlichen und innigen Liebe.
Wenn auch etwas von dieser Art hiebey noch eingestanden werden müßte: so könnte es nur ein lebhafteres,
hinreißenderes Gefühl des erlittenen Verlustes seyn; zu
welcher Art von Gefühlen das schwächere Geschlecht auf-

ge-

gelegt ist (§.191); aus welchen sich aber nicht sicher auf
die gleiche Größe der vormaligen Achtung und Liebe gegen das jetzt verlorne Gut schließen läßt. (Th. I. §. 89.)

Aber, könnte man sagen, stellet nicht unleugbar
die Erfahrung aller Orten und Zeiten viel mehr Beyspiele
eines harten unbilligen Verfahrens der Männer gegen
ihre Frauen, als dieser gegen ihre Männer auf? Dieses zugegeben; so sieht man leicht, daß wiederum nicht
von dem äußerlichen Betragen auf die Neigungen ge-
schlossen werden kann; da das Vermögen nicht auf beyden Seiten gleich ist. Auch sind nicht alle Arten von
übler Begegnung gleich auffallend und scheinbar; und
doch gleich im innern Gehalt. Endlich war ja überall
nicht die Frage von dem, wie beyde Geschlechter einander bey gewissen eingegangenen Verbindungen und äußerlichen Verhältnissen begegnen; sondern von ihrem Verhalten und ihren innern Empfindungen bey wirklicher
Freundschaft und Liebe.

Ohngefähr dasselbe wird geantwortet werden können;
wenn man Verdacht gegen die gleiche Vollkommenheit
der Liebe unsers Geschlechts dadurch gründen wollte, daß
das erstere der Vielweiberey fast überall sich ergiebt,
wo nicht die Religion oder Staatsgesetze es einschrenken;
da die Vielmännerey kaum mit einem Beyspiele sich
erweisen lässet; oder nur da, wo die Männer selbst darüber einig geworden sind. Außerdem kann zur Vertheidigung oder Entschuldigung des männlichen Geschlechts
noch gesagt werden, daß die Vielweiberey nicht die gleiche Unschicklichkeit und Ungerechtigkeit in sich fasse, wie
die Vielmännerey.

Selbst

Selbſt aus der Schwäche des weiblichen Geſchlechts, und ſeiner mindern Selbſtgenügſamkeit, hat man ſchließen wollen, daß es mehr zur Freundſchaft gemacht ſey; weil denn doch nur das eigene Bedürfniß dieſe Liebe gegen andere erzeuge. So wie die ſtärkſten Freundſchaften in der Jugend und in gefahrvollen Zeiten entſtehen. Wenn man dieſen Schluß gelten läßt: ſo wird man daraus wohl auch die Folge ziehen, daß die ſtärkſten Freundſchaften des weiblichen Geſchlechtes ſich nicht bey Verbindungen deſſelben unter ſich, ſondern in Verbindungen mit Perſonen des andern Geſchlechtes finden müſſen, und dieſe Folge vielleicht in der Erfahrung beſtätiget finden. Aber was das letztere anbelangt: ſo müßte man, um nicht verſchiedenartige Dinge gegen einander in Vergleichung zu bringen, dasjenige bey der freundſchaftlichen Liebe unter Perſonen verſchiedenen Geſchlechts abrechnen, was von den Einflüſſen der wechſelſeitigen Geſchlechtsreize herkömmt. Und wer kann dieß im einzelnen wirklichen Falle? Jener Grundſatz aber, daß man nur aus Bedürfniß liebe, erklärt überhaupt zu wenig in der Geſchichte der Freundſchaft, beſtimmt zu wenig die Gründe des Wachsthums und der Vorzüglichkeit einer Freundſchaft vor der andern, um hier gebraucht werden zu können *).

Es

---

*) Thomas in ſeinem Eſſai ſur les femmes zieht nach ähnlichen Erwägungen endlich die Folge: que l'amitié dans les femmes doit être plus rare, mais que, lors qu'elle ſ'y trouve, elle doit être auſſi plus delicate & plus tendre. Und noch: Il faudroit donc peut être deſirer un homme pour ami dans les grandes occaſions; mais

pour

Es wäre vielleicht der Mühe werth, durch mehrere Beobachtungen auszumachen, wie die beyden Geschlechter in Absicht auf Freundschaft sich beweisen, wenn jedes allein unter sich lebt, wie z. B. Nonnen und Mönche. Was ich in diesem Stücke gelesen und gehört zu haben mich erinnere, fällt zum Vortheil der erstern aus *).

Nicht selten werden dem weiblichen Geschlechte Eigenschaften beygelegt, welche, wenn sie ihm so besonders eigen wären, den freundschaftlichen Charakter desselben freylich verdächtig machen könnten; die also auch hier gleich, so wie überhaupt, eine sorgfältige Untersuchung verdienen. Erstlich die Kunst und Gewohnheit sich zu verstellen, den Anschein von Gesinnungen, die es nicht hat, anzunehmen, und seine wahren Gesinnungen zu verbergen. Rousseau behauptet dieß mit besonderm Nachdrucke, ohne einen Fehler daraus zu machen; beruft sich auf das Zeugniß eines jeden aufrichtigen Beobach-

pour le bonheur de tous les jours il faut desirer l'amitié d'une femme p. 142. seq. Wie weit ich diesen Aussprüchen beypflichten könne, wird aus dem bisherigen und zum Theil aus dem gleich folgenden sich abnehmen lassen.

*) Rousseau scheint doch andere Gedanken hierüber gehegt, aber auch dabey, wie bey andern Punkten in der Untersuchung über das weibliche Naturell, nicht sorgfältig genug mancherfaltige Beobachtungen aus verschiedenen Ständen und Nationen mit einander verglichen zu haben. S. Emile liv. V. edit. de l'Amsterdam 1762. vol. IV. p. 73. seq. Nach einem übertriebenen satyrischen Zug des Buchs über die Ehe, haben die Schönen, in Absicht auf ihr Geschlecht, nicht einmal die Idee von Freundschaft. S. 184.

achters; und führt selbst ein Beyspiel von der Feinheit eines kleinen Mädchens an, stellt es in Vergleichung mit der ähnlichen List eines Knaben, und weiß es freylich für seinen Zweck zu nutzen *). Beyspiele von feiner und anhaltender Verstellung weiblicher Gesinnungen und Absichten lassen sich leicht in großer Menge aufzählen aus häuslichen und politischen Geschichten. Aber sollte es schwer werden, immer gleich viele und gleich starke Beyspiele von der Verstellung der Männer aufzufinden; wenn man sich einige Mühe darum geben will?

Ich glaubte eine Zeitlang, daß die Verstellungsfähigkeit der Königinn Elisabeth ihres gleichen nicht in der Geschichte der Männer habe. Es ist wahr, ihr ganzes Leben ist fast eine Kette von Verstellungen; und einige derselben haben etwas so Kleines, und fast mögte man sagen, Kindisches; daß sie bey einem Manne, von übrigens gleichen Talenten und Glücksumständen, kaum begreiflich scheinen **). Nur allein ihre Anstellung nach dem Tode der durch sie verurtheilten Maria, zum Beyspiel? Aber Carl V bey der Gefangenschaft Franz I
und

---

*) La ruse est un talent naturel au sexe. — Je m'en rapporte sur la verité de cette remarque à tout observateur de bonne foi. — Je veux qu'on examine les petites filles, qui ne font, pour ainsi dire, que de naitre; qu'on les compare avec les petits garcons du même age; et si ceux-ci ne paroissent lourds, etourdis, bêtes auprès d'elles, j'aurai tort incontestablement. l'Emile liv. V. Ich kann nicht sagen, daß meine Beobachtungen mir bloß so sehr ins Allgemeine bestätiget haben.

**) Man sehe *Hume* Hist. of Engl. IV. pag. 460 seq. 623 seq. *Robertson* Hist. of Scot. II. 152 seq.

und bey der Eroberung Roms, und der Einschließung
des Pabstes in der Engelsburg, widerlegt dieß Urtheil
allein schon.   Elisabeths frühere Geschichte macht es
auch begreiflich, wie ihr Gemüth zur Verstellung so vorzüglich sich gewöhnt haben konnte.

Aber wird nicht eben deswegen angenommen werden dürfen, daß die Verstellung beym weiblichen Geschlechte überhaupt gewöhnlicher seyn und weiter gehen
müsse, als beym männlichen; weil nemlich ihre Schwäche, Furchtsamkeit und Abhängigkeit sie öfter dazu antreibt, und der Wohlstand in manchen Fällen dazu ver-
pflichtet? Dieß scheint freylich so. Wenn man unterdessen bedenkt, wie manchfaltig eingeschrenkt auch beym
männlichen Geschlechte das Vermögen ist, alles zu erzwingen; wie oft dasselbe in jedwedem Alter sich genöthi-
get sieht, oder es doch für rathsam hält, seine Absichten
zu verbergen: so läßt sich gar wohl begreifen, daß auch
bey unserm Geschlechte, die Kunst sich zu verstellen zur
Vollkommenheit gebracht werden könne.

Wenn das weibliche Geschlecht überhaupt empfindlicher und reizbarer wäre als das unsrige, welches in der
Folge untersucht werden soll: so würde dadurch ihm die
Verstellung schwerer werden müssen.   Aber dieß scheint
auch schon aus dem gefolgert werden zu können, was
ausgemacht ist, daß wegen der feinern Haut und reinerh
Farbe des Gesichts die Veränderungen, die bey Gemüthsbewegungen im Körper entstehen, leichter durch-
scheinen.   Auch gehört zur Verstellung oft eine gewisse
Entschlossenheit und Keckheit, die mehr im allgemeinen
Charakter des männlichen Geschlechts, als des weiblichen,

chen, gegründet ist. Vielleicht gründet sich der Vorwurf der Verstellung und Falschheit, den man dem weiblichen Geschlechte so oft macht, gerade darauf, daß diese Gemüthszustände bey demselben öfter entdeckt werden, hingegen bey dem unsrigen öfter verborgen bleiben?

Wenn aber auch die Verstellungskunst dem erstern mehr eigen seyn sollte, als dem letztern; so wäre noch immer der Schluß nicht zuläßig, daß es zur herzlichen Zärtlichkeit bey der Freundschaft und Liebe darum minder fähig und geneigt seyn müßte. Man thut ja nicht immer, was man thun kann; thut es nicht alles gern. Man verstellt sich gegen diejenigen, die man fürchtet, weil man muß. Die Verstellung ist immer ein widernatürlicher Zustand, bey dem man sich selbst Zwang anthut. Höchstens kann man sich seiner Fähigkeit dazu freuen, wo es darauf ankommt, den Arglistigen zu überlisten oder dem Tyrannen auszuweichen. Gegen Freunde verstellt man sich nicht; hält vielmehr sein Herz gern schadlos bey ihnen für den Zwang, dem es bey andern unterworfen ist.

Was also etwa für die Klugheit des Lebens aus allem bisherigen gefolgert werden dürfte, bestünde darinn, daß nicht überall dieselben Merkmale einen gleichen Grund und Grad von Freundschaft und Ergebenheit bey einem Weibe beweisen, wie bey einem Manne. Daß aber Handlungen allen Verdacht der Verstellung bey dem einen Geschlechte so hinlänglich benehmen können, als bey dem andern.

Zur Vollkommenheit der Freundschaft gehört Treue und Beständigkeit. Wenn das weibliche Geschlecht ver-

änder-

änderlicher ist, als das männliche, und wenn diese
Veränderlichkeit, vermöge ihrer Gründe, sich auch bis
auf die Gegenstände der freundschaftlichen Zuneigung erstrecket: so entsteht daher ein neuer Zweifel gegen die
Vollkommenheit der weiblichen Freundschaft. Die erste
Frage ist also, ob jene mehrere Veränderlichkeit überhaupt gewiß ist? Und vermuthen läßt sich dieses daher;
weil Schwäche einer der natürlichen Gründe der Veränderlichkeit ist (Th. I. §. 23). Die Schwächlichkeit der
Empfindungs- und Bewegungswerkzeuge machet, daß
man bey einerley Eindrücken leicht ermüdet, Abwechselung zur Erholung nöthig hat. Sie ist auch Ursache,
daß man äußerlichen Einwirkungen weniger widerstehen
kann; und also durch dieselben leichter sich verändern lässet. Und wenn überhaupt dem Schwächern mehrere
selben zufallen, er öfter eine Verbesserung seines Zustandes wünschet, und wenn dieß, wie im vorhergehenden
(§. 185) bemerkt worden ist, Neugierde und Leichtgläubigkeit nach sich ziehet: so erhellt auf mancherley Weise,
wie freylich zur Veränderlichkeit das weibliche Geschlecht
vorzüglich fähig scheinen könne. Noch läßt sich auch die
Begierde zu gefallen, als ein mitwirkender Grund, hin-
zudenken; da in so vielen Dingen die Neuheit allein
oder hauptsächlich Ursach ist, daß sie gefallen, und diejenigen also immer Veränderungen darinn suchen müssen, die damit die Aufmerksamkeit reizen und ergötzen
wollen. Und so wie diese Gründe es folgern lassen und
bestimmen, wird das Urtheil von der Veränderlichkeit
des andern Geschlechts auch durch die Erfahrung mehr
bestätigt, als widerlegt werden.

Fff

Nun

Nun giebt es aber auch einige Eigenschaften des weiblichen Gemüthes, wodurch der Trieb zu Veränderungen für gewisse Fälle wiederum besonders eingeschrenkt werden kann; Furchtsamkeit und Achtung für den Wohlstand. Niemand wird in Abrede seyn, daß diese Eigenschaften nicht sollten jenem Trieb sich widersetzen. Jede Veränderung ist gefährlich, sagt ein Sprichwort, zu allgemein im Ausdruck, wie alle Sprichwörter, aber hinreichend zum Beweis einer gemeinen darauf gehenden Bemerkung. Dieß Hinderniß der Veränderlichkeit, welches in der Furchtsamkeit liegt, ist von besonderem Gewichte in Absicht auf unsere Hauptfrage von der Beständigkeit der weiblichen Freundschaft. Das Weib braucht einen Freund, noch mehr als der Mann ihn braucht; dieß wird eingerdumt. Es weiß auch so gut, als unser Geschlecht es weiß, daß ein redlicher Freund kein gemeiner Fund ist. Wird es dieses ihm so wichtige, so seltene Gut leichtsinnig fahren lassen oder vertauschen? Und wo widersetzt sich das sittliche Gefühl leichter so stark, als hier? Es wäre also ein sehr unvernünftiger Schluß, wenn jemand von der Veränderlichkeit des weiblichen Geschlechtes im Putz und andern Kleinigkeiten auf eine gleiche Veränderlichkeit in der Freundschaft schließen wollte. Und wo ich nicht irre, so stimmen die mehresten Beobachtungen dahin mit einander überein: daß öfter Männer ihren Frauen und Geliebten untreu geworden seyn, als diese jenen.

§. 189.

Offenherzigkeit, Wahrhaftigkeit.

So gemein die Meynung ist, daß an Verstellungskunst und Feinheit, oder Mäßigung bey der Aeußerung ihrer

ihrer Gesinnungen, das andere Geschlecht uns übertreffe;
eben so gemein scheint auch diese andre zu seyn, daß Herz
und Mund sich leichter bey demselben öfnen, Geheimnisse aufzubewahren und zu verschweigen ihm ungleich
schwerer werde.   Diese beyden Urtheile sind sich einander so entgegen gesetzt, daß eins durch das andre nothwendig einiger maßen eingeschrenkt werden muß.   Um
nun das Wahre davon genauer zu bestimmen; wird erforderlich seyn, daß wir eben so untersuchen, was im
Charakter des schönen Geschlechts der Verschwiegenheit
Abbruch thun könne; wie vorher die Gründe, die die
Verstellungskunst bey demselben befördern können, aufgesucht worden sind.

Da ließe sich nun freylich gleich wieder in der Schwäche selbst, diesem allgemein anerkannten Attribute des
andern Geschlechts, dergleichen etwas gedenken; wenn
man annehmen dürfte, daß auch in der Seele, nach dem
Begriffe jenes Attributs, dieß Geschlecht sich von dem unsrigen unterscheide.   Denn einen Gedanken nicht in sich
verschließen, ein Geheimniß nicht verschweigen, dem
Reiz der Ideen nicht widerstehen können; oder nur das
kleine nahe Vergnügen, nicht auch die dahinter liegenden
unangenehmen Folgen, gewahr werden, ist Schwäche.
Aber diese natürliche Seelenschwäche sind wir nicht berechtiget dem andern Geschlechte mehr als uns beyzulegen.
Sie folgt wenigstens aus dem Grade körperlicher Schwäche, der ihnen eigen ist, auf keine Weise.   Also müßte
anders woher, als unmittelbar aus der Schwäche, jene
Offenherzigkeit herrühren, wenn sie beym weiblichen Geschlechte sich vorzüglich äußern sollte.

Fff *   Und

Und dieß könnte denn wohl die mehrere Musse und damit verknüpfte öftere lange Weile seyn; oder doch die mehrere Freyheit von anstrengenden, die Seele einwärts kehrenden, gleichsam in sich selbst verschließenden Geschäften, nebst der Begierde andern sich angenehm zu machen, Freundschaftsbeweise ihnen zu geben, unterhaltend in Gesellschaft zu seyn. In diesen letztern Eigenschaften glänzt das schöne Geschlecht vor dem unsrigen; es ist aber bekannt und begreiflich, wie leicht sie verführen können, allzuoffenherzig und schwazhaft zu werden. Zumal wenn noch die böse lange Weile dazu kömmt; und eine Angst, als ob das Triebwerk der ganzen Natur ins Stecken gerathen wollte, die lieben, daß jemand in ihrer Gesellschaft lange Weile haben mögte, so sehr befürchtenden Seelen befällt, wenn etwa einmal die Unterredung ausgeht und eine allgemeine Stille zu herrschen beginnt.

Mittelbarer Weise also ließe sich noch wohl diese Neigung auf die Schwäche zurückführen (§. 186). Zugleich erhellt aber auch, wie bey diesen Gründen, die Offenherzigkeit und — Gesprächigkeit, um keinen unhöflichern Ausdruck zu gebrauchen — des schönen Geschlechts mit Feinheit und Verstellungskunst noch gar füglich bestehen könne, ohne ihr viel Abbruch zu thun. Es könnte in feinen eigenen Angelegenheiten immer noch sehr verschwiegen seyn; wenn es gleich, was andere betrift, geheim zu halten, nicht so sehr geneigt wäre. Es dürfte nur in der Kunst sich üben, aus Kleinigkeiten etwas, oder doch viele Worte darüber zu machen; es dürfte nur desto aufmerksamer auf andre seyn, und auf das, was man von ihnen sagt; um einen Vorrath von Mitteln wi-

der

der lange Weile und Stille in Gesellschaften zu haben, ohne seine geheimsten innern Schätze zu öfnen. Und wahrhaftig, es scheint nicht, daß diese Mittel unter dem Geschlechte sehr vernachläffiget werden.

Es läßt sich aber noch aus einem andern Gesichts-punkte in der Schwäche ein Grund zum Antrieb, seine Geheimnisse mitzutheilen, entdecken; kraft dessen dieser Trieb sich auch auf die eigenen Angelegenheiten und auf diese am allermeisten beziehet. Wenn man zu einer geheimen Angelegenheit anderer Hülfe nöthig hat: so kann man sie nicht vor ihnen so ganz geheim halten; der Schwache hat aber andrer Hülfe öfter nöthig, als der Starke; glaubt es auch öfter, aus der ihm gewöhnlichen Furcht. Und eben diese seine Furchtsamkeit ist der Ver-schwiegenheit besonders gefährlich, in denjenigen Fällen, wo die Geheimnisse einen üblen Ausgang nehmen können, dem man durch freywillige Entdeckung entgehn kann. Ja es ist bekannt, daß Furcht und Angst vor bevorste-henden Uebeln, die doch nur von der Entdeckung gewis-ser Geheimnisse abhängen, ängstliche Menschen schon oft zur Beschleunigung dieser Uebel bewogen, und unnöthi-ger Weise zu Verräthern an sich selbst gemacht haben. Sie gaben sich selbst an, damit sie nur der innern Un-ruhe, der ungewissen und daher unter tausenderley Ge-stalten ihnen zusetzenden Schreckbilder los wurden.

Noch läßt sich annehmen, daß das männliche Ge-schlecht überhaupt wohl durch eine mehrere oder angele-genere Uebung in der Verschwiegenheit es weiter bringe; indem es diejenigen Angelegenheiten zu besorgen hat, bey denen Verschwiegenheit von der größten Wichtigkeit

Fff 3   ist.

ist., Nicht nur die eigentlichen sogenannten Staatsangelegenheiten; sondern überhaupt die wichtigsten Gegenstände des menschlichen Verstandes und Willens, wo
oft allerley Esoterisches und Exoterisches, Privatmeynun-
gen und öffentliche Lehre sich von einander zu unterscheiden finden.

Daher wird auch bey der Erziehung dem Knaben
Schwazhaftigkeit in härtern Ausdrücken verwiesen, als
dem Mädchen; und Verschwiegenheit als eine seiner künftigen Bestimmung nöthige Tugend nachdrücklicher ihm
empfohlen, oder doch an ihm gelobt. Endlich ist aber
auch hieben zu erwägen, daß, wenn die bisher untersuchten Eigenschaften der Verstellung, Zurückhaltung,
Offenherzigkeit und Verschwiegenheit, als Tugenden oder
Fehler betrachtet werden sollen, es dabey auf die Zwecke
und deren Wichtigkeit ankomme. Und da nun hierüber
die Begriffe gar leicht verschieden sind: so kann der Eine
in manchen Fällen offenherzig seyn, wo der Andere verschwiegen ist, obgleich jener ungleich mehr Vermögen besitzt, sich zu verstellen oder verschwiegen zu seyn, wo er
es will. — Ja es ist bekannt, daß es Leute giebt, die
in Dingen, wo es ihnen nicht darauf ankömmt, fein
und verschwiegen zu seyn, obgleich die mehrsten Menschen es auch da sind, in Absicht auf solche innere oder
äußere Unvollkommenheiten und Vergehungen, z. E. von
denen sie ihre Ehre unabhängig glauben, die Offenherzigkeit selbst zu seyn scheinen; damit sie in andern Dingen besto mehr, ohne Argwohn zu erregen, sich verstellen
oder zurückhaltend seyn können.

Aus etlichen der bisherigen Untersuchungen lassen
sich Folgen ziehen, um den Grad der Wahrhaftigkeit
und

und Glaubwürdigkeit des weiblichen Geschlechtes, in Vergleichung mit dem männlichen, zu bestimmen; wofern nur überhaupt eine solche Bestimmung im Allgemeinen möglich ist. Die Gesetzgeber scheinen nicht immer den vortheilhaftesten Begrif von dem weiblichen Geschlechte in diesem Punkte gehabt zu haben; indem sie das Zeugniß desselben dem Zeugnisse der Männer nicht überall gleich geschätzt haben. Wiewohl sich noch, wenigstens in einigen Fällen, die glimpflichere Auslegung davon machen läßt; daß sie nicht sowohl die Wahrhaftigkeit und Glaubwürdigkeit des andern Geschlechtes herabsetzen, als nur durch das Zeugniß des im Staate höher geachteten Geschlechtes da, wo es auf Feyerlichkeit ankam, ein mehreres Ansehn haben verschaffen wollen *).

Aber wie auch die Geschichte der Rechte hiebey zu erklären seyn mag; so kann manches im gemeinen Lauf der Dinge, und das bisher erörterte selbst schon, Anlaß genug geben zur Frage von der Glaubwürdigkeit der beyden Geschlechter. Es wird aber hiebey voraus gesetzt, daß alles, was nicht im Grundcharakter des Geschlechtes und dem damit verknüpften äußerlichen Zustande begriffen ist, bey beyden gleich sey; Erziehung, Glücksumstände und Verbindungen. Alles dasjenige nun, was

Fff 4   die

---

*) Mit dürren Worten nennt Aristoteles das weibliche Geschlecht αναιδεϛερον και ψευδεϛερον l. c. So urtheilt auch von Rohr in der Kunst der Menschen Gemüther zu erforschen, daß das Frauenzimmer überhaupt nicht so viel Glauben verdiene, als das männliche Geschlecht, weil es leichtsinniger und unbedachtsamer sey. K. VI. §. 8.

die beyden Geschlechter äußerlich und innerlich von einander unterscheidet, genau mit einander verglichen, wird
ganz im Allgemeinen schwerlich einen Ausschlag auf
eine Seite bringen. Vielleicht aber, wenn man die
Gegenstände zu theilen sich angelegen seyn ließe. Eingeräumt, was wir im Vorhergehenden mehr bezweifelt
als bewiesen haben, daß die Verstellungskunst beym
weiblichen Geschlechte weiter gehe: so kann wenigstens
mit gleichem Grunde dem männlichen die Kunst zu
schweigen im höhern Grade zugeschrieben werden. Beyde stehen der Wahrhaftigkeit einigermaßen entgegen.
Die ersten zwar, nach allgemeinen Begriffen, mehr
als die leztern. Aber beyde lassen sich auch in einem sehr
hohen Grade vorhanden gedenken, neben der entschlos-
sensten und herrschendsten Neigung zur Wahrhaftigkeit,
da wo man diese für Pflicht erkennt.

Aber man opfert die sonst anerkannte Pflicht auch
wohl bisweilen einem andern Antriebe, einem sinnlichen
Reize, Affecte, oder der Vorstellung einer andern colli-
direnden Pflicht auf. Ist von dieser Seite die Wahrhaftigkeit des weiblichen Geschlechts in größerer Gefahr,
als die des männlichen?

-Furchtsamer ist das erstere, harte Drohungen können also wohl mehr bey ihm ausrichten. Aber Furcht
vor Gott kann auch im weiblichen Gemüthe seyn; und
also auch da mehr Eindruck machen, als im härtern
männlichen Herzen. Es ist erhabener moralischer Gefühle, in einem sehr hohen Grade, fähig; es hat auch
Kraft genug in sich, Tod und Martern der Schandthat
vorzuziehen. Bey richtiger und gleich guter Erkenntniß

der

der moralischen und religiösen Gründe der Wahrhaftigkeit, überhaupt und in dem besondern Falle, scheint
es mir unbillig, der bedächt chen Aussage einer Frau
weniger Glaubwürdigkeit zumessen zu wollen, bloß wegen
der mehrern Furchtsamkeit. .

Das Mitleiden hat auch schon viele Menschen zur
Verhehlung oder Verfälschung der Wahrheit gebracht.
Da nun das weibliche Geschlecht überhaupt mehr zum
Mitleiden aufgelegt ist, als das männliche, und in dieser Eigenschaft sich und andern insgemein vorzüglich gefällt: so könnte dieß endlich wohl für eine Ursache angesehen werden, wodurch daſſelbe vom strengen Geſetze der
Wahrhaftigkeit in einigen Fällen eher abgebracht würde
als das unsrige. Wenn nemlich bey der Entdeckung der
Wahrheit jemanden, der den davon unterrichteten Schönen ihres Mitleids nicht unwürdig schiene, Strafe oder
eine andre harte Begegnung bevorstünde; die Verheim-
lichung aber niemanden weiter offenbaren Schaden bräch-
te, sondern nur gegen das allgemeine Geſetz der Gerechtigkeit und Gemeinnützigkeit stritte. Und noch weniger
zweifelhaft ist es, daß das schöne Geschlecht, vermöge
seiner Furcht zu mißfallen, sich schwerer entschließen
müſſe, jemanden eine unangenehme Wahrheit, leichter
hingegen, etwas angenehmes, ohne die genauste Prüfung,
aus Gefälligkeit und Schmeichelhaftigkeit, zu sagen.

Dagegen läßt sich auch annehmen, daß dieses Geschlecht nicht so leicht sich dazu entschließen werde, eine
Unwahrheit zu sagen, nur um sich selbst einen Vortheil
auf Kosten eines andern zu verschaffen. Seine Furchtsamkeit, sein Mitleiden sind dagegen.

§. 190.

Herrschsucht, Rachbegierde.

Ist das weibliche Geschlecht eben so begierig nach
Herrschaft als das männliche? Noch weit mehr, ist vielleicht die gemeine Antwort hierauf; denn es strebt nicht
nur nach Herrschaft in seinem eigenen Geschlechte; sondern es will auch, gegen das Gesetz der Natur, über
das männliche Geschlecht herrschen. Dieß als Erfahrung vorausgesetzt, verweiset man vielleicht auch zur Erklärung gleich auf das bekannte Nitimur in vetitum.

Angenommen, daß alle Menschen von Natur den
Trieb der Herrschsucht in sich haben, lieber Befehle geben, als annehmen, lieber den entscheidenden Ausspruch
thun, als dem Ausspruch eines andern sich unterwerfen;
angenommen auch, daß einige vom weiblichen Geschlecht
durch grenzenlose Herrschbegierde sich auszeichnen: so
scheint mir doch die gemeine Beschuldigung desselben,
daß es herrschsüchtig sey, mehr Unbilligkeit von unsrer
Seite, als Wahrheit, zum Grunde zu haben.

Bevor wir gegründete Beschwerden über das andre
Geschlecht in diesem Punkte führen können; müssen wir
erst untersuchen, ob die Gränze, die wir ihm anweisen,
deren Ueberschreitung wir Eingriffe in unsre Rechte, Eroberungssucht nennen, gerecht sey; oder eine ungerechte
Zurücksetzung und Unterbrückung? Und da hat nicht nur
der stärkere Theil den Verdacht allezeit wider sich: sondern die unpartheyische Untersuchung dessen, was von
jeher geschehen ist, und noch geschieht, bestätiget ihn
auch hier in den meisten Fällen.

Aber

Aber nicht nur auf diese Weise ist es unsre eigne
Schuld, wenn das andere Geschlecht, dem natürlichen
Gefühle seines Menschenrechtes zufolge, gegen eine ungerechte Oberherrschaft sich empört, und seinen Tyrannen zu überwältigen sucht, wo es kann: sondern zu wirklichen Eingriffen in unsre natürliche Rechte, zu ausschweifenden Begierden und Ansprüchen auf Unabhängigkeit und Gewalt über uns, reizen und verführen wir
es selbst oft. Wenn wir in den Stunden der Schwachheit sie vergöttern, unser ganzes Glück, Tod oder Leben
von ihnen zu erwarten scheinen, tausend Thorheiten um
ihrentwillen begehen; und dann auf einmal wieder in
unsrer Würde und männlichem Uebergewicht uns zeigen
wollen; ist dieß Verhalten übereinstimmend; kann es
das andere Geschlecht geneigt machen, Ehrfurcht gegen
uns zu hegen, und unsre Oberherrschaft für natürlich zu
halten? Wir machen es mit ihnen, wie allzuzärtliche
Mütter mit ihren Kindern; die bey den Anfällen ihrer
Zärtlichkeit diesen kleinen Abgöttern ihre ganze Schwäche
und Abhängigkeit von ihnen, wie sie sie in diesen Augenblicken fühlen, sehen lassen; und hernach sich wundern
und entrüsten, wenn diese den Meister spielen wollen,
wann es ihnen nicht mehr gelegen ist.

Freylich ist der Sieg über den Stärkern doppelt
reizend, und den Helden, den Löwenbändiger geschmei-
dig vor seinen Füßen liegen sehen, und mit seinem Win-
ke locken zu können, muß einer stolzen, herrschsüchtigen
Seele äußerst schmeichelhaft seyn.

Aber wenn das weibliche Geschlecht furchtsamer ist,
als das männliche; Furcht aber natürlicher Weise zur
. Nach-

Nachgiebigkeit und Bescheidenheit eher bestimmt, als daß sie stolz und unternehmend macht: so kann es nicht durch seine natürliche Anlagen so sehr zur Herrschsucht angetrieben werden, als das männliche.

Thomas will behaupten, daß Frauen auf dem Throne sich mehr zum Despotismus neigen, als Männer, weniger als diese Einschrenkungen vertragen können *). Mich dünkt nicht, daß dieß Beweis genug in der Geschichte für sich finde. Wenn er sich dabey auf die Königinn Elisabeth beruft: so ist ja gleich ihr Vater Heinrich ein ungleich ärgerer Despot gewesen als sie; der seine Unterthanen zwingen wollte, nicht mehr und nicht weniger zu glauben, als er ihnen erlaubte, und in seinen scholastischen grillenhaften Lehrbüchern vorgeschrieben hatte, oder auch künftig noch vorschreiben würde **). Und die Geschichte des größten Europäischen Reichs enthält in einem kurzen Zeitraume mehrere Beyspiele des Gegentheils.

Eben so leicht scheint es mir, die Vertheidigung des weiblichen Charakters bey dem Vorwurfe der Rachsüchtigkeit zu übernehmen. Weiberlist und Weiberrache scheinen von vielen in gleich großem Grade gefürchtet oder verabscheuet zu werden. Ich habe nichts dagegen, wenn man in Rücksicht auf einzelne Fälle die eine wie die andere fürchterlich oder abscheulich vorstellet. Aber keinen Grund finde ich in der Natur der weiblichen Gemüthsart, und auch keinen in der Erfahrung, weswegen das weibliche Geschlecht überhaupt von dieser Seite

ge-

---

*) Essai sur les femmes p. 128.
**) Hume Hist. of Engl. III. p. 269.

gefährlicher oder haſſenswürdiger ſcheinen müßte, als das männliche.

Zwar Schwäche und Beſorgniß künftiger neuer Beleidigungen ſind einer von den Gründen der Rachbegierde; Bewußtſeyn der ſichernden Stärke und Ueberlegenheit kann zur großmüthigen Schonung und Verzeihung geneigt machen (Th. I. §. 30). Aber der Grund, der die mehreſten und fürchterlichſten Wirkungen der Rach-, begierde hervorbringt, iſt doch der Stolz (ebend.). Und der geſellt ſich natürlicher zum Gefühl der Stärke, als der Schwäche. Die fürchterlichſte Art von Rachſucht erfordert immer auch Kühnheit; deren zwar das weibliche Geſchlecht unter gewiſſen Umſtänden fähig iſt; die doch aber überhaupt nicht zu ſeinem natürlichen Charakter gehört. Und kann das Geſchlecht am mehrſten zur Rachbegierde aufgelegt ſeyn, welches zum Dulden und Mitleiden mehr als das andre von der Natur ſelbſt angewöhnt wird?

So viel aber iſt wohl klar, daß, wenn die weibliche Rachſucht entbrennt, ſie andre Mittel wählen werde, als die männliche. Giftmiſchereyen und Ströme von Schmähworten ſind freylich in der Geſchichte der erſten gemeiner, als in der Geſchichte der letztern.

§. 191.

Ob das weibliche Geſchlecht empfindlicher und von lebhafterer Einbildungskraft?

Alle bisher angemerkten Eigenheiten des weiblichen Geſchlechts entſtehen aus der Schwäche als ihrem letzten Grunde. Aus einem größern Grade von Empfindlichkeit und Lebhaftigkeit der Einbildungskraft ließen ſich

die

die meisten auch erklären; die Furchtsamkeit, Neugierde, Veränderlichkeit, der höhere Grad der Sympathie
und des Gefühls für's Schickliche und Gefällige. Und
wenn dieser zweyte Grund dort statt fände: so würden
auch noch mehrere Folgen im weiblichen Gemüth daraus
abzuleiten seyn.

Aber gleichwie wir, ohne diesen Grund zu gebrauchen, jene Neigungen und Empfindnisse erklären konnten, so weit sie sich in dem ganzen Geschlechte überhaupt
in einem vorzüglichen Grade zeigen; also scheinen mir
sonst auch keine Beweise vorhanden zu seyn zur Behauptung, daß dem weiblichen Geschlechte von Natur eine mehrere Empfindlichkeit und eine lebhaftere Einbildungskraft verliehen sey.

Schwäche ist zwar oft mit außerordentlicher Empfindlichkeit der äußern und innern Sinne, aber keinesweges immer und nothwendig verknüpft. Es giebt starke Männer von äußerst lebhafter Empfindung. Und es
giebt unter dem weiblichen Geschlechte eben so äußerst
reizlose und unempfindliche Geschöpfe, als unter dem
unsrigen. Ob auch eben so viele? Dieß kann freylich
noch gefragt, und so geschwind nicht genau durch Abzäh-
lung entschieden werden. Aber die Beobachtungen, womit man es etwa zu bestreiten gedenket, könnten auch
leicht nur auf Verwechselung dessen, was natürlich und
was angewöhnet und erkünstelt ist, oder auf unerlaubte
Schlüsse vom Besondern aufs Allgemeine, hinauslaufen.
Nemlich

1) So viel ist außer Streit, daß das weibliche Geschlecht, da es von Natur schwächer und zärter ist, durch
äußer-

äußerliche Eindrücke leichter zu schmerzhaften Köper=
gefühlen müsse gebracht werden können, als der durch
festere Muskeln und dickere Häute geschützte Mann.
Und wenn es bey der wirklichen Empfindung von vielen
Dingen mehr leidet: so wird auch die bloße Vorstellung,
vermöge der Erinnerung und Einbildungskraft, Furcht,
Abscheu und Ekel in weiblichen Gemüthern oftmals her=
vorbringen, wo Männer ganz gleichgültig bleiben, oder
doch ruhig abwarten.   Aber dieß beweiset noch keine
Fähigkeit der Seele, bey gleicher Rührung der Ner=
ven, eine mehrere oder stärkere Vorstellung zu bekom=
men.   Auch beweiset es keine allgemeine größere Em=
pfindlichkeit der Nerven selbst, für alle Arten sinnlicher
Gegenstände und Beschaffenheiten, fürs Angenehme
wie fürs Unangenehme, für die bloßen Ideen vom
Abwesenden, wie fürs Gegenwärtige *).

2) Mancherley Anlässe und Beweggründe, die Leb=
haftigkeit der Einbildungskraft durch Uebung zu beför=
dern

---

*) Selbst die mehrere Empfindlichkeit des zärtern Ge=
schlechts bey unangenehmen Eindrücken scheint einiger=
maßen zweifelhaft werden zu können durch den Gedan=
ken, daß diejenigen nicht immer am stärksten empfin=
den, die ihre Empfindungen am stärksten ausdrücken.
Si la machine est frêle et delicate; il se pourra, que
les gemissements et les larmes n'annoncent que la
mobilité des organes, et non pas le sentiment. Sou=
vent la femme et l'enfant, qui crient, ne sont pas
aussi affectés, que l'homme taciturne, qui devore en
secret sa douleur.
   Reflexions phisiologiques sur l'homme et sur les
animaux. Lond. 1773. p. 206.

dern, oder auch nur den Schein von großer Empfindlichkeit anzunehmen, treten beym weiblichen Geschlecht
überhaupt mehr als beym männlichen ein. Dieß sind,
wie im vorhergehenden schon bemerkt worden ist, die
Begierden zu rühren und zu überreden, angenehm, unterhaltend in Gesellschaft zu seyn, und die Gesinnungen
anderer zu errathen. Wir loben und befördern diese Lebhaftigkeit, weil sie uns Vergnügen macht. Den Knaben heißt man schwatzen, sagt Rousseau; wenn er
nichts gescheides oder nothwendiges vorzubringen hat.
Die Mädchen ermuntert man zum Plaudern, weil dieß
immer genug ist, die Zeit uns zu vertreiben, und dieß für
einen Theil ihrer Bestimmung gehalten wird. Selbst
ihre Empfindlichkeit gegen das Unangenehme, ihre Furchtsamkeit lieben wir bisweilen; sie können uns desto leichter zu bezwingen, oder wir uns desto größer, oder unsere
Herrschaft über sie desto gerechter scheinen. Sie verstehn
uns genug, um diese Bemerkung zu machen; und werden schreckhaft aus Koketterie. Wenn überhaupt gegen Kleinigkeiten Frauenspersonen empfindlicher sind:
so könnte es bisweilen auch daher kommen, daß sie mehr
Muße haben, mit ihrer Aufmerksamkeit bey Kleinigkeiten zu verweilen; und sich also in der Gewahrnehmung
ihrer Eigenschaften und Verhältnisse zu üben. So em-
pfindsam, wie Yorik, durchs Leben zu wallen, ist nicht
Sache für einen mit Geschäften beladenen Mann.

3) Wie also die Schwäche mittelbarer Weise durch
mancherley Triebfedern die Empfindlichkeit im weiblichen Geschlechte befördert: so ist sie vielleicht auch Ursach einer frühern Entwickelung der Empfindungs- und

Ver-

Verstandeskräfte *)? Frühere Entwickelung und Schwäche scheinen nach mehrern Erfahrungen durch irgend ein
allgemeines Naturgesetz mit einander verknüpft zu seyn.
Und die Entwickelung der körperlichen Kräfte erreicht
beym weiblichen Geschlechte eher, das Ziel als beym männlichen **). Doch wenn ich die den gegenwärtigen Fall
betreffenden Erfahrungen genauer zu Rathe ziehe: so
wird mir diese frühere Entwickelung der Empfindungs-
und Verstandeskräfte der Mädchen sehr zweifelhaft.
Man vergesse nur nicht, wenn man eben diese Untersuchung anstellen will, von dem, was der Natur zugeschrieben werden darf, abzurechnen, was etwa die mehrere Uebung in einer gewissen Art von Witz thut, der
mehrere Aufenthalt in Gesellschaft der Mütter, während
daß die Knaben unter sich herumschwärmen, oder mit
unverständlicher Wortgelehrsamkeit gepeiniget werden,
und in beyden Fällen nichts lernen, womit sie in Gesellschaft glänzen können. Abzurechnen ist auch, was an-
gewöhnte Galanterie und Partheylichkeit fürs schöne Geschlecht in unser Urtheil, bey Vergleichung der kleinen
Knaben und der kleinen Mädchen, bringen möchte. In
einer und der andern Art von Anwendungen der Geisteskräfte kann freylich eher einige Vollkommenheit ent-
ste-

---

*) Rousseau sagt: L'intelligence dans les filles est plus
precoce, que dans les garçons. Emile liv. IV. p. 43.
Aristoteles sagt dieses auch; setzt aber den Grund dazu:
παντα γαρ τα ελαττω προς το τελος ερχεται
θαττον. De generat. animal. lib. IV. 6.
**) Buffon Allg. Naturgeschichte 5ter Theil. S. 89. 91.
Aristoteles l. c.

Ggg

stehen, wenn auf diese allein die Uebung derselben eingeschrenkt wird, als wenn sie sich auf mehrere Arten zugleich verbreiten mußte, die Uebung des einen also durchs
andere unterbrochen, die Aufmerksamkeit immer getheilt,
die Kraft oft schon erschöpft war.

4) Wenn aber auch das weibliche Geschlecht in
Ansehung des Grades der Empfindlichkeit und Lebhaftigkeit von Natur nichts voraus hat: so scheint sich hingegen auf etwas Eigenes in der Art ihrer Imagination,
sowohl aus innern Gründen, als aus der Erfahrung,
schließen zu lassen; daß sie nemlich mehr eine schnelle,
als eine die Eindrücke lange aufbewahrende, mehr eine
leidend reizbare, als selbstthätig wirksame Einbildungskraft besitzen. Eine starke, den Eindruck lange behal-
tende Einbildungskraft scheint mir, nach meinen Beobachtungen, überhaupt nur bey Personen von starker Gesundheit und vieler Körperkraft sich zu finden. Und wenn
in der körperlichen Schwäche auch kein unmittelbarer
Grund enthalten ist, weswegen die Imagination weniger selbstthätig wirksam seyn sollte: so kann doch durch
die aus der Schwäche entstehenden Eigenschaften und
Verhältnisse, durch Furchtsamkeit und Abhängigkeit, ein
solcher Grund allmählig hervorgebracht werden *).

Die

---

*) Se laissant entrainer par mille impulsions etrangeres,
elles sont toujours au deça et au dela du vrai. Toujours extremes, elles sont toutes libertines, ou de-
votes: sagt Rousseau. Was für eine Art von Imagination sich aus den vorhandenen Werken der Dichterinnen und Künstlerinnen abnehmen lasse, ob selbst-
schaffende oder nachahmende, will ich denen zur Ent-
schei-

Die Geschichte stellt uns sehr viele weibliche Personen als lebhafte Theilnehmerinnen an religiösen Schwärmereyen, an politischen, kriegerischen und andern Arten des Enthusiasmus*); aber als Urheberinnen derselben wenige oder gar keine auf. Wenn sie auch nur allein auf der Scene erscheinen, wie die Sibyllen, die Delphischen Priesterinnen, die weisen Frauen der Celtischen Völker, das Mädchen von Orleans: so lassen sich doch insgemein die hinter der Maschinerie versteckten Urheber des Spiels wohl errathen**).

Ggg 2   §. 192.

.scheidung überlassen, vor deren Richterstuhl diese Werke gehören. Ist aber nicht überhaupt die Zahl großer Dichterinnen und Meisterinnen in den schönen Künsten eher klein als groß, für die Erlaubniß, die das andere Geschlecht hat, sich hierinn hervorzuthun?

*) Von der durch Peter den Einsiedler und Urban II angezündeten Schwärmerey, zur Eroberung des gelobten Landes das Kreuz anzulegen, wurde das weibliche Geschlecht in großer Menge und so sehr ergriffen, daß sie die Stunde des Abmarsches am ungeduldigsten erwarteten. C'étoit le sexe le plus foible, qu'on voyoit se preparer avec le plus d'enthousiasme et d'emportement; c'étoient les femmes, les enfans, qui soupiroient le plus vivement après le moment du depart, qui le hatoient par leurs voeux, qui accouroient en troupes auprès des Seigneurs croisés, pour les prier de les mettre de leur suite, avec promesse de les servir et de leur obéir pendant l'expedition. L'esprit des Croisades, tom. III. p. 172.

**) Mit obigem Urtheil von der Empfindlichkeit des weiblichen Geschlechts, stimmt auch Tissot überein, in seinem Traité des Nerfs, vol. II. p. 201. On peut aussi juger, qu'en general les passions doivent être plus fortes chez les hommes, que chez les femmes; mais

la

§. 192.
Erborgte Beyträge zu dem vorigen.

Es ſcheint mir nicht undienlich, dieſen bisherigen
Unterſuchungen einige abgekürzte Reflexionen eines
Frauenzimmers über die unterſcheidenden Eigenſchaften
ihres Geſchlechtes anzuhängen; weil ſie ſehr geſchickt ſind,
theils einige der vorhergehenden Bemerkungen für manche Leſer oder Leſerinnen noch verſtändlicher zu machen,
theils in Vergleichung mit denſelben zur wechſelſeitigen
Prüfung Anlaß zu geben.　Nach dem Urtheile dieſes
Frauenzimmers *) ſcheint die weibliche Seele überhaupt
nicht die Fähigkeit zu haben, einen ſo hohen Grad der
Vollkommenheit in Wiſſenſchaften zu erreichen, als die
männliche.　Aber das ſchöne Geſchlecht habe eine lebhaftere Einbildungskraft und ein feineres Gefühl für's
Schöne und Fehlerhafte.　Es habe eine ſchnellere und
ſinnlichere Vorſtellungskraft; die Männer eine richtigere
Urtheilskraft.　Es denke mehr darauf, wie man ſich
artig, die Männer, wie man ſich richtig ausdrückt.
Bey jenem, wenigſtens den jüngern, begleite die Rede
den Gedanken, oder laufe ihm vor; bey den Männern
gehe der Gedanke der Rede vor.　Das Frauenzimmer
ſpreche um zu glänzen oder zu gefallen; der Mann, um
　　　　　　　　　　　　　　　　　　　　　　　　　zu

---

la multitude des affaires peuvent ſouvent ou les af-
foiblir, ou leur donner l'air plus foible, pendant
que plus de loiſir et moins de diſtraction chez les
femmes, font qu'elles ſe renforcent, ou au moins
qu'elles paroiſſent plus fortes.

*)　Verſuche mancherley Inhalts für junge Frauenzimmer,
von Miß Hanna More Leipz. 1778.

zu überzeugen oder zu widerlegen.   Das Frauenzimmer
bewundere das Schimmernde, der Mann das Gründliche.   Jenes ziehe einen gelegentlichen Einfall des Witzes , oder eine glänzende Ergießung der Einbildungskraft, dem gründlichsten Raisonniren, oder der sorgfäl-
tigsten Untersuchung von Thatsachen vor.   Das Frauenzimmer liebe in Schriften einen zugespitzten Gedanken,
eine witzige Wendung und Gegensätze; die Männer Beobachtung und eine richtige Ableitung der Wirkungen
aus ihren Ursachen.   Die Weiber lieben Beyspiele, die
Männer Beweise.   Jene bewundern mit Leidenschaft,
diese geben Beyfall mit Behutsamkeit; das eine Geschlecht glaube einen Mangel an Gefühl zu verrathen,
wenn es in seinem Beyfall mäßig ist; das andere würde
einen Mangel an Behutsamkeit zu verrathen glauben,
wenn es über irgend etwas in Entzücken geriethe.   Die
Mannspersonen hüten sich, den Aufwallungen sich zu
überlassen, die sie wirklich fühlen; indessen das Frauenzimmer oft den Schein annimmt, von einer Sache weit
mehr entzückt zu seyn, als es wirklich ist. — Die scharfen Ecken und Rauhigkeiten der männlichen Sitten werden durch das Polirende der weiblichen Gesellschaft un-
vermerkt abgeschliffen; indem das weibliche Geschlecht
in der Gesellschaft verständiger Männer an Stärke und
Gründlichkeit der Gedanken zunimmt.   So weit diese
englische Philosophinn.

Und eine Teutsche, von deren gründlichen Urtheilen über die Natur und Verhältnisse des Menschen ich
schon mehrere Proben hatte, erklärte sich auf folgende
Weise über meine ersten Grundsätze von den Ursachen
des weiblichen Gemüthes, die ich ihr zur Prüfung vor-

leg-

legte, in einem freundschaftlichen Schreiben, welches ohne die mindeste Absicht auf Bekanntmachung abgefaßet, aus welchem aber einiges hier einzurücken, hernach die Erlaubniß mir zugestanden wurde.

Darinn gebe ich Ihnen völlig Beyfall, daß nur die körperliche Stärke den wahren Grundunterschied des Charakters unsers und Ihres Geschlechts ausmache. Furchtsamkeit, Weichherzigkeit, Unbeständigkeit, Leichtsinn, Biegsamkeit, schnellere Fassung, mittelst der folgsamern Aufmerksamkeit, sind auf unsrer Seite Folgen von der Schwäche. Alles übrige uns Auszeichnende hat seinen Grund in der Erziehung und den Gewohnheiten. Wie sollte z. E. das Mädchen, auf dessen Seele von klein auf wenig Mühe verwandt, das immer nur beym Aeußerlichen aufgehalten wird, das viel früher, als der Knabe, in die Zirkel der Eitelkeit, wo man nur durchs Aeußerliche zu gefallen sucht, eingeführt wird, die Liebe zur Eitelkeit mit ihrem Gefolge nicht Wurzel bey sich fassen lassen? Wie sollte das Mädchen, das von klein auf die mancherley Geschwäße von Wärterinnen, und von Schwätzerinnen in Considerationen und Coeurs anhöret, nicht auch zur leeren Schwätzerinn werden? Die Entfernung von Gefahren vermehrt unsre Furchtsamkeit. Der Stand der Unterdrückung, in dem wir gemeiniglich leben, macht uns von einer Seite zwar wohl gelassen, nachgebend und sanft; aber auf der andern Seite bringt er auch oft die entgegengesetzten Wirkungen hervor; üble Launen, mürrisches Wesen, Empfindlichkeit und Eigensinn. Aus Furcht, daß aus uns Auswüchse unsers Geschlechtes, gelehrte Weiber, werden möchten, erhält man uns in der möglichsten Unwissenheit. Dieß

muß

muß uns in manchen Fällen kurzsichtig, schwachgeistig
und einfältig machen. Aber indem unsre Geisteskräfte
sich in einen engern Kreis concentriren müssen, wirken
sie da stärker, und verschaffen uns von manchen Dingen
feinere und genauere Empfindungen. Allerdings entstehen daher uns eigene Anlagen zur List, Schlauigkeit und
zum Argwohn. Aber auch ein großer Kleinigkeitsgeist;
daß wir uns auf Kleinigkeiten etwas zu gute thun, und
durch Kleinigkeiten beleidiget werden können. Und wenn
durch diese Einschrenkung auf den Zirkel der häuslichen
Angelegenheiten einige zu vortreflichen Hausmüttern sich
bilden: so macht eben jene Einschrenkung andern diese
Angelegenheiten verhaßt und unausstehlich. Das eigentlich böse Weib wird wohl durch Ursachen und Erzie-
hungsfehler, die beyden Geschlechtern gemein sind, gebildet.

§. 193.

Vom Einfluß der äußerlichen Umstände auf den Charakter des weiblichen Geschlechtes.

Die Eigenschaften, die bisher als natürlich bey
dem weiblichen Geschlechte angemerkt worden sind, gründen sich theils auf die angeborne Schwäche, theils auf
die dabey natürlich entstehenden äußerlichen Verhältnisse.
Aber so wie sich jene natürliche Schwäche um vieles vermehren oder vermindern lässet; so sind auch diese Verhältnisse der Abhängigkeit und der Entfernung von den
beschwerlichsten und wichtigsten Geschäften nicht so nothwendig in der Natur gegründet, daß nicht vieles dabey
anders kommen könnte, als es natürlicher Weise seyn
sollte. Um daher bey der Zusammenhaltung der Grund-

sätze

säße vom weiblichen Charakter mit der Erfahrung nicht
sich zu berirren; ist es nöthig, von den Veränderungen,
die durch äußerliche Ursachen unter besondern Umständen
darinn hervorgebracht werden können, richtige Begriffe
zu haben.

1) Was also erstlich die Schwäche und die darinn
zuvorderst gegründete Furcht anbelangt: so werden nicht
nur bisweilen weibliche Personen von einer so ungewöhnlichen Körperkraft geboren, daß sie es mit Männern von
gleichem Schlage wohl aufnehmen können; sondern es
ist auch eben so gewiß, daß die Erziehung die natürliche
Schwächlichkeit des Geschlechtes um vieles vermehren
und vermindern könne.

Die Spartanerinnen übertrafen an heldenmüthigen Gesinnungen den gemeinen Haufen der Männer
aus andern Völkern *). So hat auch die Stoische
Phi-

---

*) S. Plutarchs Abhandlung von den merkwürdigen Reden
Spartanischer Frauen. Wie sehr verschieden von der
gewöhnlichen Schwäche und Furchtsamkeit ihres Geschlechts zeigte sich nicht auch das neun oder zehnjährige bey Chalons an der Marne gefangene wilde Mädchen? Ihre Geschichte steht in zu vielen überall vorhandenen Büchern, als daß sie hier umständlich angeführt werden dürfte. Nur eine Anmerkung daraus.
Als die Leute, die sie wegen ihrer Schwärze für den
Teufel hielten, einen großen mit einem stachlichten
Halsband bewafneten Hund auf sie hetzten, sah die
Wilde ihn ganz gelassen mit voller Wuth auf sie los
gehen, ohne von der Stelle zu weichen. Als er ihr
nahe genug war, versetzte sie ihm mit ihrer Keule einen so derben Schlag auf den Kopf, daß er augenblicklich todt zu ihren Füßen hinsank. Voller Freude über
ihrem

Philosophie, wie bekannt ist, ihre volle Kraft an einigen weiblichen Seelen bewiesen. Man hat viele Beyspiele, daß Frauen nicht nur alle Beschwerlichkeiten des Krieges ausgehalten, sondern auch keine Gefahren gescheut und Proben der Tapferkeit abgelegt haben, die einem Manne Ehre machen kunnten. Aber vielleicht ist nie ein Beyspiel so merkwürdig und lehrreich gewesen zum Beweise, was frühe Angewöhnung vermag, und wie wenig die Eigenschaften, die dem männlichen Gemüthe vorzugsweise beygelegt werden, ein absolutes Eigenthum desselben sind, als das der noch lebenden Fräulein D'Eon de Beaumont, die als Ritter in ganz Europa so berühmt ist. Sie ward Anno 1728 zu Tonerre in Frankreich geboren. Der Mangel an männlichen Erben, und auch das heroische Ansehn der kleinen Ritterinn, sollen die Eltern auf den Entschluß gebracht haben, ihr eine solche Kleidung und Erziehung zu geben, die sie zu Geschäften des männlichen Geschlechtes geschickt machen könnte. Sie that sich gar bald, sowohl in den körperlichen Uebungen, als auch in den gelehrten Kenntnissen, hervor, und wurde schon im 16ten Jahre zum Doctor der bürgerlichen und geistlichen Rechte gemacht, und zeigte sich vortheilhaft in Schriften. Sie erwarb sich darauf den Ruhm eines der scharfsichtigsten und thätigsten Staatsmänner, und behauptete ihn an verschiedenen Höfen viele Jahre hindurch. Mit nicht geringerer Ehre diente sie als Dragoner-Hauptmann bey der Armee;

Ggg 5   wo

ihren Sieg sprang sie verschiedene male auf den Körper des getödteten Hundes. S. Büffons Naturgeschichte Berlin 1774. 8, Th. II. S. 269. ff.

wo sie viele der unverdächtigsten Proben von Entschlossenheit und persönlicher Tapferkeit ablegte. Niemanden fiel es ein, aus ihren Handlungen ihr Geschlecht zu argwöhnen; ja nachdem es schon öffentlich bekannt ward, schien es den meisten unglaublich. Sie selbst war mit Mühe dazu zu bringen, eine weibliche Rolle zu übernehmen; sprach mit ihren Beleidigern noch jetzt im Tone eines herzhaften Ritters, doch fast mit unmännlicher Weitläuftigkeit in ihren Briefen. Sie bot sich nochmals dem Könige zu Kriegsdiensten an; und leerte auch noch bey Gelegenheit drey Flaschen Wein auf Gesundheit des schönen Geschlechtes aus *).

2) Wenn die Abhängigkeit des weiblichen Geschlechtes vom männlichen in eine despotische Einschränkung und tyrannische Unterdrückung ausartet: so müssen denn freylich wohl, mit der argwöhnischen Furchtsamkeit und dem scheuen Mißtrauen, die arglistigen Tücke und rachgierigen Bosheiten entstehen oder sich vermehren. Wenn, bey der Aufbürdung der verächtlichsten Dienste, auch nicht einmal das Recht, seine natürlichen Reize vortheilhaft zu gebrauchen und durch Putz zu erhöhen, ihm verstattet wird **): muß es denn nicht, aller edlen Gefühle beraubt, zum Vieh herab sinken?

3) Wenn es nicht nur von allen ernsthafteren Berathschlagungen und großen Unternehmungen gänzlich
aus

---

*) S. das Militärische, Politische und Privatleben des Fräulein D'Eon de Beaumont. Frankf. und Leipz. 1779. oder sehr merkwürdiges Leben des ehemaligen Ritters D'Eon 1780.

**) S. *Robertson* Hist. of Amer. I. 481.

ausgeschlossen, sondern von allen tieffinnigen Unterfuchungen und Betrachtungen sorgfältig abgehalten, wenn
seine ganze Bestimmung darinn gesetzt wird, neben einigen kleinen häuslichen Diensten, das sinnliche Vergnügen der Männer zu befördern: wie sollen ihm denn öffentlicher Geist und erhabene Gefühle entstehen; wie sollte
denn nicht vielmehr Sinnlichkeit, Kleinmeisterey und
Tändelsucht bey ihm überhand nehmen? Wenn die
Männer sich den Frauen nie anders als scherzend und
tändelnd nahen, und ihre Glückseligkeit darinn zu finden
scheinen, daß sie ihre Zeit mit ihnen verscherzen und vertändeln können: so werden diese endlich für ein Naturgesetz halten, was die Gewohnheit sie nie anders hat sehen lassen: die Kunst zu belustigen für die erste aller Eigenschaften halten, und demjenigen Verstand und Lebensart absprechen, der nicht tändeln kann öder will.

4) Je schwächer die Männer am Geiste werden —
und das vorher bemerkte ist der Weg dazu — desto natürlicher wird es den Weibern vorkommen, der Herrschaft über sie sich anzumaßen. Und je weniger sie auf
eben diesem Wege zur Herrschaft sich geschickt machen:
desto mehr wird ihr gebieterischer Sinn in zwecklose Einfälle, eigensinnige Widersprüche und Rechthaberey, und
in üble Laune ausarten.

5) Wenn hingegen jedes Geschlecht im andern die
eine Hälfte der Vollkommenheit der menschlichen Natur,
das Werk des unendlichen Schöpfers, verehrt; wenn
der Mann in seiner Gattinn die vom Himmel geschenkte
Freundinn sieht, welche die Bitterkeiten des Lebens ihm
versüßt, wie er die Beschwerlichkeiten desselben ihr erleichtert; die ihm Erquickung ist, wie er ihr Schutz,

die

die ihm tauſend kleine Dienſte und Gefälligkeiten für etliche große leiſtet; wenn die Tochter zur wichtigen Beſtimmung, Mutter und Frau zu ſeyn, erzogen wird,
der Trieb durch Schönheit zu gefallen in ihr nicht nur
gebildet, ſondern gebilliget, aber durch Begriffe von
dauerhafterer, mehr die Seele ſelbſt ergreifender und
feſſelnder, innerer Schönheit erweitert und erhöht wird;
wenn ſie ihre Begierden durch Begnügſamkeit, durch
Ueberzeugung, wie wenig unſer wahrer Werth und un-
ſre Glückſeligkeit von dem, was außer uns iſt, nothwendig abhängt, mäßigen, und der Erkenntniß höhe-
rer Geſetze unterwerfen lernt; wenn ſie ihre größte Würde darinn ſetzen lernt, dem Staate Bürger, dem
menſchlichen Geſchlechte Dauer und Wohlſtand, durch
ihre Kinder, nicht aber als Gebährerinn allein, ſondern
auch als erſte Erzieherinn, zu geben; wenn ſie ganz ein-
ſieht, wie ſie dadurch, aber auch nur dadurch, ein großes Triebrad im Ganzen der göttlichen und menſchlichen
Oekonomie iſt; wenn der Mann die mehr umfaſſende
Thätigkeit, die ſeine Beſtimmung ausmacht, nicht von
ihr fordert, noch zu ihrer Verkleinerung anführt, aber
ſeinen männlichen Charakter auch nicht vor ihr verleugnet; wenn er ihrem feinern Gefühl gern die Wahl der
Vergnügungen und Verzierung überläßt, in Kleinigkeiten gerne ihren Neigungen folgt, aber nie die Erkenntniß ſeiner Pflicht ihrem Wunſche aufopfert; wenn
er endlich beſtändig in dem Maaße mit Hochachtung und
Zärtlichkeit ihr begegnet, in welchem ſie ſich angelegen
ſeyn läßt, gute und weiſe Mutter zu ſeyn, Mutter nicht
nur ihrer Kinder, ſondern aller derer, die unter ihr ſtehen; und durch ihr Betragen glücklicher und beſſer werden

ben können: — o dann wird nicht mehr durch Unvollkommenheiten das weibliche Geschlecht dem männlichen
verächtlich oder gefährlich seyn können; ihre Achtung und
Liebe wird wechselseitig seyn, der Charakter des einen
wird an Tugend vielleicht nicht so glänzend und erhaben,
aber nicht weniger edel und liebenswürdig seyn; sie werben dann, wie es der Schöpfer gewollt hat, die beyden
Hälften der vollkommenen Menschennatur seyn.

§. 194.

**Vom Einflusse des Zustandes und Charakters des weiblichen
Geschlechtes auf die Sitten der Männer.**

Die Abhängigkeit, in welcher das männliche Geschlecht von dem weiblichen, sowohl wegen der ersten
Erziehung, als wegen des Geschlechtstriebes steht, lässet
nicht zweifeln, daß große Verschiedenheiten in dem Zustande und dem darnach bestimmten Charakter des weiblichen Geschlechts erhebliche Folgen für die Sitten und
Denkart des männlichen haben müssen. Nachdenken
und Geschichte können folgende Bemerkungen hierüber
leicht begründen.

1) Wenn die Frau vom Manne geachtet, und
hauptsächlich als Mutter geachtet, sich dann um so mehr,
neben der zärtlichen Liebe, die die Natur selbst genugsam gegründet hat, auch die Ehrfurcht ihrer Kinder erwerben kann; wenn sie mit der Kraft dieser Liebe und
dieser Ehrfurcht Liebe und Ehrfurcht für Tugend, Gesetze und Vaterland den Herzen ihrer Lieblinge einpräget;
wenn sie selbst zu erhabenen Gefühlen erzogen, die Liebe
zu ihrem Sohne der Liebe zum Vaterland unterordnet,
ihn unter diesen Abschiedsworten zur Armee schickt: Mit
die-

diesem Schilde kehre zurück, oder stirb auf ihm: die Nation wird Helden haben, wie sie ohne solche Mütter sie nie hat, mitfühlende, gerechte, menschenfreundliche Helden.

2) Wenn hingegen die Frau in sklavischer Unterdrückung nur zu den niedrigsten Diensten, oder zu einem Werkzeuge sinnlicher Lüste, herabgewürdiget ist: so müssen die Männer Barbaren bleiben, so lange dieß Verhältniß dauert; oder es werden, wenn sie es noch nicht sind. Die Männer sind zur Gewaltthätigkeit und zur Vernachlässigung des Wohlstandes von Natur zu geneigt, um nicht darein zu verfallen, oder darinn zu bleiben, wenn sie die Weiber, als unter ihnen, von ihrer Gesellschaft entfernen. Auch unter gesitteten Völkern können die Gesellschaften, die aus lauter Mannspersonen bestehen, noch oft Beweise davon abgeben. Die Griechen sind kein Gegenbeweis; sie hielten nur ihre Frauen vom gesellschaftlichen Umgange zurück; freye Schönen von dem aufgeklärtesten Verstande und dem feinsten Gefühle hatten desto mehr Einfluß auf denselben.

3) Die Vielweiberey ist eine Folge von der Verachtung und Unterdrückung des weiblichen Geschlechtes; und wiederum auch eine Ursache dazu. Welcher Vater würde seine Tochter zur Gefangenen im Serail oder zur leibeigenen Dienstmagd hingeben wollen und können; wenn nicht ihre natürlichen Rechte schon verkannt wären? welcher Mann würde sich mit vielen Frauen belästigen wollen; wenn er in einer gleichen Gesellschaft mit ihnen leben sollte? Und wie sollte Eintracht und Ordnung, bey mehrern Frauen und deren Kindern neben einander, in der Familie erhalten werden; wenn nicht der Mann

despo-

despotische Gewalt ausüben dürfte? Aber eben dieser häusliche Despotismus ist eine der schädlichsten Wirkungen der Vielweiberey. Unter Sklavinnen im Serail werden nur Sklaven oder Tyrannen gebildet *).

4) Wenn die Frauen, abgöttisch verehrt, uneingeschrenkte Freyheit und Herrschaft besitzen, und doch nur um des Vergnügens willen hochgeschätzt, und also auch nur, Vergnügen und angenehmen Zeitvertreib zu verschaffen, gelehrt werden: so ist nichts gewisseres, als daß mancherley Kleinigkeiten für wichtig, und manche wichtige Dinge für Kleinigkeiten werden gehalten werden. Die feine Lebensart und der lebhafte Witz werden vielleicht die Auswahl der Feldherren bestimmen; und der Finanzminister wird seine Stelle verlieren, weil er eine Summe, für die ein Kriegsschif ausgerüstet werden konnte, zum Vertändeln zu groß fand **).

_____

*) *Hume* Eff. on Polygamy and Divorce.

**) Nicht just diese, aber andre lehrreiche Bemerkungen hierüber, finden sich in einem Plan d'Education publique. Paris 1777. p. 131 - 46.

Kapitel VIII.

Vom Beytrag der Erziehung zur Bestimmung des Gemüthscharakters.

§. 195.

Bestimmung des Begriffes von der Erziehung, nach gegenwärtiger Absicht. Wichtigkeit derselben überhaupt betrachtet.

Die Schriftsteller von der Erziehung verstehen bisweilen unter diesem Ausdruck den gesamten Einfluß aller äußerlichen Ursachen der Entwickelung, Vervollkommnung oder Unterdrückung, Schwächung und Verunstaltung der natürlichen Anlagen eines Menschen. Sie rechnen also dahin, außer den absichtlichen Bemühungen der Eltern und anderer verpflichteter Erzieher, nicht nur den Einfluß alles dessen, was in den besondern Verbindungen eines jeden Menschen ihm vorkömmt, und seine Grundsätze, Begriffe und Neigungen mit bestimmt; sondern auch die allgemeinen physischen und moralischen Verhältnisse, in welchen einer mit seinem ganzen Volke und Vaterlande verwickelt ist, Klima, Staatsverfassung u. s. w. Nach den bisherigen Untersuchungen kann es unsre Absicht nicht mehr seyn, in einem solchen weitläuftigen Begriffe, die Erziehung unter den Ursachen der verschiedenen Gemüthsarten zu betrachten. Sondern nur

nur in fo fern, als außer dem Unterrichte der Jugend-
lehrer und den häuslichen Anweisungen und Beyspielen,
der befondere Umgang eines Menfchen, hauptfächlich in
der Jugend darunter verftanden wird *).

Aber auch nur nach diefem Begriffe gehört die Erziehung noch immer unter die wichtigften Gründe des
Charakters; eine Wahrheit, in Anfehung deren die
tägliche Erfahrung und die Natur der Sache nicht leicht
jemanden einen Zweifel übrig laffen kann. Nicht, daß
die Erziehung alles machen, willkürlich Kräfte fchaffen,
und die natürlichen Anlagen immer nach jedweder Abficht umändern könnte. Dieß vermag fie nicht; wenn
auch alles, was fie in fich faffet, zufammen käme, und
aufs vollkommenfte mit einander übereinftimmte; wie
gewöhnlich nicht der Fall ift. Aber vieles vermag fie,
fehr vieles. Denn fie hat die erften, durchs ganze Leben
dauer-

---

*) Die Phyfifche Erziehung ift zwar von großer Wichtigkeit
für den Gemüthscharakter. Da aber hier nicht die Abficht ift, vollftändigen praktifchen Unterricht von der
Erziehung zu geben, und jener Theil zur Wiffenfchaft
der Aerzte eigentlich gehört: fo wird das, was in
den vorhergehenden Abfchnitten von den phyfifchen Urfachen angemerkt worden ift, eine befondere Ausführ-
rung des Einfluffes der phyfifchen Erziehung hier entbehrlich machen. Wer fich hierinnen belehren will; le-
felbes fel Brechters Briefe über den Aemil des Rouf-
feau, und die andern Schriftfteller, die dafelbft häufig
angeführt werden. Man fehe auch Tiffot in dem oft
citirten Traité des nerfs tom. II. part. I. p. 22. f.
Kurz und gründlich zufammen gefaßt und gut vorge-
tragen hat die Hauptregeln derfelben noch neuerlichft
J. Stuve unter dem Titel: Ueber die körperliche Erziehung. Züllichau 1781. 8.

Hhh

dauerhaften Eindrücke größtentheils in ihrer Gewalt.
Sie kann den Kräften, da sie noch sehr vieler und verschiedener Bestimmungen fähig sind, eine gewisse Bestimmtheit; sie kann den natürlichen Neigungen, die
auf so mannichfaltige Weise befriediget werden können,
die eine oder die andere Richtung auf gewisse Gegenstände geben. Sie kann die eine oder die andere dieser Neigungen vorzüglich stärken und herrschend machen; indem
sie die innern und äußerlichen Reizungen, durch Erzeu-
gung der nöthigen Kräfte, der Gelegenheiten, und durch
öftern, immer angenehme Erinnerungen zurücklassenden
Genuß anhäuft. Durch entgegengesetzte Handlungen
kann sie Abneigungen hervorbringen. Ein einziger in
der Jugend eingeprägter Grundsatz ist es in unzähligen
Fällen gewesen, was einem Menschen in der Stunde
der Versuchung seinen Charakter gerettet; was ihn noch
von einem Schritte abgehalten hat, der ihn in ein Laby-
rinth von Folgen verwickelt haben würde, aus welchen,
mit einem ganz anderen Schicksale, eine ganz andere
Handlungsweise ihm hätte entstehen müssen. Eben so
die Erinnerung an einen Vater, an eine seiner Handlungen, eines seiner Worte. Aber oft hat auch ein einziges böses Beyspiel das ganze moralische System eines
Menschen zerrüttet, und ihn, so zu sagen, von neuem gebohren. Noch einmal, dieß ist nicht immer so; kann
nicht in Ansehung aller Menschen gleich wahr seyn, da
überhaupt nicht alle gleiche Bildsamkeit haben. Aber
genug, daß es in Ansehung vieler, daß es sehr oft so ist.

Und wie es die Erfahrung von einzelnen Menschen
lehret; so findet es sich auch vielfältig bestätigt in der
Geschichte der Völker. Auf die Erziehung gründete sich
haupt-

hauptſächlich die ganze Verfaſſung, der ganze ſo eigenthümliche Charakter der Spartaner. Wie verſchieden
waren nicht dieſelben von den Athenern, ſo nahe bey
ihnen, und zu einer Zeit! Durch eine weibiſche Erziehung,
die er auf den Rath des Cröſus unter ihnen einführte,
ſoll Cyrus die Lydier entkräftet und zur ſklaviſchen
Unterwürfigkeit gewöhnt haben. Aber, wie Plato bemerket *), ſind auch ihm, dem Cyrus, ſeine eigene
Kinder und Nachfolger im Perſiſchen Reich, nur wegen
der Verſchiedenheit ihrer Erziehung, ſo ſehr ungleich geweſen. Die Ernſthaftigkeit der Araber, Egypter und
Türken wird von aufmerkſamen Beobachtern der Erziehung zugeſchrieben. So bald ſie aus dem Harem kommen, im vierten oder fünften Jahre, ſind ſie faſt immer
in Geſellſchaft des Vaters oder anderer alten Leute, und
müſſen ſich gewöhnen, ernſthaft zu denken und zu reden.
Muſik und Tanzluſt, dieſe dem Jugendalter ſo angemeſſene Ermunterungen, werden für unanſtändig gehalten.
Und der Umgang mit Frauenzimmer iſt ihnen eben ſo
wenig erlaubt, als hitzige Getränke **).

Die mehr als ſklaviſche Verehrung der Chineſer
gegen ihre Eltern, dieſe Grundbeſtimmung des politiſchen und häuslichen Betragens derſelben, iſt eine Gewohnheit, die ſich durch die Erziehung erhält. Denn
von Jugend an hören ſie nicht nur dieſelbe, als die erſte
aller Pflichten, einſchärfen; ſondern unabläſſige Uebungen, die feyerlichſten Gebräuche und die ehrwürdigſten

Hhh 2

Bey-

---

*) Plato de legibus lib. III.
**) Niebuhr Beſchreibung von Arabien S. 27.

Beyſpiele unterhalten und ſtärken ſie in dieſen Vorſtellungen *).

Die noch ungeſitteten Völker geben ihren Kindern eine ſolche Erziehung, die den Trieb zur Freyheit
und Unabhängigkeit in ihnen gar ſehr befördert; hingegen zur Pflicht des Gehorſams und der Ehrerbietigkeit
ſie wenig geneigt macht.   Die Caraiben, ſagt Olden-
dorp, die gern viele Kinder haben, thun ihnen nie einigen Zwang an.   Keine Schläge oder andere Strafen
des Ungehorſams kommen bey ihnen vor.   Der Caraibe
lernt alſo nicht gehorſam ſeyn.   Sein Wille iſt ſeine
Regel **). —

Eben dieß bezeugt auch Kranz von den Grönländern, deſſen Erzählung von der Grönländiſchen Erziehung überhaupt beherziget zu werden verdient ***).

An-

------

*) Memoires concernants l'Hiſtoire des Chinois Tome III.
   Gött. Anz. 1779. Zugab. St. 50.
**) Geſchichte der Miſſion I. 27.
***) Die Kinder wachſen ohne alle Zucht auf, und werden
   von den Eltern weder geſchlagen, noch mit harten Worten beſtraft. Man muß aber auch geſtehen, daß eine
   ſcharfe Zucht bey den Grönländiſchen Kindern theils
   nicht nöthig iſt, weil ſie ſo ſtill, wie die Schaafe, herum
   gehn, und auf ſehr wenige Ausſchweifungen gerathen;
   theils vergeblich ſeyn würde, indem der Grönländer,
   wenn man ihm eine Sache nicht bittweiſe und durch
   vernünftige Vorſtellung annehmlich machen kann, ſich
   eher todtſchlagen, als dazu zwingen laſſen würde. —
   Je mehr die Kinder zum Verſtande kommen, und etwas zu thun kriegen, je ruhiger werden ſie. — Sie folgen den Eltern gern, weil ſie wollen; wollen aber auch
   von ihnen gütig, ja freundſchaftlich behandelt ſeyn; und
   wenn

Andere Reisende haben bey mehrern Wilden im
nördlichen Amerika daffelbe bemerkt. Sie sahen öfters,
daß die Kinder ihren Eltern hart begegneten, sie so gar
schlugen, ohne daß sie von ihnen dafür gezüchtiget wur-

Hhh 3   ben.

---

wenn etwas nicht nach ihrem Sinn ist: so sprechen sie
schlechtweg: ich wills nicht thun. Dabey laffens die
Eltern bewenden, bis sich die Kinder eines beffern be-
sinnen. Dagegen wird man schwerlich ein Exempel der
Undankbarkeit erwachsener Kinder gegen alte unbehülf-
liche Eltern aufzubringen wiffen.

So bald ein Knabe Hände und Füße brauchen kann,
giebt ihm der Vater einen kleinen Pfeil und Bogen in
die Hand, und läßt ihn damit, wie auch am Seeufer
mit Steinen, nach einem Ziele werfen, oder mit einem Meffer Holz zu Spielgeräthschaften schnitzen. Gegen das zehnte Jahr schaft er ihm einen Kajak, damit er sich, in seiner oder anderer Knaben Gesellschaft,
im Fahren, Umkantern und Aufstehen, Vögel und
Fischfangen übe. Im 15ten oder 16ten Jahre muß
er mit auf den Seehundfang. Von dem ersten See-
hund, den er fängt, wird den Hausleuten und Nachbarn eine Gasterey gegeben. Wärend dem Essen muß
der Knabe erzählen, wie er es angestellt hat. Die Gä-
ste bewundern seine Geschicklichkeit und rühmen das
Fleisch als was besonderes; und die Weiber sind von
dem an bedacht, ihm eine Braut auszusuchen. Denn
wer nicht Seehunde fangen kann, wird äußerst verachtet, und muß sich mit weiblicher Nahrung durchbringen.

Ihre Nachsicht gegen die Fehler, selbst Bosheit der
Kinder ist bey uns ohne Beyspiel. Da einem Vater
in diesem Falle der Missionarius vorstellte, daß, wenn
man um solcher Vergehungen willen die Kinder nicht
züchtigte, sie, wenn sie groß würden, sich härteren
Strafen anderer aussetzten; antwortete er spottweise:
Kein Wunder, daß die Kablunät (Ausländer) so fromm
sind. S. Kranzens Historie von Grönland. I. 213.
II. 328.

ben. Zur Urſache dieſer Nachſicht geben ſie an, daß ſie
ſonſt furchtſam und keine gute Soldaten werden würden *).

Ein einziger Mann hat bisweilen durch ſein Beyſpiel und ſeinen Unterricht die Denkungsart und den Charakter eines ganzen Volkes umgeſchaffen. So Pelo-
pidas der Thebaner. Er lehrte ſeine Landesleute, die
vorher nie von einem gleich ſtarken Feinde überwundenen
Spartaner mit einer geringern Macht beſiegen, bewies
ihnen, ſagt Plutarch **), daß nicht der Erdſtrich tapfere Krieger mache, ſondern die größere Furcht vor der
Schande, als vor der Gefahr.

So waren vielleicht auch die Cherusker, die ſchon
zu des Tacitus Zeiten für feig und albern gehalten wurden ***), zur Zeit des Auguſts nur durch Armins Beyſpiel ein Volk, das die Römer überwinden konnte.

Eines jeden Menſchen Charakter hat ſeinen Grund
in dem Charakter, den Sitten und Denkarten des Zeitalters, mehr oder weniger.

§. 196.

Genauere Beſtimmung des Einfluſſes der Beyſpiele.

Wie Vorſtellungen, Grundſätze und Einſichten
auf den Willen wirken, und wie durch langwierige Uebungen und Gewohnheit Neigungen entſtehen; dieß iſt
in

---

*) Voyages au Nord. V. 350. Von den Neuſeeländern ſ.
   Forſter's obſervations p. 322.

**) Cap. 17.

***) De Situ Germaniae Cap. 36.

in vorhergehenden Unterfuchungen beydes schon ausführ-
lich genug erörtert worden; daß es nicht nöthig seyn wird,
die Einflüsse der Erziehung mittelst dieser Triebfeder hier
erst zu zeigen.   Aber die manchfaltigen Wirkungen, die
aus den Beyspielen, den zufällig vorkommenden sowohl,
als den absichtlich aufgestellten, bey der Bildung der
Gemüther entstehen, verdienen noch genauer aufgesucht
und unterschieden zu werden.

Daß Beyspiele zur Nachahmung reizen, ist nur
eine, aber freylich eine der wichtigsten, von ihren Wirkungsarten.   Vermöge der mancherley Triebfedern,
durch welche der Nachahmungstrieb bestimmt wird, (Th. I.
(§. 115.) können aber Beyspiele nicht nur alsdann zur
Nachahmung reizen, wenn ein Mensch für sich schon zu
einem ähnlichen Verhalten vorzüglich geschickt und aufgelegt ist; sondern auch, wenn ihn die Natur zu etwas
ganz anderem bestimmt hatte.   Gefälligkeit, eitle, übel
verstandene Ehrbegierde, oder auch Furcht und Zwang
können dazu antreiben.

Wenn denn aber doch die Natur nie ganz überwältiget wird; so können auf diese Weise nicht wohl andere, als, mehr oder weniger, verstümmelte, verrückte,
schwankende, mit sich selbst nicht übereinstimmende
Charaktere entstehen.   Eben nicht immer schlimmere,
als ohne diesen Zwang, diese Nachgiebigkeit, kurz diesen
Einfluß der Beyspiele, bey übrigens gleichen innern und
äußern Veranstaltungen, entstanden seyn würden.   Denn
daß das Beste, was aus einem Menschen werden könne,
just dasjenige sey, wozu er von innen her am meisten
vorbereitet ist; möchte wohl schwerlich zu behaupten seyn.

Und

Und wenn auch noch so sehr durch äußerliche Ursachen die Menschen schlimm, sich oder andern schädlich werden: so sind es doch nicht allein die Beyspiele, die sie nachahmen, und ihrem Naturell zuwider nachahmen, wodurch dieses geschieht. Sondern mehrere andere Ursachen, besonders die öftern Collisionen der Absichten, bey gleichen Begierden und Kräften sie zu befriedigen, bewirken dasselbe. Diejenigen, die ihrem Kopfe oder Instinct so einzig folgen, können freylich bisweilen Stifter eines neuen Lichts und neuer Freuden in der Welt werden. Aber auch Störer aller gesellschaftlichen Ordnung und Verbindung; als welche nicht bestehen können, wofern nicht die Theile durch wechselseitige Nachgiebigkeit sich in einander einformen. Man sieht leicht, daß der hauptsächlichste Unterschied bey dieser, den natürlichen Anlagen Gewalt anthuenden, Nachahmung darauf beruhe, ob die Vernunft sie beschließt und leitet; oder ob sie nur von blinder Begierde oder äußerlichem Zwang herrührt. Im erstern Falle kann der so entstehende, zum Theil erborgte, erkünstelte Charakter, mittelst der höchsten Gesetze und Grundtriebe des menschlichen Willens, noch wohl Dauerhaftigkeit und Uebereinstimmung erlangen. Der von Natur trotzige, störrische, anprallende kann dem Muster des auch von Natur schon sanften, biegsamen und vorsichtigen, wenn er es auch nie ganz erreicht, sein Naturell dabey nie ganz verleugnet, doch mit mehrerer Uebereinstimmung im Charakter sich ähnlich machen; als diesem es gelingen würde, einen trotzigen, gebieterischen, tollkühnen Charakter anzunehmen; weil letztere Eigenschaften weniger Grund in den allen Menschen gemeinen unüberwindlichen Empfindungen und Wil-

lens-

lenstrieben haben, als die entgegenstehenden. Aber
wenn die Vollkommenheit der menschlichen Natur überhaupt nicht nach einem einzigen Ideal individuell bestimmt werden kann; so möchten freylich wohl Menschen
von sehr verschiedenen Naturanlagen vielleicht nie einander völlig ähnlich zu werden unternehmen können, ohne
daß Verunstaltung der Charaktere daraus erfolgt. Doch
dieß braucht itzt noch nicht weiter untersucht zu werden;
wo nur bemerkt werden soll, was geschieht, nicht, was
den weisesten Absichten nach geschehen soll.

Abneigung vor etwas ist eine andere entgegengesetzte Wirkung der Beyspiele, welche gleichfalls durch
mehrere Triebfedern erfolgen kann. Einmal dadurch,
daß diese Beyspiele eine an sich hassenswürdige Sache in
ihrer ganzen Abscheulichkeit darstellen. Ein Laster, zur
rechten Zeit, wenn sich seine fürchterlichsten Folgen auf
einmal offenbaren, den Sinnen vorgestellt, kann einen
durchs ganze Leben überwiegenden Abscheu dawider erzeugen. Vielleicht ist dieß eine Ursache, weswegen lasterhafte Eltern bisweilen ihnen sehr unähnliche, gut gesit-
tete Kinder haben. Eine verabscheuungswürdige Eigenschaft an einer Person, die man lieben und verehren soll,
ist doppelt verhaßt; wenn sie einmal stark genug Eindruck
macht, um nicht durch die Neigungen der Liebe und
Ehrfurcht überblendet werden zu können; auch wenn
man selbst weiter nichts unangenehmes von ihr zu erlel-
ben hat. So werden auch Ehegatten, vielleicht öfter
einer von den Fehlern des andern angesteckt, bisweilen
aber auch zur Ablegung eines Fehlers angetrieben, durch
den Eindruck, den eben dieser Fehler am andern auf sie
macht. In einem andern Fall aber können auch Dinge,

Hhh 5   die

die an ſich einem nicht, oder nicht ſo ſehr zuwider ſeyn
würden, verhaßt werden, um derjenigen willen, die ſich
damit abgeben, oder dieſelben an ſich haben; und mit
welchen verglichen und ähnlich gefunden zu werden, einem
ſehr unangenehm ſeyn würde. So ſollen die Spartaner ihre Sklaven ſich haben betrinken laſſen, um ihren
Kindern Abſcheu vor der Trunkenheit beyzubringen. Und
mehrere Geſetzgeber haben verachteten Claſſen des Volks
dasjenige erlaubt oder anbefohlen, was ſie bey dem beſſern Theile verhindern wollten, ohne es zu verbieten.
Endlich können Beyſpiele, Handlungen und Eigenſchaften anderer auch auf dieſe Weiſe noch Einfluß auf die
Bildung der Gemüther haben, daß ſie antreiben, deſto
ſorgfältiger nach andern, vielleicht entgegengeſetzten Vollkommenheiten zu ſtreben, und ſich dadurch Achtung zu
erwerben; weil durch Nachahmung jener andern ſich vortheilhaft zu zeigen, nicht angehn will. Mancher nimmt
den Charakter des Cato oder Brutus an, weil die Rolle
des Cäſars ſchon beſetzt iſt; wird Eiferer für den ſchlich-
ten, geraden Volksglauben und Kindesſinn, oder Pa-
triot in der Oppoſitionsparthey, weil der Freydenker
ſchon zu viele ſind, oder im Miniſterio man ihn nicht
haben will. Und ſo in unzähligen andern Verhältniſſen;
auch unter Kindern ſchon, bey der häuslichen und öffentlichen Erziehung. Hiebey darf nicht unbemerkt bleiben,
daß anhaltende lebhafte Verſtellung ſo gar endlich dauerhafte Diſpoſitionen hervorbringen, und dem Charakter
eine merkliche Veränderung geben kann. Man glaubt
endlich ſelbſt, was man oft mit Eifer andere hat glauben
machen wollen; man gewöhnt ſich, die Dinge auf eine
gewiſſe Weiſe anzuſehen, ſieht manches Wahre und Gu-

te,

te, was darinn ift, wirklich ein, welches man beym erften Antrieb zur Uebernehmung diefer Rolle nicht gedacht
hatte; und fchämt fich endlich auch, an fich felbft zum
Lügner zu werden, und dasjenige aufzugeben, wofür
man fo viel gethan hat.

§. 197.

Von den verfchiedenen Folgen der häuslichen und der öffentlichen Erziehung.

Da fo viel fchon über die Vorzüge der häuslichen
und der öffentlichen Erziehung geftritten worden ift: fo
fcheint vermuthet werden zu können, daß man wichtige
Verfchiedenheiten der Wirkungen der einen und der andern, vornemlich auch in Abficht auf die Sittenbildung,
müffe anmerken können. Denn dieß ift doch immer der
wichtigfte Punkt bey der Erziehung. Unterdeffen wird
man bey genauerem Nachdenken bald gewahr, daß es
fchwer hält, vieles, was allgemein gelten kann, darüber
zu fagen. Bey öffentlichen Erziehungsanftalten ift es
freylich fchwerer, die böfen Beyfpiele abzuhalten. Aber
wie oft find nicht die fchlimmften Beyfpiele, wodurch
die Jugend verdorben wird, in der Eltern Haus? Und
von den guten Beyfpielen, die in gemeinen Schulen nie
ganz fehlen können, läßt fich auch etwas hoffen. Die
Vorfteher der öffentlichen Erziehung können mit mehrerem Anfehn handeln; da fie unter obrigkeitlichem Auf-
trage und Schutze ftehen, weniger von der Gunft der
Eltern und von der Verbindung mit einzelnen Schülern
abhängen. Aber dafür haben fie insgemein ihre Zöglinge auch nicht fo ununterbrochen in ihrer Gewalt; und

kön-

können nicht bewirken, ·daß die ganze Behandlung eines jeden übereinstimmend zweckmäßig ausfalle. Sie
können vor manchen groben Versehen, in welche ange-
hende Privatlehrer verfallen, schon durch den Mechanis-
mus, nach welchem das Ganze geht, in welchem sie als
Mitarbeiter stehen, bewahrt seyn. Aber einmal muß
der Privaterzieher nicht ein Anfänger in seiner Kunst
seyn. Und dann ist es auch leichter, eine Privaterziehung nach den Einsichten und Bedürfnissen des Zeitalters einzurichten, als die Erziehungsart in öffentlichen
Anstalten umzuschaffen und gründlich zu verbessern.

So bedingt und ungewiß sind die Vorzüge der häuslichen und der öffentlichen Erziehung in diesen und in
mehreren andern Punkten!

Auch dadurch wird die Bestimmung der Folgen
dieser beyden Erziehungsarten im allgemeinen noch gefährlich, daß die Begriffe von denselben, auch im Grunde ihrer Verschiedenheiten, so wenig genau bestimmt
sind, daß sie einander sehr nahe kommen können. Eine
häusliche Erziehung, wo mehrere Zöglinge beysammen
sind, und außerdem freyer Umgang und Verbindungen
mit verschiedenen andern Kindern von gleichem Alter zu-
gelassen werden, kann in demjenigen, worauf es bey den
Einflüssen auf die Gemüthsbildung am meisten ankömmt,
vielleicht mehr öffentliche Erziehung seyn, als wenn einer, in die Zellen eines Schulgebäudes eingeschlossen,
seine jugendliche Lebhaftigkeit verschmachtet, oder unter
beständiger, strenger Aufsicht in die Lehrstunden einer
öffentlichen Schule begleitet, daraus wieder abgeholt,
und

und dort, wie zu Hause, immer im ängstlichen Zwange erhalten wird *).

Was sich also hier noch für die allgemeine Geschichte der Sittenbildung ausmachen lässet, kann nur unter der Voraussetzung eines großen Abstandes in dem, worinnen beyde Erziehungsarten einander entgegen gesetzt sind, und gleicher Vollkommenheit in dem, was eine jede nach ihrem Wesen für den gemeinschaftlichen Zweck Gutes an sich haben kann, untersuchet werden.

Und dann läßt sich mit Grunde annehmen:

1) Daß bey der öffentlichen Erziehung die Zöglinge früher mit sich selbst und andern Menschen bekannt, und ihre mancherley Triebe zu entwickeln und zu üben veranlasset werden. Dieß kann aber nun weiter so viel heißen, daß sie mit wenigerem Nachtheil für die Ruhe ihres Lebens, und die Güte ihres ganzen Charakters, die Erfahrungen erlangen, die die wichtigsten Grundlagen zur Selbsterkenntniß und Menschenkenntniß, zur Klugheit und bestimmten, ausgebildeten Rechtschaffenheit sind. Der praktische Unterricht für die Kunst zu leben, den der Knabe unter seinen Cameraden sich mit einem kleinen vorübergehenden Verdruß erkauft hat, kömmt dem

Jüng-

---

*) Von der Erziehung in den Waisenhäusern sagt ein französischer Schriftsteller: Un enfant qui sort à dix sept ou dix huit ans d'un Hopital, a ordinairement dans son charactere un fonds de niaiserie, dont il ne se defait jamais. Il n'a rien oui, rien entendu, que ce qui s'est passé dans son Hopital. Or cela ne lui apprend point la maniere d'être dans le monde, qu'il va habiter. *Les moyens de detruire la mendicité.* p. 268.

Jüngling schon viel theurer zu stehen. Und muß ihn
der Mann erst aus seiner eigenen Erfahrung mit Schaden lernen: so können die Empfindungen davon seinen
ganzen Charakter trüben; und es zu einer gründlichen
Aussöhnung mit ihm selbst oder mit der Welt vielleicht
nie wieder kommen lassen. Denn eine unangenehme
Entdeckung schmerzt um so mehr, je später man sie macht;
und die Beleidigungen, sowohl die man anthut, als die
man leidet, sind nie von so eingeschrenkten Folgen, als
in der Jugend.

Die ganze menschliche Erkenntniß aber beruht so sehr
auf Erfahrungen, diejenige, die nur aus allgemeinen
Lehren und analogischen Vorstellungen entsteht, hat, so
lange nicht Empfindungen hinzu kommen, so selten die
Bestimmtheit und Klarheit, welche zu einer Richtschnur
der Handlungen und Schutzwehr gegen die Anfälle der
Leidenschaften erfordert werden; daß die beste Erziehung,
bey welcher es an Veranlassung zur Erweckung und Uebung der Haupttriebfedern gefehlt hat, wenige Sicherheit fürs künftige Rechtverhalten giebt. Es enthält also
das gemeine Sprichwort, ob es gleich viele Behutsamkeit bey genauerer Bestimmung und Anwendung erfordert, daß die Jugend austoben müsse, in der That
eine wahre und wichtige Bemerkung. Und die mehrere
Gelegenheit zum Austoben, oder um den gehäßigen Ausdruck zu vermeiden, zum Auslassen der Triebe, und zu
Vorübungen derselben für die künftig wichtiger werdenden mancherley Vorfälle und Verhältnisse des Lebens,
welche bey der öffentlichen Erziehung, nach dem angenommenen Gegensatze, Statt findet, wäre also der erste,

und

und vielleicht der gewisseste und wichtigste Grund zu Gemüthsverschiedenheiten, die daher entstehen können.

2) Grund zu mehrerer Dreistigkeit und Freymüthigkeit läßt sich in der öffentlichen Erziehung in so
fern gedenken, als sie Gelegenheit giebt, an unterschie-
dene Gesichter, Denk = und Behandlungsarten sich zu gewöhnen; da eingeschrenkter Umgang und immer dieselbe
einförmige Behandlung Schüchternheit und Verlegen-
heit in tausend Fällen nach sich ziehen müssen.   Aber
vieles davon muß sich freylich anders finden; wenn die
Zöglinge in einer öffentlichen Schule alle aus einer Gegend und von einem Stande sind, und alle von lauter
pedantischen Lehrern und Zuchtmeistern am Leitbande
herumgeführet werden; die Privaterziehung hingegen in
einem großen geselligen Hause ausgeführt wird.   Auch
können Stolz und Dreistigkeit von einer gewissen Art
bey denen am leichtesten entstehen, die am wenigsten
noch unter ihres gleichen gekommen sind; wenn sie nemlich in ihrer eingeschrenkten Existenz über die wenigen,
die sie da sahen, immer hervorragten.   Wären sie früher unter die Menschen gestellt worden: so würden sie be-
scheidener von sich denken, und vorsichtiger andern sich
zu nähern gelernt haben; was später noch zu lernen die
Eigenliebe ihnen nicht mehr erlaubt, oder das Glück und
äußerliche Ansehn, das ihnen zu Theil geworden ist,
nicht mehr nöthig macht.   Es ist kaum zu vermuthen,
daß ein im Hause erzogener, oder ein Avtodidaktos,
einen so guten Collegen im Amte abgiebt, als einer,
der in der Schule seine Classen durchgegangen ist.

3) Nicht

3) Nicht nur aber eine mehrere Fertigkeit in allerhand Charaktere sich zu schicken, und mit ihnen sich zu
vertragen, läßt sich von der öffentlichen Erziehung vor
der häuslichen erwarten; sondern auch eine allgemeinere Theilnehmung, ein ausgebreiteteres Wohlwollen,
mehr öffentlicher Geist. Die Familiengewohnheiten
und Vorurtheile können eben dasselbe thun, was Natio-
nalvorurtheile und Gewohnheiten thun; gewöhnen, alles
aus einem eingeschrenkten Gesichtspunkt, nach etlichen
wenigen selbstsüchtigen Verhältnissen zu beurtheilen, und
Gleichgültigkeit oder Abneigung gegen das Fremde erzeugen. Und es wird ihnen, wie allen Gewohnheiten
und Vorurtheilen, desto schwerer abgeholfen, je später
man zum Gegentheil gewöhnen will. Eben aus dieser
Ursache hat man vornemlich auch es immer für ein Stück
der Gesetzgebung und Regierungskunst gehalten, die Erziehung zu einer öffentlichen Angelegenheit zu machen;
weil die häusliche Erziehung, wenn sie auch, mit Fleiß
und Einsicht getrieben, Grund zu guten Gesinnungen
legen würde, dennoch nicht dem gemeinen Wesen an-
gepaßte Gesinnungen beybringen könnte.

Wenn nun dieses seine Richtigkeit hat: so läßt sich
hingegen der Privaterziehung der Vortheil wieder zueignen, daß sie sich nach den Eigenschaften und Verhältnissen eines jeden Individuums genauer richten, und also
eher diejenige Bestimmtheit und Uebereinstimmung
des Charakters hervorbringen könne, die alsdann am
leichtesten entstehen kann, wenn der Natur am sorgfäl-
tigsten nachgegangen, am wenigsten unnöthiger Zwang
ihr angethan wird. In großen Gesellschaften kann nicht

nur auf die Beförderung der Vollkommenheit der Theile
nicht immer Sorgfalt gewendet werden; weil zu viel
andere darüber versäumt werden müßten: sondern es sind
auch strengere Gesetze nöthig, und muß schärfer über sie
gehalten werden, um des Beyspiels willen. Einem einzigen könnte erlaubt oder verziehen werden, was vielen
nicht erlaubt, und also auch einem unter den vielen nicht
verziehen werden darf. Kurz je größer die Gesellschaft
ist, in welcher Zucht und Ordnung erhalten werden soll;
desto mehrere Gesetze werden nöthig, desto mehr Zwang
und Einschränkung der Freyheit des Einzelnen. Gewisse
starke Naturen lassen sich nun freylich durch keinen Zwang
zurückhalten, und bilden sich von innen aus. Aber deren
giebts nicht viele.

Je mehr die Gesetze der öffentlichen Erziehung mit
sich selbst übereinstimmend, der wirklichen Lage der Umstände angemessen, mit einem Worte vernünftig sind;
desto weniger kann der Zwang, der daraus für die einzelnen Naturelle entsteht, ihnen nachtheilig seyn, und die
Bestimmtheit und Uebereinstimmung des Charakters in
die Länge verhindern (§. 196). Wenn hingegen nach unvernünftigen, wenigstens dem gegenwärtigen Zeitalter
nicht angepaßten, die wirkliche, gemeine, überall, nur
in den Erziehungshäusern noch nicht, angenommene Denkungsart wider sich habenden Grundsätzen die Weisheit
der Schulen sich richtet: so ist die natürlichste Folge, die
in vielen Gemüthern, über kurz oder lang, daher entstehen muß, Verachtung aller jener Weisheit, und so
mit vielleicht Verachtung aller Grundsätze und Lebens-
regeln.

Was

Was nun daraus weiter entſteht, iſt ſchlimmer als ein von jeher ſich ſelbſt ganz überlaſſen geweſener Charak. ter. So wie Anarchie einer zu gemeinſchaftlichen Zwe. cken und Geſetzen verbundenen Geſellſchaft ſchlimmer iſt, als Freyheit des urſprünglichen Naturſtandes.

Die Erziehung braucht, um dieſen Folgen auszu. weichen, nicht die Laſter und ſchädlichen Irrthümer der gemeinen Denkungsart anzunehmen. Nur muß ſie ſich in ſo fern nach ihnen richten, daß ſie Wahres und Gu. tes um ſo weniger übertreibt, je mehr der Geiſt des Zeit. alters gegen dieſe Uebertreibungen ſich empören und gar bald die Oberhand gewinnen würde. Die Erziehung muß nicht Mönchsenthaltſamkeit predigen und angewöh. nen wollen, wo alles vom Genießen ſpricht und dazu auf. muntert; nicht rauhe Stärke und Ehrlichkeit eines Wil. den oder Cynikers, wenn ohne Politur und Geſchmeidig. keit nicht fortzukommen iſt; nicht Uneigennützigkeit und Selbſtgenügſamkeit eines Stoikers, wenn die Pflicht gegen uns, und die mit uns verbundenen, in hundert Fällen, die ſich alle Tage ereignen, noch etwas anders will, als dulden können; nicht Gleichgültigkeit gegen Ehre und Anſehn, unter Menſchen, die ihre Berathſchla. gung, ob ſie ſich mit jemanden einlaſſen ſollen, immer mit der Frage anfangen, was man von ihm ſage, halte? Oder es wird geſchehen, was vorher bemerkt worden iſt. Auch alsdann wird dieß geſchehen; wenn die Erziehung ihren vernünftigen Anweiſungen Gründe unterlegt, die bey der gemeinen Denkart wenig oder gar nichts gelten, die Unterſuchung, zu der überall bald Veranlaſſung gegeben wird, nicht aushalten.

Doch

Doch diese letztern Betrachtungen betreffen Fehler, die beyden Erziehungsarten, der häuslichen und der öffentlichen, gemein seyn können; ob sie wohl bey ersterer noch leichter sich vermeiden lassen, als bey der letztern.

§. 198.
Von einigen gewöhnlichen Fehlern bey der Erziehung und deren Folgen für den Charakter.

Die Untersuchungen über die Einflüsse der Erziehung in die Bildung der verschiedenen Gemüthsarten könnten noch lange fortgesetzt werden; wenn man die Folgen jedwedes beträchtlichen Fehlers, der bey der Erziehung begangen werden kann, und oft begangen wird, entwickeln wollte. Aber alles, was dahin gehört, auszuführen, würde der Bestimmung dieses Buches eben so zuwider seyn, als gar nichts davon bemerken.

1) Ein sehr gewöhnlicher Grundfehler bey der Erziehung, dessen Folgen in der Bestimmung des Charakters sehr wichtig werden können, besteht darinn, daß man oft viel mehr Weisheit bey Kindern voraussetzt, als sie wirklich besitzen; oder wenigstens so mit ihnen verfährt, wie nur geschehen dürfte, wenn eine solche Voraussetzung Statt fände. Man verlangt von ihnen, daß sie ihre Begierden einschrenken, und ihre Kräfte mühsam anstrengen sollen, um solcher künftiger Folgen willen, von denen sie noch gar keine, oder nur dunkele, wenig vermögende Begriffe haben; statt durch nahe, ihnen empfindbare und wichtige Vortheile sie zu reizen: durch willkührlich verknüpfte Reize sie zu gewöhnen zu demjenigen, was sie erst später, nach seinen nothwen-

digen

digen Verhältnissen zu schätzen, im Stande seyn werden. Man erwartet, daß von ihnen wirklich verstandene Wahrheiten von nun an immer die Richtschnur ihrer Handlungen seyn sollen, erstaunt, entrüstet sich darüber, wenn im Trieb der Sinnlichkeit sie nicht mehr daran gedenken, oft wieder dagegen handeln; und überlegt
nicht, wie viel dazu gehört, ehe Vorstellungen des Verstandes herrschende Triebfedern, und stark genug werden,
vor Ueberraschungen der Sinnlichkeit zu bewahren. Tau-
sendmal fordern auch die Erzieher mehr von den Kindern, eine anhaltendere Weisheit, eine strengere Tugend, als sie sich selbst zur Pflicht machen, oder wirklich
zueignen können. Was wird die Folge davon seyn?
Dieß, daß die Kinder die Forderungen, die man an sie
thut, für unnatürlich halten, die Gesetze, denen sie
nachkommen sollen, für Machtzwang, dem man gehorcht,
so lange man muß, und die Tugend für ein Gespenst,
vor dem sie sich fürchten, das sie aber nicht lieben. Statt
eines willigen, mit innerem Wohlgefallen verknüpften,
Triebes zum erkannten, oder doch empfundenen Guten,
entsteht also im Gemüthe der Trieb des sklavischen, innerlich verabscheuenden, möglichst unvollständigen, ge-
heuchelten Gehorsams; es entsteht Entzweyung der natürlichen Triebe eines und desselben Willens, Widerspruch der Empfindungen und der äußerlichen Handlungen, Haß und Abscheu gegen Verhältnisse der Natur
und gesellschaftlichen Ordnung, für welche nur Liebe und
Ehrfurcht empfunden werden sollten.

Es ist nicht nöthig, daß Kinder über alles dieß
so bestimmt und deutlich zu denken und zu urtheilen im
Stande sind, als ich es hier gesagt zu haben hoffe, um
den

ben Folgen davon ausgesetzt zu seyn. Wiewohl es an
Erfahrungen nicht fehlt, daß Kinder über das unnatürliche Verhalten, die überspannten Forderungen ihrer
Vorgesetzten, sehr bestimmte, nach jenen Begriffen ein-
gerichtete Urtheile fällen.

Daß dieser, so wie andere Fehler der Erziehung,
nicht immer völlig so schädliche Folgen haben müsse, daß
die nachtheiligen Eindrücke, die im Gemüthe daher entstehen, durch entgegengesetzte Eindrücke der Liebe, des
Zutrauens und der Hochachtung, die dieselben Vorgesetzten, durch manche vernünftige Stücke ihres Betragens,
in ihren Zöglingen erwecken, gemildert, vielleicht bisweilen ganz wiederum vertilget werden können; ist auch
nicht zu leugnen. Es sind in der moralischen Natur,
wie in der physischen, Herstellungskräfte, Mittel einen in der Diät begangenen Fehler, oder eine von außen her erlittene Beschädigung, wieder zu verbessern.
Aber wer darum jenen Fehler überhaupt für unbeträcht-
lich, oder die angegebenen Folgen desselben für gar nicht
vorkommend ansehen wollte: müßte sehr wenig, oder
sehr partheyisch für die Weisheit der Erwachsenen, beobachtet haben.

Uebrigens wird man das Gesagte hoffentlich nicht
so auslegen; als ob der Gebrauch der Vernunftgründe,
und der edlern, aber bey mehreren Jahren erst völlig
einleuchtenden, Beweggründe bey der Erziehung schlecht-
hin getadelt werden sollte. Solche mit der Zeit erst
recht nützlich und wichtig werdende Vorstellungen dem
Verstande bey Gelegenheit vorhalten, auch wenn er
sie noch nicht ganz fassen kann, ist nicht schädlich; ist

Jii 3   ge-

gewissermaßen nothwendig, weil die Begriffe von der Natur der Dinge und ihren Verhältnissen nicht anders als nach und nach deutlich und vollständig werden können. Wenn nur nicht von diesen schwachen und unvollständigen Grundzügen der Vernunft zu viel erwartet und gefordert wird; eben so viel, oder noch mehr, als was von der ganzen Kraft der Vernunft und menschlichen Weisheit geleistet werden kann! Wenn es nur auch immer wirklich Vernunft ist, was man dem Zöglinge dafür angiebt! Wenn man sich nur auf diese belehrte Vernunft nicht allein verläßt! Der Wahrheit seine Neigungen aufzuopfern, wird dem Menschen schwer, auch wenn sie in voller Klarheit vor ihm steht; wie kann man es erwarten, wann er sie nur noch in flüchtigen, zweifelhaften Schattenbildern erblickt? Je mehr man bey der Bildung der Neigungen durch Uebung, ohne Vernünfteln, der Vernunft vorarbeitet: desto schneller wird hernach ihre Herrschaft im Gemüthe die Oberhand gewinnen. Der Mensch ist leicht weiter zu bringen im Guten durch Einsicht und Ueberzeugung; wenn er erst aus Neigung den Anfang gemacht hat. Aber es wird schwer ihn noch wieder zu überzeugen, daß das wahr und gut sey, was seine Empfindungen einmal gar sehr wider sich aufgebracht hat.

2) Sehr oft begeht man den entgegengesetzten Fehler; hält Kinder für unachtsamer und einfältiger, als sie sind. Man glaubt, daß sie überzeugt, oder doch überredt und zufrieden sind, wenn sie nichts einwenden; und thut sich also auf Beweggründe, Erziehungsmittel und Kunstgriffe viel zu gut, über die sie sich lange weggesetzt haben. Man bildet sich ein, daß sie nur auf das

mer-

merken, was man ihnen sagt, und zum absichtlichen
Unterricht bestimmt; daß sie dasjenige, worüber man
ihnen noch keinen solchen Unterricht gegeben hat, oder
wovon sie selbst noch keine Erfahrungen haben, gar nicht
bemerken, nicht verstehen, nicht auffangen, und erst
halb, bald ganz, verstanden, übel anwenden können.
Man glaubt nicht, wie geschickt und geneigt sie sind, mit
den Reden der Erwachsenen ihre Handlungen zu vergleichen, beyde nach ihren Mienen noch weiter sich zu erklären, und aus diesem ungleich mehr zu errathen, als
man sie gern wissen lassen wollte. Wer scharf Acht giebt,
wird zuerst mit Erstaunen, und dann mit der vollesten
Ueberzeugung, gewahr werden, daß das Verstehn der
Mienen bey Kindern, noch ehe sie verständlich reden können, sehr weit gehe. Die Abhängigkeit von andern
Menschen macht es gar zu wichtig, ihre Gesinnungen zu
errathen; je weniger verständlich die meisten Reden der
Erwachsenen für die Kinder sind, oder auch je öfter sie
schon entdeckt haben, daß diese die wahren Gesinnungen
nicht immer an den Tag legen; desto mehr richtet sich
die ganze Aufmerksamkeit auf die Natursprache der Mienen. Und die Erkenntnißkraft des Menschen kann es
bald weit bringen; wenn sie, durch ein starkes Interesse
gereizt, an einem Gegenstand sich anhaltend übt.

Wie wird es aber mit der Erziehung stehn, wie
mit dem Ansehn der Eltern; wenn die Kinder ihre Worte verachten lernen? Wie mit der Grundlage ihres
Charakters; wenn sie an den Menschen, gegen die sie
sich zuerst in den Pflichten der Ehrfurcht, Dankbarkeit
und herzlichen Ergebenheit üben sollen, an ihnen selbst,

ler-

lernen, daß man anders reden könne, als man denket?
daß was man Rechthandeln nennt, ein Zwang sey,
von dem man so viel Schein annimmt, als nöthig ist,
um andern, die nicht so klug sind, das Spiel zu entdecken, ihn wirklich aufzulegen? Oder daß wenigstens
die Weisheit und Kunst zu leben hauptsächlich darinn be-
stehe, besser zu scheinen, als man wirklich ist, und zu
seyn ernstlich begehrt? Beobachter der Menschen fragt
euch selbst, ob diese Denkart gemein ist! Eltern, Erzieher fragt euer Gewissen, ob ihr unschuldig daran
seyd!

3) Das erst bemerkte kann freylich auch heißen:
man verdirbt, statt zu bessern, weil man andere bessern
will, ohne sich erst selbst gebessert zu haben; will Weisheit lehren und angewöhnen, ohne selbst weise zu seyn,
Ein Blinder leitet den andern, der sich dazu nicht leiten
lassen will. Und hierinn ließen sich denn wohl alle Er-
ziehungsfehler zusammen fassen. Aber solche allgemeine
Bemerkungen sind für wenige lehrreich genug. Es verdient also noch weiter als ein Hauptfehler bey der Bemühung, die Gemüther zu bilden, dieß angesehen zu
werden, daß sich die Erzieher zu sehr angelegen seyn lassen, ihren Willen zu haben; und zwar bey jedem
einzelnen Wollen, wenn gleich der Haupterfolg, den
sie sich zum letzten Zweck gemacht haben, darüber verlohren, oder erschwert wird; daß sie überhaupt zu wenig Achtung für ihre Zöglinge haben, für deren Verstand, Neigungen und daraus entstehende Gerechtsame.
Der Mensch ist von Natur allzusehr zum Stolz und zur
Herrschsucht geneigt, um, wo er ein Recht zur Herrschaft hat, solches nicht leicht zu mißbrauchen; um nicht

zu despotifiren, wo er befehlen darf, und zwingen kann;
um vor dem Schwächern, auch wenn er ihn liebt, und
vorsetzlich keine Ungerechtigkeit begeht, gegen seine böse
Launen und aus Unwissenheit entstehende Uebereilungen
recht ernstlich und anhaltend auf seiner Hut zu seyn.
So thun die besten Eltern und Erzieher, ihren Kindern
oft Unrecht; wie erst die andern! lange überlegen, ehe
man befiehlt; bey zweifelhafter Nothwendigkeit nur rathen, nicht befehlen; in der Hitze nie strafen; nicht
einmal, ohne vorhergegangene Untersuchung, tadeln;
oft dem Willen der Kinder, wenn er ihrem Alter gemäß ist, nachgeben, um ein andermal desto leichter
ihren Willen zu gewinnen, und damit auf einmal desto
weiter mit ihnen zu kommen; anstatt oft zu seinem Willen sie zu zwingen, und nie das Hauptziel erreichen —
dieß sind freylich Regeln, an deren Vernunftmäßigkeit
kein Nachdenkender zweifelt. Aber welche Eltern, welche Erzieher haben sie immer ausgeübt *)?

Wie der Staatsdespot alle Vergehungen gegen seine,
wenn auch noch so unnöthige und ungerechte, Verbote nur
als Ungehorsam betrachtet, und so als die abscheulich-
sten Verbrechen der härtesten Strafen würdig erachtet:

Jii 5   so

---

*) Es müßte für manche Eltern und Erzieher eine heilsa-
me Lehre daraus entstehen, wenn ihnen alle die eilfer-
tigen Vorwürfe, Beschuldigungen und Lehren, womit
sie ihre Zöglinge einen Tag über wider sich aufgebracht,
oder betäubt haben, nachgeschrieben, und so vorgehal-
ten würden. Sie würden es selbst nicht glauben, wie
viele Uebereilungen, Unbilligkeiten und Uebertreibungen darunter sind.

so können auch Erzieher zu Tyrannen werden, wenn sie
durch unbedachtsame, unnatürliche Befehle und Verbote
den Ungehorsam erst selbst veranlassen, und dann immer
härter strafen zu müssen vermeynen, je öfter sie ihn schon
gestraft haben.

Eine solche Erziehung kann wohl nicht geschickt seyn,
das Gemüth zur Heiterkeit, Zufriedenheit, Gefälligkeit
und Menschenliebe zu stimmen. Ist es zu verwundern,
wenn ein Kind mit andern verfährt, wie es selbst behandelt wurde?

Es ist freylich auch auf der andern Seite ein Fehler bey der Erziehung; wenn man einem Kinde in allen
Stücken seinen Willen läßt. Man hat aber nicht so
viele Ursache, vor diesem Fehler bange zu seyn, als
vor dem vorher bemerkten. Nicht nur darum, weil die
Menschen nicht so geneigt sind ihn zu begehn; sondern
weil er auch für den Charakter nicht die nachtheilli-
gen Folgen hat, als die Unterdrückung. Wofern nur,
indem die Erzieher sich dem Willen des Kindes nicht
mit Gewalt widersetzen, auch nicht den Gerechtsamen
anderer Menschen Gewalt angethan, sondern den natürlichen Verhältnissen überall Platz gelassen wird: so werden mehrentheils die natürlichen Folgen den unvernünftigen Begehrungen bald sich widersetzen, und die Erfahrung klüger machen; die Lehrmeisterinn, welcher Kinder
und Erwachsene am liebsten folgen.

Aber wenn man freylich den unvernünftigen An-
sinnungen der Kinder seine eigene Kräfte leihet, und
damit sie desto ungehinderter ihren Willen behaupten
können, andere unterdrückt: so erzieht man in diesem

Falle

Falle Tyrannen, wie in jenem entgegengesetzten Sklaven.

4) Bey der bisher noch mehrentheils gemein ge-
wesenen Unwissenheit der Eltern in dem, was eine vernünftige Erziehung erfordert, konnte es nicht anders
kommen, als daß die meisten Eltern erst durch ihre eigene Fehler einige mehrere Geschicklichkeit darinn nach und
nach sich erwerben mußten.   Diejenigen, die ohne die
Sache zu verstehen, doch Eifer und Absicht haben, es
gut zu machen, fangen insgemein mit zu vieler Strenge
an.   Man wird daher vermuthlich die üblen Folgen der
allzustrengen Erziehung am häufigsten bey den Erstge-
bohrnen bemerken.   Hingegen ist es eine gemeine Bemerkung, daß ihre letzten Kinder Eltern verzärteln.
Vielleicht wegen der mit den Jahren sich mindernden
Lebhaftigkeit; vielleicht, weil sie den ersten Fehler haben
einsehen lernen.

Das ungleiche Verhalten der Eltern gegen ihre
mehrere Kinder kann schon Folgen haben, Neid und
Verbitterung erzeugen.   Aber noch leichter entstehen erhebliche Folgen aus gar zu merklichen Veränderungen
in der Behandlung eines und desselben Kindes. Wenn
man wechselsweise bald ausschweifend gelinde, bald über-
trieben streng mit ihm umgeht: so darf man nicht höf-
fen, daß die Folgen des einen Fehlers durch den andern werden gut gemacht werden.   Vielmehr wird die
Strenge nur um so viel mehr aufbringen und erbittern,
je mehr die Güte andere Erwartungen gegründet hatte.
Ueberhaupt aber muß die Weisheit der Erzieher verdächtig werden, wenn die Zöglinge merken, daß das Ver-

h

halten derselben nicht auf nothwendigen, sondern auf
veränderlichen Gründen beruht; auf Launen, oder Meynungen, die durch andere Meynungen zum Weichen gebracht werden können.   Nun fangen also die Kinder an,
auch ihren Meynungen um so mehr zu trauen, und An-
muthungen sich zu widersetzen, an deren Weisheit und
Nothwendigkeit sie zweifeln können.   Oder wenn ihnen
so gar die Vorstellung veranlasset wird, daß man die
vorigen Anstalten, ob sie gleich an sich gut waren, auf-
gegeben habe, weil sie nur nicht nach ihnen sich bequemen wollten;   wenn sie sich einbilden, daß man mit ihnen Absichten habe, an denen einem mehr gelegen ist,
als ihnen selbst, und die man ohne ihren guten Willen
nicht erreichen kann: so ist es möglich, daß sie ein Vergnügen darinn finden, sich in diesem schmeichelhaften
Gefühle ihrer Wichtigkeit zu erhalten;   daß sie selbst
nichts für ihre Ausbildung und ihr künftiges davon ab-
hangendes Glück thun, weil andere zu sehr merken lassen, daß es ihr Geschäfte, und ihnen eine wichtige Angelegenheit ist; daß sie endlich sich gewöhnen, immer andere für sie sorgen zu lassen, und mehr das Vergnügen
der Unthätigkeit, und des Bewußtseyns, dadurch Bemühungen und Absichten vereiteln zu können, als das
Vergnügen der Selbstthätigkeit und der Vervollkommnung
zu suchen.   So traurig dieses Gemählde ist: so sehr
glaube ich es in mehr als einer Erfahrung vor mir zu
haben.   Diejenigen, die ihre eigene Beobachtung noch
nicht auf eben diese Bemerkung geführt hat, werden es
doch an sich nicht unbegreiflich finden, daß ein Mensch
stolz und sorglos werden könne, durch allzuviele Sorge
und Bemühungen anderer um ihn.   Wenn dabey noch
leicht-

leichtsinn der Jugend, Weichlichkeit des Temperaments,
und Aussichten auf eine durchs Glück schon bereitete er=
trägliche Lage zusammen kommen: so bestimmt sich bey
jenem übermäßigen und unsteten Eifer der Erzieher um
so viel leichter der Sinn der Zöglinge zur Indolenz oder
zum Widerstreben.

Die Entwicklung und Vervollkommnung der Natur
verträgt wohl Hülfe der Kunst, und kann dadurch er=
leichtert und beschleunigt werden.   Aber ohne daß ihre
Kräfte selbst stetig fortwirken, ist sie nicht möglich. Aeu=
ßerliche Hindernisse wegräumen, und Reize veranstalten;
ist alles, was die Kunst thun darf; und dieß darf sie
nicht immer, sondern nur alsdann, wenn die Natur nicht
selbst im Stande ist, dasjenige auszurichten, wornach
sie strebt.   Ihre Bestrebungen zu entdecken, und mit ei=
nander zu vergleichen, um die wesentlichen und unverän=
derlichen von den zufälligen zu unterscheiden, ist dasjeni=
ge, womit die Kunst, die ihr zu Hülfe kommen will,
den Anfang machen muß.   Doch es sollen hier keine
Regeln gegeben, sondern nur Erscheinungen erklärt
werden.

§. 199.

**Mancherley Folgen, die aus der Lectüre und aus Reisen entste=
hen können.**

Begriffe, Grundsätze und Beyspiele können eben so
wohl durch Bücher der Seele eingepräget werden, als
durch mündlichen Unterricht und Umgang. Es ist also
für sich klar, daß die Lectüre zu den Ursachen der Sit=
tenbildung gerechnet werden müsse; und daß den Neigun=

gen

gen die verschiedensten Richtungen und Bestimmungen
daher entstehen können. Hauptsächlich aber lassen sich
vom Viellesen und frühen Viellesen einige allgemeine
Folgen wahrscheinlich erwarten, die bemerket zu werden
verdienen.

1) Bey vielen muß dadurch, wie überhaupt durch
allzuvieles Sitzen und Nachdenken, der Körper geschwächt
und die Gesundheit angegriffen werden. Die ungeheure Menge von Romanen, die seit hundert Jahren geschrieben und gelesen worden, sagt Tissot, sind vielleicht
eine der vornehmsten Ursachen der vielen Nervenkrankheiten. Ein Mädchen, welches im zehnten Jahre,
anstatt herumzulaufen, lieset, wird im zwanzigsten Jahre Vapeurs haben, und ungeschickt zu den Mutterpflich-
ten seyn *).

2) Der allzugroße und allzufrühe Vorrath der aus
Büchern eingesammleten Ideen kann der stetigen Entwicklung, und dem Gleichgewichte der Triebe und
Empfindungen auf mancherley Weise nachtheilig seyn.
In einem Falle entstehen aus jenen Ideen mittelst der
Einbildungskraft allzufrühe Reize, wodurch die Kräfte
der Natur verzehrt werden, die sie zu ihrer völligen Ausbildung nöthig hätte. Oder aus der Empfindung für sich
schon entstehende Reize werden durch eine mannichfaltige
Ideenabsociation doch noch verstärkt; und so erst zum
verzehrenden Feuer. Dieß können nicht nur grobe sinnliche Triebe; sondern auch die Triebe der Ehrbegierde, der
Freund-

---

*) Traité des nerfs tom. II. part. I. p. 443.

Freundschaftlichkeit, ja selbst der Gottesfurcht, können durch Bücher bis zu einer solchen nachtheiligen schwärmerischen Lebhaftigkeit angefeuert werden. In andern Fällen werden die natürlichsten Empfindungen geschwächt, mittelst der geschwächten Werkzeuge (Nro. 1.) der unter so viele Vorstellungen sich theilenden, leichter vom einzelnen sinnlichen Gegenstande abgleitenden Aufmerksamkeit, oder der durch speculative Begriffe und vorgefaßte Meynungen gegründeten Einseitigkeit der Beurtheilung. Vorurtheile der Kindheit verhindern bey manchen Menschen durchs halbe, wenn nicht durchs ganze Leben den geraden, vollen Blick auf die Dinge, die sie allernächst vor sich haben. Und wenn das Lesen der eignen Empfindung und Beobachtung zuvor eilet, und allzuviele Zeit wegnimmt: so läßt sich nicht wohl zweifeln, daß nicht daraus halbverstandene, halbrichtige Meynungen, in die man wenig oder gar kein Mißtrauen setzt, Vorurtheile also, vielfältig entstehen sollten. Nothwendig bey der Lectüre überhaupt sind diese Folgen so wenig, als die zuerst bemerkten. Denn sie kann ja auch nach solchen Verhältnissen gewählt und eingeschrenkt werden, daß sie schon gehabte oder gleichzeitige Empfindungen nur aufklärt, nicht schwächt; und zur Beobachtung vielmehr anreizet, als durch eingebildetes Wissen gegen Erfahrung und Beobachtung gleichgültig macht.

In Rücksicht auf Denkart und Sitten eines ganzen Volkes kann das Bücherwesen und der Umfang und Grad der Neigung zur Lectüre darum für sehr wichtig gehalten werden, weil doch durch keinen andern Weg Gesinnungen und Vorstellungsarten so schnell verbreitet wer-

werden können, als durch diesen. Insbesondere können es, bey freyer Presse, auch Lob und Tadel, welche Personen, Gewohnheiten und Handlungen erregen. Und in ihnen hat ein heller und entschlossener Kopf, unter gewissen Umständen, Waffen und Gewalt, die alle andern zuletzt überwältigen. Es ist auch nicht nöthig, daß der größere Theil des Volks lieset, um durch Schriften im Ganzen Wirkungen hervorbringen zu können. Wenn die einen unmittelbar dadurch bestimmt worden sind: so werden es die übrigen mittelst derselben bald auch seyn.

Weniger noch, als von der Lectüre, lassen sich von Reisen in fremde Länder die sittlichen Folgen für jeden Fall sicher im Allgemeinen angeben. Die Liebe zum Vaterlande kann dadurch geschwächt werden; mittelst der Vorstellung größerer Vollkommenheiten, die man in andern Ländern findet, oder zu finden glaubt. Aber auch befestiget und erhöht, mittelst der Einsicht in die Fehler und Gebrechen derselben, Durch Vermischung fremder Sitten mit den väterländischen, kann ein widersinniger, schwankender Charakter entstehen. Aber auch ein verbesserter, verfeinerter Charakter, wenn bey den entgegengesetzten Tugenden der Ausländer die Nationalfehler eingesehen werden. Mit den mehrern Ideen können die Begierden sich vermehrt haben, und die Zufriedenheit bey einer eingeschrenkten, einförmigen Art zu leben in der Heimath auf immer verlohren seyn. Aber der mannichfaltige Genuß, den die Erinnerung dem, der viel gesehen hat, verschaft, und die oft dabey entstehende Erkenntniß, wie viele Dinge das in der Nähe nicht sind, was

sie

sie in der Ferne scheinen, kann auch zur Ruhe und Zufriedenheit, bey einer eingeschrenkten einförmigen Wir-
kungssphäre, die dauerhaftesten Gründe enthalten.
Man sieht leicht ein, daß es auf den Grad der Einsichten, und die Beschaffenheit und Festigkeit des bereits gegründeten Charakters, hauptsächlich ankommen müsse,
welche von diesen verschiedenen Folgen der Reisen in ein-
zelnem Falle entstehen werden.

Kapitel IX.

Schlußfolgen zur genauern Bestimmung der Grenzen der aus den bisherigen Untersuchungen sich er-
gebenden Einsichten.

§. 200.

**Unmöglichkeit die Ursachen jedes einzelnen Charakters vollstän-
dig zu ergründen.**

Wer die Menge und Beschaffenheit der mancherley bisher erörterten physischen und moralischen Ursachen,
von welchen die Gemüthsarten herkommen, nur einigermaßen zu schätzen weiß; der wird sich leicht überzeugen,
daß eine vollständige und genaue Erklärung des Charakters auch nur eines einzelnen Menschen aus seinen
wahren Grundursachen, bey der möglichsten Bekannt-
schaft mit ihm und seiner Lebensgeschichte, doch nie gegeben werden könne. Ein gar großer Theil der Ursachen
wirkt immer unbemerkt; und eine jede wirkt unter dem
wiederum größtentheils verborgenen Einflusse vieler andern Miturfachen, wirkt in diesem Zusammenhange anders, als sie außer demselben gewirkt haben würde.

Diese Ermahnung, dieses Beyspiel hat Eindruck
auf das Gemüth eines Menschen gemacht. Dieser Eindruck ist, nach seinem eigenen Bewußtseyn und Geständ-
nisse, ein Grund dauerhafter Entschließungen geworden.
Aber daß er entstand; wie viel trug dazu der vorhergehende, unmerklich bestimmte Zustand seiner Vorstellungen
bey: das vorher von ihm gedachte, gelesene,   mit und
ohne

ohne Prüfung gehörte und gesehene? Wie viel der Zustand
seines Körpers, nach Alter und Gesundheit, dem Grade
der Spannung oder Erschlaffung, in dem er sich befand?
Und daß er blieb und dauerhafte Folgen hatte; welche
andere neue Eindrücke waren dazu nöthig?

Wenn wir aber im Fall der vertrautesten Bekannt-
schaft nicht Einsichten genug haben, um den Grund und
Ursprung eines Charakters so genau zu beurtheilen; wenn
wir es in Ansehung unsrer eigenen Neigungen, ja bisweilen in Ansehung einzelner Handlungen nicht einmal
vermögen: wie darf es uns befremden, wenn in den
Charakteren derjenigen uns manches unerklärbar ist, oder
falsch von uns erklärt wird, von denen wir überall nur wenig genau wissen?

In den Beschreibungen sonderbarer, wie es fast
scheint von den Naturgesetzen abweichender Gemüthsarten ist das Sonderbarste freylich wohl bisweilen nur er-
dichtet, oder sonst auf fehlerhafte Vorstellung gegründet.
Auch wenn einer sich selbst schildert, kann dieß der Fall
noch seyn; die Cardane und Agrippa sind anerkannte
Beyspiele davon. Unterdessen kann das Sonderbare sehr
wahr, und obgleich wir es nicht erklären können, an sich
doch sehr begreiflich seyn. Zufällige Ideenassocia-
tion und überhaupt Vereinigung und Mischung der
gemeinen Triebfedern des Willens, die auf so unzählig
verschiedene Arten durch die besondern Anlagen und Umstände eines Menschen bestimmt werden, können wohl
sonderbare Gemüthsarten hervorbringen.*)

Kkk 2

Die

---

*) In einem Aufsatze über die Temperamente, in Lava-
ters Physiognomischen Fragmenten, dem ich nicht überall

Die Nationalcharaktere möchten leichter zu erklären scheinen, als die Charaktere einzelner Menschen; da
sie etwas unbestimmteres und einfacheres sind, als ein
ganzer individueller Charakter, und da sie von beständigen und allgemein wirkenden, folglich leichter zu erkennen-
den Ursachen herrühren. Unterdessen können doch auch
hier nicht nur Zweifel dadurch entstehen, daß verschiedene
Ursachen, Klima und Regierungsform, in manchen
Stücken ähnliche Wirkungen hervorbringen; sondern auch
Dunkelheiten daher, daß der Grund von manchen Bestimmungen des Nationalcharakters früher entstand; oder
mehr im Einzelnen und Kleinen liegt, als daß unsere
Geschichtskenntniß ihn zu entdecken vermöchte.

Ohnedem sind unsere Einsichten in den ganzen Gehalt eines Theils der das Sittliche bildenden Ursachen,
der physischen nemlich, besonders alles dessen, was man
unter dem Namen Klima zusammenfaßt, noch gar zu
mangelhaft, als daß sich alles, was davon herrühren kann
und im einzelnen Fall wirklich herrührt, beurtheilen ließe.

Und wie will man endlich die Gründe eines Nationalcharakters auffinden und aus einander setzen; wenn
durch

---

all folgen könnte, steht eine auf den Ursprung der
Temperamentsverschiedenheiten sich beziehende Bemerkung, die die obige allgemeinere Bemerkung erläutern
und unterstützen kann; daß nemlich schon die menschliche Kunst in mannichfaltiger Verbindung der einfachern
Naturkräfte, die Chymie schon, beweise, wie durch
die Art der Zusammensetzung neue Produkte und Kräfte entstehen können, die einen ganz eigenen Charakter
haben, für die es in den gewöhnlichen Erscheinungen
keine Analogie und keinen Namen giebt. Th. IV. S.
343. f.

durch Wanderungen und Eroberungen die verschiedenar-
tigsten Bestimmungen mit einander in Verbindung gekommen sind? Daß durch solche Völkermischungen besondere
Charaktere entstehen müssen, ist einleuchtend; und bisweilen läßt sich freylich vieles davon auf seine Gründe zurück-
bringen. (§. 168.) Aber bey der beständigen Gährung
dieser unzähligen durch einander wirkenden Gründe, und
immer neu hinzukommenden andern muß nothwendig die
Geschichte der sittlichen Erscheinungen eines Volkes viel
befremdendes und unergründbares enthalten.

§. 201.

Von der Fortpflanzung der Neigungen und Gemüthsarten.

Wie es überhaupt schwer ist, die wahren Gründe
einer jedweden Gemüthsart im einzelnen Falle zu entdecken: also ist es auch leicht sich zu irren, bey der Untersuchung der Ursachen, durch welche die Fortdauer
gewisser Neigungen und Sitten bey Völkern und Familien bewirket wird.

Die Sache überhaupt betrachtet, hat es keinen
Zweifel, daß es nicht sowol moralische als physische Ursachen seyn können. Einerley Ursachen geben einerley
Wirkungen; von welcher Gattung sie auch seyn. Es
ist also an sich eben so begreiflich, daß Einartigkeit der
Charaktere durch immerwährende Anwendung derselben Grundsätze der Religion, Gesetzgebung und Erziehung erhalten werden könne, als daß sie eine Folge von
der fortdauernden Einwirkung desselben Klima und derselben Lebensart seyn könne.

In einigen Fällen wirken auch beyde Gattungen
von Ursachen sichtbar zusammen, um Jahrtausende hin-

durch

durch die Sitten eines Volkes ohne erhebliche Veränderungen zu erhalten. So bey den Indianern. Dieſe
führen eine ſich immer gleiche und dem Klima angemeſſene Lebensart ſeit undenklichen Zeiten. Sie bewahren
ihre Stämme aufs ſorgfältigſte; ihre Religion erlaubt
ihnen nicht einmal Proſelyten, überhaupt Fremde, in
eine Caſte aufzunehmen, geſchweige, daß ſie zu gewalt-
ſamen Bekehrungen und Eroberungen ſie aufforderte.
Außer den allgemeinen Pflichten der Gerechtigkeit,
ſchreibt ſie ihnen eben die Sitten vor, welche das Klima erfordert, Reinlichkeit, Mäßigkeit, beſonders Ent-
haltung vom Thierfleiſche. Durch vielerley Cerimonien
und Gebräuche unterhält ſie noch mehr die Trennung von
andern Völkern und deren Sitten. Und freylich hat auch
das Klima und die ganze phyſiſche Natur vielleicht nirgends ſo wenige Veränderungen erlitten, als hier, wo die
Erde am frühſten alle Vollkommenheit, deren ſie fähig
iſt, erhalten zu haben ſcheint.

Aber es giebt auch Erfahrungen von Nationalcha-
rakteren und Sitten, die nicht nur unter den verſchiedenſten Klimaten, ſondern auch bey den größeſten Veränderungen der politiſchen Verhältniſſe, faſt unverändert
ſich erhalten haben. Die Juden ſind der auffallendſte
Beweis hievon; in den Hauptzügen ihres Charakters
noch immer, wie ſie die älteſten Nachrichten ſchildern,
und unter allen Völkern mehrentheils beym erſten feſten
Blick auf ihre Phyſiognomie *) erkennbar. Nicht viel
geben ihnen hierin die Franzoſen nach. Sie ſind nicht
nur in ihrem alten Wohnlande, ohnerachtet der Vermiſchung

---

*) S. Lavaters Phyſiogn. Fragm. Th. IV.

schung mit den teutschen Eroberern, nach dem Urtheil eines ihrer eigenen Gelehrten *), noch völlig dieselben Gallier, die Cäsar schildert: sondern in jeder Himmelsgegend ist auch nach mehrern Generationen der Franzos noch immer leicht zu unterscheiden. In demselben Berner Freystaate sollen sich die Franzosen und Teutschen, durch eben dieselben Eigenschaften, die ihnen überall gewöhnlich sind, auszeichnen; die erstern durch Leichtsinn, Munterkeit, Biegsamkeit, Gefälligkeit und Betriebsamkeit, die andern durch Kälte, Gründlichkeit und Schüchternheit **).

Je mehr die Sitten und Neigungen der Natur gemäß, vernünftig sind; desto mehr Grund zu ihrer Erhaltung ist auch da; vorausgesetzt, daß die Menschen zu einem gewissen Grade der Aufklärung, und der Herrschaft der Vernunft, gelangt sind. Aber auch die bloße Einbildung, auf große dabey erlangte äußerliche Vortheile, viele übereinstimmende Urtheile anderer, oder geglaubten göttlichen Ursprung gegründete Ueberredung, die besten Sitten zu haben, kann die moralische Triebfeder ihrer Beybehaltung seyn. So erhalten sich insbesondere in kleinen Gesellschaften Sitten und Unsitten, Gebräuche und Mißbräuche, seit undenklichen Zeiten. Ihr Alter selbst macht sie endlich ehrwürdig.

Die Fischer in Nizza sollen sich von allen andern Zünften in dieser Stadt durch einen ehrbaren Lebenswandel und bessere Sitten unterscheiden. Seit Men-

Kkk 4   schen-

---

*) S. Histoire generale de Provence I. 492.
**) Sulzers Bemerkungen auf einer Reise. Die Schweiz. Ausg. S. 27.

ſchengedenken ſoll keiner derſelben, oder irgend jemand
aus einer Fiſcherfamilie, eines peinlichen Vergehens
wegen belangt worden ſeyn. Sie machen einen beſondern Stamm aus, aus welchem ihre Kinder nie heraus
heurathen *). An phyſiſche, auf jeden Einzelnen unmittelbar wirkende Urſachen läßt ſich hier gar nicht denken. Beſondere moraliſche Urſachen ſind um ſo mehr
dabey zu vermuthen; da nach den gewöhnlichen Erfahrungen, und vermöge des Phyſiſchen der Lebensart, eher
das Gegentheil bey einer ſolchen Claſſe von Menſchen
für natürlich gehalten werden dürfte.

Achtung für die einmal, auf welche Weiſe dieß
auch geſchehen ſeyn mochte, erworbene Ehre, den Ruf
vorzüglicher Sitten, kann Eifer für deren Aufrechthal-
tung, ſowohl bey der Erziehung, als bey der Aufnahme
neuer Mitglieder, erzeugen. Und ſo können ſich gute
Geſinnungen durch ſich ſelbſt lange erhalten.

Aber es würde die Fortpflanzung moraliſcher Eigenſchaften, zumal wo die äußerlichen phyſiſchen Urſachen
ihr entgegen ſind, doch um vieles begreiflicher werden;
wenn man annehmen dürfte, daß die moraliſchen Eigenſchaften auch phyſiſch fortgepflanzet werden können,
mittelſt der Abſtammung der Kinder von den Eltern.
Eine Abſtammung der Seelen von einander, wie man
ſie ehedem behaupten wollte, läßt der wahrſcheinlichere
Be-

---

*) Sulzers Bemerkungen auf einer Reiſe S. 116. Aehn-
liche Erfahrungen mag es hie und da von einzelnen Ge-
meinheiten geben; wie in Anſehung eines Dorfes in
hieſiger Nachbarſchaft mir glaubwürdig verſichert worden iſt.

Begriff vom Weſen der Seele nicht annehmen. Auch
hat man dieſe Vorausſetzung nicht nöthig, um jedweden
phyſiſchen Einfluß der Eltern auf die Neigungen der Kinder, welchen zu behaupten die Erfahrung berechtiget, zu
erklären; bey dem anerkannten wechſelſeitigen Einfluß
der Seelen und der Körper auf einander, oder ihrer
Harmonie. Aber bey den Erfahrungen ſelbſt von einerley oder ähnlichen Neigungen der Eltern und der Kinder,
iſt es eben ſchwer, genau zu unterſcheiden, wie weit dieſe
Aehnlichkeit auf phyſiſche oder auf moraliſche Urſachen
ſich gründe, auf Erziehung, Beyſpiel, Glücksumſtände?
Oder auch nur richtig zu beobachten, wie weit dieſelbe
wirklich, innerlich; oder nur ſcheinbar, äußerlich iſt?

Doch ſo viel hat die Erfahrung außer Zweifel geſetzt, daß allerhand Eigenheiten und Fehler der Organiſation, und auch ſolche, die für den Gemüthszuſtand begreifliche Folgen haben, ſich anerben. Zwar auch hier
iſt bey der Beobachtung noch manchmal ein Fehlſchluß
möglich. So könnte es wohl bisweilen einer ſeyn, wenn
man die Aehnlichkeit des Tons und der ganzen Beſchaffenheit der Ausſprache, wodurch alle Mitglieder mancher
Familien erkennbar ſind, auf angebohrne Eigenheiten
der Organiſation allein geben wollte; da es eine Wirkung der am öfteſten vernommenen und nachgeahmten
Eindrücke ſeyn kann. Aber es bleiben immer unzählige
Fälle übrig; wo das erſte Urtheil unzweifelhaft gegründet iſt. Tiſſot verſichert, daß es wenig Theile der Organiſation gebe, die nicht in gewiſſen Familien von be-
ſonderer Schwäche ſind; und daß auch die Schwäche
des Nervenſyſtems, wie alle andern Theile, ſich fortpflan-
ze. Die ſo vielen Beyſpiele von Apoplexien, Epilepſien,

Kkk 5   Hy-

Hypochondrien und andern Nervenkrankheiten in Familien, lassen nicht daran zweifeln. Eben die Kinder, die ihren Eltern äußerlich am meisten ähnlich sind, erben auch gewöhnlich ihre Krankheiten *).

Noch viel bestimmtere Urtheile über die physische Fortpflanzung der Gemüthseigenschaften trägt Herr Lavater vor in seinen physiognomischen Fragmenten **). Es finden sich freylich keine physiologische oder psychologische Beweise dabey, welche hinzuzusetzen auch ich nicht fähig bin. Da aber doch vermuthlich mehrere übereinstimmende Erfahrungen die Veranlassung dazu gegeben haben: so will ich sie meinen Lesern, deren vielen sie außerdem nicht bekannt werden möchten, zur eignen Prüfung hier mittheilen.

Unter allen Temperamenten, heißt es da, erbt sich keines so leicht fort, als das sanguinische und mit demselben der Leichtsinn. Wo einmal sich der Leichtsinn in eine Familie hineingepflanzt hat, da braucht es viel Arbeit und Leiden, viel Fasten und Beten, bis er wieder weg ist. Das melancholische Temperament des Vaters erbt sich leicht fort, durch die natürliche Besorgniß der Mutter, daß es sich forterben werde; wohl verstanden, erbt sich nur dann leicht fort, wenn in einem entscheidenden Momente die Mutter von entscheidender Furcht plötzlich befallen wird; erbt sich weniger leicht fort, wenn die Furcht mehr anhaltend und überlegt ist. So wie diejenigen Mütter, die sich am meisten, und beynahe die ganze Zeit ihrer Schwangerschaft, vor Mutter-

ter-

---

*) Traité des nerfs. tom. II. pr. part. p. 8. 14.
**) Th. IV. S. 326. f.

termählern und Mißgestalt ihrer Leibesfrucht fürchten, weil sie sich erinnern, gewisse Abscheu erweckende Dinge gesehen zu haben, größtentheils die wohlgestaltesten und von allen Mählern freye Kinder zur Welt bringen; denn ihre Furcht war, obgleich wahrhaft, dennoch nur faktize, sie war nicht die Blißwirkung der plötzlich dastehenden, Abscheu erweckenden Gestalt.

Wenn das cholerische Temperament durch beyde Eltern sich einmal in eine Familie heftig hineingearbeitet hat: so kanns vielleicht Jahrhunderte währen, ehe es sich wieder temperirt.

Phlegma erbt sich nicht so leicht fort, selbst wenn Vater und Mutter phlegmatisch sind; denn es giebt gewisse Lebensmomente, wo der Phlegmatische mit ganzer Kraft und Seele wirkt, eben weil er sehr selten wirkt; und diese Momente können und müssen wirken. Nichts aber scheint sich so leicht fort zu erben, als Geschicklichkeit und Fleiß, wofern diese in der Organisation und dem Bedürfnisse Veränderungen zu bewirken ihren Grund haben. Es dauert lange, bis von einem fleißigen und geschäftigen Ehepaar, dem nicht nur Nahrung, sondern Geschäftigkeit an sich Bedürfniß ist, kein emsiger Descendent mehr übrig ist; zumal da die emsigsten Mütter zugleich die fruchtbarsten sind.

Ferner, wo der Vater noch so dumm ist, die Mutter aber sehr weise; da werden sicherlich allemal die meisten Kinder außerordentlich weise seyn. Wo der Vater recht gut ist, werden die Kinder größtentheils gute Anlagen haben; wenigstens beynahe immer einen großen Theil Gutmüthigkeit. Die Söhne scheinen von dem guten Vater vielmehr den moralischen, von der weisen Mut-

Mutter den intellectuellen Character zu erben. Die
Töchter aber mehr den ausgezeichneten Charakter der
Mutter.

Einige der hier angenommenen Folgen ließen sich
wohl als mittelbare Wirkungen der sittlichen Eigenschaften der Eltern erklären. Aber es dürfte überhaupt noch
nicht Zeit seyn an Erklärungen zu denken; sondern
vielmehr nur die Erfahrung noch länger und genauer zu
befragen seyn. Wenigstens wird diese angeblichen Erfolge hoffentlich noch niemand für Grundsätze ansehen
wollen, nach welchen sich die unächten Kinder eines Vaters von den ächten unterscheiden ließen. Wenn auch
von der physischen Fortpflanzung der moralischen Eigenschaften noch mehr ausgemacht wäre, als wirklich ist:
so ließen sich doch hier, wie bey jeden andern Gründen
der Neigungen, auch leicht entgegen wirkende Ursachen,
Gründe zu Ausnahmen von der Regel, denken. Am
leichtesten, wenn so viel auf die Einbildungskraft der
Mutter in entscheidenden Augenblicken ankäme, als Herr
Lavater anzunehmen geneigt ist.

Diese letzte Hypothese kann die nachtheiligen Folgerungen, die aus jenen Grundsätzen und andern ähnlichen
bisweilen gezogen werden möchten, allein schon wieder
gut machen, oder doch um vieles vermindern. Die
Meynungen, Sitten und Sprachen haben wechselseitig
Einfluß auf einander. Vielleicht liegt die Fortdauer
gewisser Nationalcharaktere bey großen Veränderungen
in den übrigen Gründen der Sitten, an der beybehalte-
nen Sprache, diesem so wichtigen Werkzeuge bey der
Erweckung der Vorstellungen und Empfindungen, bis-
wei-

weilen weit mehr, als man denkt. Schon das Mate-
rielle einer Sprache, die Art der Töne, woraus sie besteht, das Flüchtige oder Schwerfällige, Sanfte oder
Rauhe derselben, kann etwas dabey thun; kann den durch
die Worte entstehenden Vorstellungen und Empfindungen eigene Bestimmungen geben, und auf die Wendungen und den Grad der Geschwindigkeit in der Ideenfolge
Einfluß haben. Noch mehr aber freylich das Innere einer Sprache, das Verhältniß der Namen zu dieser oder
jener Eigenschaft und Beziehung der benannten Sache,
dieser oder jener Vorstellung und Meynung von derselben.
Oft liegt auf diese Weise gleich in dem Namen die moralische Würdigung der Sache; und einer ganz andern
in der Sprache eines Volkes, oder eines Standes, als
in der Sprache anderer Menschen. Die sinnlichen Ideen-
associationen bey der Sprache schwärmerischer Reli-
gionspartheyen, sind der Zunder, mittelst welches der
Enthusiasmus ausgebreitet und erhalten wird. In der
schonenden schmeichelnden Sprache gewisser Menschen
von übertriebener Feinheit möchte es bald eben so schwer
werden, volle ernsthafte Sittenlehre vorzutragen, als
in der Sprache einiger Wilden, die keinen eigentlichen
Namen für die Tugend haben. Wenn es wahr ist *),
daß der Pöbel unter den Juden die Christen Abgötter
oder Heyden nennt, diejenigen, die sie bestehlen, weise
Leute, den Anstifter des Diebstals den Herrn des
Geschäftes, den Diebstal selbst einen Handel u. s. w.
so würde zur sittlichen Besserung dieses Pöbels die
Ab-

---

*) Man sehe den jüdischen Baldober.

Abschaffung seiner eigenen ausländischen Sprache unumgänglich nöthig seyn *).

Sollte sich wohl auch vermuthen lassen, daß der sittliche Zustand der Menschen einen solchen Einfluß auf den Grundstof der Organisation, auf die Beschaffenheit der Lebensgeister, die in ihnen gebildet und auf andere fortgepflanzt werden, einen solchen Einfluß haben könne; daß auch deswegen, nemlich wegen der noch nicht genug verfeinerten Materie, die sittliche Vervollkommnung roher Nationen nur erst nach mehrern Zeugungen zu Stande zu bringen möglich wäre?

§. 202.

Ob Neigungen in Mutterleibe eingeprägt, oder durch die Muttermilch eingeflößt werden können?

Daß durch Einwirkungen der Gemüthsbewegungen und Neigungen der Mutter, auch noch vor der Geburt, die Neigungen und der Charakter eines Menschen auszeichnende und dauerhafte Bestimmungen erhalten können; nehmen viele für wahrscheinlich, wenn nicht für ganz gewiß an; nicht nur wegen der allgemeinen Grundsätze vom wechselseitigen Einflusse der Seelen und der Leiber, sondern noch mehr um einiger, wie sie glauben, außerdem nicht erklärbarer Erfahrungen willen.

Wenn man dieß nur so verstehen wollte, daß die Leidenschaften der Mutter auf die Gesundheit, Stärke, Schwä-

---

*) Iam pridem quidem nos vera rerum vocabula amisimus; quia bona aliena largiri liberalitas, malarum rerum audacia fortitudo vocatur; eo respublica in extremo sita, sagt Cato in der vortreflichen Rede beym Sallust. Bell. Catilin. cap. 52.

Schlußfolgen zur genauern Bestimmung ꝛc. 893

Schwäche, Reizbarkeit, Form einzelner Organen
der Leibesfrucht Einfluß haben, und somit diejenigen
Gründe zu dem Gemüthscharakter einigermaßen mit
bestimmen können, die im Temperamente liegen: so
würde schwerlich dagegen etwas eingewendet werden können.
Auch dagegen nicht, daß vom Gemüthszustand der Eltern im Momente der ersten Erweckung oder Belebung
des Keims in den Grundanlagen des Temperaments und
der Neigungen etwas herrühren könne *). Denn daß
Mutter und Kind nicht mittelst der Nerven, der eigentlichen Werkzeuge der Seele, einander berühren, sondern
beyde nur durch Blutgefäße verbunden sind; kann allein
jene Behauptungen noch nicht umstoßen. Denn so viel
ist doch gewiß, daß heftige Gemüthsbewegungen auf den
Zustand des ganzen Körpers, nach allen seinen festen
und flüssigen Theilen Einfluß haben. Wie sehr aber durch
die Beschaffenheit der flüssigen Theile und die Art der
Bewegungen in denselben die Beschaffenheit der Nerven
vermöge der aus dem Flüssigen ihnen entstehenden Nahrung unmittelbar, oder vermöge ihres Zusammenhangs
mit andern festen Theilen mittelbar verändert und bestimmt werden könne; weiß noch niemand. Und also
läßt sich auch auf diese Weise nicht zum voraus entscheiden, was für Folgen die Veränderungen, die eine
Schwangere durch Leidenschaften in ihrem Körper hervorbringt, in dem Körper des Kindes haben können.

Aber

*) Diesen letztern Gedanken hat besonders geltend zu machen
gesucht *Zambaldi* in den Saggi per servire alla storia
dell'uomo, I. p. 136. ꝛc.

Aber die Meynung vom Ursprung der Neigungen im Mutterleibe geht bey einigen dahin; daß gewisse bestimmte Begierden oder Verabscheuungen, Begierden nach gewissen Speisen, die das neugebohrne Kind so lange beunruhigten, bis es etwas davon genossen, oder unüberwindlicher Abscheu vor gewissen Speisen, Thieren, Personen und allerley Dingen, durch eben solche Begierden oder Verabscheuungen der Mutter während ihrer Schwangerschaft, die sie gewaltig angegriffen, und einen tiefen Eindruck auf sie gemacht, entstehen können. Auf eben diese Weise sollen auch noch allgemeinere Bestimmungen, Neigungen zu gewissen Lastern, zum Stehlen, Lügen und andern Untugenden, angebohren werden. Und solche, der Erziehung und den Glücksumständen oft ganz entgegen stehende Neigungen sollen eben deswegen unüberwindlich oder doch äußerst schwer zu bezwingen seyn, weil sie mit den ersten Keimen und innersten Fäden der Natur verflochten sind.

Aber diese, um ihrer Folgen willen sehr bedenkliche, Meynung ist gar nicht wahrscheinlich. Erstlich deswegen, weil überhaupt keine Gründe vorhanden sind, dem Körper allein einen solchen, so starken, so genau bestimmten, Einfluß auf die Neigungen zuzugestehen; daß nicht nur zu Begierden nach gewissen Speisen, sondern zum unwiderstehlichen Hang zum Stehlen, Lügen, ein Mensch dadurch bestimmt seyn könne. Die ausgemachten Einflüsse des Körpers auf die Seele sind ungleich unbestimmter, oder von ganz anderer Art. Die Begierden und Verabscheuungen, die ein Mensch in sich selbst durch vorhergegangene Empfindungen und Gemüthsbewegungen gründet, können zur Unterstützung jener Vermuthung

um

um so weniger gebraucht werden; da hier durch Vorstellungen, Erinnerungen, Ideenabsociationen, nicht
durch Dispositionen des Körpers allein, Neigungen erzeugt, und doch so unüberwindlich stark nicht werden,
als jene angebohrne seyn sollen. Und wenn gleich der
Umstand, daß Mutter und Kind nur durch Blutgefäße
zusammenhängen, die Vermuthung eines möglichen Einflusses der Gemüthsbewegungen der erstern auf das Nervensystem des letztern nicht ganz aufhebt: so setzt er ihr
doch enge Grenzen. Ein Zusammenhang, der nicht
verhindert, daß das Kind beym Tode der Mutter im
Leben bleibt, und durch den Kayserschnitt gerettet, zur
natürlichen Gesundheit und Stärke gelangen kann,
sollte der Einflüsse des Seelenzustandes der Mutter auf
das Kind gestatten, die mächtiger wären, als die Wirkungen der Seele auf ihren eigenen Körper, und mittelst
desselben auf sich selbst? Die Hypothese würde nicht
wahrscheinlicher, nur kühner, werden, wenn man ihr den
neuen Zusatz geben wollte, daß aus den Gemüthsbewegungen der Mutter Ideen, dunkele Ideen, in der Seele
des Kindes, und mittelst derselben Neigungen und Abneigungen, entstehen können. Denn die Mittheilung
der Ideen durch solche Wege, wie hier statt finden, ist
doch wohl das willkührlichste, was gesagt werden kann.
Endlich aber, und was das entscheidendste hiebey ist: so
lassen sich jedem Falle, wo es scheinen kann, daß Neigungen auf diese Weise entstanden seyn, gewiß immer
hundert Fälle entgegen setzen, wo sie, nach allen Analogien, allen gegründeten Begriffen von der Beständigkeit
der Natur in ihren Wirkungsarten, auch seyn müßten,
wenn es ein solches Naturgesetz gäbe; und nicht sind. Wo

der

der Ausnahmen ungleich mehr ſind, als der einſtimmigen
Fälle; da können dieſe nicht mehr eine Regel vorſtellen,
was auch ihr Grund iſt. Und wenn es auch in jedem einzelnen Falle, bey der unvollſtändigen Kenntniß
aller einfließenden Umſtände, in der man ſich gemeiniglich dabey befindet, nicht möglich iſt, die Gründe anzugeben, aus welchen der Erziehung und den Glücksumſtänden eines Menſchen widerſprechende laſterhafte Neigungen in ihm entſtehen mußten: ſo iſt es doch überhaupt
allzuleicht zu begreifen, wie der Erziehung und den
Glücksumſtänden widerſprechende Neigungen entſtehen
können, um widernatürliche, oder an ſich doch ſehr
unwahrſcheinliche, unbegreifliche Gründe derſelben in
irgend einem Falle vermuthen zu dürfen. Die Phantaſie, die Ideenaſſociation, plötzliche, gleichwol nur aus
phyſiſchen Gründen, körperlichen Zuſtänden, entſprin-
gende Belebungen ſinnlicher Vorſtellungen, ſind ausgemachte und auch hier anwendbare Gründe ſonderbarer,
unnatürlich ſcheinender Beſtimmungen des Willens.

Die außerordentliche Stärke ſolcher im Mutterleibe eingeprägt ſeyn ſollender Neigungen wäre am begreif-
lichſten juſt alsdann, wenn einer einen ſolchen Urſprung,
und eine daher entſtehende unüberwindliche Stärke ſeiner
Neigungen, glaubte. Denn wenn der Menſch erſt vor
ſeinen eigenen Trieben ſich fürchtet, wenn er alle Bemühungen dagegen für vergeblich hält: ſo müſſen ſie wohl
den Meiſter in ihm ſpielen. So geht es den Leuten,
die ihre Phantaſie für den Teufel halten, der in ihnen
wohne und ſie beherrſche. Eben deswegen ſind den aufmerkſamen Moraliſten dergleichen Meynungen ſo verhaßt.

Was

Was aber die kleinen, neugebohrnen Kinder anbelangt: so sieht ein jeder leicht ein, wie trüglich die Vermuthung, gleich in ihnen Aeßerungen angebohrner, genau bestimmter, heftiger Neigungen und Abneigungen
gewahr zu nehmen, an sich selbst schon sey; wie wenig
Grund jener Meynung daher entstehen könne.

Ich würde mich bey dieser Untersuchung und Be-
streitung einer, wie ich glaubte, nun fast allgemein ver-
worfenen Meynung, so lange nicht aufgehalten haben:
wenn ich nicht gefunden hätte, daß Herr Lavater ihr das
Wort redet. Der Name dieses Mannes, den auch ich
ehre, und seine Beredsamkeit sind im Stande, bey vielen eine Meynung wieder in Ansehen zu bringen, welche
aus den Wissenschaften rechtsbeständig verwiesen scheinen konnte. In dem aber, was er für sie gesagt hat,
finde ich nicht nur keinen überzeugenden oder neuen Be-
weisgrund, sondern aufrichtig zu gestehen, das Anstö-
ßige derselben auch gar nicht vermindert. Er sagt *),
daß solche z. E. zum Stehlen vorherbestimmte Menschen, wie sie keine eigentliche Diebe nach der Moral
sind, vermuthlich auch kein Diebsgesicht haben, keinen
habsüchtigen, schleichenden, täuschenden Diebsblick;
daß sie aber doch wohl in ihrem Gesichte irgendwo ein
Merkmal dieser Sonderbarheit haben müssen, das sie unterscheidet. Er selbst habe niemals einen Menschen dieser Art gesehen, sondern nur Erzählungen davon gehört **). Daß er diesen Erzählungen traut, machen die

Lll 2 ein-

---

*) Physiogn. Fragm. Th. IV. S. 67.
**) Das eine Beyspiel scheint nichts anders zu seyn, als
ein

einmal von ihm angenommenen allgemeinern oder analogen
Grundſätze. Könnte eine Frau, ſagt er an einem andern Orte *), ein Verzeichniß führen von den kraft-
vollen Imaginationsmomenten, die während ihrer
Schwangerſchaft ihre Seele durchſchneiden — ſie
könnte vielleicht die Hauptepochen von dem philoſophi-
ſchen, moraliſchen, intellectualen, phyſiognomiſchen
Schickſal ihres Kindes zum voraus erkennen. Er ſetzt
auch ſelbſt hinzu: dieſe noch unerforſchte, aber bisweilen
entſcheidend ſich offenbarende Verwandlungs- und Schöpfungskraft der Seele iſt ſehr wahrſcheinlich, dem We-
ſentlichen, der Wurzel nach, Eins mit dem ſogenannten
Wunderglauben. — Dieß möchte freylich wohl die
einzige Analogie ſeyn, die jene Verwandlungs- und
Schöpfungskraft der Mutter neben ſich hat.

Doch nein; es giebt noch ein anderes Phänomen,
auf welches ſich auch Lavater, wie alle diejenigen, die
an wunderbare Einflüſſe der Mutterſeele auf des Kindes
Seele glauben, ausdrücklich beruft. Dieß ſind die
Muttermäler. Herr Lavater nennt jene von der
Mutter eingeprägte Neigungen moraliſche Muttermäler. Und freylich, wenn es bewieſen wäre, daß Formen von Früchten und Thieren, mit den eigenthümlichen Farben, Haaren und andern Beſchaffenheiten der-
ſel-

---

*) ein Beyſpiel der äußerſten Zerſtreuung oder Abweſen-
heit des Geiſtes; juſt ſo, wie es la Bruyere geſchil-
dert hat. Wo aber keine Abſicht, den andern um ſein
Eigenthum zu bringen, oder wohl gar kein Bewußtſeyn der äußerlichen Handlung iſt, da kann man gar
nicht vom Stehlen ſprechen.

*) S. 71.

selben, am Körper des Kindes eine Wirkung seyn von
bloßen lebhaften Vorstellungen und Rührungen in der
Seele der Mutter, während ihrer Schwangerschaft: so
wäre durch Erfahrungen bewiesen, daß die Imagination der Mutter ungleich mehr, als sich erklären lässet,
ausrichten könne. Und man müßte gegen andere unbegreifliche Einflüsse derselben, wenn sie durch eigene Erscheinungen irgend begünstiget würden, mit desto größerer Bescheidenheit seine Zweifel vorbringen. Unter den
berühmtesten Aerzten und Philosophen finden sich einige,
die einen solchen Ursprung der Muttermäler für wahrscheinlich, oder für gewiß halten. Es wird hier genug
seyn, einen Boerhave, Malebranche und Search
als solche anzuführen. Aber ungleich mehrere Zeugnisse der zuverläßigsten Beobachter, und Urtheile der ein-
sichtsvollesten Aerzte, verschaffen der gegenseitigen Meynung das Uebergewicht. Jene versichern uns, daß,
wenn man die Muttermäler mit uneingenommenen Sinnen betrachtet, die wunderbare Aehnlichkeit mit Früchten, Blumen oder Thieren, die einige ihnen beylegen,
nicht zu sehen ist. Diese aber behaupten, daß es ungleich begreiflicher sey, daß unter den vielen Arten un-
natürlicher Auswüchse auch bisweilen solche, die einige
Aehnlichkeit mit andern natürlichen Dingen haben, durch
bloße mechanische Ursachen sich bilden; als daß die Imagination der Mutter sie bewirken könne. Und was gegen die von Gemüthszuständen der Mutter abstammen-
den Neigungen im vorhergehenden eingewendet wurde,
daß diese unter den gesetzten Umständen allzuselten erfolgen, um für eine Wirkung derselben gelten zu können;
das steht auch dieser Meynung von den Muttermälern

ent-

entgegen. Gewiß begegnet Schwangern unzählige male
dasjenige, was dieſe Zeichen hervorbringen ſoll, ohne
Erfolg; bis einmal ſo etwas ſich ereignet. Herr Lavater hat zwar gegen dieſes auf die allgemeinſten Grundſätze von Urſache und Wirkung ſich ſtützende Raiſonne-
ment eine Diſtinction oder Hülfshypotheſe angegeben.
Die Muttermäler, ſagt er, entſtehen nur alsdann,
wenn die Furcht die Blitzwirkung der plötzlich daſte-
henden, Abſcheu erweckenden Geſtalt iſt; nicht wenn es
eine raiſonnirte Furcht iſt. Aber mir ſelbſt ſind ſchon
mehrere Fälle genau bekannt, wo eine ſolche plötzlich
daſtehende, Abſcheu erweckende Geſtalt nicht das geringſte geſchadet hat. Alſo dieſe zweyte Hypotheſe, von
den durch die Imagination der Mutter gebildeten Figu-
ren, ſteht nicht auf ſolchen Gründen *), daß ſie jene
andere Hypotheſe vom Urſprung der Neigungen unter-
ſtützen könnte. Und ſtünde ſie auch noch feſter: ſo blieben
doch noch einige im vorhergehenden bemerkte eigene erhebliche Einwendungen gegen dieſe unbegreifliche Mittheilung der Neigungen übrig.

Mit der bisherigen Unterſuchung ſteht eine andere
auf mehr als eine Weiſe im Zuſammenhange; dieſe
nemlich, wie wichtig der Einfluß der erſten Nahrung,
die ein Kind aus den Brüſten ſeiner Mutter oder Amme
be-

---

*) Demohngeachtet iſt es gut zu heißen, wenn man die
Straßen und öffentlichen Spaziergänge von ſolchen
häßlichen Geſtalten ſäubert, die da ohnedem nicht hin-
gehören. Unter ſolchen Umſtänden iſt auch die geringſte,
wenngleich nicht wahrſcheinliche, Gefahr ein vernünf-
tiger Beweggrund.

bekömmt, für den sittlichen Charakter sey; ob bestimmte gute oder böse Neigungen dadurch eingeflößet, und
mitgetheilt werden können?

Daß nicht nur überhaupt durch eine ungesunde
Milch der Mutter oder Amme das Nervensystem des
Säuglings angegriffen, und, wenn man nicht bald dagegen arbeitet, unwiederbringlich geschwächt werden könne; daß auch bloß durch heftige Gemüthsbewegungen
der Säugmutter dieß geschehen könne, beruht auf un-
widersprechlichen Zeugnissen *).

Diese Beobachtungen verdienen freylich die Aufmerksamkeit der Moralisten und aller derjenigen, denen
die Sorge für den sittlichen Zustand der Menschen ob-
liegt. Unterdessen liegt in einiger Zerrüttung der Gesundheit und Schwäche des Nervensystems der zureichen-
de Grund zu bestimmten guten oder bösen Neigungen an
sich noch zu wenig, um nach diesen Voraussetzungen allein
vieles vorhersehen oder erklären zu können. Wenigstens
wäre es sehr übereilt, überhaupt tugendhafte oder lasterhafte Charaktere für die Frucht der Muttermilch ansehen
zu wollen. Wie viel dieser ersten Nahrung auch zugeschrieben werden könnte: so würde sie doch immer nur
allernächst auf die Bestimmungen des Temperamentes
Einfluß haben. Alle Temperamentsanlagen aber sind

Lll 4   fol-

---

*) S. *Tissot* Traité des nerfs tom. II. p. I. p. 21. Und
  Boerhave de morbis nervorum p. 459. schreibt: Vidi,
  quod mulier sanissima infantem lactaret etiam sanis-
  simum; alia eam perturbat per jurgia, sic ut summo-
  pere irasceretur & contremisceret; tamen infantem
  applicabat uberibus; qui mox inde convellitur &
  manet epilepticus.

solcher Ausbildungen fähig, daß gute oder lasterhafte,
wenn gleich verschiedene, Charaktere daraus werden können.

Aber es wird bey der Zusammenhaltung mehrerer
Erfahrungen nicht einmal wahrscheinlich, daß auch nur
zur Bestimmung des Temperamentes, und der davon
abhängenden Anlagen des Geistes, der Einfluß der ersten Nahrung leicht von entscheidendem Belange seyn könne. Wäre dieses: wie könnten so oft die Kinder einer
und derselben Amme, ja einer und derselben Mutter, von
der sie nicht nur nach, sondern auch vor der Geburt alle
ihre Nahrung empfiengen, in ihren ursprünglichen Anlagen so sehr verschieden seyn? Freylich ist dieselbe Mutter oder Amme, nach Jahren, nicht völlig dieselbe.
Aber wenn man auch durch diese Bemerkung den vorhergehenden Einwurf einschrenket: so wird doch eingestanden werden müssen, daß wenigstens der moralische
Charakter der Säugamme kein so gewisser Grund zu
sittlichen Wirkungen ihrer Milch in dem Säugling scheinen könne. Bey dieser Art des Einflusses kömmt es
auf Gesundheit an; und in so weit kann in manchen
Fällen eine Pflegmutter dem Kinde heilsamer seyn, als
die kränkliche, wenn auch am Geiste bessere, rechte
Mutter *).

Aber zum physischen Einflusse auf die Sitten kann
gar bald ein moralischer kommen; und davor hat man
sich eben, wie schon erinnert worden ist, im ganzen Umfange

---

*) Tissot tadelt daher mit Grund den uneingeschrenkten
Eifer mancher Moralisten wider den Gebrauch der Ammen, als einen Eifer, der Mutter und Kind um Gesundheit und Leben bringen könne, Traité des nerfs
tom. II. p. I. p. 146. s.

fange dieser Untersuchungen sehr in Acht zu nehmen, daß man nicht dem einen zuschreibt, was vom andern herrühret. Die Neigungen der Eltern und Pflegeltern können durch ihr Beyspiel, ihre Mienen, ihre Lehren, ihre ganze Behandlungsart, gar früh auf die Kinder übergehen.

Und dieß ist ohne Zweifel auch der Gesichtspunkt zur wahrscheinlichsten Erklärung einer von vielen Schriftstellern aufgezeichneten Beobachtung, daß die Kinder, welche von Europäern und Negern oder Amerikanischen Wilden gezeugt wurden, desgleichen die Kinder, welche von Christen und Muhamedanern in den Kreuzzügen abstammten, meistentheils als ausnehmend bösartige Menschen sich gezeigt haben. Wenn die Sache selbst richtig ist: so läßt sich zur Erklärung auch wohl annehmen, daß solche Vermischungen insgemein liederliche Eltern voraussetzen, die ihren Kindern gar keine, oder eine schlechte Erziehung geben; oder auch, daß die Abkömmlinge solcher einander verachtender und hassender Völkerschaften nirgends diejenige Begegnung finden, die ihnen gute gesellschaftliche Gesinnungen einflößen könnte. Aber es könnte vielleicht auch nur, eben um dieser Verachtung willen, die Beurtheilung ihrer sittlichen Eigenschaften unbilliger und strenger geworden seyn.

Auch aus der Erfahrung möchte wohl einigen die Vermuthung einer unerklärbaren physischen Fortpflanzung sittlicher Eigenschaften entstehen: daß Kinder der Wilden, die gleich nach der Geburt von ihren Eltern weg, und in die Pflege gesitteter Menschen kamen, aller Mühe ungeachtet, die man darauf verwendete, nicht diesen, sondern vielmehr jenen, ihren natürlichen Eltern, in den Neigungen ähnlich wurden. Kolbe führt dieses,

als

als mehrmalen erprobt, in Anſehung der Hottentotten
an *). Gleich nach der Geburt von ihren Eltern weg-
geworfene Mädchen haben die Europäer auf dem Cap
nach ihrer Art erzogen. Allein ſo bald ſie erwachſen waren, ſeyen ſie ihnen entlaufen, und haben ſich zu ihrem
Volke geſellet.

Aber es ſind doch hier noch manche Fragen auszumachen; ehe man auf phyſiſche Mittheilung der Neigungen ſicher dabey ſchließen kann. Wie vieles konnte die
von der Eigenliebe abſtammende Neigung zu den Seinigen, ſeinem Volke, ſeinen natürlichen Eltern und Verwandten, dabey gethan haben? Wie viele Erweckungen
ſind dieſem natürlichen Triebe etwa durch die Landsleute
und Anverwandte gelegenheitlich gegeben worden? Konnte nicht, bey einigen ſolchen Veranlaſſungen, die allen
Menſchen natürliche Neigung zur Unabhängigkeit und
Trägheit, die Triebfeder ſeyn, durch welche die jungen
Hottentottinnen zu ihrem Volke zurückzukehren bewogen
wurden? Und wenn man endlich auch phyſiſche Gründe
dazu annehmen müßte; ließe nicht etwa der bey den
Wilden vorzüglich ſtarke Hang zur Trägheit und Unabhängigkeit juſt am leichteſten als eine durch das Geblüt
ſich fortpflanzende Neigung ſich anſehen?

Daß wir nicht alle Gründe und alle Arten der Mittheilung der Neigungen einſehen; ſo viel iſt gewiß.
Wenn dieſe unſere Unwiſſenheit nicht jeden Einfall recht-
fertiget: ſo muß ſie uns doch geneigt machen, in die Vollſtändigkeit unſerer Erklärungen vorkommender Fälle Mißtrauen zu ſetzen; und überall den weitern Belehrungen
der Erfahrung Gehör zu geben.

§. 203.

---

*) S. 446.

§. 203.

Ob den phyſiſchen oder moraliſchen Urſachen überhaupt mehr Einfluß zugeſchrieben werden könne; und ob in den Seelen an ſich ſchon urſprüngliche Gründe moraliſcher Verſchieden-heiten liegen?

Wenn wir weder die phyſiſchen noch die moraliſchen Urſachen in ihrem ganzen Umfange, und in allen ihren mittelbaren und unmittelbaren Wirkungen, vollſtändig überſehen: wie ſollen ſie mit einander verglichen und ge-gen einander genau geſchätzt werden? Wenn man aber auch nur nach dem Maaße unſerer Einſichten dieſe Ver-gleichung unternehmen will: ſo wird man bald gewahr, daß, in verſchiedenen Fällen, bald dieſe, bald jene Gat-tung von Urſachen die mächtigſte zu ſeyn ſcheint. Die Gewalt der phyſiſchen Urſachen, zumal der innern, muß ſehr groß ſcheinen, wenn man beobachtet, welche große Verſchiedenheiten der Gemüther ſich ſchon bey den kleinſten Kindern offenbaren; und wie dieſe urſprüngliche Verſchiedenheiten nie ganz ſich verlieren. Wenn man aber auf der andern Seite erwägt, welche Einartigkeit dennoch durch Erziehung, Religion, Geſetzgebung, mi-litäriſche und klöſterliche Diſciplin, Hofton u. ſ. w. den verſchiedenſten Charakteren beygebracht werden kann: ſo ſcheint es doch zweifelhaft zu bleiben, ob nicht dieſe bey-derley Gattungen der Urſachen im Ganzen ſich einander das Gleichgewicht halten.

Die Beurtheilung wird auch dadurch noch erſchwert, daß, was allernächſt von einer Gattung der Urſachen herkömmt, nicht immer ihre eigenthümliche Gewalt be-weiſet. Es kann vielmehr mittelbarer Weiſe die Wir-kung der andern Gattung ſeyn. So kömmt gewiß mit-telbarer Weiſe vom Klima manches her, was allernächſt

in

in der Staatsverfassung, Religion, Erziehung, Gründe
hat; weil nach dem Klima diese moralischen Triebfedern
in vielen Stücken sich richten. Und im Gegentheile sind
Diät, physische Erziehung und Lebensart oft hauptsächlich eine Folge moralischer Ursachen. Offenbar aber ist
hiebey, daß nicht über einen jeden Menschen jede Gattung der das Sittliche bestimmenden Ursachen gleich viel
vermag. Je weniger Geisteskraft, desto mehr Abhängigkeit von äußern, besonders physischen Ursachen.
Je mehr Geisteskraft hingegen ein Mensch besitzet, zur
Mäßigung der Empfindung, oder zur Hervorbringung
der Gegenanstalten: desto weniger werden jene äußerlichen Ursachen über ihn bewirken.

Und ist denn nun etwa diese Verschiedenheit der
Geisteskraft ein ursprüngliches Eigenthum der Seelen?
Oder können nicht sonst Gründe der moralischen Verschiedenheiten in dem Grundwesen des Verstandes und Willens, dem Empfindungs- und Erkenntnißvermögen, mehrerer Menschen liegen? Zuförderst wird es bey dieser
Frage auf den Begrif ankommen, den man sich vom
Wesen der Seele macht. Wer Empfinden und Denken
für Eigenschaften der ganzen körperlichen Maschine oder
Organisation halten kann: für den hat diese Frage gar
keinen Sinn; oder sie ist im vorhergehenden schon längst
beantwortet. Beantwortet ist sie wohl auch schon, oder
leicht zu beantworten, für diejenigen, die unter der Seele den innersten, feinsten Theil der organisirten Materie
verstehen. Aber für diejenigen, die die Seele für ein
einfaches, geistisches, immaterielles Wesen halten, das
entweder, mit dem Körper harmonisch, aus eigenem
Triebe sich verändert, oder durch ihn zur Empfindung
und

und Wirksamkeit erweckt, und immerfort dabey bestimmt
wird — nach allem gegründeten Anscheine eine unbeant-
wortliche Frage.

Viele zwar wollen beweisen, daß alle Menschen-
seelen, Bayle, Helvetius und mehrere so gar, daß
Menschen- und Thier = Seelen, alle in der Grundkraft
einander gleich seyn.   Aber ihre Gründe sind willkürliche
Voraussetzungen, oder unerlaubte Folgerungen.   Wo
Empfindungsvermögen sich findet, da, meynen sie, finde
sich alles, was die menschlichen Erkenntnisse und Leidenschaften innerlich gründe; alles übrige sey die Wirkung
äußerlicher Hülfen und Antriebe, deren Einfluß unleugbar und unbestimmlich groß ist; Empfindungsvermögen
aber haben alle Seelen *).   — Aber haben sie es auch ursprünglich alle im gleichen Grade; daß bey demselben
Eindrucke alle gleich stark, gleich viel empfinden, zu gleich
starker, gleich dauerhafter Thätigkeit gereizt werden?
Müssen bey demselben Eindrucke alle dasselbe Angenehme
oder Unangenehme empfinden; kann auch nicht hiezu ein
ver-

---

*) Auch Wolf hat in seiner allgemeinen praktischen Philo-
sophie einen Satz, der von dem obigen, wenigstens in
Beziehung auf unsre gegenwärtige Untersuchung, nicht
verschieden ist. Mores hominum naturales, sagt er,
iidem sunt cum moribus brutorum.   Philof. praēt,
univ. patt. II. §. 899.   Sein Grund ist Mores hominum naturales supponunt notionem boni vel mali
confusam; das gelte aber auch von den Sitten der Thiere. Also. Dieß heißt aber, dünkt mich, so schließen: die
Neigungen und Sitten der Thiere und der Menschen
haben in ihrem ursprünglichen Grunde etwas gemein:
also sind sie völlig einerley. Just so wie Bayle oben
schließt. — Wolf aber hält seinen Satz für wichtig
und fruchtbar an Folgen für das Naturrecht und die
Physiognomik.

verschiedener Grund im Wesen der Seele selbst liegen? Wer kann ohne Vermessenheit hierüber entscheiden?

Aber wenn bey solchen Gründen nicht ohne Vermessenheit für gewiß sich annehmen lässet, daß alle Seelen ursprünglich völlig einerley Beschaffenheiten haben: ist mehr Grund vorhanden, das Gegentheil zu behaupten? Da wir keine Seele kennen lernen, die nicht schon mit körperlichen Kräften lange in Verbindung gewesen, und durch deren Einfluß, oder — welches hier einerley ist — übereinstimmend mit denselben, manchfaltig bestimmt worden ist; wie wollen wir ausmachen, wie weit eine jede Seele für sich ursprünglich schon bestimmt war? Da auf alle Kräfte und Eigenschaften des Geistes die Beschaffenheit des Körpers, und so viele andere äußerliche Dinge und Verhältnisse, einen unleugbaren und gewaltigen Einfluß haben, einen Einfluß, den wir ganz zu übersehen und zu schätzen nicht im Stande sind: wie können wir je wissen, daß die sittlichen Eigenheiten eines Menschen nicht alle durch der Seele äußerliche Ursachen entstanden seyn? Nur alsdann sind wir berechtiget, eine neue, unmittelbar nicht bekannte, Gattung von Ursachen anzunehmen, wenn die Erscheinungen durch den ganzen Gehalt der ausgemachten Ursachen nicht begreiflich sind.

Wer kennt eines Menschen ganze innere und äußere Organisation so vollständig und genau, daß er sagen könnte, was durch dieselbe in seinen Empfindungen, Vorstellungen und Willensneigungen gegründet und nicht gegründet sey? Die Erfahrung aber lehret, daß die sonderbarsten Erscheinungen im Empfinden, Denken und Wollen durch kleine Veränderungen im Körper entstehen können. Wer kennt die ganze Erziehung eines Menschen,

seine

seine ganze Geschichte, den Einfluß aller einzelnen Vorfälle, aller unmittelbar wirkenden äußerlichen Ursachen? Muß also nicht immer das Urtheil, daß Menschen, die in der Art zu denken und zu wollen so oder so von einander verschieden sind, schon in den Seelen ursprünglich von einander verschieden seyn mußten, sehr unsicher scheinen?

Es haben einige Naturforscher, daß es ursprünglich und wesentlich verschiedene Menschenarten gebe, aus solchen Erscheinungen folgern wollen, die nicht einmal große Schwierigkeiten verursachen, wenn es darauf ankömmt, sie auf die erwiesenen Gründe zurückzuführen. Hume *) hält, um die Einflüsse des Klima desto weniger gelten lassen zu können, die Negern für eine eigene und schlechtere Menschenart; ohne doch deutlich sich zu erklären, ob in Rücksicht auf das ursprüngliche Wesen der Seele. Home **), der überhaupt geneigt ist, viele Grundursachen in der Natur anzunehmen, findet Merkmale ursprünglich verschiedener Menschenarten theils in denjenigen Völkern, die oft nach vielen Generationen, nach mehrern Jahrhunderten, in Ländern, in welche sie aus ihrem ersten Vaterlande verpflanzt wurden, noch nicht recht gedeihen, ans Klima sich nicht gewöhnen können, folglich von der Natur nicht für solch ein Land bestimmt seyn; theils in den überaus großen moralischen Verschiedenheiten solcher Völker, die sowol nach den physischen als moralischen äußerlichen Ursachen, unter deren Einflusse sie stehen, nicht so unähnlich seyn sollten.

Allein

---

*) Eff. of nat. Charact.
**) Versuche über die Gesch. der Mensch. K. I.

Allein diese Gründe werden wohl nicht viel Beweis-
kraft übrig behalten, wenn man erwägt, wie es so viele
Erfahrungen im ganzen Thierreiche und auch im Pflan-
zenreiche lehren, daß in der Natur der Dinge Veränderungen durch äußerliche Ursachen entstanden seyn können,
die doch nicht durch andere äußerliche Ursachen, nicht natürlicher Weise, wieder aufgehoben werden können.
Wenn so insbesondere Menschen ihre fremde, mitgebrachte,
vielleicht üppigere Lebensart im neuen Wohnlande nicht
aufgeben, wie dieß die Gewohnheit der Europäer in den
Indien ist: so kann freylich das Klima allein sie nicht
umschaffen und sich anpassen.

Uebrigens könnte die Entscheidung der aufgeworfe-
nen Frage in der praktischen Philosophie kaum eine andere Folge haben, als etwa diese; daß, wenn wir ursprüngliche, wesentliche Verschiedenheiten der Menschen-
seelen unter einander glaubten, wir unsere Bemühungen,
sie zu verändern und einander ähnlich zu machen, um
so eingeschrenkter halten, und unsern Eifer um so viel
eher erkalten lassen dürften. Oder auch diese, daß diejenigen, die vorzüglicher Geisteskräfte sich bewußt sind,
auf dieselben, als ihnen innigst und ursprünglich angehörige Vorzüge, noch leichter stolz werden möchten, als
wenn man glauben darf, daß sie nur ihren Eltern und
Voreltern, Obrigkeiten, Freunden und Feinden, oder
wohl gar nur der Luft, die sie einathmen, dieselben zu
verdanken haben.

Ende des zweyten Theils.